人力资源和社会保障岗位资格证书考试教材
高等教育自学考试人力资源和社会保障专业本科教材

社会保险法

主　　编：余明勤

编写人员：董泽华　石　娟　蒋兴东　杨　静
　　　　　黎博思　李　辉　彭丽萍

中国劳动社会保障出版社

图书在版编目（CIP）数据

社会保险法/余明勤主编. —北京：中国劳动社会保障出版社，2013
ISBN 978-7-5167-0559-9

Ⅰ.①社… Ⅱ.①余… Ⅲ.①社会保险-保险法-基本知识-中国 Ⅳ.①D922.182.3

中国版本图书馆 CIP 数据核字（2013）第 224563 号

中国劳动社会保障出版社出版发行

（北京市惠新东街 1 号　邮政编码：100029）

*

保定市中画美凯印刷有限公司印刷装订　　新华书店经销

787 毫米×1092 毫米　16 开本　28 印张　415 千字
2013 年 9 月第 1 版　2013 年 9 月第 1 次印刷
定价：59.00 元

读者服务部电话：（010）64929211/64921644/84643933
发行部电话：（010）64961894
出版社网址：http://www.class.com.cn

版权专有　　侵权必究

如有印装差错，请与本社联系调换：（010）80497374
我社将与版权执法机关配合，大力打击盗印、销售和使用盗版图书活动，敬请广大读者协助举报，经查实将给予举报者奖励。
举报电话：（010）64954652

Contents 目 录

第一章 社会保险法基本理论 /1
- 第一节 法的基本知识 ··· 1
- 第二节 法律规范 ·· 8
- 第三节 社会保险法的基本概念 ·· 12
- 第四节 社会保险法律关系 ··· 26
- [案例分析] ··· 31

第二章 我国社会保险立法 /38
- 第一节 我国社会保险立法历程 ·· 38
- 第二节 社会保险法的立法宗旨 ·· 41
- 第三节 我国社会保险体系框架 ·· 48
- 第四节 建立和完善社会保险制度的方针与思路 ························ 52
- [案例分析] ··· 59

第三章 基本养老保险 /65
- 第一节 养老保险基本概念 ··· 65
- 第二节 职工基本养老保险制度 ·· 74
- 第三节 城乡居民社会养老保险制度 ······································· 93
- 第四节 机关和事业单位养老保险制度 ···································· 103
- [案例分析] ··· 107

第四章 基本医疗保险 /116
- 第一节 医疗保险基本概念 ··· 116
- 第二节 职工基本医疗保险制度 ·· 126

第三节　居民医疗保障制度 …………………………………… 130
　　第四节　基本医疗保险基金支付管理 ………………………… 138
　　第五节　基本医疗保险待遇 …………………………………… 152
　　第六节　基本医疗保险关系转移接续 ………………………… 158
　　［案例分析］ …………………………………………………… 160

第五章　工伤保险/166

　　第一节　工伤保险基本概念 …………………………………… 166
　　第二节　职工工伤保险制度 …………………………………… 171
　　第三节　工伤认定 ……………………………………………… 176
　　第四节　劳动能力鉴定 ………………………………………… 186
　　第五节　工伤保险待遇 ………………………………………… 189
　　［案例分析］ …………………………………………………… 200

第六章　失业保险/225

　　第一节　失业保险基本概念 …………………………………… 225
　　第二节　职工失业保险制度 …………………………………… 234
　　第三节　职工失业保险待遇 …………………………………… 241
　　第四节　失业保险关系转移接续 ……………………………… 252
　　［案例分析］ …………………………………………………… 253

第七章　生育保险/263

　　第一节　生育保险基本概念 …………………………………… 263
　　第二节　职工生育保险制度 …………………………………… 268
　　第三节　生育保险待遇 ………………………………………… 276
　　［案例分析］ …………………………………………………… 282

第八章　社会保险经办/290

第一节　社会保险经办机构 …………………………………………… 290

第二节　社会保险经办机构主要职责 …………………………………… 296

[案例分析] …………………………………………………………… 312

第九章　社会保险费征缴/318

第一节　社会保险缴费申报制度 ………………………………………… 318

第二节　社会保险参保缴费 ……………………………………………… 322

第三节　社会保险费强制征收 …………………………………………… 327

[案例分析] …………………………………………………………… 333

第十章　社会保险基金/339

第一节　社会保险基金基本概念 ………………………………………… 339

第二节　社会保险基金预算管理 ………………………………………… 352

第三节　社会保险基金收支 ……………………………………………… 358

第四节　社会保险基金账户 ……………………………………………… 364

第五节　社会保险基金投资运营 ………………………………………… 367

第六节　全国社会保障基金 ……………………………………………… 371

[案例分析] …………………………………………………………… 374

第十一章　社会保险监督/378

第一节　社会保险监督体系 ……………………………………………… 378

第二节　社会保险基金监督的实施 ……………………………………… 385

第三节　对违反社会保险法行为的投诉 ………………………………… 391

[案例分析] …………………………………………………………… 397

第十二章　法律责任/401

- 第一节　法律责任的基本概念 …………………………………………… 401
- 第二节　用人单位违法行为的法律责任 ………………………………… 404
- 第三节　相关机构和个人违法行为的法律责任 ………………………… 413
- 第四节　公务机构及其人员违法行为的法律责任 ……………………… 418
- 第五节　构成犯罪的法律责任 …………………………………………… 428
- ［案例分析］ ………………………………………………………………… 430

参考书目/439

第一章

社会保险法基本理论

第一节 法的基本知识

一、法的产生

法不是从来就有的,也不会永远存在,它是人类社会发展到一定历史阶段的产物,也将随着人类社会发展到一定的阶段而逐渐消失。在人类历史上,曾经存在着既无国家也无法律的原始社会,原始社会生产力十分低下,与之相适应的上层建筑是原始的氏族组织和社会规范。原始社会的行为规范主要是习惯,这也是习惯法的渊源,它是人们在长期的生产和生活中逐渐形成并世代相袭的行为规范,这些规范的遵守不需要暴力强制,只依靠历来的习俗和世代相承的观念,依靠社会舆论的力量和每个人的自觉来实施。

原始社会末期,由于生产力的发展,出现了剩余产品,促成了畜牧业与农业、手工业与农业分离的两次社会大分工,生产的进一步分工又促成了商业的独立。在这个过程中,家庭私有制产生了,从氏族中分化出了最初的奴隶主阶级,而大多数氏族成员则沦为受剥削的奴隶。剥削阶级和被剥削阶级之间的矛盾和冲突,使以血缘关系为基础的原始社会走向崩溃。原始的社会组织和社会规范已无法适应分裂为阶级以后的社会了。奴隶主阶级建立起国家,并通过国家创制和实施了法律。

自从有了国家,统治阶级需要一种特殊的社会规范来维护其利益,原始社会的一般规范——习惯便逐渐转变为渗透了阶级内容的习惯法。随着社会的进一步发展,习惯法又发展为国家的广泛立法,即成文法。上述过程表明,法律规范形式的演进是从个别调整发展为规范性调整,从一般规范性调整发展为法律调整,从习惯法调整发展为成文法调整的过程。这正反映了法律这种行为规范从原始到成熟、从简单到复杂的发展历程。

二、法的含义及基本特征

法是在一定社会经济基础之上的上层建筑，是由国家制定或认可，并由国家强制力保证实施的行为规范体系。在西方的语汇中，"法"或"法律"是有着明显区别的。拉丁文、法语、德语、意大利语、西班牙语等西方语汇中，"法"均表示"权利""公平""正义"等较为抽象的含义。"法律"则是表示"规范""规则"等具体的、明确的含义。如古罗马王政时期国王制定的法律和共和国时期各立法机构通过的法律法令。所以，西方学者把"法"视为永恒的、具有普遍意义的正义原则和道德公理，称其为自然法；把"法律"视为由国家立法机关制定颁布的具体行为规则，称其为制定法。

法的基本特征主要表现为：

（一）法是调整人们社会行为的一般性规范

法的调整对象是社会关系。但在现实社会生活中，法通过调整人们的社会行为来实现对社会关系的调整。规范，是指通过约定俗成所形成或通过明文规定所确立的关于人们应该怎么样行为的标准、准则。规范既有普遍的稳定性，也有反复适用性，使人们有所适从。

法调整社会行为有三层意思：(1) 法直接调整人的行为，它一般不以行为主体作为区分标准（即对事不对人）。(2) 法只调整人的行为，而不直接调整人的内在思想。这是法与道德、宗教的一个明显区别。调整人们的内在思想一般依靠道德规范。道德规范是通过思想（或良知）和舆论来教诲人们选择行为，进而调整与控制社会关系。(3) 法只调整人的社会性行为，而不过问纯粹个人的行为。法作为调整社会行为的规范，只是对社会行为的一般性调整，是基于对现实生活中与人的行为相关的众多相似或同类的现象和事件的共性或规律性认识，而抽象概括出来的一般性行为规范。法在实施中的一般性适用，表现为法律规范不是针对具体的特定的人和事，而是针对一般的人和事。由于法律规范具有全域约束力和反复适用性，因而，法无论对社会还是个人，都是相对公平的。

法作为一种社会规范具有规范性和概括性的特征。这种规范性和概括性规定人们可以这样行为、应该这样行为或不应该这样行为，对何种行为予以保护、对何种行为予以制裁等，从而使法成为人们的行为指引。

（二）法具有明显的国家强制性

法是由国家强制力保证实施的。法的实施之所以要以国家强制力为后盾，是因为法作为社会利益关系的调整器，必然会触动一定社会主体的某些既得的或预期的社会利益，从而必然会受到这些人的抵触甚至反对。因此，如果没有国家强制力（相应的军队、警察、法庭等）做保障，法在许多方面就会变得毫无意义；违反法的行为如果得不到惩罚，法所体现的意志也就不可能在全社会的范围内得到实施。法的国家强制力不等于简单的暴力，它是以法定的强制措施和制裁措施为依据，并由专门机关依照缜密的法定程序执行的。

法的国家强制性表现了法具有国家意志的属性。在调整社会性规范中，涉及人们之间的利害关系，不仅有法，也有道德规范、传统习惯、宗教规范、组织纪律和社团章程等；而在涉及人们之间利害关系的权利义务配置中，作为法的基本特征是法与国家的不可分割的联系。法是由国家制定或认可的行为规范。制定和认可是国家创制法律的两种形式，是法律区别于其他社会规范来源的重要标志。制定，是指有相应权限的国家机关在其权限所允许的范围内，依照一定的法定程序制定有约束力的规范性文件，即所谓的制定法或成文法。而认可，是指有相应权限的国家机关赋予社会上已经存在的某些习惯规范以一定的法律上的效力，使之成为具有国家意志的通常被称为习惯法或不成文法的行为规范。国家制定或认可的法律规范都是国家意志的表现。

强制性并非法律独有的特征，任何社会性规范都有某种强制性；不过，不同的社会性规范其强制力的性质、范围和实现方式是不尽相同的。宗教规范、组织纪律和社团规章只有在特定的人群之内才有效力，对非教徒、组织和社团之外的其他社会成员就不具有约束力。道德规范虽没有组织社团的界限，但由于其规范内涵和范围的不确定性特点，其效力只能靠风俗习惯、社会舆论和人们的良知反思等来维持。法律则不同，其强制性是代表国家的意志，由国家强制力来保证实施的。

（三）法以规定人们的权利与义务为其主要内容

法作为一种社会性规范由于涉及人们之间的利害关系，因而是以人们的权利和义务（或职权和职责）关系的配置为基本内容。所谓权利，实质上是指人们在社会生活中行为的一个自由区间，即人们自主地决定是否从事某项活动，以什么方式去从事某项活动的限度、范围和区间。权利同时意味着利益，即以自己的行为不受他人干预地去实现自己的利益，或者要求他人去满足自己的利益。因而权利往往被称为权益。所谓义务，通常的说法是责成人们以特定的方式去从事某项活动的命令和制止人们以一定方式从事某项活动的禁令，即"令行禁止"。义务作为对自由的某种限制，意味着某项利益实现的不能或对他人的付出。所以，权利义务的实质是人们之间的利益关系。法就是通过设定人们在行为上的权利和义务来调节人们之间的利益关系。权利与义务的统一和一致，是一个人的自由与其他人的自由按照社会公共良知应当和平共处、并行不悖的界碑。

与权利、义务相对应的是国家公务人员在执行公务时所行使和所承担的职权和职责。职权和职责是同一事物的两个方面，就像硬币的两个面一样不可分割的连在一起，即职权是不可放弃的，因为它同时就是一种职责。

法是通过规定权利和义务，把一定的行为规范具体化，指引人们的行为，调整社会关系。法具体规定了人们的权利以及侵犯这种权利所应受到的法律制裁；同时，法律具体规定了人们必须履行的义务以及拒绝履行这种义务所应受到的法律制裁。

（四）法具有严格的程序性

程序，是指人们为完成某项任务或达到某个目标而预先设定好的行为方式和步骤。法律程序则是指人们实施法律行为所必须遵循的法定步骤和方式。许多中外法学家都认为，程序法比实体法产生得更早，更为重要。古代社会的法律尽管十分野蛮、愚昧，但它仍然需要程序。如立法要通过宣誓、盟诅等仪式，审判和行刑要履行到神祇面前盟誓的程序。

近代以来，法律的程序性更加受到重视，并被认为是克服专制、维护公正、保护法律纯正性的重要手段。法律的制定和实施要是没有程序，就不会成为真正的法律。同时，法的程序性也是法与其他社会规范的重要区别之一。

（五）法具有切实的可诉性

法的可诉性，是指法特别是法律（即成文法）作为一种规范人们外部行为的规则，可以被任何人在法定的机构中通过争议解决程序（特别是诉讼程序）加以运用的可能性。这是法与生俱来的基本特征，也是法区别于非法的一个重要方面。法的可诉性表现在立法时，要在法律规范中制定明确的行为模式和相应的法律后果（奖励或惩罚），要规定产生纠纷后的解决途径和诉讼主体。同时，法的可诉性要求建立解决纠纷的机构、解决纠纷的程序和有效的执行机构。否则，发生纠纷或争议的当事人申诉无路，或告状无门，或无程序可寻，立法上规定的权利也就形同虚设。

三、法的渊源

法的渊源即法的表现形式，是指法的具体外部表现形式。我国的法律表现形式主要有以下几类：

（一）宪法

宪法，是国家的根本大法，是任何一个国家法律的最主要、最高的渊源，具有最高的法律权威。马克思曾用"宪法——法律的法律"来说明宪法的根本法地位。早在 1954 年，我国在起草和制定第一部宪法时，毛泽东主席就指出："一个团体要有一个章程，一个国家也要有一个章程，宪法就是一个总章程，是根本大法。"[①]

从宪法的制定程序来看，宪法是由作为最高国家权力机关的全国人民代表大会制定或修改。宪法的修改必须由全国人民代表大会常务委员会或者 1/5 以上的全国人民代表大会代表提议，并由全国人民代表大会以全体代表的 2/3 以上多数通过。

从宪法的内容来看，宪法规定的是国家政治、经济和社会制度的基本原则，公民的基本权利和基本义务，国家机关的组织和活动原则等国家和社会生活中最基本、最重要的问题。

[①] 《毛泽东文集》第 6 卷，第 328 页。

从效力来看，宪法具有最高的法律地位和法律效力，是国家全部立法工作的基础或根据。一切法律、法规和其他规范性法律文件都最终源于它，并且都不得与之相抵触、相冲突。

（二）法律

法律，是指由全国人民代表大会及其常务委员会制定、颁布的规范性法律文件的总称，其法律效力仅次于宪法。法律是行政法规、地方性法规和行政规章的立法依据或基础，任何行政法规、地方性法规和行政规章不得与法律的规定相抵触。

法律可分为基本法律和基本法律以外的法律。基本法律由全国人民代表大会制定和修改。在全国人民代表大会闭会期间，由全国人民代表大会常务委员会对基本法律进行部分补充和修改，但不得同其基本原则相抵触。基本法律是调整国家和社会生活中带有普遍性的某一方面的法律，它规定国家和社会生活中具有重大意义的基本问题，如民法、刑法等。基本法律以外的法律由全国人民代表大会常务委员会制定和修改。这类法律一般是对由基本法律调整以外的国家和社会生活中某一方面的重要问题进行规定，其调整对象有特定含义，调整内容较专业和较具体，如劳动法、社会保险法等。

（三）行政法规

行政法规，是指由国家最高行政机关——国务院依据宪法和法律制定的有关国家行政管理活动的规范性法律文件的总称。行政法规以宪法和法律为根据，效力低于宪法和法律，其内容不得与宪法和法律相抵触。根据宪法和法律规定，可以就国务院行政管理职责制定法规，也可以为执行法律而制定法规。

行政法规规定的事项比较广泛、具体。涉及经济、政治、社会、教育、科学、文化、体育以及其他方面的事项，只要不带根本性质，或只要不是必须由宪法、法律规定的，行政法规都可以作出规定。如在人力资源和社会保障领域制定的《失业保险条例》《工伤保险条例》《劳动保障监察条例》等，都是为了更好地贯彻执行《社会保险法》《劳动法》而制定的。

（四）地方性法规

地方性法规，是指由特定的地方国家机关根据本行政区域的实际情况和地方性事务的需要而依法制定和发布的、效力范围不超出本行政区域范围的规范性法律文件的总称。地方性法规可分为以下三类：

1. 一般性的地方性法规

依据我国《宪法》和《立法法》的规定，省、自治区、直辖市的人民代表大会及其常务委员会在不与宪法、法律和行政法规相抵触的前提下，可以制定和颁布适用于本地区的地方性法规，并报全国人民代表大会常务委员会和国务院备案。省、自治区人民政府所在地的市和较大的市的人民代表大会及其常务委员会，也可以制定地方性法规，经省、自治区的人民代表大会常务委员会批准后施行，并由省、自治区的人大常委会报全国人民代表大会常务委员会和国务院备案。一般性的地方性法规的效力低于宪法、法律和行政法规。

2. 民族区域自治的地方性法规

我国民族区域自治的地方性法规，包括民族区域自治条例和单行条例，是由民族区域自治地区的权力机关（民族区域自治地区人民代表大会）根据民族区域自治法，以及当地民族的政治、经济和文化特点制定的规范性法律文件。根据我国《宪法》和《立法法》的规定，自治区人民代表大会制定的自治条例和单行条例报全国人民代表大会常务委员会批准后生效；自治州、自治县人民代表大会制定的自治条例和单行条例，报自治区人民代表大会常务委员会批准后生效。民族区域自治条例和单行条例在其制定机关的管辖范围内有效。条例的内容必须符合宪法、法律的基本原则，同时也不能与国务院制定的关于民族区域自治的行政法规相抵触。

3. 特别行政区的法律和规范性法律文件

特别行政区的法律和规范性法律文件是指特别行政区依照特别行政区基本法的规定而制定的法规。根据我国"一国两制"的方针，在香港、澳门特别行政区实行不同于全国其他地区的政治、经济、法律制度。如《香港特别行政区基本法》规定："在香港特别行政区实行的法律为本法以及本法第八条规定的香港原有法律和香港特别行政区立法机关制定的法律。"可见，特别行政区的法律表现形式有其特殊性。特别行政区的法律也是我国法律表现形式的一种。

（五）行政规章

行政规章，是指国家行政机关制定的事关行政管理的规范性法律文件，分为部门规章和地方政府规章两种。部门规章是国务院所属部委根据法律和国务院的行政法规、决定、命令,在本部门职权范围内,所制定和颁布的各种行政性的规范性法律文件,亦称部委规章。其效力低于宪法、法律、行政法规,且不得与宪法、法律、行政法规相抵触。地方政府规章是各省、自治区、直辖市人民政府以及省会所在城市、国务院批准的较大的市的人民政府根据法律、行政法规和本省、自治区、直辖市的地方性法规制定的规范性法律文件。其效力低于宪法、法律、行政法规,也不得与地方上级和同级人民代表大会及其常委会制定的地方性法规相抵触。

(六)国际条约

国际条约,是指两个或两个以上的国家就政治、经济、贸易、军事、法律、文化等方面的问题确定其相互权利义务关系的协议。我国法律规定了我国缔结和加入国际条约的程序。根据这一程序缔结或加入的国际条约或协议生效后,按照"条约必须遵守"的国际惯例,对缔约国的国家机关、社会团体和公民就具有法律上的效力。改革开放以来,随着我国国际交往日益频繁,我国与别国签订的国际条约,或批准、加入的国际公约日益增多。

第二节 法律规范

一、法律规范的概念及种类

法的整体是由各种具有不同功能的要素构成的,法律规范是构成法的整体的基本要素或单位。

(一)法律规范的概念

法律规范是指由国家制定或认可的,逻辑上周全的,反映统治阶级意志,并由国家强制力保证实施的一种行为规范。

法律规范与作为整体的法既有联系又有区别,法是由各种具有不同功能的要素,如规范、原则、概念等构成的整体,法律规范是构成法的基本要素。

法律规范不同于法律条文,法律条文是法律规范的外部表现形式,也就是说,法律规范是通过法律条文表述出来,并为公众知晓的。有的法律规范可以通过一个法律条文来表述,有的法律规范则要通过几个法律条文来表述。法律规范是一种高度发达的社会行为规则,它的内在属性决定了它是对社会生活进行规范调整的重要手段之一。

(二)法律规范的种类

法律规范可以根据不同标准进行以下分类:

1. 按照法律规范的性质,可分为禁止性规范、义务性规范、授权性规范。禁止性规范是规定人们不得为某种行为的法律规范,即禁止人们作出一定行为和要求人们抑制一定的行为。义务性规范是规定人们必须作出一定行为的法律规范,即规定人们必须作出的行为。授权性规范是规定人们有权作出某种行为的法律规范,即规定允许作出的行为。

2. 按照法律规范的强制程度,可分为强制性规范和任意性规范。强制性规范是规定人们必须作出或禁止人们作出一定的行为的规范,所规定的权利和义务十分明确具体,不允许任何人以任何方式加以变更或违反。任意性规范是规定人们可以作出一定行为的规范,对权利与义务的具体内容一般不作出具体规定,允许法律关系参与者自行确定其权利与义务的具体内容。

3. 按照法律规范内容的确定性程度,可分为确定性规范、委托性规范、准用性规范。确定性规范是直接而明确地规定行为规则的内容,不需援用其他规范补充或说明的法律规范。委托性规范是在法律规范中没有直接规定具体的、明确的行为规则的内容,而是规定某一专门机关制定该项规则的内容。准用性规范是法律规范中没有直接规定具体、明确的规则内容,而是规定当法定的情况出现时,准许引用其他的有关法律规范。

二、法律规范的逻辑结构

法律规范的逻辑结构是指一个法律规范所必须具有的构成要素。正是这些要素构成了一个完整的法律规范。按照我国传统的法理学观点,这些必备的要素共有三个，即法律规范的三要素说。这三个要素是假定、处理、制裁，它们是任何一个法律规范在逻辑上都必须具备的。

（一）假定

假定，是指在法律规范中规定的适用该规范的条件和情况的部分，即指在一个法律规范中，规定该规范在什么空间范围、时间范围之内，对什么人具有效力的这一部分。只有在所规定的情况和条件出现时，才能适用该法律规范的有关规定。例如《社会保险法》第十六条规定，按月领取基本养老金的条件是：参加基本养老保险的个人，达到法定退休年龄时累计缴费满十五年的；如果参加基本养老保险的个人，达到法定退休年龄时，"累计缴费不足十五年的，可以缴费至满十五年，按月领取基本养老金"。

（二）处理

处理，是指法律规范中规定的具体行为规则的部分，即指行为规则本身。具体说，就是法律规范中规定人们应当做什么，不应当做什么，允许做什么，禁止做什么，要求做什么等。行为规则包括义务性行为规则、授权性行为规则和禁止性行为规则三种。例如《社会保险法》第十条规定："职工应当参加基本养老保险，由用人单位和职工共同缴纳基本养老保险费。"第六十条规定："职工应当缴纳的社会保险费由用人单位代扣代缴，用人单位应当按月将缴纳社会保险费的明细情况告知本人。"就是义务性行为规则。又如《社会保险法》第二十二条规定："省、自治区、直辖市人民政府根据实际情况，可以将城镇居民社会养老保险和新型农村社会养老保险合并实施。"就是授权性行为规则。再如《社会保险法》第六十条规定："用人单位应当自行申报、按时足额缴纳社会保险费，非因不可抗力等法定事由不得缓缴、减免。"就是禁止性行为规则。处理部分是法律规范的核心部分，任何一个法律规范都必须具备该部分。

（三）制裁

制裁，是指法律规范中规定的违反该规范所带来的法律后果、法律责任的部分，即对违反该法律规范的行为给予何种处置。例如《社会保险法》第八十六条规定："用人单位未按时足额缴纳社会保险费的，由社会保险费征收机构责令限期缴纳或者补足，并自欠缴之日起，按日加收万分之五的滞纳金；逾期仍不缴纳的，由有关行政部门处欠缴数额一倍以上三倍以下的罚款。"就是制裁性规则。

一个法律规范有了假定部分，便设定了适用的条件；有了处理部分，便明确了行为的内容；有了制裁部分，就会使行为人预见到违反规范时的后果和相应承担的责任。当上述三部分都完备时，一个逻辑结构完整的法律规范就构成了。

需要指出的是，不能把法律规范与法律条文等同起来，有时一个法律条文包含三个要素就是一个法律规范，有时几个法律条文才构成一个法律规范。比如《社会保险法》第五十七条，"用人单位应当自成立之日起三十日内凭营业执照、登记证书或者单位印章，向当地社会保险经办机构申请办理社会保险登记"。在这一法律条文中，"用人单位自成立之日起三十日内"是假定部分，"应当凭营业执照、登记证书或者单位印章，向当地社会保险经办机构申请办理社会保险登记"是处理部分，而制裁部分则在这部法律的第八十四条，"用人单位不办理社会保险登记的，由社会保险行政部门责令限期改正；逾期不改正的，对用人单位处应缴社会保险费数额一倍以上三倍以下的罚款，对其直接负责的主管人员和其他直接责任人员处五百元以上三千元以下的罚款"。有时一个完整的法律规范是由多个法律条文构成的，而且这些法律条文不一定是连续的几个法条，可能是散落在一部法律不同章节的几个法律条文。

关于法律规范的逻辑结构至今法学界主要有三种观点，除上述的假定、处理和制裁传统三要素学说外，还有另外两种观点。一是"两要素说"，认为法律规范由行为模式和法律后果组成；二是"新三要素说"，这是近几年兴起的，对传统三要素说及两要素说进行了批判，在批判的基础上提出了新三要素说，认为法律规范由条件假设、行为模式和法律后果三部分组成。新三要素说是对法律规范结构理论的新的重要发展，它从法律规范运行机制的角度较为合理地反映了法律实践的真实状况，对于我们加深对法律规范的认识有重要指导作用。这三种观点虽然有区别，但是也有几点共同之处，即都认为法律规范的核心要素是对权利和义务的规定，即规定人们可以做什么，应该做什么和不能做什么；都认为法律规范是内容，法律条文是形式，法律规范与法律条文不是一一对应的关系，一个法律条文可以包括几个法律规范，一个法律规范可以体现在几个法律条文之中。

社会保险法

第三节　社会保险法的基本概念

一、社会保险的概念

（一）社会保险的基本含义

社会保险，是指国家通过立法，多渠道筹集资金，对参保人在年老、失业、患病、工伤、生育等情况下减少劳动收入时依法提供物质帮助，使其能够享有基本生活保障的一项社会保障制度。

我国《宪法》第四十五条规定："中华人民共和国公民在年老、疾病或者丧失劳动能力的情况下，有从国家和社会获得物质帮助的权利。国家发展为公民享受这些权利所需要的社会保险、社会救济和医疗卫生事业。"根据宪法的规定，我国《劳动法》规定："国家发展社会保险事业，建立社会保险制度，设立社会保险基金，使劳动者在年老、患病、工伤、失业、生育等情况下获得帮助和补偿。"我国《社会保险法》规定："国家建立基本养老保险、基本医疗保险、工伤保险、失业保险、生育保险等社会保险制度，保障公民在年老、疾病、工伤、失业、生育等情况下依法从国家和社会获得物质帮助的权利。"劳动者正是通过社会保险实现宪法赋予公民的基本权利。

（二）社会保险与社会保障的区别

社会保障是一个比较宽泛的概念。学术界对此有三种说法：其一，社会保障包括社会保险、社会救济、社会优抚、社会福利等，即将不同的社会生活保障项目总和统称为社会保障。其二，社会保障就是社会保险，因为社会保险范围的扩大化就是社会保障。其三，社会福利包括社会保障和社会保险，社会保障（包括社会保险）的发展与完善就是社会福利，社会福利是最高层次、最为广泛的社会保障；社会福利不仅包括社会保障（社会保险、社会救济、社会优抚等），还包括住房福利、教育福利、医疗服务、公共娱乐福利、个人及家庭服务福利等。

在我国，目前较一致的观点是，社会保障的含义要比社会保险的含义宽泛得多。总体上认为社会保障是国家为了保持经济发展和社会稳定，对社会成员在遭遇生活困难时，或者为了提高所有社会成员的生活水平，由政府和社会依法提供物质帮助和精神享受，以维护其基本生活需要，并根据国家经济和社会发展状况，不断提高国民生活质量的一系列保障制度。

社会保障与社会保险两者在概念上的区别主要有：

（1）从覆盖范围看，社会保障覆盖的范围是在一个国家中生活的所有社会成员或所有人口。实施社会保障，主要是根据国家财力和社会资金，对全社会人口及不同群体，分不同情况，依法设置不同保障项目实施不同的经济帮助、生活救济和生活改善措施。而实施社会保险，覆盖的范围主要是遭受暂时或永久丧失劳动能力以及暂时丧失工作的社会风险，并履行了法定义务的社会成员，并非强制要求所有社会成员或全体国民必须参加基本社会保险。有一些国家将社会保险覆盖面扩大到了全体劳动者，包括个体劳动者以至自由职业者，但未覆盖雇主阶层，因为雇主一般具备基本生活条件，故不纳入社会保险的范围。

（2）从保障内容看，社会保障的内容不仅包括社会保险，还包括社会救济、社会福利和社会优抚等内容。社会救济主要是保障相对贫困的群体，即不论任何公民有无生活收入来源，只要其生活水平低于法定最低生活水平，就可享受最低生活保障，以满足其生存需要。社会优抚主要是保障一部分备受尊重而又有光荣身份的群体，如军人及其家属（包括退伍军人、伤残军人、现役军人和为国捐躯军人的家属等），可以享受不低于当地居民平均生活水平的保障。社会福利保障的则是全体社会成员，不分年龄大小和收入多少，均可享受；社会福利的覆盖面最为广泛，如一些欧洲国家提出对每个公民不分贫富，一律给予"从摇篮到坟墓"的各项社会福利。而社会保险的保障内容主要是在社会劳动者中，根据用人单位和每个劳动者履行法定缴费义务的情况，提供有限的养老、医疗、失业、工伤、生育保险待遇。对城乡居民也是根据其履行法定缴费义务的情况，提供基本的养老和医疗保险待遇。

（3）从资金来源看，实施社会保障，除了社会保险主要依靠用人单位和劳动者个人缴纳保险费、国家给予一定补助用于特定的劳动者外，其他保障项目如社会救济、社会优抚、社会福利，均以国家财政支付为主（也有一些社会捐赠款项），例如，对社会上的贫困群体进行救济，对为社会作出特殊贡献或付出特殊代价的人员进行优抚，对提高全体社会成员的物质文化生活水平进行公益性投入，以不断改善广大人民群众的生活质量。而社会保险基金则主要来源于用人单位和劳动者个人依法缴费，必要时，政府财政给予一定补助。

（三）社会保险与商业人身保险的区别

社会保险与商业人身保险也有不同，两者的区别主要在于：

(1) 保险性质不同。社会保险是基于国家倡导社会互助而通过立法建立的一种政府行为。它不以营利为目的，投保具有强制性，投保人和被保险人没有选择的权利。商业人身保险是市场经济中的一种商业活动，即是一种商业行为。它必须以营利为目的，投保是保险人与投保人或被保险人之间的一种自愿契约关系。

(2) 实施对象不同。社会保险的实施对象是社会保险法律法规所确定的范围，视不同的险种覆盖不同类型的用人单位和不同职业的劳动者，其缴费责任和数额是依法确定的。商业人身保险的对象是自愿投保的任何人，其投保缴费行为和投保数额由投保人自主决定。

(3) 资金来源不同。社会保险的资金来源于用人单位、劳动者的缴费和政府的财政补贴。商业人身保险是保险人自筹启动资金，运营资金来自投保人的保险费和投资利息。

(4) 保障功能不同。社会保险与商业人身保险都是对社会风险的补偿，但社会保险以保证劳动者的基本生活，维护社会安定为目的；而商业人身保险以获取商业利润，补偿特定对象为目标。

应当指出，商业人身保险中的各种人寿保险以及相关的疾病保险、人身意外伤害保险等，虽然也具有广义上的社会保险属性，可视为多层次社会保险制度的一个组成部分或必要补充，但因其投保人行为的自愿性和非强制性，其社会属性远不及政府主导的基本社会保险制度。

二、依法建立社会保险制度的历史考察

（一）社会生产的工业化要求依法建立社会保险制度

在自然经济社会里，社会成员的生活保障是以自给自足的小农经济为基础

的，体现为家庭自我保障，并未形成社会化、规范化、法制化的社会保险制度。在传统农业社会，土地为社会成员提供了从业和收入的生存依托，家庭提供生活、健康、养老等生存保障，形成的是一个以自然和血缘为纽带的生存保障网络。虽然在工业化以前的社会也出现过邻里互助、行业互助等生活保障组织和体系，但占统治地位的毕竟还是家庭保障方式。

18世纪，工业化的产生与发展，动摇了传统农业社会中家庭保障体系的社会基础。伴随着大机器工业而来的工厂，迅速地取代了一家一户的手工业生产和作坊，而成为社会的基本生产单位。工业化的结果，在削弱家庭原有生产职能的同时，创造了社会化的各类企业、商场、学校、医院等社会单位；在逐渐取代家庭保障的同时，强化了人类劳动的社会化，并为社会创造了大量的物质积累。伴随着工业化而来的是城市化。在此过程中，出现了大规模的农村人口迁移至城市，他们不但失去传统的生活依托——土地和基本的生产工具，而且还在一定程度上失去了亲朋和邻里的保障关系。此时，对于从事社会化大生产的广大城镇劳动者来说，生、老、病、残、死、失业等风险已不再完全是私人性质的风险，而成为一种社会风险。为应对这种社会风险，客观上就要求国家建立一种新的家庭之外的社会保险制度，以化解社会风险，为受社会生产伤害的劳动者提供经济帮助。随着工业化及城市化的进一步发展，为了有效地维护社会大生产的秩序，不仅要求国家制定经济法律来约束经济社会秩序，同时也要求国家在此社会基础上，通过立法来规范人们的社会生存保障方式，唯此才能保证社会生产和人民生活有序进行。于是，先行工业化的西欧国家，依法建立了社会保险制度。同时，从工业化国家的发展历程看，建立社会保险制度是工业化的必由之路，正是通过立法建立了社会保险制度，才使这些国家的工业化得以稳步推进。

(二) 产业工人的成长壮大要求立法保障广大劳动者的人身权益

随着工业化的发展，产业工人的力量也在不断发展壮大。产业工人及广大城镇劳动者在从业过程中，逐步认识到自己是整个社会生产的主力军，不仅不能忍受雇主的剥削和压榨，还要求在经济上独立；也要求通过立法确认广大工人在政治上、在社会生活中必须有独立的人身权益；要求法律确认对社会公民的生存与发展提供社会保障或社会保险是一项天赋权益，而不是雇主的恩赐。在此历史背景下，随着政治民主化的兴起与发展，面对不断高涨的工人运动，资本主义国家政府为了缓和阶级对立的矛盾，同时也为了维持和延缓资本主义的社会再生产，在广大工人和社会民众的不懈斗争中，不得不通过一些立法对雇主的剥削行为进行一定的限制，明确国家和社会应当承担的社会保障或社会保险职责。例如，1802年英国首次通过《棉纺厂学徒健康和道德保护法》，把儿童的劳动时间限制在12小时；1842年又制定《矿业法》，禁止妇女下矿劳动。德国在1871年颁布《雇主责任法》，规定企业对工人的工伤事故负责等。特别是在1883—1889年，德国俾斯麦政权把各地工人自动组织的互助补助基金"国有化"，并制定了世界上第一部《疾病保险法》（1883年），其后又相继颁布了《工伤保险法》（1884年）和《养老、残疾、死亡保险法》（1889年），从而奠定了德国社会保险法律制度的基础，使德国成为世界上第一个依法建立社会保险制度的国家。其后，欧洲各国相继效仿德国，也分别根据本国情况，通过立法建立了社会保险制度。如奥地利先后建立了工伤保险（1887年）、疾病保险（1888年）、养老保险（1906年）、失业保险（1920年），意大利建立了工伤保险（1898年）、养老保险和失业保险（1919年），瑞典建立了疾病保险（1891年）、养老保险（1913年）、工伤保险（1916年），法国建立了工伤保险（1898年）、养老保险（1910年），英国于1908—1911年颁布了《养老金法》《国民保险法》，俄国于1903年建立工伤保险等。美国作为后起之秀，尽管遭受了1929—1933年的资本主义经济大危机，但罗斯福总统一上台就着手建立了社会保险制度。美国国会于1935年8月通过了《社会保障法》。这是世界上第一个对社会保障进行全面系统规范的法律，其内容涉及社会保险、社会福利和社会救助等。罗斯福将此法视为"新政"的"奠基石"，以此来确保经济发展的稳定和公民社会生活的安全，改变了历来只靠自助与个人负责的传统保障方式，使政府在抗御社会风险方面担负了重要职责。在20世纪30年代，社会保险的普遍性、社会性、保障性原则得以确立，并成为世界各国社会保险立法的普遍原则。正是社会保险法律制度的建立与实施，才促进了各国社会安全和经济稳定发展。

（三）市场经济的发展要求依法对社会保险制度进行统一规范

在15世纪末欧洲资本主义市场经济初期，随着英国资本主义"圈地运动"

的兴起与发展，大量农民失去土地，流入城市；同时由于流浪的贫民没有生存保障，造成了严重的社会动荡。这迫使英国政府于1601年颁布了《济贫法》，对贫困民众实施生活救济。随后英国又在1834年颁布《济贫法修正案》（又称《新济贫法》），进一步对社会贫困人员给予经济帮助，依法确立对广大公民的生存保障。

随着资本主义市场经济的发展，受利益机制的驱动，各生产要素在不同地区、不同行业或企业之间流动组合，形成了社会资源的优化配置，进而促进了经济不断增长，也为社会积累了大量的物质财富；同时，受经济结构性调整和市场优胜劣汰竞争机制的影响，部分劳动者被迫退出劳动岗位和结构性失业现象不断产生，使劳动者本人及其家庭因失去收入而陷入生存危机。面对这种情形，客观上就要求通过国家的力量，调节市场经济创造的社会财富，对受到经济结构调整影响的劳动者给予经济帮助。特别是市场经济越是发展，越要求劳动者充分发挥其最活跃、最革命的作用，要求劳动者通过充分流动，与生产资料实现最佳结合。而要形成劳动力的合理流动机制，有效抵御劳动者在市场竞争中遭遇的社会风险，就必须打破劳动者靠血缘关系维护的家庭保障或企业保障的局限，依法建立社会保险制度，建立全社会统一的社会保障网络，使劳动者在生产竞争、在更换劳动岗位和迁徙就业时没有后顾之忧，有效实现劳动力要素的合理流动和有效配置。此外，随着市场经济的发展，特别是经济全球化的形成，竞争领域不断扩大，人们的经济需要不断增长，相应的社会保险要求就日益强烈，要求社会对广大劳动者提供更多的社会保险服务；同时也要求对各地区（以及各国家）的社会保险制度进行统一规范，通过立法对所有社会成员实行"国民待遇"，实现法律地位平等、参与市场的公平竞争；要求扩大社会保险覆盖范围，实现全体社会劳动者之间共担风险，促进劳动力资源配置优化，推动社会经济步入良性循环。

在市场经济全球化的推动下，国际劳工组织于1919年应运而生。根据国际劳工组织的章程，该组织的宗旨是"促进充分就业和提高生活水平，促进劳资双方合作，扩大社会保障措施，保护工人的生活与健康"，主张通过劳工立法来改善劳工状况，"增进劳资双方的共同福利"，进而"获得世界持久和平，建立社会正义"。国际劳工组织围绕建立社会保险制度制定了大量的国际公约和建议书，以此推进各国社会保险法制化的进程。例如 1919 年第 3 号《妇女生育前后工作公约》、1921 年第 12 号《(农业)工人赔偿公约》、1925 年第 17 号《工人(事故)赔偿公约》、1925 年第 18 号《工人(职业病)赔偿公约》、1927 年第 24 号《(工业)疾病保险公约》和第 25 号《(农业)疾病保险公约》、1933 年第 35 号《(工业等)老年保险公约》和第 36 号《(农业)老年保险公约》、1933 年第 37 号《(工业等)残疾保险公约》和第 38 号《(农业)残疾保险公约》、1934 年第 44 号《失业补贴公约》、1952 年第 102 号《社会保障(最低标准)公约》、1952 年第 103 号《生育保护公约(修订)》、1964 年第 121 号《工伤事故和职业病津贴公约》等。其中，1952 年第 102 号《社会保障(最低标准)公约》是一个基本标准，它涉及 9 个部分，即医疗护理、疾病津贴、失业津贴、老年津贴、工伤津贴、家庭津贴、生育津贴、残废津贴和遗属津贴。国际劳工组织要求批准本公约的会员国应遵守公约规定的 9 项标准中的至少 3 项，以保证劳动者享有最基本的社会保险。

目前，世界上已有 160 多个国家和地区通过立法建立了社会保险制度，使之成为带有国际性的一项基本社会制度。从某种意义上可以说，没有市场经济的发展，就难以建立社会保险制度；反之，没有社会保险制度，也就没有健全的市场经济体制。同时，社会保险制度的依法确立以至完善与否，已经成为衡量一个国家市场经济发展和社会文明进步程度的重要标志。

我国自 1949 年新中国成立以来，以 1951 年颁布《劳动保险条例》为标志，开始建立社会保险制度，通过 60 多年的探索和改革，目前建立的社会保险制度主要包括了养老保险、医疗保险、工伤保险、失业保险及生育保险五大部分。2010 年 10 月 28 日，十一届全国人民代表大会常委会第十七次会议审议通过了《社会保险法》(自 2011 年 7 月 1 日开始施行)，由此确立了我国社会保险制度的基本框架。

三、社会保险法的概念及其特征

(一) 社会保险法的基本概念

社会保险法是调整社会保险关系的法律规范的总和。它对社会保险的项目体系、实施范围与实施对象、各项社会保险资金来源、社会保险待遇标准、发放办法、社会保险基金管理等内容作出法律规定，并且明确社会保险经办机构的性质与职能、社会保险的组织形式与地位、社会保险的管理与监督检查等事项。

按照大陆法系国家对法律部门的划分，社会保险法既不完全属于公法，又不完全属于私法，而是介于公法和私法两者之间，有"私法公法化"之说，也有的称其为"社会法"（许多学者将劳动法和社会保障法等列入社会法的范畴）。

（二）社会保险法的基本特征

社会保险法作为国家法律体系中一个独立的法律部门，具有与其他法律部门不同的特殊性，其基本特征是：

1. 覆盖范围的社会性

社会保险的覆盖范围各个国家有所不同，有的覆盖全体公民，有的覆盖大部分劳动者。一般而言，国家建立社会保险制度的目的，是保障所有国民或劳动者在遇到年老、失业、疾病、工伤、生育等风险时，都能够从国家或者社会获得一定的物质帮助和服务，以维持基本生活，从而促使整个社会协调、稳定地发展。通过立法，规定社会保险对象的普遍性，即表现为社会保险权利为每一个社会劳动者享有。在社会保险的责任和义务方面，采取用人单位、劳动者、国家三方共担风险的原则，共同筹措资金来分散社会劳动者的社会风险。甚至在国际上，也有国家通过签订双边或多边互惠协议，对社会保险事务进行约定。社会保险法强制社会性的目标在于保障广大劳动者的基本生活需要，以达到维护社会稳定或社会安全发展的作用。

我国社会保险法的社会性，主要是指保险范围的社会性，即参加社会保险的对象范围十分广泛，包括社会上不同层次、不同行业、不同身份的劳动者，只要属于我国劳动法中规定的劳动者，都能够参加社会保险。根据我国《劳动法》，中华人民共和国境内所有的企业、事业单位、国家机关、社会团体、个体经济组织的劳动者都可以参与社会保险，范围的广泛不仅克服了以前社会保险制度覆盖面小和不统一的缺陷，而且完全符合社会主义市场经济体制的要求。我国《社会保险法》进一步把社会保险的范围扩大到了全体国民，即不仅包括职工，还包括城乡居民。社会保险的适用范围扩大，充分地体现了社会保险的社会性。同时，从社会保险组织和管理方面看，通过立法，强调在社会保险资金的筹集、发放、调剂、管理等方面都应实现政府主导下的社会化运作。

2. 资金使用的互济性

互济性是社会保险得以产生和存在的理论基础，它的原理即在于集众人之力分散众人风险，使全体参保人遭遇风险时通过互助共济获得帮助。社会保险实行互助共济，即在筹措和使用社会保险资金中，要遵循"大数法则""危险分散法则"等。实施社会保险，只有集合社会上一定多数的用人单位和个人的缴费，组合成较大的社会保险基金，才能根据危险分散的法则，将发生于少数单位和少数个人的社会风险，转由多数单位和多数个人共同分担。大数法则可使风险分散达到最大程度的均衡。

社会保险实行互助共济，一方面表现在社会保险基金实行社会统筹，在整个社会的范围内统一筹集和调剂使用资金，依靠全社会的财力，使由于年老、患病、工伤、失业、生育和丧失劳动能力等的事件对每个劳动者所造成的经济损失，通过互济共助获得救济，实现均衡负担和分散风险。另一方面劳动者的寿命长短、生病或不生病以及生病严重程度、伤残或丧失劳动能力与否及丧失劳动能力程度等，不以人们意志为转移，并且不可能完全等同，而社会保险的目的则是相同的，即保障全体参保人的基本生活需要。只有努力使社会保险统筹的覆盖范围越大，才能使社会保险抵御风险的能力越强。因此，各国建立和完善社会保险制度进程中，都在不断扩大社会保险覆盖面，实现更大范围的社会统筹与互助共济，使每一个劳动者都有一种安全保障感。

3. 国家确认的强制性

社会保险法本质上属于法的范畴，自然具有法的强制性。社会保险法的强制性是指社会保险由国家立法加以确认，并强制实施，这与商业保险完全不同。社会保险法涉及社会公众特别是广大社会劳动者的切身利益，因而在其法律条款中大都作出了强制性规定。即凡是属于法律规定纳入社会保险对象的任何用人单位和劳动者个人，都必须参加社会保险，不得自行确定是否参加保险以及选择所参加的保险项目，必须依据国家法律规定的缴费比例履行缴费义务，不能自愿协商变更缴费比例，不能自行选择缴费标准。社会保险法强制性规范的效力是不容变更的。这既体现了国家的社会责任，体现了国家对社会生活水平的强制干预，也是实现国家社会保障目标的根本保证。我国《社会保险法》第十一章还规定了相关的法律责任。如第八十四条规定："用人单位不办理社会保险登记的，由社会保险行政部门责令限期改正；逾期不改正的，对用人单位处应缴社会保险费数额一倍以上三倍以下的罚款，对其直接负责的主管人员和其他直接责任人员处五百元以上三千元以下的罚款。"第八十六条规定："用人单位未按时足额缴纳社会保险费的，由社会保险费征收机构责令限期缴纳或者补足，并自欠缴之日起，按日加收万分之五的滞纳金；逾期仍不缴纳的，由有关行政部门处欠缴数额一倍以上三倍以下的罚款。"这些条文都充分体现了社会保险的强制性，若保险参与人不按法律规定履行相关义务就要承担不利的法律后果，正是因为社会保险具有强制性，才能推动社会保险制度的实施，使社会保险法不会成为一纸空文。

4. 待遇水平的差别性

人们享受社会保险待遇（特别是养老保险待遇）时，并非实行人人都一样的平均主义，享受待遇与劳动者履行缴费义务时付出的保险费有一定的联系。由于劳动者之间因工作时间长短不同、工资收入高低不同、缴纳保险费多少不同，因而在享受社会保险待遇时就存在一定的差别。通过这种待遇的差别性，鼓励劳动者在能够劳动时多劳动、多缴费，为社会多作贡献。

社会保险待遇水平的差别性本质上不会造成不同人群的收入差距拉大。实施社会保险，能够防范职业风险，将参保人个人风险转化为社会风险，从而保证个人在暂时或者永久失去劳动能力以及暂时失去工作岗位从而造成收入中断或者减少的情况下，仍然能够获得一些经济补助，继续享受基本生活保障，不至于与正在工作的人们造成收入差距过大，进而维护个人及家庭的生存尊严。因此，人们说社会保险是社会稳定的调节器，社会保险能够缓解个人生活困难，缓解社会矛盾，营造和谐的社会环境。社会保险通过实行收入再分配，适当调节劳动分配，保障低收入者的基本生活，从而在一定程度上实现社会的公平分配。

5. 收入损失的补偿性

收入损失的补偿性是指让全体参保人员为个人参保者的风险埋单，在风险发生时对个人提供收入损失的救助。劳动者在向社会提供劳动，并以此获取劳动报酬的期间，要依据国家规定的标准，按照劳动报酬的一定比例，缴纳社会保险费用；待个人年老、患病、负伤、失业、生育和丧失劳动能力时，又依照国家规定的标准领回一定费用，这是社会保险补偿性的具体体现。同时，劳动者通过劳动创造的价值或财富，除了一部分表现为劳动报酬返还给劳动者之外，另一部分作为社会的各项扣除，纳入了政府收入的范畴。在社会保险基金的来源中，国家给予必要补助，其资金最初也是来源于劳动者的劳动贡献。国家通过支付社会保险补助将这部分再返还给劳动者，实质是对劳动者过去劳动的一种补偿。

社会保险法对一些保障项目作出了专门规定，并不绝对地要求劳动者的权利与义务相一致，对法定的参保人的帮助带有一定的补助性质。如对一些困难群体提供帮助时，国家通过立法对经济收入在一定数额以下的劳动者，免除缴纳一些社会保险项目的保险费；如对立法中明确的一些失业人员，由政府提供失业救济金；如对工伤或职业病患者、疾病或生育期间的劳动者，法律规定提供一些医疗项目时实行免费治疗等。上述这些费用来源，有的不需要用人单位和劳动者双方缴费，有的不需要劳动者一方缴费，而通过政府财政或用人单位的缴费实行社会补偿。

6. 实体法和程序法的统一性

社会保险法是由实体法与程序法兼容和配套的法律部门，因为社会保险法调整的对象是一个由社会保险领域中各种社会关系所构成的系统，它们分别与社会保险关系的特定内容或运行环节相对应，是社会保险关系正常运行在程序上的必要条件或保障。如养老保险、失业保险、医疗保险等法律法规中，既有被保险人（劳动者）权利与义务的实体内容，又有其相对应的保险待遇享受资格认定与各项待遇核定等程序性规定。所以，各国的社会保险法大都由实体法与程序法所构成。

在多数国家，社会保险立法是由不同保险项目分别立法构成的一个法律体系。社会保险法案是分散的，由一系列单项法令构成，如养老保险法、医疗保险法、失业保险法等，也有少数国家制定了社会保险法典。尽管各国对社会保险的内容和范围规定有所差异，但从总体情况看，都将老年保险、残疾和遗属保险、疾病和生育保险、工伤保险、失业保险纳入了社会保险的范围。我国从基本国情出发，将社会保险分为养老保险、医疗保险、失业保险、工伤保险、生育保险5个险种。由于社会保险各险种之间存在着较大差异，有其各自的特征，认识其主要差异，有利于我们通过立法对不同险种的保险制度、保险原则、享受条件和保险金运作模式等分别作出严格规定。

四、社会保险法的基本原则

社会保险法的基本原则是集中反映社会保险法的本质，贯穿在全部社会保险法律规范中并对整个社会保险法律规范体系起主导作用的基本精神和指导思想。社会保险法的基本原则是整个社会保险法律体系得以构建的基础，是立法者制定法律时的出发点和指导方针，是社会保险法各项具体制度和规范的基础和来源。社会保险法的基本原则对法律规范具有整合功能，可以使整部法律保持服从于立法目的的一致性，并随社会生活条件的变化依靠原则自身的弹性机制与其保持适应。

我国《社会保险法》体现了以下基本原则：

（一）社会保险水平与经济社会发展水平相适应

确定社会保险水平是社会保险法的一项重要内容，在确定社会保险水平时必须体现社会保险水平与社会生产力发展水平相适应的原则。社会保险水平指社会保险费用支出占国内生产总值的比重。社会保险需要社会生产力的发展为其提供可能、创造条件，只有当生产力发展到一定水平，社会财富较为丰富时，国家才有能力承担巨额的社会保险费。它必须与一定的经济社会发展水平相适应，高于经济社会发展水平的社会保险，势必给经济社会的发展背上沉重的包袱，阻碍经济社会的发展；而低于经济社会发展水平的社会保险，则不能起到保障生存权的作用。所以要根据生产力发展水平和各方面的承受能力，恰当地确定社会保险的范围、项目和水平。现阶段我国还不具备实行发达国家社会保险水平的条件，因此我国社会保险的水平在总体上应建立在我国尚不发达的现实基础上，以后再随着经济的发展逐步提高。

该项原则在多部法律中得以确立。《社会保险法》第三条规定，社会保险水平应当与经济社会发展水平相适应；《宪法》第十四条第四款规定，国家建立健全同经济发展水平相适应的社会保障制度；《劳动法》第七十一条规定，社会保险水平应当与社会经济发展水平和社会承受能力相适应。社会保险发展水平是受经济社会发展水平制约的，而且必须适应经济发展的水平。

（二）普遍性与社会化相统筹

社会保险的普遍性是指社会保险的适用范围包括所有社会成员，强调一切社会成员均享有社会保险权。公民在因年老、疾病、工伤、失业、生育等发生生活困难的情况下，享有从国家和社会获得物质帮助的权利。公民在法律面前一律平等，每个公民都平等地享有宪法赋予的社会保障权，社会保险的普遍性原则有利于社会稳定和社会成员权利的保障。《社会保险法》在《劳动法》的基础上扩大了社会保险的覆盖范围，其中基本养老保险和基本医疗保险的适用范围覆盖城乡全体居民，除了职工外，无雇工的个体工商户、未在用人单位参加基本养老保险的非全日制从业人员以及其他灵活就业人员都可以参加基本养老保险，即统筹城乡各类人群参保。

实行社会保险的普遍性就同时要求实施社会保险的社会化，这是社会保险能够健康发展的重要条件。现代社会的社会保险是全体社会成员的共同事业，应当鼓励本国社会成员主动参与社会保险事务，包括参与分担缴费，参与监督社会保险制度的实施等，使社会保险事业具备更为广泛的社会基础和坚实的经济基础。同时，社会保险管理的社会化也是社会保险自身的客观要求。社会保险要体现其社会性，就应当把各部门、各单位分散管理的形式逐步转为统一的社会化管理，统筹规划，将用人单位承担的社会保险方面的事务性工作转为社会化服务，建立健全统一的社会化服务体系。

（三）基本保障与激励机制相结合

现代社会中，一定的、必需的物质基础是人们生存的基础，也是个人享有人格的基础，但是根据个人能力和机会等的不同，一个社会中总是存在着贫富差距，一个社会中总是会有一些人面临物质的匮乏和生存的危机，为了保障其基本的生存权利，在其出现生活困难时，如年老、生病、失业等，国家和社会有义务对其进行物质帮助，以满足社会成员基本生存需要。但国家和社会的义务仅限于满足贫困者的最基本的生活需求，而不是让其享受比较富裕或高水平的生活质量。社会保险制度是为实现社会公平而设立的，我国经济水平还比较低，这些基本国情也决定了我们在完善社会保险体系时不能追求过高的保障水平，否则会加重企业和国家财政的负担，因此强调基本型保障的重要性。同时，在强调社会保险基本型保障的基础上，也要注重激励机制的运用。社会保险并非只是企业和国家的事情，每个劳动者在享有基本保障权的同时也要履行一定的义务，社会保险需要每个劳动者的投入，与每个劳动者的切身利益挂钩，因此社会保险法中规定了参保人的缴费比例和数额，强调个人缴费与个人待遇享受相平衡，鼓励社会成员积极参保，保险待遇与个人缴费适当挂钩，通过多缴费来提高保险待遇享受水平。

（四）权利与义务相对应

权利与义务相对应，是社会保险法律制度赖以存在的前提条件。在现代社会中，每个劳动者都有享有社会保险的平等权利，同时又都对社会保险负有不可推卸的责任和义务。劳动者只有履行了法定的义务之后，才能享受各项社会保险待遇。这些义务主要有：从事社会劳动；依法参加社会保险；依法缴纳社会保险费，并达到规定的最低缴费年限等。劳动者缴纳社会保险费的法定义务，既可以由自己亲自履行，也可以依法通过所在的就业单位代为履行。

（五）公平与效率相兼顾

强调公平与效率相统一，主要表现为社会保险待遇水平既要体现社会公平的因素，确保每一个劳动者都能维持基本生活，又要适度体现不同劳动者之间的差别，以提高用人单位和劳动者参保缴费的积极性。社会保险法律制度在维护社会公平的同时，也需要强调社会保险对于促进效率的作用，力求做到公平与效率兼顾，统一与差别并重。

（六）可持续性与多层次保障相照应

制定《社会保险法》不是权宜之计，而是要有利于社会保险制度的可持续发展，要通过立法来解决阻碍此项制度可持续发展的不利因素。在我国人口老龄化加速，城市化进程加快，就业形式多样化，经济全球化加深的大环境下，社会保险制度不仅要应对人口老龄化所带来的养老保险基金、医疗保险基金支出快速增长的压力，还要面对大量农民变市民，以及被征地农民、灵活就业人员如何参加城镇社会保险的问题。同时,也要考虑我国社会保险制度如何与国际接轨的问题。在《社会保险法》中,对这些问题都要有相关的应对措施。

同时,要实现一个国家的社会保险制度可持续发展,不能单一地依赖一种基本层面的社会保险制度,还要建立多层次社会保险体系。社会保险层次单一,不利于保障各类劳动者的社会生活。各国社会保险都实行了多层次保险原则,即实行国家基本保险、企业补充保险和个人储蓄性保险相结合的原则。根据我国《劳动法》的相关规定,用人单位和劳动者应当依照国家有关规定参加国家基本社会保险,缴纳社会保险费。国家还鼓励用人单位根据本单位实际情况为劳动者建立补充保险,并提倡劳动者个人进行储蓄性保险。所谓国家基本保险,是指通过国家立法,强制推行的最基本层次的社会保险,通常由国家、用人单位和个人三方出资负担。所谓用人单位建立补充保险,是指用人单位根据自愿的原则,以提高本单位职工的社会保险待遇,或者在特殊情况下不致使本单位职工保险待遇水平降低而设立的一项保障措施。企业补充保险由用人单位和本单位职工根据实际情况决定是否建立,一般情况下,主要由用人单位出资,有的也要求职工个人适当缴纳一点费用。所谓个人储蓄性保险,是指由劳动者个人以商业银行储蓄方式,预防将来发生生活困难时所采取的一种自我保障措施。它是一种纯个人行为。这些人身保险理念在我国社会保险立法中都予以了考虑。

第四节 社会保险法律关系

一、法律关系概述

(一) 法律关系的概念

法律关系,是指在法律规范调整一定社会关系过程中所形成的人们之间的权利和义务关系。

从构成上讲,法律关系具有三个要素,即法律关系的主体、法律关系的内容、法律关系的客体。这三个要素相互联系，相互制约，缺一不可。一个要素的改变，将带来整个法律关系的变化。

（二）法律关系的主体

法律关系的主体，是指法律关系的参加者，是法律关系中权利的享受者和义务的承担者。在每一具体的法律关系中，主体的多少各不相同，但在调整某一行为时，大体上都归属于相对应的双方。享有权利的一方称为权利人，承担义务的一方称为义务人。从理论上讲，凡是能够参与一定法律关系的人或者组织，都可以是法律关系的主体，但到底什么人或组织能够成为法律关系的主体，要由法律作出规定，而且法律的规定也是因不同的社会关系主体本身的特点和差异性来决定。

（三）法律关系的内容

法律关系的内容是指法律主体之间的权利和义务。

法律权利，是指法律关系主体依法享有的某种权能或利益。它表现为允许权利享有者为了满足自己的利益而采取的、由其他人的法律义务所保证的法律手段，即权利人有自己决定作出一定行为的权利，也有要求他人作出或不作出一定行为或履行一定法定义务的权利；同时当自己的权利受到侵犯时，有请求国家机关予以保护的权利。

法律义务，是与法律权利相对称的一个概念，是指法律关系主体依法承担的某种必须履行的责任，表现为义务人应按权利人的要求从事一定行为或不行为，以满足权利人利益的法律手段。

值得注意的是，法律权利和法律义务是有区别的，不能混淆两者的界限。权利和义务有各自的范围和限度，超出了这个限度，就可能构成"越权"或"滥用权利"，属于违法行为；而要求义务人作出超出义务范围的行为，同样也是法律所禁止的。

（四）法律关系的客体

法律关系的客体，是指法律关系主体的权利和义务所共同指向的对象，也称权利客体和义务客体。它是法律关系主体之间的权利和义务联系在一起的客观基础。没有客体为中介，就不可能形成法律关系。法律关系的主体有不同的种类，法律关系涉及的权利和义务有不同的内容；同样，法律关系的客体也是多种多样的。正是这些不同种类的主体、客体和内容构成了各种错综复杂的法律关系。

二、社会保险法律关系主体

社会保险法律关系具有多元化和复杂性的特点，这从社会保险关系主体的多样性及其对应的权利和义务关系可以表现出来。社会保险法律关系主体可以分为以下几类：

（一）保险人

保险人，是指社会保险法律范畴中的保险人，即指当生、老、病、死、残、失业等社会风险发生时，按照规定支付社会保险待遇的主体。目前，大多数国家的保险人是指法定的社会保险管理和经办机构，由其直接管理和实施社会保险，依法向用人单位、劳动者征收社会保险费，并负责具体运作社会保险项目和向劳动者支付相关的社会保险待遇。在国外，社会保险费征收机构和社会保险经办机构有多种类型，但运作模式主要有两种：一是在社会保险行政主管部门下设立专门机构，具体经办社会保险业务；该机构接受社会保险行政主管部门的政策指导并独立经营。二是由社会组织经办某项或某几项社会保险业务，这些机构实行自律性管理。在我国，保险人主要被称为社会保险经办机构，是指依法经办社会保险业务的主体。同时，国家通过对社会保险运行和实施给予财政上的支持，从而成为社会保险关系的特殊主体。

（二）参保人

参保人或称投保人，是指依法参加社会保险，并为被保险人的利益承担缴纳社会保险费义务的主体。社会保险的参保人一般为用人单位（主要是指与劳动者建立劳动合同关系的企业、事业单位、社会团体和国家机关等组织）以及有劳动合同关系的劳动者。对于没有稳定或固定劳动关系的灵活就业人员和非就业人员可以依法自行参保，成为参保人。在一些国家，自雇人员也可以成为参保人。

根据《社会保险法》的规定，参保人的权利和义务主要有：（1）在权利方面，可免费向保险人（社会保险经办机构）查询、核对其缴费记录，要求保险人提供社会保险的政策咨询等相关服务，监督保险人实施的社会保险工作，就与参保人有关的社会保险争议按照法律程序请求解决。(2) 在义务方面，一是缴费义务，职工基本养老保险、职工基本医疗保险、失业保险的缴费义务由参保的用人单位与职工共同承担，工伤保险、生育保险的缴费义务全部由用人单位承担；要依法按时、足额向保险人缴纳社会保险费，并按受保险人的监督检查。二是登记义务，按照法律规定为被保险人办理社会保险手续。三是申报和代扣代缴义务，参保的用人单位应当自行申报、按时足额缴纳社会保险费，非因不可抗力等法定事由不得缓缴、减免，参保职工应缴纳的社会保险费由其所在的用人单位代扣代缴，用人单位应当按月将缴纳社会保险费的明细情况告知劳动者本人。

（三）被保险人

被保险人，是指对社会保险标的享有直接保险利益的主体。社会保险中的被保险人一般为法律法规规定的参保单位从业人员。有的国家规定自雇的劳动者在履行缴费义务后，可以成为被保险人。我国《社会保险法》还将城乡居民依法参保后，也列为被保险人。

根据《社会保险法》的规定，被保险人的权利和义务主要有：(1) 在权利方面，一是依法享受社会保险待遇；二是免费向保险人（社会保险经办机构）查询、核对与本人有关的社会保险缴费记录和享受社会保险待遇记录；三是要求保险人提供社会保险的政策咨询及其他相关服务；四是监督本单位为其缴费情况，监督保险人的社会保险工作，就与本人有关的社会保险争议通过法律程序求得解决。(2) 在义务方面，一是缴费义务，参加社会保险要根据法律法规的规定，依法缴纳社会保险费。二是登记义务，用人单位的职工要如实提供相关材料，配合所在单位依法办理社会保险登记；自愿参加社会保险的无雇工的个体工商户、未在用人单位参加社会保险的非全日制从业人员以及其他灵活就业人员，应当向保险人申办社会保险登记；失业人员应当持本单位为其出具的终止或解除劳动关系证明，及时到指定的公共就业服务机构办理失业登记。

（四）受益人

受益人，是指基于与被保险人的一定关系而享有一定保险利益，因而能依法享受相关社会保险待遇的主体。受益人一般只限于法定范围的被保险人的亲属（供养直系亲属或其法宝继承人）。世界各国规定主要包括被保险人的妻子、未成年的子女以及鳏夫。受益人享有的保险利益，是在被保险人所得保险待遇以外，或者被保险人死亡后，按法定项目和标准获得物质帮助。受益人的收益权实际上是被保险人权利的延伸和扩展。受益人享受的待遇标准一般要低于被保险人享有的待遇标准。

（五）管理人

社会保险法律关系中的管理人，主要是指依法负有管理职责的社会保险行政管理部门。我国《社会保险法》第七条规定，国务院社会保险行政部门负责全国的社会保险管理工作，国务院其他有关部门在各自的职责范围内负责有关的社会保险工作。县级以上地方人民政府社会保险行政部门负责本行政区域的社会保险管理工作，县级以上地方人民政府其他有关部门在各自的职责范围内负责有关的社会保险工作。

管理人的主要职责是研究制定社会保险的法规政策和发展规划，负责社会保险工作的组织、管理、监督，指导社会保险经办机构的工作，组织实施社会保险的各项制度。

（六）监督人

社会保险法律关系中的监督人，主要是指依法负有监督职责的相关机构。社会保险监督人既有专门设立的社会保险监督机构（如依法成立的社会保险监督委员会等），也包括负有监督职责的相关行政主管部门。社会保险监督人的职责主要是监督社会保险法律、法规、政策的执行和社会保险基金的运营。社会保险监督人有了解权、建议权和处置权。社会保险监督人有权了解下列情况：①社会保险法律、法规和政策执行情况；②社会保险经办机构内部制度建设的情况；③社会保险基金收支情况；④社会保险基金的投资运营情况；⑤社会保险待遇的支付情况。社会保险监督人有权对社会保险经办机构的工作提出改进的意见和建议。对于社会保险经办机构的违法行为，社会保险监督人有权依法处置或者提交有关部门处理。

此外，在社会保险法律关系主体中，还有社会保险的服务管理人、社会保险代办人以及社会保险基金的投资人等。我国《社会保险法》对此都作出了相关规定。

第一章 社会保险法基本理论

案例分析

一、法律规范的强制性规定

［基本案情］

李某系一建筑工程公司招用的职工,并依法与该建筑公司签订了三年期限的劳动合同,约定工资月薪1 500元,以现金按月当面支付。公司提出要为李某缴纳社会保险费,其中养老保险费由公司缴纳的部分,按其工资总额的20%缴纳;由李某个人缴纳的部分,要从李某个人的工资中扣8%来缴纳。此时,李某认为自己的月薪仅1 500元,目前养家糊口都较困难,还要扣8%来缴纳养老保险费,肯定会使生活更困难。于是向公司提出不同意扣工资来缴纳养老保险费,并主动提出与公司签订一个自己不愿缴纳社会保险费的协议书。公司认为,双方系自主协商达成此协议,应当可行,便与李某签订了不为李某缴纳社会保险费的协议。

谁知,李某工作一年半后,因与公司管理人员发生矛盾,不服从管理,被公司辞退。此时,李某想不通,将其工作情况向好友陈某倾诉。陈某得知公司没有依法为李某缴纳社会保险费,遂建议李某向社会保险行政部门投诉,举报公司没有为自己依法缴纳社会保险费。于是,李某向当地社会保险行政部门投诉,要求该公司依法为其补缴社会保险费。当地社会保险行政部门接到投诉后,通过调查取证,认为事实清楚,便向该公司下达了责令改正处理决定书。

该公司对此不服,认为双方系自愿签订不缴纳社会保险费的协议,遂诉至法院。

［法律问题］

1. 缴纳社会保险费属于什么类型的法律规范?
2. 缴纳社会保险费可以由用人单位与劳动者自主协商确定吗?
3. 劳动者主动与用人单位协商,并签订不愿缴纳社会保险费的协议书是否有效？

[学理分析]

一种意见认为，李某与该公司签订自愿不缴纳社会保险费的协议书，属于双方的合同行为，系双方的真实意思表示，是双方协商解决社会保险权益的有效方式，符合《劳动法》第七十七条"用人单位与劳动者发生劳动争议，当事人可以依法申请调解、仲裁、提起诉讼，也可以协商解决"之规定，是一种有效的民事行为，应依法确认有效。若支持李某的请求和社会保险行政部门的行政决定，显然有违诚实信用原则，应驳回李某的诉求，撤销当地社会保险行政部门的行政决定。

另一种意见认为，双方签订的协议书违反了《社会保险法》中有关用人单位应当按照国家规定的本单位职工工资总额的比例缴纳社会保险费，职工应当按照国家规定的本人工资的比例缴纳社会保险费，"用人单位应当自行申报、按时足额缴纳社会保险费，非因不可抗力等法定事由不得缓缴、减免。职工应当缴纳的社会保险费由用人单位代扣代缴"等规定。用人单位与劳动者双方签订的任何协议书，若是违反了法律的强制性规定，依法应认定为无效。所以，依法应支持李某的诉求和维持社会保险行政部门的行政决定。其理由是：

一是缴纳社会保险费属于强制性的法律规范。按照《社会保险法》第六十条规定，"用人单位应当自行申报、按时足额缴纳社会保险费，非因不可抗力等法定事由不得缓缴、减免。职工应当缴纳的社会保险费由用人单位代扣代缴"。这一规定属于法律的强制性规定。强制性规定是指其适用不以当事人的意志为转移，不能通过当事人双方约定予以排除或变更的规定。违反强制性规定，法律行为一般归于无效。我国《民法通则》第五十八条规定，违反法律或者社会公共利益的民事行为无效；我国《合同法》第五十二条第五项也规定：违反法律、行政法规的强制性规定，合同无效。

二是缴纳社会保险费既然是法定的强制性规定，那么由用人单位与劳动者自主协商来排除显然是无效的；即使是劳动者主动与用人单位自愿协商签订不愿缴纳社会保险费的协议书，也是属于无效的协议。《社会保险法》已经明文规定用人单位"应当自行申报、按时足额缴纳社会保险费"，而且也明文规定了"职工应当缴纳的社会保险费由用人单位代扣代缴"。这一个"应当"、一个"代扣代缴",即表明法律强制性规定了用人单位的缴费义务。因此,用人单位与劳动者双方签订的任何协议书,尽管是双方自愿签订的,也确属双方的真实意思表示,但此协议如果违反了法律的强制性规定,仍然会依法被认定为无效。

本案中,法院认可了第二种意见,即支持了李某的诉求和维持了社会保险行政部门的行政决定。

二、商业人身保险不能代替社会保险

[基本案情]

小刘是某企业的一名车工,在工作当中被飞起的铁屑击中眼球,经劳动能力鉴定为8级伤残。该企业没有参加工伤保险,而是为每个职工购买了商业保险(人身意外伤害险),于是企业便从商业保险公司为小刘办理了赔付手续。企业认为这次工伤事故处理完了,没想到小刘坚持要求企业按照《社会保险法》和《工伤保险条例》等规定,向其支付工伤保险待遇,而企业则认为已经从商业保险公司为小刘报销了医疗费,领取了意外伤害保险金,再支付工伤保险待遇岂不是双重享受待遇吗?于是拒绝了小刘的要求。双方争执不下,小刘起诉到法院。最后在法院的调解下,企业方按规定向小刘支付了工伤保险待遇。

[法律问题]

1. 参加工伤保险属于什么类型的法律规范?
2. 职工的人身意外伤害险能否替代工伤保险?
3. 企业未缴纳工伤保险费或者未参加工伤保险的,其职工发生工伤后能否享受工伤保险待遇?

[学理分析]

一些企业对于社会保险不甚了解,认为参加了商业保险公司的人身保险也就是参加了社会保险。例如,对于社会保险体系中的工伤保险,一些企业错误地认为工伤保险和人身意外伤害险是一样的，企业参加一种就行了，于是参加了人身意外伤害险后就不再参加工伤保险。其实，人身意外伤害险和工伤保险的作用虽然相似，但人身意外伤害险并不能替代工伤保险。

根据《社会保险法》第三十三条规定："职工应当参加工伤保险，由用人单位缴纳工伤保险费，职工不缴纳工伤保险费。"参加工伤保险是强制性法律规范。国务院颁布的《工伤保险条例》第二条明确规定："中华人民共和国境内的企业、事业单位、社会团体、民办非企业单位、基金会、律师事务所、会计师事务所等组织和有雇工的个体工商户（以下称用人单位）应当依照本条例规定参加工伤保险，为本单位全部职工或者雇工（以下称职工）缴纳工伤保险费。"这就是说，法律法规强制性地规定用人单位必须参加工伤保险。

但是，我国的法律法规也不排斥用人单位自愿参加商业保险性质的人身意外伤害险，而是鼓励用人单位为职工购买人身意外伤害险。《国务院关于建立统一的企业职工基本养老保险制度的决定》（国发［1997］26号）中规定："各地区和有关部门要在国家政策指导下大力发展企业补充养老保险，同时发挥商业保险的补充作用。"但商业保险和社会保险两者不能相互替代。

人身意外伤害险是一种商业保险，它以营利为目的，由商业保险公司管理。而工伤保险属于社会保险，是我国社会保障体系的重要组成部分，它具有强制性，目的在于保障企业职工的合法权益，分散工伤风险，促进企业安全生产，维护社会稳定。

根据我国《社会保险法》第四十一条规定："职工所在用人单位未依法缴纳工伤保险费，发生工伤事故的，由用人单位支付工伤保险待遇。"《工伤保险条例》第六十二条规定："依照本条例规定应当参加工伤保险而未参加工伤保险的用人单位职工发生工伤的，由该用人单位按照本条例规定的工伤保险待遇项目和标准支付费用。"即法律、法规明确规定，无论企业是否参加了商业人身保险，只要依法"应当参加工伤保险而未参加工伤保险的"，或者"职工所在用人单位未依法缴纳工伤保险费"，一旦职工发生工伤事故，就要由用人单位自行支付职工的工伤保险待遇。

三、不存在社会保险关系即不适用社会保险法调整

[基本案情]

田某与某市义务交通管理协勤支队签订了公益性岗位用工合同，成为一名义务交通协管员，其工作任务是协助交通警察维护道路交通秩序等。一天，田某在上班过程中，协助交警管理交通时被一人力板车撞伤左脚，便及时向市人力资源社会保障局申请工伤认定。该局以田某的申请不属于工伤认定的范围，市义务交通管理协勤支队不属于企业或有雇工的个体工商户等为由，作出了工伤认定申请不予受理决定书。田某不服，起诉至法院，请求撤销市人力资源社会保障局作出的不予受理决定。

法院经审理认为：《社会保险法》中关于工伤保险涉及的对象是各类企事业单位的职工和个体工商户的雇工。本案中的田某与市义务交通管理协勤支队签订的公益性岗位用工合同，约定其成为义务交通管理协勤支队的一名义务交通协管员，而市义务交通管理协勤支队是市公安交通管理局领导下的，受委托依法成立的协助交通警察维护道路交通秩序和依法管理道路交通公共事务的群众性组织，并非企事业单位或有雇工的个体工商户，即不是劳动法律规范中调整的用人单位，其管理的协管员不享受工资和社会保险待遇，只发给生活补贴费。因此，田某与市义务交通管理协勤支队之间既不存在劳动法律关系或人事法律关系，也不存在社会保险法律关系。田某在工作中受伤不应向人力资源社会保障部门提出工伤认定申请，应通过其他法律途径解决。市人力资源社会保障局依法作出的工伤认定申请不予受理决定书，事实清楚、证据充分、适用法律正确、程序合法，依法应予维持。田某要求撤销上述不予受理决定书的请求，不符合有关法律的规定，不应予以支持。据此，法院作出一审判决，根据行政诉讼法第五十四条第一项的规定，判决维持市人力资源社会保障局作出的工伤认定申请不予受理决定书。

☑ [法律问题]

1. 只有具备社会保险法律关系主体资格的当事人才适用社会保险法调整。义务交通协管员是一种什么身份？是否属于法定的社会保险参保人和被保险人？

2. 义务交通协管员作为志愿者在工作中遭受意外伤害能否申请工伤认定？有何救济渠道？

☑ [学理分析]

1. 志愿者不属于法定的社会保险参保人和被保险人

志愿服务作为一种高尚的社会行为和一项重要的社会公益事业，在弥补政府资源不足、维护社会安全稳定、服务经济建设与社会道德构建等方面发挥了积极作用。目前，我国的志愿服务事业尚处于起步阶段，法律和行政法规尚未对什么是志愿服务作出明确规定。志愿者是开展志愿服务活动的主体，志愿者组织是组织志愿者开展志愿服务的非营利性公益组织。义务交通协管员是在交通警察的指导下维护道路交通秩序，劝阻交通安全违法行为等的人员。义务交通协管活动是公民自愿参与、不以营利为目的的、为社会和他人服务的志愿活动。义务交通协管员是志愿者，当任何人以志愿者的身份从事社会活动时，在其提供劳动过程中，既不是机关事业单位工作人员，也不是企业职工。

本案中的田某作为义务交通协管员，是开展义务交通协管服务的主体，是志愿服务的实施者。市义务交通管理协勤支队是受市公安交通管理机关委托而成立的协助交通警察维护道路交通秩序和管理公共事务的组织，是组织交通协管义务服务的志愿者组织。志愿者与志愿者组织者没有劳动法律关系和社会保险法律关系，只有具备社会保险法律关系主体资格的当事人才适用社会保险法调整。因此，田某与市义务交通管理协勤支队之间没有劳动法律关系，也没有社会保险法律关系；双方不受社会保险法调整，义务交通协管员也不属于法定的社会保险参保人和被保险人。有一种观点认为，田某从市义务交通管理协勤支队定期领取生活补贴这一事实，是否足以否定义务交通协管员的志愿者性质。其实，虽然志愿服务最核心的价值内容在于不以营利为目的，然而从广泛的国际惯例和人性化管理的角度看，向志愿者支付交通、用餐等补贴，作为对志愿服务的肯定、认同和鼓励，与志愿服务的精神不相矛盾。从这个意义上说，非营利性与无偿并非完全相同，自愿的社会公益行为并不是完全以无偿性作为前提，生活补贴并不影响交通义务协管员的志愿者本质。

2. 志愿者在工作中遭受意外伤害尚不能享受工伤保险待遇

根据《社会保险法》规定："职工应当参加工伤保险，由用人单位缴纳工伤保险费，职工不缴纳工伤保险费。""职工因工作原因受到事故伤害或者患职业病，且经工伤认定的，享受工伤保险待遇。"用人单位及其职工建立劳动法律关系，依法参加社会保险，建立社会保险法律关系。而本案中的市义务交通管理协勤支队系志愿者组织，并非劳动和社会保险法律法规中所涉及的事业单位、社会团体和企业组织；田某作为志愿者，在从事志愿服务活动中，并非以企事业单位的在职人员出现，也不具有劳动和社会保险法律关系的主体资格。志愿者开展志愿服务的目的与单位职工或劳动者从事社会劳动的目的截然不同。以义务交通协管员为例，其开展志愿服务的根本目的是维护交通秩序，促进道路畅通，确保交通安全，而不是获取劳动报酬。同理，志愿者开展志愿服务的最终目的也是以自身的知识、技能等为他人服务，为社会服务。志愿服务行动目的上的利他性和社会服务性与社会劳动者在目的上的利己性和利益性存在本质区别，因此，从行为目的性看，志愿者不是用人单位的职工，不能依照劳动和社会保险法律法规向人力资源社会保障部门申请工伤认定，也不能享受工伤保险待遇。

3. 志愿者遭受人身损害的救济渠道

根据《民法通则》第一百零六条规定："公民、法人由于过错侵害国家的、集体的财产，侵害他人财产、人身的，应当承担民事责任。没有过错，但法律规定应当承担民事责任的，应当承担民事责任。"因此，本案中的田某应向造成其人身损害的人力板车的车主主张赔偿责任，人力板车的车主应当承担民事责任。志愿者开展志愿服务受到人身损害的，不构成工伤，但造成其损害的主体应当承担人身损害赔偿责任。该侵权主体不能确定或没有赔偿能力的，志愿者组织应给予志愿者适当补偿。对于有人身危害性的志愿服务活动，志愿者组织也可以事前为志愿者购买商业人身保险来保障其人身权益。

（素材来源：重庆市渝中区人民法院）

第二章

我国社会保险立法

第一节 我国社会保险立法历程

一、我国社会保险法律制度的建立

1949年,在新中国成立之初,中央政府(政务院)针对当时农村一些灾民外流、城镇失业工人生活困难等形势,先后发布了《关于生产救灾的指示》(1949年12月)、《救济失业工人暂行办法》(1950年6月),开始实施社会救助。1951年,我国正式颁布《劳动保险条例》(1953年进行了修订)。这是新中国成立后的第一部社会保险法规,标志着我国社会保险法律制度的确立,奠定了我国社会保障的基础。这一条例对劳动保险金的征集与保管、因工负伤及残废待遇、疾病或非因工负伤及残废待遇、对工人与职员及其供养的直系亲属死亡待遇、养老待遇、生育待遇,都作出了明确规定。该条例初步确立了我国企业职工社会保险体系。此后,我国还陆续颁布和实施了有关养老保险、医疗保险、工伤保险、社会救济、社会福利和优抚安置等方面的政策规定,初步形成了与计划经济相适应的社会保障制度。这一制度的建立,在相当长的时期内,对发展我国国民经济,巩固国家政权,保障人民生活起到了重要的作用。

进入20世纪80年代以后,伴随着我国经济体制改革的推进,我国政府开始对社会保险制度进行全面改革,同时,积极探索推进社会保险的立法进程。

1993年,党的十四届三中全会通过的《关于建立社会主义市场经济体制若干问题的决定》,第一次以党中央决定形式确定了我国社会保障体系建设的目标、原则和主要任务。1994年颁布的《劳动法》设专章对社会保险作出了规定,从而为建立适应社会主义市场经济体制的社会保险法律体系奠定了基础。此后,国务院先后发布了《关于深化企业职工养老保险制度改革的通知》(1995年)、《关于建立统一的企业职工基本养老保险制度的决定》(1997年)、《关于建立城镇职工基本医疗保险制度的决定》(1998年)、《社会保险费征缴暂行条例》(1999年)、《失业保险条例》(1999年)、《工伤保险条例》(2003年)等行政法规和相关决定,为社会保险立法创造条件。

根据第八届全国人大常委会的立法规划和要求,原劳动部从1993年就开始起草《社会保险法(草案)》,并于1995年将《社会保险法(草案)》报国务院。1998年后,根据第九届全国人大常委会的立法规划和要求,原劳动和社会保障部第二次组织起草《社会保险法(草案)》,并于2001年再次将《社会保险法(草案)》报国务院。但是由于当时社会保险制度在急剧变革之中,有关各方对社会保险制度基本的发展方向、模式等还未形成较为统一的认识,特别是覆盖范围仅限于城镇职工,而且主要限于城镇国有企业职工,农村居民和城镇居民的社会保险制度建设还未提上议事日程。因此,这两次报国务院审议的《社会保险法(草案)》都未能在社会各方面达成共识,还不具备审议的条件,也未能提请全国人大常委会审议。

社会保险制度不断地改革和探索,积累了丰富的经验,为社会保险立法提供了实践基础。一方面,我国初步建立了适应社会主义市场经济体制要求和生产力发展水平的社会保险制度和政策体系框架,职工基本养老保险、城乡基本医疗保险和失业保险、工伤保险、生育保险制度普遍实施,新型农村社会养老保险开展试点。社会保险覆盖范围不断扩大,从国有企业向各类社会经济组织,从单位职工向灵活就业人员,从城镇居民向农村居民扩展,越来越多的人开始享有基本社会保障。另一方面,社会保险制度改革的不断深化,也暴露出一些突出的矛盾和问题有待通过立法去解决。比如,建立社会保险制度的强制力不够,缺乏权威性;社会保险体系尚有缺失,各项保险碎片化;一些社会保险制度分割,社会统筹层次低,相互缺乏衔接;社会保险筹资渠道偏窄,基金贬值压力加大,难以满足社会保险制度持续发展的需要;制度运行机制不健全,管理服务能力不到位等,都决定了我国应当加快制定一部社会保险法来推进社会保险制度的不断完善。

二、社会保险法草案的审议通过

党的十七大提出加快建立覆盖城乡居民的社会保障体系的目标和要求，明确了我国社会保险制度发展的方向，也为社会保险立法确定了基本原则。

根据第十届全国人大常委会的立法规划和要求，原劳动和社会保障部第三次组织起草了《社会保险法（草案）》，并于2006年报国务院。2007年11月，国务院常务会议讨论通过了《社会保险法（草案）》，提请全国人大常委会审议。全国人大常委会分别于2007年12月、2008年12月、2009年12月对草案进行了三次审议，不断论证修改草案。2009年5月22日，中央政治局以社会保障为专题组织集体学习，胡锦涛总书记作了重要讲话，他深刻地指出，社会保障与人民幸福安康息息相关，社会保障工作事关改革开放和社会主义现代化事业全局；加快建立覆盖城乡居民的社会保障体系是坚持立党为公、执政为民的具体体现，是推动科学发展、促进社会和谐的重要工作，是保增长、保民生、保稳定的重要任务，也是保持国家长治久安的重要条件。这些重要论断，把社会保障体系建设这项工作摆在了前所未有的位置，从党和国家全局的高度阐明了做好社会保障工作的重要意义，使全党对这件事情有了更充分、更深刻、更全面的认识，也使社会保险立法有了更加雄厚、坚实的政治基础。

2010年10月28日，第十一届全国人大常委会第十七次会议对《社会保险法（草案）》进行了第四次审议，并进行了表决，高票通过了这部法律。国家主席胡锦涛签署第35号主席令予以公布，自2011年7月1日起施行。从此，我国第一部《社会保险法》正式诞生了！

社会保险法研究起草工作从1993年启动至今，历时近17年。各方面通力协作，开展了大量的立法调研工作，采取多种形式广泛听取各方面的意见，特别是从2008年12月28日至2009年2月15日向全社会公开征求了意见，大量吸收社会保险制度改革的成功经验，借鉴国外的有效做法，对一些主要的制度和重点问题进行了反复研究论证。可以说，《社会保险法》是充分发扬民主，集中各方面智慧的成果。《社会保险法》是我国第一部专门的综合性社会保险基本法，是一部着力保障和改善民生的法律。它的颁布实施，对于建立覆盖城乡居民的社会保障体系，更好地维护公民参加社会保险和享受社会保险待遇的合法权益，使公民共享发展成果，促进社会主义和谐社会建设，具有十分重要的意义。

第二节　社会保险法的立法宗旨

《社会保险法》第一条规定："为了规范社会保险关系，维护公民参加社会保险和享受社会保险待遇的合法权益，使公民共享发展成果，促进社会和谐稳定，根据宪法，制定本法。"这一条开宗明义确定了该法的立法宗旨：一是规范社会保险关系，二是维护公民参加社会保险和享受社会保险待遇的合法权益，三是使公民共享发展成果，四是促进社会和谐稳定。

一、规范社会保险关系

社会保险关系，是指参与社会保险活动的用人单位、个人、管理者、服务者等主体之间所形成的权利义务关系。按照党的十六届六中全会和十七大提出的建立覆盖城乡居民的社会保障体系的目标，我国的社会保险制度应将城乡全体居民都纳入覆盖范围。因此，社会保险关系正在成为我国涉及主体最广泛、最普遍的一种社会经济关系。从人的生命过程来看，社会保险关系贯穿于我国所有居民的出生、生产劳动、患病诊疗、生育、失业、伤残、养老、死亡等一生的各个环节。从人们的社会生活来看，社会保险关系涉及生产、分配、交换和消费等各个方面。社会保险关系不仅同居民的切身利益密切相连，而且对国家经济、政治和其他社会关系产生重大影响。也正是由于这个原因，法学界普遍认为，社会保障法是一个独立的法律部门，全国人大将《社会保险法》作为中国特色社会主义法律体系中的支架性法律。

《社会保险法》将"规范社会保险关系"作为立法宗旨之一，就是要规范社会保险主体之间的关系，明确相互之间的权利和义务。理解社会保险关系涉及三个内容：一是社会保险关系主体。主要包括各级政府、社会保险费征收机构、社会保险经办机构、社会保险基金机构、用人单位、个人（包括职工、灵活就业人员以及城乡居民）以及涉及社会保险服务的机构（如定点医疗机构、定点零售药店）等。二是社会保险活动。即要关注社会保险运行的各环节，如社会保险费征缴、社会保险基金管理、社会保险资金支付与待遇给予、社会保险监督、社会保险争议解决等各个环节。三是社会保险权利义务关系。即社会保险关系经过法律调整后，就在各主体之间形成权利和义务关系。由于社会保险法律关系涵盖主体范围广泛，调整内容庞杂，涉及环节众多，同时在其法律关系中，既有行政性法律关系，也有平等性法律关系；既有国家的主导和干预，也有社会组织和个人的广泛参与；在其制度设计上，既有强制性的制度构成，也有自愿性的制度安排，呈现出多样性、交叉性和综合性的复杂特征。

《社会保险法》主要对以下社会保险权利义务关系进行了规范：

1. 以政府作为社会保险关系一方而产生的关系

主要包括：一是政府作为社会保险管理者与社会保险活动参与者之间的管理与被管理关系。如政府社会保险行政部门对用人单位和个人进行社会保险登记、缴纳社会保险费和领取社会保险待遇等行为的管理、监督检查和追究法律责任等。二是政府与社会保险服务提供者之间的管理与被管理关系。如社会保险行政部门和社会保险经办机构对医疗服务机构、药品经营单位等服务机构的管理、监督检查和追究法律责任等。三是政府与社会保险基金之间的补贴等关系。如《社会保险法》第十三条第二款规定："基本养老保险基金出现支付不足时，政府给予补贴。"四是政府作为权利救济者和争议处理者对社会保险权利受到侵害者的救济和争议处理关系。

2. 以社会保险办理机构为关系一方而产生的关系

社会保险办理机构即指《社会保险法》中的社会保险费征收机构和社会保险经办机构。主要包括：（1）社会保险费征收机构与缴费义务人之间的权利义务关系。对社会保险费缴费义务人来说，社会保险费征收机构有依法向其征收社会保险费的权力；相应地，缴费义务人有依法向社会保险费征收机构缴纳社会保险费的义务。（2）社会保险经办机构与参加社会保险的用人单位和个人之间的因管理和服务而产生的权利义务关系。如《社会保险法》第五十七条规定:"用人单位应当自成立之日起三十日内凭营业执照、登记证书或者单位印章,向当地社会保险经办机构申请办理社会保险登记。社会保险经办机构应当自收到申请之日起十五日内予以审核,发给社会保险登记证件。"第五十八条规定:"用人单位应当自用工之日起三十日内为其职工向社会保险经办机构申请办理社会保险登记。自愿参加社会保险的无雇工的个体工商户、未在用人单位参加社会保险的非全日制从业人员以及其他灵活就业人员,应当向社会保险经办机构申请办理社会保险登记。"第七十四条规定:"社会保险经办机构应当及时、完整、准确地记录参加社会保险的个人缴费和用人单位为其缴费,以及享受社会保险待遇等个人权益记录,定期将个人权益记录单免费寄送本人。用人单位和个人可以免费向社会保险经办机构查询、核对其缴费和享受社会保险待遇记录,要求社会保险经办机构提供社会保险咨询等相关服务。"(3) 社会保险经办机构与社会保险待遇享受人之间的待遇支付和领取权利义务关系。如《社会保险法》第四条规定"个人依法享受社会保险待遇",第七十三条规定"社会保险经办机构应当按时足额支付社会保险待遇"。(4) 社会保险经办机构与社会保险服务提供者之间的提供服务和支付报酬关系。如《社会保险法》第三十一条规定:"社会保险经办机构根据管理服务的需要,可以与医疗机构、药品经营单位签订服务协议,规范医疗服务行为。"第二十九条规定:"参保人员医疗费用中应当由基本医疗保险基金支付的部分,由社会保险经办机构与医疗机构、药品经营单位直接结算。"

3. 以社会保险服务机构为一方而产生的社会保险关系

除前述与政府及社会保险经办机构的关系外,主要是医疗服务机构和药品经营单位等社会保险服务机构与接受医疗服务者(参保人)之间的权利义务关系。如《社会保险法》第三十一条第二款规定:"医疗机构应当为参保人员提供合理、必要的医疗服务。"

4. 用人单位与其职工之间的社会保险权利义务关系

主要包括:一是用人单位应当为其所招用的全体职工缴纳各项社会保险费。如《社会保险法》第十条、第二十三条、第三十三条、第四十四条和第五十三条明确规定用人单位应当依法缴纳基本养老保险费、职工基本医疗保险费、工伤保险费、失业保险费和生育保险费。第四条规定，职工个人有权监督本单位为其缴费情况。二是特定情况下的社会保险待遇和某些特定社会保险待遇项目的支付与领取关系。如《社会保险法》第四十一条规定："职工所在用人单位未依法缴纳工伤保险费，发生工伤事故的，由用人单位支付工伤保险待遇。"第三十九条还规定，职工治疗工伤期间的工资福利、五至六级伤残职工按月领取的伤残津贴、终止或者解除劳动合同时的一次性伤残就业补助金等由用人单位支付。

二、维护公民社会保险权益

我国《宪法》第四十五条规定，中华人民共和国公民在年老、疾病或者丧失劳动能力的情况下，有从国家和社会获得物质帮助的权利。公民此项权利被称为社会保障权，宪法将其置于公民的基本权利之中，并规定国家发展为公民享受这些权利所需的社会保险、社会救济和医疗卫生事业。《社会保险法》作为国家规范社会保险制度的专门法律，其主要目的之一，就是通过建立健全社会保险制度来保证公民享受社会保障权，增进和维护公民的社会保险权益，保障公民共享经济社会发展成果。《社会保险法》这一宗旨主要体现在维护公民参加社会保险的权利和享受社会保险待遇的权利。

（一）保证每个公民都能参加社会保险

公民的社会保险权益，首先体现为能依法参加社会保险。《社会保险法》在保证公民能依法参加社会保险方面主要采取了两项措施：一是建立健全我国社会保险制度框架。按照党的十七大提出的到2020年基本建立覆盖城乡居民的社会保障体系，人人享有基本生活保障的目标，《社会保险法》在立法中确立了一项立法的基本原则，就是要在覆盖范围上把各类劳动者以及城乡全体居民全部纳入相应的基本养老保险、基本医疗保险制度，把职业人群纳入工伤保险、失业保险和生育保险制度，不使任何一个社会群体因为游离在制度之外而丧失享受社会保险权益的机会。例如，《社会保险法》第二章"基本养老保险"，在对职工基本养老保险制度作出系统性规定的基础上，对新型农村社会养老保险作出了原则性规定。同时，第二十二条还规定："国家建立和完善城镇居民社会养老保险制度。"第三章"基本医疗保险"，对职工基本医疗保险和新型农村合作医疗、城镇居民基本医疗保险的覆盖范围、缴费义务人等都作出了明确规定。二是对低收入人群实行社会保险缴费补贴。为了防止低收入人群因缴不起社会保险费而参加不到基本医疗保险制度中来，《社会保险法》第二十五条第二款规定："享受最低生活保障的人、丧失劳动能力的残疾人、低收入家庭六十周岁以上的老年人和未成年人等所需个人缴费部分，由政府给予补贴。"

（二）保证每个公民都能依法享受社会保险待遇

依法享受社会保险待遇是公民实现社会保险权益的根本所在。《社会保险法》将保证公民依法享受社会保险待遇作为最主要的规范目标之一，作出了明确的规定：①依法确定公民享受各项社会保险待遇的条件。例如《社会保险法》第二章至第六章，分别对五项社会保险的基本制度作了规定，其中最重要的内容就是明确规定了公民享受各项社会保险待遇的条件和待遇项目。②增加了公民的社会保险待遇项目。例如在养老保险方面，《社会保险法》第十七条规定"参加基本养老保险的个人，因病或者非因工死亡的，其遗属可以领取丧葬补助金和抚恤金；在未达到法定退休年龄时因病或者非因工致残完全丧失劳动能力的，可以领取病残津贴"，健全了遗属和病残待遇制度。在失业保险方面，对失业人员在领取失业保险金期间患病就医，由现行规定可以申领少量的医疗补助金，改为参加职工基本医疗保险并享受相应的基本医疗保险待遇，其应当缴纳的基本医疗保险费从失业保险基金中支付，从而提高了失业人员的医疗保障水平。③明确规定并严格限定了社会保险待遇终止的条件。例如在《社会保险法》第四十三条、第五十一条中分别规定了停止享受工伤保险待遇和失业保险待遇的情形，删去了现行制度中"被判刑收监执行或者被劳动教养"的规定。④创设了基本养老保险缴费不足15年人员的补缴或者转接制度。《社会保险法》第十六条规定："参加基本养老保险的个人，达到法定退休年龄时累计缴费不足十五年的，可以缴费至满十五年，按月领取基本养老金；也可以转入新型农村社会养老保险或者城镇居民社会养老保险，按照国务院规定享受相应的养老保险待遇。"⑤明确了社会保险待遇的垫付制度。为保证工伤职工得到及时救治，《社会保险法》第四十一条规定，职工所在用人单位未依法缴纳工伤保险费，发生工伤事故的，由用人单位支付工伤保险待遇。用人单位不支付的，从工伤保险基金中先行支付，然后由社会保经办机构依照本法规定追偿。此外，还规定了应当由第三人支付的医疗费或者工伤医疗费的垫付制度。⑥规定了流动就业人员的社会保险关系转移接续制度。例如在《社会保险法》第十九条、第三十二条、第五十二条中分别规定了基本养老保险、基本医疗保险、失业保险的转移接续制度。

三、保证公民共享发展成果

《社会保险法》规定我国社会保险制度的一项基本原则是，社会保险水平应当与经济社会发展水平相适应。也就是说，随着经济社会发展水平的提高，社会保险水平也应当提高，使广大人民群众能够分享经济社会发展成果，实现人民对更美好生活的期待。在市场经济条件下，经济规律发挥着基础性的作用，在社会财富的初次分配中，效率处于优先地位，其结果会在一定程度上产生贫富分配不均，加剧社会矛盾。而社会保险具有社会财富的再次分配功能，如通过立法建立一种机制，促使年轻人向年老的人、收入高的人向收入低的人、健康的人向患有疾病的人的再分配。这种社会共济的属性，体现了发展成果共享的社会价值观。我国的《社会保险法》在保证公民共享发展成果方面，除完善社会保险体系、政府对社会保险事业发展提供政策和资金支持等制度设计外，还具体体现在两方面：一是对社会保险待遇的具体标准采用开放式的规定。例如，《社会保险法》第十五条规定："基本养老金由统筹养老金和个人账户养老金组成。基本养老金根据个人累计缴费年限、缴费工资、当地职工平均工资、个人账户金额、城镇人口平均预期寿命等因素确定。"第二十六条规定："职工基本医疗保险、新型农村合作医疗和城镇居民基本医疗保险的待遇标准按照国家规定执行。"第四十七条规定："失业保险金的标准，由省、自治区、直辖市人民政府确定，不得低于城市居民最低生活保障标准。"二是建立了社会保险待遇正常调整机制。例如，在基本养老保险中规定："国家建立基本养老金正常调整机制。根据职工平均工资增长、物价上涨情况，适时提高基本养老保险待遇水平。"

四、促进社会和谐稳定

每个人在工作和生活中都会遇到各种各样的风险，如年老、患病、伤残、工伤、失业、生育等。这些风险或者导致人们支出的增加，或者导致人们收入降低甚至中断或者终止。在个人及其家庭无力防范或者克服这些风险的情况下，其后果可能是人们生活水平严重下降，甚至难以为继。如果社会不能帮助人们解决这些风险，对遭遇风险的个人来说，是严重的不幸甚至灾难，对社会来说，也会导致社会不稳定和经济不能健康持续发展。社会保险制度，正是在这样的情况下产生的。工业化的早期，大量农民被从他们赖以生存的土地上剥离出来，只能依靠出卖劳动力谋生。当他们因工作中受伤、患病、伤残、年老等丧失劳动能力或者不能依靠自己的劳动来获得生活资料的时候，为了活命，他们会通过个别的或者集体的激烈行动来争取自己能存活下去的权利，从而导致社会的不稳定。更为严重的是，随着丧失劳动能力者的增加和社会生产规模的不断扩大，某些领域或某些时期还会出现劳动力供给的不足。这两种情况都会冲击政府对社会的管理。而社会保险制度的建立和完善，可以通过政府主导的社会政策帮助人们防范和弱化这些劳动和社会风险，改善全体社会成员的福利。正是在这个意义上，社会保险制度被称为社会"安全网"或者"减震器"。

党的十六届六中全会通过的《中共中央关于构建社会主义和谐社会若干重大问题的决定》提出，社会和谐是中国特色社会主义的本质属性，是国家富强、民族振兴、人民幸福的重要保证，是我们党不懈奋斗的目标。该决定还将基本建立覆盖城乡居民的社会保障体系作为到2020年构建社会主义和谐社会的目标和主要任务。由此可以看出，在我国建立健全以社会保险为主要内容的社会保障体系，是建设中国特色社会主义的内在要求，是党和国家为了解决好人民群众最关心、最直接、最现实的利益问题，妥善处理好各种利益关系，保障人民群众的基本生活，缩小贫富差距，使人民群众更好地实现安居乐业所作出的一项基本制度安排。我国的社会保险立法活动就是将党和人民的意志上升为法律规范。因此，《社会保险法》的最高宗旨，就是通过适当的法律制度安排，深入贯彻落实科学发展观，落实党中央提出的发展为了人民、发展依靠人民、发展成果由人民共享的要求，促进社会和谐稳定。

第三节　我国社会保险体系框架

《社会保险法》是一部事关亿万劳动者切身利益和国家有效实现宏观调控的极为重要的法律，它是社会保险领域的基本法律，是我国人力资源社会保障法制建设中的一个里程碑，对完善社会保险体系，明确参保人员的权利义务，保障公民共享社会发展成果，促进社会和谐稳定具有重要意义。

《社会保险法》将我国境内所有用人单位和个人都纳入了社会保险制度的覆盖范围，社会保险法的调整对象具体而言：一是基本养老保险制度和基本医疗保险制度覆盖了我国城乡全体居民；二是工伤保险、失业保险和生育保险制度覆盖了所有用人单位及其职工；三是被征地农民、在中国境内就业的外国人按照相关规定纳入相应的社会保险制度。

《社会保险法》第二条规定："国家建立基本养老保险、基本医疗保险、工伤保险、失业保险、生育保险等社会保险制度，保障公民在年老、疾病、工伤、失业、生育等情况下依法从国家和社会获得物质帮助的权利。"根据这一规定，我国社会保险制度目前主要分为养老保险、医疗保险、工伤保险、生育保险和失业保险五大类，每一险种的性质、功能不同，其适用的范围、运作模式和管理方式等也有不同。

一、基本养老保险制度

基本养老保险制度，是指用人单位和个人依法参加养老保险，并按国家规定缴纳养老保险费满足法定期限，当参保个人达到领取养老保险待遇的条件时，能从国家或社会管理的养老保险基金中依法获得稳定和可靠的养老待遇的一项社会保险制度。

根据《社会保险法》第二章的规定，我国的基本养老保险制度由三个部分组成：职工基本养老保险制度、新型农村社会养老保险制度和城镇居民社会养老保险制度，分别覆盖职工、农村居民和城镇未就业的居民，从而在法律制度层面实现了基本养老保险在城乡公民中的全覆盖。

建立养老保险制度是为了使全体公民实现"老有所养"的目标。人生至老，是不可避免的客观事实，为老年人提供生活保障是现代文明社会的要求。《社会保险法》第十条规定，职工应当参加基本养老保险，由用人单位和职工共同缴纳基本养老保险费。无雇工的个体工商户、未在用人单位参加基本养老保险的非全日制从业人员以及其他灵活就业人员可以参加基本养老保险，由个人缴纳基本养老保险费。公务员和参照公务员法管理的工作人员参加基本养老保险的办法由国务院规定。

我国还借鉴了国际上较为普遍的做法，通过总结我国的经验，在《社会保险法》第二章中规定了病残津贴和遗属抚恤制度，并规定所需资金从职工基本养老保险基金中支付。《社会保险法》除了第二章规定了基本养老保险外，还在第七章至第十一章分别规定了养老保险费的征缴、养老保险基金、养老保险经办、养老保险监督、法律责任等方面的内容。

二、基本医疗保险制度

基本医疗保险制度，是指用人单位和个人依法参加医疗保险，并按国家规定缴纳一定比例的医疗保险费后，当参保个人因患病和意外伤害而就医诊疗发生医疗费用时，由国家或社会管理的医疗保险基金依法支付其医疗待遇的一项社会保险制度。

医疗保险制度是国家医疗保障体制的一个重要方面。医疗保障体制是指国家和社会依据有关法律和规定，为公民提供医疗服务并给予经济补偿与帮助，以防止或减轻受伤、患病和遭遇事故对其造成的损害，从而保障其生存需求的社会制度。根据《社会保险法》第三章的规定，我国的基本医疗保险制度由三个部分组成：职工基本医疗保险制度、新型农村合作医疗制度和城镇居民基本医疗保险制度，分别覆盖职工、农村居民和城镇未就业的居民，从而在法律制度层面实现了基本医疗保险在城乡公民中的全覆盖。

建立医疗保险制度是为了使全体公民实现"病有所医"的目标。人患疾病和遭遇事故,在目前科技条件下是不易预测的,为病患者提供医疗保障是现代文明社会的要求。《社会保险法》第二十三条规定,职工应当参加职工基本医疗保险,由用人单位和职工按照国家规定共同缴纳基本医疗保险费。无雇工的个体工商户、未在用人单位参加职工基本医疗保险的非全日制从业人员以及其他灵活就业人员可以参加职工基本医疗保险,由个人按照国家规定缴纳基本医疗保险费。同时,法律还规定,参加职工基本医疗保险的个人,达到法定退休年龄时累计缴费达到国家规定年限的,退休后不再缴纳基本医疗保险费,按照国家规定享受基本医疗保险待遇,未达到国家规定年限的,可以缴费至国家规定年限。

我国根据现阶段经济社会发展水平,为了切实保障公民患病和受伤后得以及时治疗,《社会保险法》还专门规定:一是符合基本医疗保险药品目录、诊疗项目、医疗服务设施标准以及急诊、抢救的医疗费用,按照国家规定从基本医疗保险基金中支付;二是社会保险经办机构根据管理服务的需要,可以与医疗机构、药品经营单位签订服务协议,规范医疗服务行为;三是个人跨统筹地区就业的,其基本医疗保险关系随本人转移,缴费年限累计计算。

三、工伤保险制度

工伤保险制度,是指由用人单位依法缴纳工伤保险费,职工个人不缴费,当参保职工因工作原因遭受意外伤害或者患职业病,从而造成暂时或者永久丧失劳动能力、死亡时,从国家或社会管理的工伤保险基金中依法获得治疗、康复所需费用,或者给予职工及其相关人员必要补偿和生活费用的一项社会保险制度。

工伤保险具有一个鲜明的特征,即工伤保险实行"无过错责任"原则,无论工伤事故的责任归于雇主还是雇员个人,均应由雇主或社会来承担保险责任,给予赔偿。这一原则已成为世界各国确定工伤保险责任时普遍适用的准则。

因为工伤保险费用应当由用人单位(雇主)缴纳,所以工伤保险制度只覆盖被用人单位招用的人员或受雇人员。《社会保险法》第四章对工伤保险进行了专门规定,2010年12月国务院又对原《工伤保险条例》进行了修订,使得我国工伤保险法律制度趋于完善。

各国均依法对工伤和非工伤进行了严格区分。前者是劳动者在工作生产过程中，因职业原因受到的伤害，后者则与职业无关。工伤保险制度还包括工伤预防制度和工伤康复制度。世界各国的立法都规定用人单位要努力改善劳动条件，加强对劳动者的安全培训，及时发现并排除事故隐患，一旦发生事故要及时治疗，并采取多种措施促进职工早日康复。

四、失业保险制度

失业保险制度，是指用人单位和职工按照国家规定缴纳一定比例的失业保险费后，因参保职工失业而暂时中断工资收入时，从国家或社会管理的工伤保险基金中依法提供物质帮助，以保障其基本生活，并促进其重新就业的一项社会保险制度。

因为失业是相对就业而言的，所以失业保险制度只覆盖了被用人单位招用的人员。《社会保险法》第四十四条和《失业保险条例》第二条对失业保险覆盖范围作出了明确规定。《社会保险法》规定，职工应当参加失业保险，由用人单位和职工按照国家规定共同缴纳失业保险费。《失业保险条例》规定，城镇企业事业单位及其职工要参加失业保险，并缴纳失业保险费，进一步明确了失业保险覆盖范围。此外，《失业保险条例》第三十二条规定，省、自治区、直辖市人民政府根据当地实际情况，可以决定将本行政区域内的社会团体及其专职人员、民办非企业单位及其职工、有雇工的城镇个体工商户及其雇工纳入失业保险覆盖范围。除了有雇工的城镇个体工商户，其他两类用人单位总体上数量较少，用人规模不大，管理方式不一，因此对其是否参保不宜作统一规定，而由省级人民政府根据当地实际自主决定。从各地实践看，大多数地区都将有雇工的城镇个体工商户及其雇工纳入失业保险的覆盖范围。

五、生育保险制度

生育保险制度，是指由用人单位依法缴纳生育保险费，职工个人不缴费，当参保职工或其配偶因生育造成暂时的工资收入减少或家庭经济困难时，由国家或社会管理的生育保险基金依法提供其生育待遇，或者给予职工配偶必要补贴的一项社会保险制度。

生育保险制度对改善妇女就业环境、切实保障妇女生育期间的基本权益具有重要作用；同时，对计划生育、优生优育等工作也产生了积极影响。因为生育保险费用应当由用人单位缴纳，所以生育保险制度目前只覆盖被用人单位招用的人员。建立生育保险的目的，是为了保证生育状态的劳动妇女的身体健康，减轻其因繁衍后代而产生的经济困难，同时也是为了保证劳动力再生产的延续。生育保险不仅是指对女职工生育子女所花费的生育手术费、住院费等费用的补偿，还包括通过建立社会生育基金的方式，对女职工在规定的生育假期内因未从事劳动而不能获得工资收入的补偿等。通过生育保险制度的建立，将女职工生育费用负担社会化、平均化，使用人单位均衡承担生育保险基金供款责任，有利于促进妇女就业和企业间的公平竞争。

第四节 建立和完善社会保险制度的方针与思路

一、建立社会保险制度的基本方针

《社会保险法》第三条规定："社会保险制度坚持广覆盖、保基本、多层次、可持续的方针，社会保险水平应当与经济社会发展水平相适应。"这是从我国多年的社会保险制度改革与发展的实践中总结出来的行之有效的基本方针。

（一）广覆盖

广覆盖，是指社会保险制度覆盖范围要尽可能广泛，使尽可能多的人能参加社会保险，以便帮助全社会更多的人抵御各种风险。《社会保险法》将党中央提出的到2020年建立覆盖城乡全体居民的社会保障体系、使人人享有基本生活保障的目标转化为国家的法律，从制度安排上实现了"全覆盖"。

一是从覆盖地域看，我国实现了社会保险制度从城镇向农村的重大历史性跨越。建立了新型农村社会养老保险制度、新型农村合作医疗制度，将广大农民的养老、医疗纳入社会保险覆盖范围；同时对进城务工农民、被征地农民的社会保险问题也作出相应规定，确保在城镇化和工业化过程中因征地拆迁而失去土地的农民、流动就业的农民不被遗漏在制度之外。

二是从覆盖人员看，我国实现了社会保险制度从职业人群向全体居民的扩展。建立了城乡居民的社会基本养老保险和基本医疗保险制度，将全体居民纳入社会保险制度覆盖范围。

三是从城镇从业人员看，实现了社会保险制度覆盖范围从正式职工向非正规就业人员的扩展。《社会保险法》规定灵活就业人员可以参加职工基本养老、职工基本医疗保险制度，将非正规就业人员纳入了社会保险制度的覆盖范围。

因此，2012年10月在中国共产党的第十八次代表大会上，我国将建立社会保险制度基本方针中的"广覆盖"改为"全覆盖"。一字之改，表明了我国建立和完善社会保险制度的紧迫性和坚定决心。

（二）保基本

保基本，是指我国社会保险待遇水平应当以保障公民基本生活和基本需要为主要目标。其中包含两层含义：一是社会保险水平应当足以保障公民的基本生活；二是现阶段社会保险水平只能保障公民的基本生活。要清醒地认识到，我国仍然处于社会主义初级阶段，人口多、底子薄、地区差别大是我国的基本国情。社会保险必须从低水平起步，以保障基本需求为目标，提高水平要立足于现实发展阶段，量力而行，充分考虑经济社会发展的承受能力。

基于基本国情和国际经验考虑，保基本还出于两个理由：一是可以防止高标准的社会保险待遇会造成国家财政、用人单位和个人的负担过重；二是就某些保险项目而言，如将失业保险待遇控制在一定合理的界限内，可以避免有劳动能力的人过分依赖失业保险待遇，而放弃以就业为本的生存方式。

保基本并不是永久的社会保险低水平标准。社会保险待遇标准是与国家经济发展水平相适应的。随着我国经济发展，国力增强，应当不断提高社会保险待遇标准。《社会保险法》规定了要建立基本养老保险金正常调整机制，根据职工平均工资增长、物价上涨等情况，适时提高基本养老保险待遇标准。从我国近来的社会保险制度建设实践看，职工的养老保险待遇和医疗费用报销水平都在逐年提高。

(三) 多层次

多层次，是指社会保险层次要丰富，既要建立各项基本的社会保险制度，又要鼓励和促进各种不同项目或名目的保险形式，作为基本社会保险的补充。如补充养老保险、补充医疗保险等。

我国《劳动法》明确规定，国家鼓励用人单位根据本单位实际情况为劳动者建立补充保险。国家提倡劳动者个人进行储蓄性保险。这就为建立由强制性公共社会保险与企业补充社会保险、个人储蓄性社会保险共同构成的多层次的社会保险体系提供了法律依据。国家鼓励发展多层次多形式的社会保险，一方面可以减轻政府的财政和管理压力，维持公共社会保险的长远稳定；另一方面可以动员广大社会力量，提高社会保险制度抵御风险的能力，并满足不同群体的社会保险需求。

(四) 可持续

可持续，是指社会保险制度应当具有一种可持续发展的长效机制，可以实现社会保险制度的稳定运行、长期发展。社会保险是一项全社会成员共同参加的协议，甚至是代际之间的协议。这就需要社会保险制度保持相对长期稳定，确保所有社会保险参与者有持续稳定的合理预期。

社会保险制度的可持续发展，主要体现在两个方面：一是社会保险制度是受到公民欢迎的，对公民具有吸引力的。一项制度的设计只有以人为本，得到目标适用人群的欢迎，他们愿意积极踊跃地参与进来，该制度才能实现制度目标，稳定有效地长期维持。二是社会保险基金能够在相当长的时期内实现收支平衡，自身能够良性运行。社会保险基金是社会保险制度的物质基础，没有稳定的社会保险基金来源，社会保险制度很难发挥出巨大效能，无从实现其制度目标。只有建立适应我国经济社会发展要求的可持续的社会保险基金筹集模式，确保社会保险制度建设能够有一个坚实的物质基础，才能使社会保险制度稳定运行。特别是我国面临着严峻的人口老龄化压力，目前我国60岁以上老年人口超过1.67亿人，约占总人口的12.5%，预计到"十二五"期末该比例将达到15%左右，这对养老保险和医疗保险基金支出形成了巨大的压力，必须未雨绸缪，建立未来社会保险制度可持续发展的长效机制。

（五）社会保险水平应当与经济社会发展水平相适应

经济社会发展是社会保险赖以存在的基础，经济社会发展水平制约着社会保险发展水平。社会保险不可能超越经济社会发展阶段。正确确定社会保险水平，必须体现社会保险现时水平与社会生产力发展水平相适应的原则。即社会保险水平应当与经济社会发展水平相互协调、相互促进。社会保险水平的科学确定，直接与经济社会的发展水平和国民经济的增长水平相联系，并且还直接影响投资、储蓄、失业率等经济活动。社会保险水平主要包括社会保险制度的覆盖范围、待遇水平等。

社会保险水平应当与经济社会发展水平相适应主要包括两层含义：一是社会保险水平不能低于经济社会的发展水平，也不能高于经济社会的发展水平。社会保险制度作为一项公民权益保障制度，应当体现党中央提出的"发展依靠人民，发展为了人民，发展成果由人民共享"执政理念，让全体公民能充分、广泛地享受经济社会发展的成果。同时，社会保险是一种国民收入再分配制度，它所分配的水平必然要建立在可分配的经济建设成果之上。只有经济社会持续发展，社会保险才能有发展的基础。如果社会保险水平超越了经济社会发展的水平，就意味着社会保险分配了超过能分配的经济社会发展成果，其结果只能是通货膨胀或者社会保险制度破产。二是社会保险制度的水平设计应当有利于促进社会经济发展。合理适当的社会保险水平，不但能够保证劳动力的简单再生产和扩大再生产，为经济社会发展提供充足的劳动力资源，而且有利于刺激居民消费，为商品和服务市场提供充足的购买力。相反，如果社会保险水平与经济社会发展水平不相适应，就有可能导致用人单位甚至国家负担加重，影响经济社会健康发展，或者导致居民不敢消费，社会购买力不足，制约经济社会发展。

目前，我国社会保险水平还比较低，社会保险事业发展还滞后于经济社会发展水平，并成为制约经济社会发展的"瓶颈"。要真正建立和谐社会，必须在发展经济的同时，不断促进社会保险事业的发展，使两者相互依存、相互协调、相互促进。

二、社会保险立法的主要思路

社会保障体系建设是保障和改善民生、调节收入分配、促进城乡统筹协调发展的重要内容。根据我国政府确定的发展目标,要立足于我国基本国情和经济社会发展的阶段性特征,统筹城乡社会保险制度建设和可持续发展,优先解决社会保险制度缺失问题,逐步扩大覆盖面和提高保障水平,努力抓好各项基础管理工作,切实加强公共服务体系建设,努力实现人人享有基本生活保障的目标。

(一) 建立社会保险制度从无到有

在建立社会保险制度,追求社会公平正义的过程中,部分社会成员缺乏基本的社会保障,是最大的不公平。因此,我国在已有的社会保障体系框架基础上,要加快弥补制度短板,着力解决制度性缺失。我国在社会保险制度建设中采取了"从无到有",优先解决制度缺失问题。例如,在绝大多数地区,城镇无收入老年居民的社会保障制度安排还是空白,党的十七届五中全会建议提出实施城镇居民养老保险制度的任务,需要抓紧落实;再如,统筹城乡的各项社会保障制度之间的衔接问题,跨度大、情况复杂,有些有了政策需要进一步落实完善,有的还需要制定新的政策。

(二) 覆盖参保人群从窄到宽

社会保险覆盖人群要"从窄到宽",逐步扩大覆盖面。扩大社会保险制度覆盖面要以非公有制单位职工、灵活就业人员、农民工和农民为重点。如新农保,制度模式框架虽已确定,试点面也在逐步扩大,但大部分农民仍处于无保障状态。2009年国务院32号文件提出要在2020年之前实现全面覆盖;党的十七届五中全会通过的"十二五"规划建议提出规划期内实现制度全覆盖。我们应该积极创造条件加快推进,按照国务院的统一部署,尽早实现全面实施。又如医疗保险,目前各项医疗保险制度覆盖人群超过12.5亿人,制度已逐渐成熟,国家对基层医疗卫生服务的投入还将进一步加大,可以在五个"有所"中首先做到全体中国人民病有所医,实现人人享有基本医疗保障。作为世界人口最多的发展中国家,这是一件前无古人的大好事、大实事。要继续落实被征地农民的社保政策,实行先保后征。还要继续解决体制转轨的历史遗留问题,除全面落实关闭破产企业退休人员纳入城镇职工基本医疗保险的政策外,还要将未参保集体企业已退休人员纳入基本养老保险制度,将企业"老工伤人员"全部纳入工伤保险统筹管理。

(三) 生活保障水平从低到高

社会保险水平应当与经济社会发展水平相适应。要根据经济社会发展情况，不断提高各项社会保障水平，并逐步缩小城乡、区域、群体之间的社会保障待遇差距。要建立正常待遇调整机制，保障弱势群体，拓展保险范围和项目，使得保障水平呈稳步增长的态势。保障水平的提高，要做到持续、有序、合理。持续就是不断提高。改善收入分配结构，需要提高社会保障水平；我国经济继续平稳较快发展，也有可能让人民共享经济发展成果。城镇企业职工养老保险待遇水平从2005年到2013年的9年连续调整后，达到人均每月1 700多元，但水平仍较低，应当进一步提高，并要建立正常调整的机制。医疗保险不只是单纯提高待遇标准，加快推进门诊统筹、增加保障项目、扩大受益群体覆盖面，也是提高保障水平的体现。失业保险除增加失业保险金外，提供更多的再就业和其他相关服务，也是提高保障水平的方式。对工伤保险来讲，保障水平还包括康复的能力。有序就是统筹考虑各类利益群体关系，综合平衡。地区之间经济社会发展有差异，社会保障水平有差别是正常的，但要保持在适当幅度之内。城乡之间的社保水平，比如三项基本医疗保险制度中，职工医保的待遇水平要提高，但要优先提高城镇居民医保和新农合的保障水平，逐步消弭不同群体之间的差距和矛盾。合理就是要时刻牢记我国仍处于并长期处于社会主义初级阶段，从人口多、底子薄、差异大的基本国情出发，合理控制提高保障水平的幅度、节奏、方式，不能超越现实发展阶段。

(四) 社会保险管理服务从粗到细

社会保险经办管理是确保社会保险制度健康运行的基本保证。随着社会保险覆盖范围、基金规模的扩大和管理服务对象的增多，经办服务和管理的任务越来越重，必须予以重视，要从过去粗放型管理服务向精细化管理服务转变，努力提高社会保险经办和管理服务的能力。

一是随着城乡社会保险制度的推进，对其管理服务项目要不断加强统筹规划，加强推进制度整合和城乡衔接，探索建立统筹城乡的社会保障管理体制。要研究制定城乡养老保险制度之间的衔接办法；探索整合城镇居民基本医疗保险和新型农村合作医疗制度，实行统一的城乡居民基本医疗保险制度。

二是随着各项社会保险统筹层次的提高，管理服务的流程要不断细化。要稳步提高各项社会保险统筹层次，按照科学合理的规程，引导基金调剂和扩大使用范围，增强社会保险基金共济能力。要进一步完善养老保险省级统筹，研究建立基础养老金全国统筹制度；全面实现医疗、失业、工伤、生育保险地（市）级统筹，推动完善省级调剂金制度，鼓励具备条件的省份实行省级统筹；新型农村社会养老保险也要实行基金省级管理。

三是随着社会保险关系转移接续的频繁，在经办管理服务中要科学细分转移接续中各个环节的工作职责，确保在全面实施城镇职工基本养老保险关系转移接续办法和具体落实医疗保险关系转移接续办法中不出现差错；要实现医疗保险缴费年限在各地互认，以异地安置退休人员为重点，完善异地就医管理服务，探索建立参保地委托就医地进行管理的协作机制。

四是随着社会保险基金监督管理的加强，对基金的管理使用及保值增值要不断加强全方位和全流程的监管，进一步完善基金监管制度；要健全行政监督与社会监督相结合的监管体系，充分发挥社会监督作用，确保基金安全；要按照严格的规则稳妥开展基金投资运营，实现保值增值。

五是随着基层公共服务体系建设的完善，社会保障工作直接面对百姓，服务民生，责任重大。公共服务体系建设是广大人民群众享受人力资源和社会保障事业发展成果最直观的体现。而目前人力资源社会保障公共服务体系建设与群众日益增长的公共服务需求相比、与基本公共服务均等化的需求相比、与服务型政府的目标相比还有较大差距，必须增强机遇意识和服务意识，认真分析和把握基层公共服务的特性，加快构建符合国情、比较完整、覆盖城乡、可持续的人力资源社会保障公共服务体系。要逐步推进"均等化、信息化、规范化"的统筹规划。一要着眼长远设计。通过局部突破带动整体建设，有计划、有步骤地建立健全基层公共服务网络。二要加快均等化进程。在推进公共服务体系建设的过程中，要更加注重向农村倾斜、向欠发达地区倾斜、向社会贫困群体倾斜，切实保障这些地区和群体的基本公共服务需求，力争人人都能享受到公共服务，实现均等化目标。三要推进信息化建设。信息化建设在公共服务体系建设中发挥着重要的基础和保障作用，要以全国统一、功能兼容的社会保障卡的发行作为龙头，全面推进信息化建设，打造多层次、多方位的信息化服务平台，发挥信息化建设的最大服务功效。四要加强规范化管理。要按照社会保险经办机构"三化"（规范化、信息化、专业化）建设要求，从粗放型管理过渡到精细化管理，大力推进公共服务机构的规范化服务和专业化服务，不断提高社会保险公共服务的规范化水平。

案例分析

一、农村居民与城镇居民平等参加社会保险

[基本案情]

小李是某市农村的村民，在所在村参加了新型农村社会养老保险。2010年7月小李进城，被市里一家物业管理有限公司招聘做保洁工。该公司得知小李在农村参加了新型农村社会养老保险后，就没有为其办理参加城镇职工社会保险申报手续。

小李工作一年后听说她应当参加城镇职工社会保险，于是询问公司。公司回答说，她是农村户籍，已经参加了新型农村社会养老保险，就不能参加城镇职工社会保险。后经其表兄劝说她应当参加城镇职工社会保险，于是，小李在与物业公司交涉无果的情况下，以该公司未给其缴纳社会保险费为由，向该市人力资源社会保障局的劳动监察机构投诉，要求物业公司为其办理参加社会保险登记，并缴纳城镇职工社会保险费。

[法律问题]

1. 《社会保险法》对公民参加社会保险，特别是参加城镇职工基本养老保险、城镇居民养老保险和农村居民养老保险作出了系统性规定，农村居民参加了新型农村社会养老保险后，再进城务工能否参加城镇职工基本养老保险和城镇居民养老保险？

2. 有农村户籍的农民进城进企业打工后，能否与城镇居民或城镇职工平等

参加城镇职工养老保险？

☑ [学理分析]

目前，人们把农村居民进城务工简称或俗称为"农民工"，这是相对于城镇劳动者而言的一种称谓。农民工是基于我国历史上特有的户籍制度而产生的一种职业身份区别。应当说，在一个公平正义和现代文明的社会，用人单位对于招用的劳动者不能以是来自城镇还是来自农村，采取区别对待的做法。城镇各类用人单位及其职工，都要依法参加社会保险，履行缴纳社会保险费的义务，享受相应的社会保险待遇。农民工也能够与城镇职工一样平等地参加职工社会养老保险，并享有相应的权利。

有一种观点认为：农民工在进城前已经参加了农村养老保险的，进城后就不再参加职工养老保险了。一是认为同一项社会保险，一个人不能同时享受两份；二是认为目前我国的养老保险信息系统如果已经录入了一个人的社会保险号码，之后就不能再录入了。

另一种观点认为：《社会保险法》第九十五条明确规定："进城务工的农村居民依照本法规定参加社会保险。"这表明法律对农村居民进城务工参加社会保险作出了原则性规定。新型农村社会养老保险属于农村居民自愿参加的一项保险，而城镇企业职工基本养老保险属于法定的强制性保险，用人单位为其职工缴纳社会保险费是其法定义务。用人单位招用农民工后不得以农民工已参加新型农村社会养老保险为由，拒绝为农民工缴纳企业职工基本养老保险费，同时还应当依法缴纳法律规定的其他四项社会保险（基本医疗保险、失业保险、工伤保险、生育保险）。进城务工的农村居民应当与城镇居民或城镇职工一样，有平等参加城镇职工养老保险的权利。因此，物业公司不为小李办理社会保险登记，不为其缴纳养老保险费（或者不向社会保险经办机构缴纳五项社会保险费）是违法的。

本案中，市人力资源社会保障局认可了第二种观点，即责令物业公司应当为小李办理参加社会保险手续，依法按期足额为小李缴纳社会保险费。

二、被判刑人员能否享受社会保险待遇

[基本案情]

陈某是某公司的部门经理,在该公司已经参加工作多年,在一次组织工人下井作业过程中,因粗心大意,没有严格执行公司章程以及有关安全操作规定,违章指挥,使在作业过程中的5名矿工被困矿井,其中4名被成功解救,但是仍有1名矿工死亡。对于这一事故,公司作出了对陈某的开除决定。

陈某被解除劳动合同后,在等待事故责任追究结果期间,他作为失业人员申请领取失业保险金,当地社会保险经办机构以其失业原因未定性为由,不支付其失业保险金。三个月后,陈某被追究刑事责任(被判刑),为此,当地社会保险经办机构又以其被判刑为由,认为陈某不再具备享受失业保险金的资格。

陈某认为公司和自己已经缴纳了失业保险费,失业后理应领取失业保险费,于是,起诉到法院,请求法院支持其诉求。

[法律问题]

《社会保险法》不仅规定了用人单位和职工依法缴纳社会保险费的义务,也明确规定并严格限定了享受社会保险待遇的条件。

1. 职工因犯错误被解除劳动合同后能否领取失业保险金?
2. 被判刑人员能否享受社会保险待遇?

[学理分析]

《社会保险法》规定,职工应当参加失业保险,由用人单位和职工按照国家规定共同缴纳失业保险费。当职工失业后,失业人员符合下列条件的可从失业保险基金中领取失业保险金:①失业前用人单位和本人已经缴纳失业保险费满一年的;②非因本人意愿中断就业的;③已经进行失业登记,并有求职要求的。本案中,陈某被公司开除,尽管其犯了错误,但属于"非因本人意愿中断就业"的情形,符合申领失业保险金的条件,社会保险经办机构应当向其支付失业保险金。

按照1999年我国发布的《失业保险条例》第十五条的规定，失业人员在领取失业保险金期间有"被判刑收监执行或者被劳动教养的"情形的，停止领取失业保险金，并同时停止享受其他失业保险待遇。但在2010年我国公布的《社会保险法》中，第五十一条规定："失业人员在领取失业保险金期间有下列情形之一的，停止领取失业保险金，并同时停止享受其他失业保险待遇：①重新就业的；②应征服兵役的；③移居境外的；④享受基本养老保险待遇的；⑤无正当理由，拒不接受当地人民政府指定部门或者机构介绍的适当工作或者提供的培训的。"法律的这一规定，删去了行政法规《失业保险条例》中规定的"被判刑收监执行或者被劳动教养的"情形。这说明《社会保险法》强调了社会保险的人本原则，肯定了被判刑人员仍能享受失业保险待遇。

三、内退人员再就业可否再享受相关社会保险权益

[基本案情]

朱某是一家钢铁有限公司的职工，注册监理师。根据该公司内部规定，朱某于2005年7月办理内退，每月领取由该公司发放的"内退养老金"3 000余元，仍由该公司继续为其缴纳社会保险费。

2010年，朱某应聘至一家工程监理公司从事监理工程师工作，在应聘时，朱某向该工程监理公司说明了自己系一家钢铁有限公司的内退职工。于是，双方签订了《用工合同》，约定工程监理公司每月支付朱某工资4 500元，不再为其缴纳社会保险费。之后，双方一直按照该约定履行合同。直到2011年9月因朱某履行职务的重大过失，造成了工程监理公司监理的施工单位工程质量存在重大瑕疵。为此，该工程监理公司立刻将朱某辞退了。

朱某被辞退时向该工程监理公司提出要求补缴社会保险费未果，便向市社会保险费征收机构进行投诉。该市社会保险费征收机构以朱某的原单位（钢铁有限公司）已替其缴纳了社会保险费，并支付了现阶段的"内退养老金"为由，认为一个人在同一时段只能存在一个社会保险关系，驳回了朱某的投诉。

朱某不服，向法院提起诉讼，请求判令工程监理公司应按社会保险部门核准

的标准,替其补缴在该工程监理公司工作期间的社会保险费。

(素材来源:萍乡市安源区人民法院)

☑ [法律问题]

1. 企业内退人员在原单位已为其缴纳社会保险费的情况下,又到一个新的用人单位工作,此时的社会保险权益如何处理?

2. 内退人员被新的单位招用后,是否存在劳动关系和社会保险关系?

3. 内退人员在新的单位工作后,是否可以要求新的单位为其继续缴纳社会保险费?

☑ [学理分析]

第一种观点认为,《最高人民法院关于审理劳动争议案件适用法律若干问题的解释(三)》第八条规定:未达到法定退休年龄的内退人员因与新的用人单位发生用工争议,依法向人民法院提起诉讼的,人民法院应当按劳动关系处理。这就表明,内退人员与新的用人单位之间发生用工争议应按双方存在劳动关系来处理。而按照《劳动法》和《社会保险法》的规定:用人单位和劳动者必须依法参加社会保险,缴纳社会保险费。故本案中,朱某有权要求工程监理公司补缴其在工作期间的社会保险费。

第二种观点认为,基于劳动者社会保险关系的唯一性,任何劳动者在同一时段只能拥有一份社会保险。本案中,朱某已在其原单位参加了社会保险,缴纳了社会保险费,工程监理公司无法替其再次缴纳社会保险费;原告朱某又无权要求被告工程监理公司以货币形式支付其社会保险费用。故应驳回朱某的诉求。

职工参加社会保险具有两个主要特征:一是缴纳社会保险费具有强制性。主要表现在当劳动者在法定年龄内就业并取得劳动报酬时,必须依据国家法律法规参加社会保险,建立社会保险关系,缴纳社会保险费。二是每个职工的社会保险具有唯一性。即当用人单位、劳动者参加社会保险,进行申报、登记、缴费后,社会保险经办机构与劳动者就建立了社会保险关系。劳动者一生中可以从事多项工作,也可以多次签订劳动合同,甚至在同一段时间内与两个单位签订劳动合同,但其社会保险关系只能有一个(或社会保险号码只能有一个)。劳动者一般不得重复参加同一项社会保险（当劳动者在两个单位同时工作时，其工伤保险除外）。当劳动者失业后社会保险缴费中断，待其再就业时或劳动者职业发生变化时，原社会保险关系予以接续，不需要重新建立新的社会保险关系。所以，作为内退职工，未达到法定退休年龄前到新的用人单位再就业时，按理应当建立劳动关系，相应地也应当建立社会保险关系。但因内退职工在原单位已建立了社会保险关系，并由原单位继续在为其缴纳社会保险费。如果再让新的用人单位为其缴纳社会保险费，就存在重复参保问题，也为事后的重复享受待遇（比如在医疗保险待遇支付中如何支付医疗费）带来难题。所以是否可以要求新的单位为其缴纳社会保险费需要进一步研究。

第三章

基本养老保险

第一节 养老保险基本概念

一、养老保险的含义及特征

（一）养老保险的基本含义

养老保险，是指参保人依法缴纳养老保险费达到法定期限，并且在参保个人达到法定的领取养老保险待遇的条件时，能从国家或社会管理的养老保险基金中依法获得稳定和可靠的养老待遇。

养老保险是通过社会保障制度的安排来防范公民因年老而产生的风险。国际上通常的做法是，国家通过立法强制建立社会养老保险制度，提供基本的养老生活保障。同时，鼓励雇主建立补充性的养老保险作为社会养老保险的补充，引导公民积极为自己的养老储蓄资金，以保证年老后生活水平不会明显下降。因此，养老保险就其保险范围、保险水平、保险方式的不同，又可分为国家基本养老保险、单位或行业补充养老保险（如企业年金或职业年金）、个人储蓄性养老保险。国际上分别称之为养老保险的第一支柱、第二支柱和第三支柱。

（二）国家基本养老保险的特征

国家基本养老保险是社会保险的主要险种之一，是社会保险制度的重要组成部分，属于社会保障的范畴。国家基本养老保险具有社会保险的强制性、互济性和普遍性等共同特征，也具有其自身的特征。

1. 享受条件的法定性。劳动者达到法定老年年龄，并从事某种劳动达到法定年限，是享受养老保险的法定条件。这是养老保险区别于其他社会保险的主要特征。养老保险的对象是老年人，即养老者必须达到法定的老年年龄，因此老年的界定就非常重要。对于老年的界定，各国因劳动力资源状况、社会经济发展状况、劳动者体质状况等多种因素的不同而有所不同。达到老年年龄只是享受养老保险的条件之一，同时法律还要求劳动者从事某种劳动达到法定年限。即把劳动者的工龄、身体条件和劳动条件等作为补充条件加以规定。各国有关工龄的规定不尽一致，多数国家规定为 15～20 年。还有一些国家规定了缴纳养老保险费要达到一定年限。缴费年限是指用人单位和劳动者个人缴纳养老保险费的年限。规定缴费年限的目的在于：(1) 避免一些人在临近法定老年年龄（或法定退休年龄）时才履行缴纳保险费的义务，并获得退休金；(2) 一些富裕国家为避免来自经济贫穷国家的新移民，纯粹为了获取较高的退休保障而迁入；(3) 通过履行缴费义务，体现劳动者权利与义务的对等关系，体现对参加养老保险者的公平。大多数国家一般都规定一个最低缴费年限。

2. 享受待遇的长期性。参加养老保险的人员一旦达到享受养老保险待遇的条件或取得享受待遇的资格后，就可以长期享受待遇直至死亡。

3. 适用范围的全民性。养老保险是适用范围最为广泛的社会保险项目。从年轻到衰老是每个公民都无法回避的生理现实，所以养老保险保障的范围应为全体公民。养老保险是世界各国普遍实行的一种社会保障制度，由国家立法实行，任何单位和个人都应当依法参加。

4. 保障水平的适度性。一般说来，养老保险的整体水平要高于贫困救济线和失业保险金的水平，但低于社会平均工资和个人在职时的收入水平。养老保险保障的是参保人能维持其基本生活水平，所以在我国的社会保险中一般被称为"基本养老保险"。

5. 保障方式的多样性。广义的养老保险不仅包括国家法定的基本养老保险，还包括用人单位为职工建立的补充养老保险（企业年金）、个人自愿参加的储蓄性养老保险。

二、国外养老保险法律制度

在劳动是人们获得基本生活资料主要手段的社会，人们因年老而丧失劳动能力，将不能通过自己的劳动获得生活资料。从风险角度来看，年老是人们都要面对的必然性风险。因此,德国于1889年首次颁布世界上第一部《残疾和养老保险法》,并确立了养老保险的基本原则。随后,奥地利、英国、卢森堡和瑞典等欧洲国家分别颁布了养老保险法。美国的养老保险立法可以追溯到19世纪末期。由于美国是联邦制国家,各州相继制定了养老保险法,如新泽西于1896年颁布了《教员年金法》,亚利桑那州于1914年制定了《老年退休计划》,到1935年已有30个州建立了老年退休金制度;直到1935年,美国才颁布了以养老保险为主要内容的《社会保障法》,并于同年实施了年金保险制度。

20世纪下半叶,新兴的发展中国家和社会主义国家也相继制定了养老保险法。苏联及东欧国家大都于20世纪20年代开始实行年金保险。到50年代,养老保险立法得到了国际社会的重视和支持,许多发展中国家也相继建立起养老保险制度。1952年国际劳工组织(ILO)通过的102号《社会保障(最低标准)公约》强调,要使受保护者获得养老补助金。基于《社会保障(最低标准)公约》,ILO于1967年制定了128号《疾病、老年和遗属津贴公约》和131号建议书。国际上通常的做法是,国家立法强制建立社会养老保险制度,提供基本的养老生活保障。另外,鼓励雇主建立补充性的养老保险作为社会养老保险的补充。同时,引导公民积极为自己的养老积累资金,以保障年老后生活水平不会明显下降。通过国际社会和各国政府与有关组织的努力,全世界150多个国家和地区都通过某种保险制度安排来解决人们的老年生活风险。

(一)德国的养老保险制度

德国养老保险制度的三大支柱是法定养老保险、企业补充养老保险和私人养老保险。

1. 法定养老保险

(1)养老保险的对象。原则上讲,所有雇员都是法定养老保险的义务参保人。城市薪金劳动者和独立劳动者(或自由劳动者)是社会养老保险的主体。德国在传统上按工种把脑力劳动者划为职员,体力劳动者划为工人,并由此产生了职员和工人的不同养老保险制度和管理机构。工人和职员所缴纳的保险费限定在一定的工资额度内,即在社会通常的保险费"计量界限"内。薪金劳动者超过计量界限部分不用缴纳保险费,独立劳动者收入达到"计量界限"以上者,可自愿参加社会养老保险,不予强制。德国的公务员不参加养老保险,实行退休制度,养老金由财政预算安排。养老金根据退休者退休时的工资和工龄长短计算,但最高不超过退休前最后一个月工资的75%。

(2) 养老保险金的领取条件。参保人的年龄达到65周岁;无职业能力(即无法完成原工作任务的一半);被保险人的遗属,如寡妇、孤儿等。在特殊情况下,参保人可以在65周岁前领取"提前养老金",这包括:一是达到了60周岁的妇女,如果她在40周岁以后至少缴纳了10年的保险费;二是达到60周岁的失业者,如果他至少失业了1年,并且在50周岁以后至少缴纳了8年的保险费;三是缴纳了至少35年保险费,并且年龄达到63周岁的所有雇员。

(3) 养老保险基金的来源。对于义务参保人来说,缴费由雇主和雇员各负担一半,当雇员月收入低于某一限额时,由雇主单独支付。此外,法定养老保险每年还获得国家补贴,约占当年养老保险总支出的1/5。缴费费率根据实际需要,采取一年一定的办法。1997年缴费比例为工资的20.3%。

(4) 养老保险待遇的计发。计发养老金依据两个因素:一是本人净收入的多少,二是本人工龄的长短(即缴纳保险费时间的长短)。如果有45年工龄,可以领取到最高比例的养老金,即本人在职最后一个月净收入的70%。职工退休后,养老金也不是固定不变,而是根据每年劳资谈判确定的工资平均增长幅度,在个人养老金数额上增加同样的比例。这种方法既消除了物价上涨因素的影响,又分享了社会发展成果。因为劳资双方谈判工资协议时,充分考虑了物价和劳动生产率的情况。

2. 企业补充养老保险

在德国的企业补充养老保险中,法律规定只有较大的企业才能搞企业补充养老保险。因此小企业只能通过保险公司开设的个人人寿保险来满足需要。企业补充保险费的2/3由资方负担(只有德国的企业补充保险由劳资双发共同负担,其他西方国家都由资方全部负担)。企业补充养老保险金留在企业内,不能挪为他用。如果企业破产,由该企业所属协会负担这笔费用。企业养老保险采取"直接支付原则",即职工在工作期间积攒了多少企业养老保险,退休后他就能得到相应数额的养老金。职工缴纳的企业养老保险占工资的比例每年由行业劳资部门和政府协商决定，且这部分养老保险可以享受税收优惠。企业养老保险最初是作为福利向职工发放的。

3. 私人养老保险

德国还大力鼓励私人养老保险。私人养老保险是自愿的，并且也能得到国家补贴。

目前，德国法定养老保险、企业养老保险和私人养老保险所支付养老金的比例大约分别为70%、20%和10%。

（二）美国的养老保险制度

美国的养老保险起始于1935年颁布的《社会保障法》。后来，经过数次补充和修改，扩展成了一个包括老年和残障者在内的综合性社会保障制度。美国的养老保险制度包括三个层次：法定养老保险，由联邦国会立法，在全国统一强制实施；企业补充养老保险，由企业自愿实行，但政府也起推动作用；个人养老储蓄，自愿参加，政府给予优惠。据美国社会保障署提供的资料，美国目前约有1.63亿在职人员参加了社会保障体系，占全国所有在职人员的96%。

1. 法定养老保险

(1) 养老保险费的缴纳。美国采取社会保障税的形式统筹社会保障基金，由雇主和雇员按同一税率分别缴纳，政府不负担。税率为雇员工资收入的7.65%，其中62%用于养老、遗属和伤残保险，1.45%用于65周岁以上退休人员和伤残保险金领取者的医疗保险。计征社会保障税的工资收入有最高限额，工资收入超过最高限额部分不征社会保障税，也不作为计算养老金的工资基数。

(2) 养老保险待遇的计发。全美95%的在业人员参加了法定养老保险，约有1.27亿人。根据法律规定，雇员不分男女，年满65周岁，缴费年限满10年可以退休，领取养老金。养老金以缴费年份指数化的月平均工资作为计算指数，即以退休前一年全美社会平均工资与过去每年的社会平均工资的比值作为指数，分别乘以退休者过去40年的缴费工资，扣除最低的5年后加权平均得出计算养老金的月工资基数。缴费年限不足35年的不扣除最低年份的工资，并仍按35年加权平均计算。为保证老年人的养老金不因物价上涨而贬值，养老金随全国物价指数定期调整，一般一年一调。雇员可以提前退休，62～65岁退休者只能享受部分养老退休金。每提前退休一个月，养老金减发0.56%；也可以推迟退休，每推迟退休一月，养老金增发0.25%。此外，对于参加保险的因伤残退休者和其未成年的子女、配偶也给予一定的保险费。美国每人都有一张个人社会保险卡，保险卡上注明应缴纳款项，一般为工薪的7%，对于未投保的老人，在1974年前，由联邦政府按全国统一标准发放。

（3）养老保险基金的积累。养老保险基金在1983年以前按现收现付方式筹集，由于基金当年收支连年出现赤字，1983年改为部分积累办法。

（4）养老保险基金的管理。为了保证养老保险基金保值增值，美国国会规定养老保险基金可用于购买政府公债，但不允许购买股票或投资。

2. 企业补充养老保险

企业补充养老保险由各企业自愿建立，最早出现于19世纪70年代。

（1）企业补充养老保险的优惠政策。1913年美国实施个人收入所得税法，对建立补充养老保险的企业给予优惠政策：一是允许雇主对雇员实行周薪制，二是周薪扣除储存退休金的款项后再计征个人收入所得税。企业利用储存的补充养老保险基金投资所得免交所得税。

（2）企业补充养老保险的待遇计发。企业补充养老保险的待遇可分为两大类：第一类是确定待遇方式，即雇主允诺雇员退休后给予多少退休金，并根据允诺由精算专家计算确定每年的储存金额。大多数企业采用这种办法。为保护工人获得由精算专家计算确定每年的储存金额，1974年美国国会通过了《雇员退休年金保障法》，对企业补充养老保险建立的条件、基金筹集方式作了规定，并专门设立退休金担保公司，强制实行这类办法的企业向退休金担保公司交担保费，以防止雇员因企业破产而得不到这部分退休金。第二类是缴费方式，即先确定缴费多少，退休时按照累积金额（包括本金、利息、投资利润等）确定退休金数额。这类方式不需要向退休金担保公司担保。

（3）企业补充养老保险的监管。企业补充养老保险金采取完全积累方式，计入个人账户。对于这项基金，企业可以投资增值，如购买股票、债券等。企业在制定投资方案时要分析不同的风险，通常是把基金作多元化投资。美国联邦政府劳工部负责监管企业补充养老保险，其职能主要有三项：一是监督退休基金投资是否得当、有效、安全，如发现投资有危险就令其纠正；二是监督雇主对退休金是否有舞弊（少提或挪用行为）；三是监督雇主执行有关企业养老保险金法律的情况。例如，1974年的《雇员退休年金保障法》规定，企业要定期向联邦政府和雇员提供退休基金的收支报告，劳工部根据这些报告进行统计，每两年出版一本企业补充养老保险金的统计报告。

3. 个人养老储蓄

美国人个人储蓄较少，为鼓励个人储蓄养老，对没有养老保险的雇员，给予养老储蓄优惠，即在一年内养老储蓄达到一定金额内，本息免交个人收入所得税，该笔金额直至养老时才能用。或者对不愿储蓄者加重所得税率，如15%或20%，迫使个人进行养老储蓄。

经过70多年的发展，美国的社会保障体系逐渐完善，覆盖了美国社会的各个阶层，为他们提供最基本的生活保障，同时也为促进美国社会的稳定发挥了不可忽视的作用，但这一制度也面临着美国人口老龄化和社会保障资金不足等问题。

（三）日本的养老保险制度

日本是通过建立覆盖全民的国民年金制度来解决本国国民（包括农民）参加社会养老保险的问题。20世纪50年代，日本的社会养老保险制度只是以大企业劳动者和公务员等为中心，覆盖面仅为全体就业者的1/4。1959年4月日本国会批准通过了《国民年金法》，该法于1961年4月正式实施。颁布《国民年金法》的最初目的主要是向那些被排除在工薪族养老保险制度以外的农民、自营业者（个体工商户）等人提供的公共年金。随着经济的发展，1985年日本政府又对《国民年金法》进行修改，将国民年金的覆盖面进一步扩大，修改之后的方案规定从1986年4月开始，工薪族及其配偶也必须加入国民年金。从而使国民年金制度成为日本全民化的养老保险制度，也成为了日本养老金制度的基础。

日本国民年金制度实施初期是采取个人账户的筹资方式，也就是说参保者要享受国民年金待遇必须向自己的个人账户缴费，以获取未来领取国民年金待遇的权利。自20世纪80年代开始，日本国民年金逐渐引入课税方式，政府在征收的地方税和个人收入所得税中，提留一部分作为国民年金基金的资金来源。目前，日本国民年金的征收方式是个人账户筹资和课税并举。根据《国民年金法》的规定，凡是 20 岁以上 60 岁以下、在日本拥有居住权的所有居民都必须加入国民年金。个体经营者、无业人员等每月需交付 1.33 万日元。国民年金的资金来源于个人缴纳的保险费和国家财政补贴，总体来说，国民年金 2/3 的资金来自参保者缴纳的保险费，而 1/3 来自政府财政补贴，政府财政补贴是通过课税方式获得资金来源。

在日本，国民年金参保者只要参加国民年金满 25 年，且年满 65 周岁的日本境内所有人员（含外国人）就能获得国民年金给付（60 岁也可减额给付），该年金一直支付到领取者死亡为止，国民年金待遇原则上根据缴纳期长短来进行给付。国民年金现已成为日本国民的主要养老保险方式。随着经济发展和社会变革，日本又在国民年金的基础上设立了以企业在职人员为对象的厚生养老金和以公务员为对象的共济养老金。厚生养老金和共济养老金的资金由个人和企业对半分担。日本的国民年金、厚生养老金和共济养老金的保险费都是强制征收的。三种养老金都由国家统一管理、统一发放，所以统称为公共养老金。

（四）法国的养老保险制度

法国养老保险制度已有 100 多年的历史，形成了多种制度并存的格局。养老制度萌芽于 1673 年为海员建立的养老制度，1893 年为公务员设立的制度是第一个正式的养老制度。1909 年建立了铁路员工的养老制度，1910 年建立了全国统一的养老制度。但多种养老制度并存的框架没有改变。包括：一是共同养老制度，即工薪人员的基本养老保险制度，投保人数最多。二是农业养老保险制度，即农业劳动者的互助互济基金，投保人主要是农业工人。三是补充养老保险制度。由于共同养老和农业养老保险两种制度提供的养老津贴不高，法国于 1947 年以后陆续建立了各种补充制度。随后，政府于 1972 年规定所有工资领取者都必须参加一种或一种以上的补充制度，并将补充制度由自愿参加改为强制参加。四是特殊养老制度。由于上述养老制度大都是 1945 年以后建立的，而那些享受 1945 年以前就建立的制度的人不愿加入到这种制度中去。原先（1945 年以前就建立）的制度就作为特殊的制度保存了下来。实行特殊养老制度的包括国家公务员，国营铁路、电力、矿业、能源等企业的员工，以及地方权力机构的工作人员。

（五）瑞典的养老保险制度

瑞典的养老保险制度包括三部分内容：国家养老保险、企业补充养老保险和个人储蓄养老保险。其中企业补充养老保险由雇主组织与工会组织谈判决定，交由保险公司经办，总水平约相当于平均工资的10%。个人储蓄养老保险则完全由个人决定，保险公司经办。瑞典国家养老保险是养老保险制度中最主要也是最基本的部分，由国家基本年金和国家补充年金组成。1914年开始实行国家基本养老保险计划，1960年实行国家补充养老年金计划。

公民享受国家基本年金的条件是：已经在瑞典居住3年以上，不分国籍都可以享受。但公民要得到全额的国家基本年金，则必须在瑞典居住40年以上。全额国家基本年金为国家计算"基数"的96%，人人都一样，且从国家总税收中出钱。如果夫妇双方都可领取国家基本年金，则两人共可领取相当于基数的157%的基本年金。另外，还可根据条件享受妻子补贴（只支付给结婚5年以上，且妻子不能享受年金者）和住房补贴。

享受国家补充年金的条件是，至少有3年以上的工资收入超过"基数"。享受全额国家补充年金的条件是有30年的工资收入，每少一年就要减少1/30。

三、养老保险的功能作用

养老保险能使劳动者老有所养、调节收入分配和安定社会等多方面的作用。

1. 养老保险的首要作用就是使劳动者老有所养，保证劳动者在因年老而丧失稳定生活来源时能够获得一定生活保障，从而免除劳动者为老年生活的担忧，能在劳动期间安心从事工作。

2. 养老保险具有调节收入分配的作用。养老保险具有收入再分配的功能，能使劳动者在劳动期间和退休期间的收入达到合理分配。劳动者有从事劳动的义务和权利，当然在退休后也有享受养老保险的权利。因劳动者在劳动期间创造了物质财富，不但在劳动期间要获得工资等形式的收入，而且在解除法定劳动关系后也应获得生活补偿。

3. 养老保险具有调动劳动者积极性和提高劳动生产率的作用。养老保险保证了劳动者年老时的基本生活，解除了劳动者的后顾之忧，有利于激发劳动者的积极性和创造力，促进劳动生产率的提高。

4. 养老保险具有保障社会安定的作用。养老保险制度鼓励人们储蓄，允许个人采取周期消费模式，即青年时储蓄，老年消费。如果劳动者在老年不能获得可靠的生活保障，必将给社会造成极大的压力，反之则促进整个社会的安定，促进社会的进步和发展。

第二节 职工基本养老保险制度

一、职工基本养老保险制度历史沿革

在新中国成立之初，1951年，政务院颁布《劳动保险条例》，原劳动部公布试行《劳动保险条例实施细则（草案）》，对我国企业职工的养老保险制度作出规定。按照当时的规定，劳动保险的各项费用全部由实行劳动保险的各企业行政方面或资方负担，职工个人不缴费。企业每月须按职工工资总额的3%缴纳保险费，其中30%上缴中华全国总工会，作为社会保险总基金，用于举办集体劳动保险事业；70%存于各企业工会基层委员会，作为劳动保险基金，用于支付职工个人劳动保险待遇。当时的养老待遇水平大约相当于职工本人工资的35%～60%。劳动保险制度的实施，极大地鼓舞了广大职工的劳动热情，促进了生产的发展。"文化大革命"期间，企业职工劳动保险制度被取消，企业职工退休费用改由所在企业负担，实际演变为"企业保险"。

随着我国计划经济体制向市场经济体制转轨，20世纪80年代各地纷纷开始实行企业退休费用社会统筹试点。1991年，国务院在总结各地养老保险改革经验的基础上，发布了《关于企业职工养老保险制度改革的决定》（国发〔1991〕33号）。这是改革开放以来国家就养老保险问题第一次作出的重大决策。根据这个决定，各地普遍建立了基本养老保险费用由国家、企业和个人三方共同负担的

基本养老保险制度,并先后改革养老保险待遇计发办法,将基本养老金与缴费工资及缴费年限联系起来。1995年,国务院根据《中共中央关于建立社会主义市场经济体制若干问题的决定》精神,下发了《关于深化企业职工养老保险制度改革的通知》(国发〔1995〕6号),提出企业职工养老保险应按照社会统筹与个人账户相结合的原则进行改革。1997年,国务院发布《关于建立统一的企业职工基本养老保险制度的决定》(国发〔1997〕26号),统一规范了企业和职工个人缴纳基本养老保险费的比例,统一了企业职工的个人账户规模,统一了基本养老金的计发办法,为我国现行的养老保险制度确定了基本模式。2005年,根据东北三省开展完善城镇社会保障体系试点经验,以及为了解决各地推进养老保险制度改革中碰到的问题,国务院发布了《关于完善企业职工基本养老保险制度的决定》(国发〔2005〕38号),提出了要确保基本养老金按时足额发放,统一了城镇个体工商户和灵活就业人员参保缴费政策,要求逐步做实个人账户,改革基本养老金计发办法,建立养老金正常调整机制,提高社会统筹层次,加强社会保险经办能力建设,做好社会化管理服务等。这些改革实践与制度建设奠定了职工基本养老保险立法的基础。

2010年10月28日,第十一届全国人民代表大会常务委员会第十七次会议通过了《社会保险法》,并于2011年7月1日起施行。该法第二章"基本养老保险"规定,基本养老保险制度包括覆盖职工、城镇居民、农村居民的三种养老保险制度。其中,第二十条、第二十一条专门对农村居民参加的新型农村社会养老保险制度作出规定,第二十二条对城镇居民社会养老保险制度作出规定。因此,第二章其他各条所称"基本养老保险"是专指第十条规定的职工等群体参加的基本养老保险制度。2011年6月颁布的《实施〈中华人民共和国社会保险法〉若干规定》对养老保险的转移支付和累计缴费作了进一步的规定。

二、职工基本养老保险制度覆盖范围

(一)用人单位及其职工

《社会保险法》第十条第一款规定:"职工应当参加基本养老保险,由用人单位和职工共同缴纳基本养老保险费。"为了给逐步扩大职工基本养老保险制度的覆盖范围留下空间，《社会保险法》未对"职工"的范围作明确限定。具体操作可以依据国务院的有关规定执行。

根据《国务院关于完善企业职工基本养老保险制度的决定》的规定，职工基本养老保险制度主要覆盖城镇各类企业及其职工、实行企业化管理的事业单位及其职工。还有一些与行政机关、事业单位签订劳动合同或者聘用合同的职工个人，也要参加职工基本养老保险。另外，2003年，原劳动保障部办公厅发布的《关于对社会力量所办学校等民办非企业单位参加城镇企业职工养老保险的复函》（劳社厅函〔2003〕317号）规定，各地在扩大基本养老保险覆盖面工作中，可结合本地区的实际情况，将社会力量所办学校等民办非企业单位纳入当地企业职工基本养老保险，执行企业职工基本养老保险制度。

2008年2月，国务院决定在山西等5省市先期开展事业单位工作人员养老保险制度改革试点工作。总体思路是：实行社会统筹和个人账户相结合，基本养老保险费由单位和职工个人共同负担，改革养老金计发办法，同时建立职业年金制度。

（二）灵活就业人员

灵活就业，是与正规就业相对而言的就业状态。按照有关政策文件的规定，主要是指在劳动时间、收入报酬、工作场所、保险福利、劳动关系等方面不同于建立在工业化和现代工厂制度基础上的传统主流就业方式的各种就业形式的总称。灵活就业人员大都在非正规部门就业，即在劳动标准、生产组织管理及劳动关系运作等均达不到一般企业标准的就业形式。例如无雇工的个体工商户、未有稳定劳动关系的非全日制从业人员、个体艺人、自由撰稿人、独立经纪人、家庭小时工、街头小贩等自由职业者。随着现代经济社会的发展，就业形式越来越灵活，灵活就业人员越来越多，将灵活就业人员纳入职工基本养老保险覆盖范围，有利于扩大基本养老保险的覆盖面，保护灵活就业人员的社会保险权益。根据《国务院关于完善企业职工基本养老保险制度的决定》规定，城镇个体工商户和灵活就业人员都要参加职工基本养老保险。考虑到很多灵活就业人员流动性大、收入不稳定等情况，《社会保险法》规定："无雇工的个体工商户、未在用人单位参加基本养老保险的非全日制从业人员以及其他灵活就业人员可以参加基本养老保险,由个人缴纳基本养老保险费。"因为灵活就业人员参加职工基本养老保险完全是由个人缴费,所以法律规定了灵活就业人员可以自愿参加。但是需要说明的是,对于一些已与用人单位建立了比较固定的劳动关系的非全日制从业人员参加基本养老保险的,应当由用人单位与劳动者共同缴纳基本养老保险费。

三、职工基本养老保险制度模式

各国养老保险法律制度的模式,因基于养老保险制度的筹资渠道、融资方式和养老金计发方式不同而有不同。我国采取的是社会统筹与个人账户相结合的模式。《社会保险法》第十一条规定:"基本养老保险实行社会统筹与个人账户相结合。"这一制度模式,是我国认真研究吸取外国经验,经过多年的改革探索和实践后确立的,具有中国特色。

世界各国建立的基本养老保险制度大体上有三种模式:①现收现付制。即基本养老保险费由雇主和雇员共同承担,保险费收入全部用于当期养老金的支付,以支定收,实行现收现付。这种模式是社会养老保险制度的最初模式,目前大多数工业化国家仍然在采用。②积累制。即对基本养老保险费建立完全积累的个人账户,缴纳的养老保险费全部进入个人账户,养老保险金用于投资取得收益,个人退休后享有养老金的多少取决于其个人账户的积累额。目前实行这种制度的国家有墨西哥、新加坡、智利等少数国家。③部分积累制。即对养老保险费实行现收现付和积累制相结合,在现收现付的基础上,建立个人账户,实行部分积累。这种模式兼有现收现付制和积累制的优点。既能够保留现收现付模式养老金的代际转移、收入再分配功能,减轻现收现付模式福利支出的刚性,克服完全积累模式个人年金收入缺乏相互调剂而导致的过度不均,并保证退休人员的基本生活;又能够实现完全积累模式下的激励缴费、利用完全积累模式积累资本、应付老龄化危机的制度优势。

我国从 1995 年提出基本养老保险实行社会统筹和个人账户相结合,1997 年明确社会统筹和个人账户相结合的模式。在这种模式下,基本养老保险基金和待遇分为两部分:一部分是用人单位缴纳的基本养老保险费进入基本养老统筹基金,用于支付职工退休时社会统筹部分养老金,基本养老统筹基金用于均衡用人单位的负担，实行现收现付，体现社会互助共济。另一部分是个人缴纳的基本养老保险费进入个人账户，用于负担退休后个人账户养老金的支付，体现个人责任。个人账户的养老金实行积累制，按照投资收益或者银行利息实现增值。

四、职工基本养老保险筹资渠道

各国政府管理的公共养老保险的筹资渠道包括：强制性统一税收、社会保险税收、养老保险缴费（雇主缴费或雇主和雇员缴费）、政府补贴和储蓄利息。我国《社会保险法》第十一条第二款规定："基本养老保险基金由用人单位和个人缴费以及政府补贴等组成。"根据这一规定，基本养老保险的主要筹资渠道包括用人单位和个人缴费以及政府补贴。其中，用人单位和个人缴费是基本养老保险基金的主要来源。

（一）用人单位缴费

根据《社会保险法》规定："用人单位应当按照国家规定的本单位职工工资总额的比例缴纳基本养老保险费，记入基本养老保险统筹基金。"依法参加社会保险的任何用人单位要按照国家规定缴费基数和缴费比例，及时缴纳基本养老保险费。

1. 用人单位缴纳基本养老保险费的缴费基数

按照《社会保险法》规定，计算用人单位应当缴纳基本养老保险费的基数是本单位职工工资总额。所谓职工工资总额，是指用人单位在一定时期内，直接支付给本单位全部职工的劳动报酬的总额。

工资总额的计算，应以直接支付给全体职工的全部劳动报酬为根据。根据国家统计局1990年1月发布的《关于工资总额组成的规定》（国家统计局令第1号），工资总额由以下六个部分组成：①计时工资，指按计时工资标准和工作时间支付给劳动者个人的劳动报酬。②计件工资，指按计件单价支付的劳动报酬。③奖金，指支付给职工的超额劳动报酬和增收节支的劳动报酬等。④津贴和补贴，指为了补偿职工特殊或额外的劳动消耗和因其他特殊原因支付给职工的各种津贴，以及为了保证职工工资水平不受物价影响支付给职工的物价补贴。⑤加班、加点工资，指对法定节假日和休假日工作的职工以及在正常工作日以外延长工作时间的职工按规定支付的工资。⑥特殊情况下支付的工资，指根据国家法律、法规和政策规定，对劳动者因病、婚、丧、产假、工伤及定期休假等原因支付的工资及附加工资、保留工资等。

按照国家规定，下列各项不列入工资总额的范围：①根据国务院发布的有关规定颁发的发明创造奖、自然科学奖、科学技术进步奖和支付的合理化建议与技术改进奖以及支付给运动员、教练员的奖金。②有关劳动保险和职工福利方面的各项费用。③有关离休、退休、退职人员待遇的各项支出。④劳动保护的各项支出。⑤稿费、讲课费及其他专门工作报酬。⑥出差伙食补助费、误餐补助、调动工作的旅费和安家费。⑦对自带工具、牲畜来企业工作职工所支付的工具、牲畜等的补偿费用。⑧实行租赁经营单位的承租人的风险性补偿收入。⑨对购买本企业股票和债券的职工所支付的股息（包括股金分红）和利息。⑩劳动合同制职工解除劳动合同时由企业支付的医疗补助费、生活补助费等。因录用临时工而在工资以外向提供劳动力单位支付的手续费或管理费。支付给家庭工人的加工费和按加工订货办法支付给承包单位的发包费用。支付给参加企业劳动的在校学生的补贴。计划生育独生子女补贴。

2. 用人单位缴纳基本养老保险费的缴费比例

根据《国务院关于建立统一的企业职工基本养老保险制度的决定》规定，企业缴纳基本养老保险费的比例，一般不得超过企业工资总额的20%，具体比例由省、自治区、直辖市人民政府确定。少数省、自治区、直辖市因离退休人数较多、养老保险负担过重，确需超过企业工资总额20%的，应报中央劳动行政部门和财政部门审批。

目前，我国基本养老保险实行地方统筹，由于各地经济发展水平和缴费职工对退休人员抚养比例不一样，各地缴费基数和缴费比例也不一样。有的地方以企业工资总额为缴费基数，有的地方以全部职工缴费工资之和为基数。过高的缴费基数和缴费比例，增加了企业负担，影响了职工工资的增长；同时，经济发达地区缴费比例低，经济欠发达地区缴费比例高，也影响了地区之间的竞争力。因此，基本养老保险应当实行全国统一的缴费基数和缴费比例，提高养老保险的统筹层次，平衡经济发达地区和经济欠发达地区用人单位的缴费负担。

（二）个人缴费

按照《社会保险法》规定，职工个人应当按照国家规定的本人工资的比例缴纳基本养老保险费，记入个人账户。

1. 职工缴纳基本养老保险费的缴费基数

根据《社会保险法》规定，职工缴纳基本养老保险费的缴费基数是本人工资。在实际操作中，本人工资一般是指本人上一年度月平均工资。月平均工资按国家统计局规定列入工资总额统计的项目计算，包括工资、奖金、津贴、补贴等收入。

根据 1995 年原劳动部发布的《关于贯彻执行〈中华人民共和国劳动法〉若干问题的意见》（劳部发〔1995〕309 号），劳动者的以下劳动收入不属于工资范畴：①单位支付给劳动者个人的社会保险福利费用，如丧葬抚恤救济费、生活困难补助费、计划生育补贴等。②劳动保护方面的费用，如用人单位支付给劳动者的工作服、解毒剂、清凉饮料等费用。③按规定未列入工资总额的各种劳动报酬及其他劳动收入。

根据原劳动部办公厅印发的《职工基本养老保险个人账户管理暂行办法》规定，职工本人一般以上一年度本人月平均工资为个人缴费工资基数（有条件的地区也可以本人上月工资收入为个人缴费工资基数）。此外，对于一些特殊人员，其缴费基数有不同规定：①新招职工（包括研究生、大学生、大中专毕业生等）以起薪当月工资收入作为缴费工资基数；从第二年起，按上一年度实发工资的月平均工资作为缴费工资基数。②单位派出的长期脱产学习人员、经批准请长假的职工，保留工资关系的，以脱产或请假的上年度月平均工资作为缴费工资基数。③单位派到境外、国外工作的职工，按本人出境（国）上年度在本单位领取的月平均工资作为缴费工资基数；次年的缴费工资基数按上年度本单位平均工资增长率进行调整。④失业后再就业的职工，以再就业起薪当月的工资收入作为缴费工资基数；从第二年起，按上一年度实发工资的月平均工资作为缴费工资基数。

职工本人月平均工资低于当地职工平均工资 60% 的，按当地职工月平均工资的 60% 缴费；超过当地职工平均工资 300% 的，按当地职工月平均工资的 300% 缴费，超过部分不计入个人缴费工资基数，也不计入计发养老金的基数。

2. 职工缴纳基本养老保险费的缴费比例

根据《国务院关于建立统一的企业职工基本养老保险制度的决定》规定,个人缴纳基本养老保险费的比例,1997年不得低于本人缴费工资的4%,1998年起每两年提高1个百分点,最终达到本人缴费工资的8%。目前,全国各地职工个人缴纳基本养老保险费的比例已统一为本人缴费工资的8%。职工个人缴纳的养老保险费全部记入个人账户,形成个人账户基金,用于退休后个人账户养老金的发放。

基本养老保险个人账户是职工在符合国家规定的退休条件并办理了退休手续后,领取基本养老金的重要依据。为此,《社会保险法》第十四条规定:"个人账户不得提前支取,记账利率不得低于银行定期存款利率,免征利息税。个人死亡的,个人账户余额可以继承。"

个人账户资金是职工工作期间为退休后养老积蓄的资金,是基本养老保险待遇的重要组成部分,因此退休前个人不得提前支取,如果提前支取,职工退休后的养老保险待遇就无法保障。1997年,《国务院关于建立统一的企业职工基本养老保险制度的决定》明确规定,个人账户储存额只用于职工养老,不得提前支取。原劳动部办公厅印发的《职工基本养老保险个人账户管理暂行办法》(劳办发〔1997〕116号)进一步规定,只有出现职工离退休、职工在职期间死亡或者离退休人员死亡等情形时,个人账户才发生支付和支付情况变动。

个人账户资金是依法设立的,具有强制储蓄性质,属于个人所有。因此,个人账户养老金余额可以继承。1997年,《国务院关于建立统一的企业职工基本养老保险制度的决定》规定,职工或退休人员死亡,个人账户中的个人缴费部分可以继承。《职工基本养老保险个人账户管理暂行办法》进一步规定,职工在职期间死亡时,其继承额为其死亡时个人账户全部储存额中的个人缴费部分本息。离退休人员死亡时,继承额按以下公式计算:继承额=离退休人员死亡时个人账户余额×离退休时个人账户中个人缴费本息占个人账户全部储存额的比例。继承额一次性支付给亡者生前指定的受益人或者法定继承人。需要说明的是,按照国家规定,从2006年1月1日以后,个人户账户资金全部由个人缴纳形成,在此之前,个人账户中一部分资金是个人缴纳,一部分是由单位缴费中划入的。因此,职工个人死亡后，其个人账户余额中个人缴费部分可以继承，单位缴费部分不能继承，应当并入统筹资金。

3. 灵活就业人员的缴费基数和缴费比例

《社会保险法》规定，无雇工的个体工商户、未在用人单位参加基本养老保险的非全日制从业人员以及其他灵活就业人员参加基本养老保险的，应当按照国家规定缴纳基本养老保险费，分别记入基本养老保险统筹基金和个人账户。

《国务院关于建立统一的企业职工基本养老保险制度的决定》规定，城镇个体劳动者也要逐步实行基本养老保险制度，其缴费比例和待遇水平由省、自治区、直辖市人民政府参照本决定精神确定。在《国务院关于完善企业职工基本养老保险制度的决定》中，统一了城镇个体工商户和灵活就业人员的参保缴费办法，规定城镇个体工商户和灵活就业人员参加基本养老保险的缴费基数为当地上年度在岗职工平均工资，缴费比例为20%。实践中，不少地方规定灵活就业人员可以在当地上年度职工月平均工资60%～300%之间选择缴费基数。

（三）政府补贴

根据《社会保险法》第十三条规定："国有企业、事业单位职工参加基本养老保险前，视同缴费年限期间应当缴纳的基本养老保险费由政府承担。基本养老保险基金出现支付不足时，政府给予补贴。"可见，政府在基本养老保险方面承担的补贴责任主要分为以下两种：

1. 承担国有企业、事业单位职工参加基本养老保险前视同缴费年限期间应当缴纳的基本养老保险费。在现行基本养老保险制度建立以前，我国企业职工实行的是企业退休保障制度，个人不缴费，退休后由企业发放职工退休金。1991年，《国务院关于企业职工养老保险制度改革的决定》规定，基本养老保险基金由企业和职工共同缴纳。1995年，国务院发布《关于深化企业职工养老保险制度改革的通知》，确立了基本养老保险待遇与缴费年限和缴费工资挂钩的制度，同时明确"实行个人缴费制度前，职工的连续工龄可视同缴费年限"。《社会保险法》进一步明确规定，国有单位职工参加基本养老保险前，视同缴费年限期间应当缴费的基本养老保险费由政府承担。

由政府承担职工的视同缴费年限期间的养老保险费用，一是体现了国家对养老保险制度改革前职工养老权益的认同维护,通过采取视同缴费年限这一政策措施,使制度转型后职工的利益得到补偿。二是体现了国家对计划经济时期所形成隐形契约的显性化、明确化、制度化问题的重视,有助于推进养老保险制度的可持续发展。三是体现了国家对劳动者社会必要劳动时间所形成价值的肯定,是对职工历史贡献和历史权益的确认。

2. 在基本养老保险基金支付不足时给予补贴。1998年,党中央、国务院确立了"确保企业离退休人员养老金按时足额发放"的重大方针,在一些地区基本养老保险基金支付出现缺口的情况下,中央财政大力调整支出结构,重点对中西部地区和老工业基地的省份基本养老保险基金予以补助,为确保企业离退休人员养老金按时足额发放,不断提高基本养老金水平发挥了重要作用。

《社会保险法》明确规定当基本养老保险基金支付不足时政府给予补贴,充分体现了党和政府以人为本、着力保障和改善民生的执政理念,以政府财政信用承担最终兜底责任,必将极大增强人民对养老保险制度可持续发展的信心。政府补助机制的建立,进一步明确了各级政府的社会保障责任,加大了基金的调剂力度,有效地解决了基本养老保险资金缺口问题,有助于健全稳定、规范、可持续的养老保险制度。

五、基本养老保险待遇

（一）基本养老金

基本养老金,是指在劳动者年老或丧失劳动能力后,根据他们对社会所作的贡献和所具备的享受养老保险资格或退休条件,由基本养老保险基金以货币形式支付的经济待遇,主要功能是保障职工退休后的基本生活。

1. 基本养老金的组成和确定依据

《社会保险法》第十五条规定:"基本养老金由统筹养老金和个人账户养老金组成。基本养老金根据个人累计缴费年限、缴费工资、当地职工平均工资、个人账户金额、城镇人口平均预期寿命等因素确定。"其中,统筹养老金即目前实践中所称的基础养老金,是指从基本养老保险统筹基金中支付给退休人员的养老金。个人账户养老金是从个人账户中支付的养老金。法律规定的基本养老金的构成及其确定依据，是对现行职工基本养老保险制度中有关基本养老保险金计发办法的概括和总结，同时也给今后国务院完善养老金计发办法留下了空间。在当前的实际操作中，按照国务院现行政策执行。

职工享受基本养老金待遇由基础养老金和个人账户养老金组成。①退休时的基础养老金月标准，以当地上年度在岗职工月平均工资和本人指数化月平均缴费工资的平均值为基数，缴费每满1年发给1%。计算公式为：统筹养老金＝（参保人员退休时当地上年度月平均工资＋本人指数化月平均缴费工资）÷2×缴费年限×1%。按照目前的制度设计，职工60岁退休，缴费35年，统筹养老金的目标替代率为35%。《社会保险法》没有明确具体计算方式，只是规定了确定基本养老保险金的因素，方便今后国家通过相关政策对基本养老保险金计发方式进行调整。②退休时的个人账户养老金月标准，为个人账户储存额除以计发月数，计发月数根据职工退休时个人账户金额、城镇人口平均预期寿命、本人退休年龄、养老金利息等因素确定。根据2000年第五次人口普查统计，我国城镇人口平均预期寿命为71.4岁，如果职工60岁退休，计发月数为139；如果职工55岁退休，计发月数为170。按照目前的制度设计，职工60岁退休，缴费35年，个人账户养老金的目标替代率为23.5%。

2005年，国务院发布《关于完善企业职工基本养老保险制度的决定》，建立了"多工作、多缴费、多得养老金"的激励约束机制，并采取了"老人老办法、新人新制度、中人逐步过渡"的改革方式。具体是：

"新人新制度"，即指在《国务院关于建立统一的企业职工基本养老保险制度的决定》（国发［1997］26号）实施后参加工作的参保人员。缴费年限（含视同缴费年限，下同）累计满15年，退休后将按月获得基本养老金，基本养老金待遇水平与缴费年限的长短、缴费基数的高低、退休时间的早晚直接挂钩。

"中人逐步过渡"，即指在国发［1997］26号文件实施前参加工作、国发［2005］38号文件实施后退休的参保人员。由于他们以前个人账户的积累很少，缴费年限累计满15年的，退休后在发给基础养老金和个人账户养老金的基础上，再发给过渡性养老金。鉴于基本养老金计发办法改革的关键是解决好"中人"的过渡问题，为保证改革的顺利推进，国发［2005］38号文件要求各省、自治区、直辖市人民政府按照待遇水平合理衔接、新老政策平稳过渡的原则,在认真测算的基础上,制定具体的过渡办法。在过渡期实行特殊的过渡政策,按照新计发办法,养老金减少的不减发,增加的要逐步增加。

"老人老办法",即指在国发〔2005〕38 号文件实施前已经离退休的参保人员。他们仍然按照国家原来的规定发给基本养老金,同时随基本养老金调整而增加养老保险待遇。

2. 基本养老金的领取条件

《社会保险法》第十六条第一款规定:"参加基本养老保险的个人,达到法定退休年龄时累计缴费满十五年的,按月领取基本养老金。"根据本条规定,按月领取基本养老金必须符合两个条件:一是达到法定退休年龄,二是累计缴费满 15 年。

(1) 法定退休年龄。目前,我国执行的退休制度,是根据 1978 年第五届全国人大常委会第二次会议批准、国务院以国发〔1978〕104 号文件发布的《关于工人退休、退职的暂行办法》和《关于安置老弱病残干部的暂行办法》。按照国发〔1978〕104 号文件规定,以下几种情况可以办理退休:①男职工年满 60 周岁,女干部年满 55 周岁,女工人年满 50 周岁,连续工龄或工作年限满 10 年。②从事井下、高空、高温、繁重体力劳动和其他有害健康工种的职工,男年满 55 周岁,女年满 45 周岁,连续工龄或工作年限满 10 年。③男年满 50 周岁,女年满 45 周岁,连续工龄或工作年限满 10 年,经医院证明,并经劳动鉴定委员会确认,完全丧失劳动能力的职工。④因工致残,经医院证明(如是工人须经劳动鉴定委员会确认)完全丧失工作能力的职工。由此可以看出,我国的法定退休年龄是:男职工年满 60 周岁,女干部年满 55 周岁,女工人年满 50 周岁。

有观点认为我国法定退休年龄普遍偏低,提出应当根据人口老龄化的趋势,逐步延迟退休年龄。但是,由于延迟年龄涉及的问题比较复杂,加上我国目前劳动力资源较为充足,就业压力大,因此,《社会保险法》没有明确法定退休年龄,这为今后的改革留下了空间。

(2) 最低缴费年限。我国 1951 年发布的《劳动保险条例》规定,享受统筹基金支付退休金的最低条件是参加革命工作 10 年以上,而不足 10 年的不能领取长期待遇。1997年国务院统一改革企业职工基本养老保险制度时，把按月领取基本养老金的最低缴费年限提高到满15年。这是因为：新中国成立40多年后，我国人口预期寿命已从不足40岁提高到70多岁，缴费仅10年就享受长期待遇，显然将会导致"生之者寡，食之者众"的困局；而且当时已不再像新中国成立初期那样强调"革命"工龄和"连续"工龄，大多数人可以比较容易地达到15年的条件。从国际经验看，实施缴费型养老保险制度的国家，大都规定有最低缴费年限，这是基于缴费与待遇领取长期资金平衡的精算结果。因此，《社会保险法》维持了现行的最低缴费（累计缴费）满15年的规定。应当指出，法律规定最低缴费年限为15年，并不是缴满15年后就可以不缴费了，对单位和职工来说，缴费是法律规定的强制性义务，只要与用人单位建立劳动关系，就应当按照国家规定缴费。同时，个人享受基本养老保险待遇与个人缴费年限直接相关，缴费年限越长，缴费基数越大，退休后领取的养老金就越多。

3. 缴费不足15年的人员的养老保险待遇

按照《国务院关于完善企业职工基本养老保险制度的决定》规定，达到法定退休年龄但累计缴费不足15年的，不发给基础养老金，个人账户储存额一次性支付给本人，终止基本养老保险关系。实践中，确有部分参保人员因缴费不足15年，无法按月领取养老保险待遇，其养老生活难以得到有效保障。为此，《社会保险法》在现行规定的基础上，总结各地实践经验，对达到法定退休年龄但缴费不足15年的人员，增加了两个待遇领取渠道：

一是可以缴费至满15年，按月领取基本养老金。按照《社会保险法》规定，参加基本养老保险的个人，达到法定退休年龄时累计缴费不足15年的，可以缴费至满15年，按月领取基本养老金。这是基于让更多的参保人能尽可能享受养老保险待遇的考虑。关于如何继续缴费，一种办法是延后逐年继续缴费，另一种办法是一次性缴纳满15年。由于各地差别较大，《社会保险法》没有规定继续缴费的具体方式。

二是按照《社会保险法》规定，对于缴费不足15年的人员，可以转入新型农村社会养老保险或者城镇居民社会养老保险，按照国务院规定享受相应的养老保险待遇。至于如何转入新型农村社会养老保险或者城镇居民社会养老保险，如何享受养老保险待遇,涉及各项制度之间的统筹衔接,在缺乏充分的论证和取得足够的实践经验之前,法律不宜马上作出具体规定,因此《社会保险法》只作了原则性规定。

4. 基本养老金调整

基本养老待遇水平不仅取决于每个退休人员退休时的缴费基数和缴费年限,还取决于退休养老期间的国家经济发展水平。基本养老金标准应当随着经济发展逐步提高,让退休人员也能享受经济发展成果。为此,《社会保险法》第十八条规定:"国家建立基本养老金正常调整机制。根据职工平均工资增长、物价上涨情况,适时提高基本养老保险待遇水平。"根据本条规定,基本养老金调整主要参考两个因素:职工平均工资增长情况和物价上涨情况。

第一,职工平均工资增长情况。工资是劳动者参与社会财富分配的主要形式,职工平均工资增长情况反映了劳动者分配的社会财富增加水平。基本养老保险是养老责任的代际转移,建立基本养老保险的目的,就是让退休人员与在职职工一样也能够参与社会财富分配,分享经济发展成果。因此,职工平均工资增长情况是调整基本养老金标准的重要指标。改革开放以来,我国职工平均工资增长幅度较大,1978—2007年,我国职工平均工资年均增长率为13.62%,2008年、2009年职工平均工资增长幅度都超过两位数。广大劳动者在创造我国经济持续快速增长奇迹的同时,也应当享受到经济发展成果。随着在岗职工平均工资的增长,退休人员的基本养老金也应当相应增长,从2005年开始,国家连续每年都调高退休人员养老金标准,有效地保证了广大退休人员的基本生活。

第二,物价上涨情况。物价上涨情况是调整基本养老金的另一个重要考虑因素,因为物价上涨尤其是居民生活消费品的价格直接影响养老金的购买力,进而影响退休人员的生活水平。数据显示,近年来居民消费品价格一直呈上涨趋势,除2009年消费者物价指数(CPI)为-0.9%,2007年为4.7%,2008年为5.9%,2010年达3%左右。在物价上涨背景下,要保证养老金的购买力不下降,保证退休人员生活水平不降低,就要相应调整基本养老金标准。在建立正常调整机制的实践中需要注意的是,除了参考一般物价指数外,要特别关注直接影响居民日常消费的物价上涨情况。

（二）遗属抚恤和病残津贴

《社会保险法》第十七条规定："参加基本养老保险的个人，因病或者非因工死亡的，其遗属可以领取丧葬补助金和抚恤金；在未达到法定退休年龄时因病或者非因工致残完全丧失劳动能力的，可以领取病残津贴。所需资金从基本养老保险基金中支付。"

1. 参保人死亡后，其遗属可以领取丧葬补助金和抚恤金。丧葬补助金，是指职工死亡后，为了减轻职工遗属因办丧事而增加的经济负担而给予的一次性补助费用。抚恤金，是指职工死亡后，为了保证由死亡职工供养的直系亲属不因供养人死亡而断绝生活来源而给予的基本生活费用。

1951年颁布的《劳动保险条例》最早规定了遗属抚恤制度。根据《劳动保险条例》规定，工人与职员因病或非因工负伤死亡时，由劳动保险基金项下付给丧葬补助费，其数额为该企业全部工人与职员平均工资2个月。另由劳动保险基金项下，按其本企业工龄的长短，付给供养直系亲属救济费，其数额为死者本人工资3~12个月。详细办法在实施细则中予以规定。《劳动保险条例实施细则》进一步规定，工人职员因病或非因工负伤死亡时、退职养老后死亡时或非因工残废完全丧失劳动力退职后死亡时，根据《劳动保险条例》第十四条乙款的规定，除由劳动保险基金项下付给本企业的平均工资2个月作为丧葬补助费外，并按下列规定由劳动保险基金项下一次付给供养直系亲属救济费：其供养直系亲属1人者，为死者本人工资6个月；2人者，为死者本人工资9个月；3人或3人以上者，为死者本人工资12个月。

20世纪90年代城镇企业职工养老保险制度改革的重点是解决职工生前领取的基本养老金，而在遗属待遇方面没有作新的统一规定。实践中，各地规定的遗属待遇的支付范围和发放标准各不相同，差异较大。从一些地方的规定看，丧葬补助金一般按照职工死亡时当地职工月平均工资的一定月数计发，也有的按照职工死亡时当月本企业人均缴费工资的一定月数计发，各地规定不一样。考虑到这个实际，《社会保险法》没有规定丧葬补助金和抚恤金的标准，而是只作了原则性规定并明确所需资金从基本养老保险基金中支付，表明丧葬补助金和抚恤金也是职工参保享受养老保险待遇的一部分。对此，国务院或者国务院有关部门将作出具体规定。

2. 参保人的病残津贴待遇。根据《社会保险法》第十七条规定，参加基本养老保险的个人，在未达到法定退休年龄时因病或非因工致残完全丧失劳动能力的，可以领取病残津贴。病残津贴是基本养老保险基金对未达到法定退休年龄时因病或非因工致残、完全丧失劳动能力的参保人发放的基本生活费。

参保人未达到法定退休年龄时，因不符合待遇领取条件而不能享受养老保险待遇。但职工如果因病或非因工致残完全丧失劳动能力，不能工作，生活就失去了经济来源，如果参保人同时又是家庭的主要经济来源，整个家庭就会陷入困境。从社会保险的基本宗旨考虑，参保人参加了基本养老保险，缴纳了基本养老保险费，在其完全丧失劳动能力、失去生活来源时，养老保险基金应当给予帮助。因此，《社会保险法》规定这类人员可以领取病残津贴，体现了养老保险基金对参保人的责任，是养老保险制度的一大进步，但《社会保险法》没有对病残津贴的标准作出具体规定。《工伤保险条例》对因工致残丧失劳动能力伤残津贴的标准作出了规定，需要国家有关部门参照《工伤保险条例》的有关规定，对因病或非因工致残、完全丧失劳动能力的参保人如何领取病残津贴的标准，进一步制定配套政策予以明确。

六、基本养老保险关系转移接续

由于领取基本养老保险待遇有最低缴费年限的要求，而且养老金的多少与缴费年限长短相联系，多缴一年，多得一个百分点的基础养老金，因此，缴费年限就是参保人员享受养老保险待遇的权益积累。但是，由于目前我国各地基本养老保险统筹层次不高，尚未实现全国统筹，在目前我国地方财政实行"分灶吃饭"体制下，基本养老保险基金不能调剂使用，参保人在不同地区流动就业时，难以实现基本养老保险关系转移接续，缴费年限也不能累计计算，这在一定程度上损害了参保人的权利，直接影响职工参保的积极性。解决这一问题，欧盟国家的经验为我们提供了有益的启示。欧盟在尊重各成员国养老保险制度差异的基础上，按照"缴费年限合并计算，待遇分段支付"的原则，确立了各成员国养老保险转移接续的具体办法，实现了不同养老保险制度之间的衔接，促进了劳动力的自由流动。为此,我国《社会保险法》第十九条规定:"个人跨统筹地区就业的,其基本养老保险关系随本人转移,缴费年限累计计算。个人达到法定退休年龄时,基本养老金分段计算、统一支付。具体办法由国务院规定。"

(一)关于基本养老保险关系转移接续

目前,我国31个省、自治区、直辖市均出台了基本养老保险省级统筹办法,基本养老保险已经在制度上基本实现了省级统筹。因此,《社会保险法》第十九条所称"统筹地区",就是省级行政区,"跨统筹地区就业",就是指参加养老保险的个人跨省、自治区、直辖市就业。

根据原劳动部办公厅印发的《职工基本养老保险个人账户管理暂行办法》规定,职工在同一统筹区内流动时,只转移基本养老保险关系和个人账户档案,不转移基金;职工跨统筹区流动时,转移基本养老保险关系和个人账户档案,同时按照规定转移个人账户基金。但在实践操作中,一些地区对流动就业人员在原参保地的缴费年限不予承认,造成关系转移接续困难。为了切实保障参加城镇企业职工基本养老保险人员的合法权益,促进人力资源合理配置和有序流动,2009年12月,国务院办公厅以国办发〔2009〕66号文件转发的《人力资源社会保障部、财政部城镇企业职工基本养老保险关系转移接续暂行办法》,规定参保人员跨省流动就业的,由原参保所在地社会保险经办机构开具参保缴费凭证,其基本养老保险关系应随同转移到新参保地,并按照规定转移资金,参保人员在各地的参保缴费年限合并计算。

根据国办发〔2009〕66号文件规定,参保人员跨省流动就业,其基本养老保险关系转移接续按下列规定办理:①参保人员返回户籍所在地(指省、自治区、直辖市,下同)就业参保的,户籍所在地的相关社保经办机构应为其及时办理转移接续手续。②参保人员未返回户籍所在地就业参保的,由新参保地的社保经办机构为其及时办理转移接续手续。但对男性年满50周岁和女性年满40周岁的,应在原参保地继续保留基本养老保险关系,同时在新参保地建立临时基本养老保险缴费账户,记录单位和个人全部缴费。参保人员再次跨省流动就业或在新参保地达到待遇领取条件时,将临时基本养老保险缴费账户中的全部缴费本息,转移归集到原参保地或待遇领取地。③参保人员经县级以上党委组织部门、人力资源社会保障行政部门批准调动,且与调入单位建立劳动关系并缴纳基本养老保险费的,不受以上年龄规定限制,应在调入地及时办理基本养老保险关系转移接续手续。

参保人员跨省流动就业转移基本养老保险关系时,按下列方法计算转移资金:①个人账户储存额,1998年1月1日之前按个人缴费累计本息计算转移,1998年1月1日后按记入个人账户的全部储存额计算转移。②统筹基金(单位缴费),以本人1998年1月1日后各年度实际缴费工资为基数,按12%的总和转移,参保缴费不足1年的,按实际缴费月数计算转移。

参保人员跨省流动就业的,按下列程序办理基本养老保险关系转移接续手续:①参保人员在新就业地按规定建立基本养老保险关系和缴费后,由用人单位或参保人员向新参保地社保经办机构提出基本养老保险关系转移接续的书面申请。②新参保地社保经办机构在15个工作日内,审核转移接续申请,对符合本办法规定条件的,向参保人员原基本养老保险关系所在地的社保经办机构发出同意接收函,并提供相关信息;对不符合转移接续条件的,向申请单位或参保人员作出书面说明。③原基本养老保险关系所在地社保经办机构在接到同意接收函的15个工作日内,办理好转移接续的各项手续。④新参保地社保经办机构在收到参保人员原基本养老保险关系所在地社保经办机构转移的基本养老保险关系和资金后,应在15个工作日内办结有关手续,并将确认情况及时通知用人单位或参保人员。

(二)跨统筹地区就业人员退休后基本养老金计发办法

2009年12月,国务院办公厅转发的《人力资源社会保障部、财政部城镇企业职工基本养老保险关系转移接续暂行办法》规定,参保人员跨省流动就业的,其基本养老保险关系应随同转移,参保人员达到基本养老保险待遇领取条件的,其在各地的参保缴费年限合并计算,个人账户储存额累计计算,并规定了基本养老保险待遇领取地的确定办法。具体是:①基本养老保险关系在户籍所在地的,由户籍所在地负责办理待遇领取手续,享受基本养老保险待遇。②基本养老保险关系不在户籍所在地,而在其基本养老保险关系所在地累计缴费年限满10年的,在该地办理待遇领取手续,享受当地基本养老保险待遇。③基本养老保险关系不在户籍所在地,且在其基本养老保险关系所在地累计缴费年限不满10年的,将其基本养老保险关系转回上一个缴费年限满10年的原参保地办理待遇领取手续,享受基本养老保险待遇。④基本养老保险关系不在户籍所在地,且在每个参保地的累计缴费年限均不满10年的,将其基本养老保险关系及相应资金归集到户籍所在地,由户籍所在地按规定办理待遇领取手续,享受基本养老保险待遇。

(三)基本养老保险基金的统筹层次

我国一直十分重视提高基本养老保险统筹层次的问题,2005年国务院明确提出,要尽快提高统筹层次,实现省级统筹,为构建全国统一的人力资源市场和促进人员合理流动创造条件。经过各地的努力工作,截至2009年年底,全国31个省份和新疆生产建设兵团都建立了省级统筹办法。从成效看,各地实行省级统筹,必将增强抵御养老风险的能力,提高工作效率和管理服务水平。根据原劳动保障部、财政部联合下发的《关于推进企业职工基本养老保险省级统筹有关问题的通知》(劳社部发〔2007〕3号),省级统筹标准主要有六个"统一":一是全省执行统一的企业职工基本养老保险制度和政策;二是全省统一企业和职工缴纳基本养老保险费的比例,缴费基数全省统一规定;三是基本养老金计发办法和统筹项目全省统一,基本养老金调整由省级人民政府按照国家规定部署实施,全省统一调整办法;四是基本养老保险基金由省级统一调度使用,实行统收统支,由省级直接管理,现阶段也可采取省级统一核算,省和地(市)两级调剂,结余基金由省级授权地(市)、县管理的方式;五是全省统一编制和实施基本养老保险基金预算,明确省、地(市)、县各级政府的责任;六是基本养老保险业务经办规程和管理制度全省统一,全省执行统一的数据标准,使用统一的应用系统。

在党的十六届三中全会时,中央就提出"条件具备时实行基本养老金基础部分全国统筹"。党的十七届五中全会通过的《中共中央关于制定国民经济和社会发展第十二个五年规划的建议》进一步提出"实现基础养老金全国统筹"的目标和要求。因此,《社会保险法》第六十四条规定:基本养老保险基金逐步实行全国统筹,具体时间、步骤由国务院规定。从制度发展方向上看,实行基础养老金全国统筹有利于全国基本养老保险政策的统一和规范,对于实现养老保险制度可持续发展具有重大理论意义和现实意义。同时应当看到,实行基础养老金全国统筹是一项复杂的系统工程,涉及各地利益格局的重大调整,需要深入调研、周密设计、稳步推进。

第三节　城乡居民社会养老保险制度

一、城镇居民养老保险制度

（一）城镇居民社会养老保险的概念

城镇居民社会养老保险最初是一些地方探索建立的由城镇非就业居民参加的一项社会养老保险制度。在《社会保险法》颁布之前,我国城镇居民这一群体缺少总体制度安排,而且这个群体大都无职业、无收入、年龄较大,是社会最弱势的人群之一,随着社会保险制度改革的推进,城镇无就业居民的养老保障问题越来越突出。按照党的十七大提出的到2020年基本建立覆盖城乡居民社会保障体系的目标,只有将城镇无就业居民的养老保障问题解决了,才能将社会各类群体都纳入基本养老保障制度,才能实现人人享有基本生活保障的目标。为此,《社会保险法》第二十二条规定:"国家建立和完善城镇居民社会养老保险制度。"根据这一规定,国务院决定,从2011年起开展城镇居民社会养老保险（以下简称城镇居民养老保险）试点。

（二）城镇居民养老保险试点的基本原则和任务目标

城镇居民养老保险试点的基本原则是"保基本、广覆盖、有弹性、可持续"。一是从城镇居民的实际情况出发,低水平起步,筹资标准和待遇标准要与经济发展及各方面承受能力相适应;二是个人（家庭）和政府合理分担责任,权利与义务相对应;三是政府主导和居民自愿相结合,引导城镇居民普遍参保;四是中央确定基本原则和主要政策,地方制定具体办法,城镇居民养老保险实行属地管理。

城镇居民养老保险试点的任务目标是,建立个人缴费、政府补贴相结合的城镇居民养老保险制度，实行社会统筹和个人账户相结合，与家庭养老、社会救助、社会福利等其他社会保障政策相配套，保障城镇居民老年基本生活。2011年7月1日启动试点工作，实施范围与新型农村社会养老保险（以下简称新农保）试点基本一致，2012年基本实现城镇居民养老保险制度全覆盖。

（三）城镇居民养老保险的参保范围

年满16周岁（不含在校学生）、不符合职工基本养老保险参保条件和不能享受职工养老保险待遇的城镇非从业居民，可以在户籍地自愿参加城镇居民养老保险。主要有四类群体：一是城镇居民中从来没有参与就业的人员，主要是一些从事家务劳动或重度残疾人；二是虽参与过就业但就业不稳定、收入较低，没有能力参加企业养老保险的人员，主要是部分个体灵活就业人员；三是虽然参加过职工养老保险，但因种种原因没有达到按月领取基本养老金条件的人员；四是城镇化过程中转变为城镇居民的农民，其中部分人员无稳定工作或无稳定收入。

（四）城镇居民养老保险基金的构成

城镇居民养老保险基金主要由个人缴费和政府补贴等构成。

一是个人缴费。参加城镇居民养老保险的城镇居民应当按规定缴纳养老保险费。缴费标准目前设为每年100元、200元、300元、400元、500元、600元、700元、800元、900元、1 000元10个档次，地方人民政府可以根据实际情况增设缴费档次。参保人自主选择档次缴费，多缴多得。国家依据经济发展和城镇居民人均可支配收入增长等情况适时调整缴费档次。

二是政府补贴。政府对符合待遇领取条件的参保人全额支付城镇居民养老保险基础养老金。其中，中央财政对中西部地区按中央确定的基础养老金标准给予全额补助，对东部地区给予50%的补助。同时规定，地方人民政府应对参保人员缴费给予补贴，补贴标准不低于每人每年30元；对选择较高档次标准缴费的，可给予适当鼓励，具体标准和办法由省（区、市）人民政府确定。对城镇重度残疾人等缴费困难群体，地方人民政府为其代缴部分或全部最低标准的养老保险费。

国家鼓励其他经济组织、社会组织和个人为参保人缴费提供资助。

同时，国务院还决定，国家为每个参保人员建立终身记录的养老保险个人账户。个人缴费、地方人民政府对参保人的缴费补贴及其他来源的缴费资助全部记入个人账户。个人账户储存额目前每年参考中国人民银行公布的金融机构人民币一年期存款利率计息。

(五)城镇居民养老金待遇

1. 养老金待遇构成

城镇居民养老金待遇由基础养老金和个人账户养老金构成,支付终身。基础养老金由中央财政和地方财政共同承担、个人账户养老金根据本人的个人账户储存额确定。

中央财政确定的基础养老金标准为每人每月55元。地方人民政府可以根据实际情况提高基础养老金标准,对于长期缴费的城镇居民,可适当加发基础养老金,提高和加发部分的资金由地方人民政府支出。

个人账户养老金的月计发标准为个人账户储存额除以139(与现行职工基本养老保险及新型农村社会养老保险个人账户养老金计发系数相同)。参保人员死亡,个人账户中的资金余额,除政府补贴外,可以依法继承;政府补贴余额用于继续支付其他参保人的养老金。

2. 城镇居民养老金待遇领取条件

参加城镇居民养老保险的城镇居民,年满60周岁,可按月领取养老金。

城镇居民养老保险制度实施时,已年满60周岁,未享受职工基本养老保险待遇以及国家规定的其他养老待遇的,不用缴费,可按月领取基础养老金;距领取年龄不足15年的,应按年缴费,也允许补缴,累计缴费不超过15年;距领取年龄超过15年的,应按年缴费,累计缴费不少于15年。

国家引导城镇居民积极参保、长期缴费,长缴多得;引导城镇居民养老保险待遇领取人员的子女按规定参保缴费。具体办法由省(区、市)人民政府规定。国家根据经济发展和物价变动等情况,适时调整全国城镇居民养老保险基础养老金的最低标准。

(六)基金管理与经办管理服务

国家规定,要建立健全城镇居民养老保险基金财务会计制度。城镇居民养老保险基金纳入社会保障基金财政专户,实行收支两条线管理,单独记账、核算,按有关规定实现保值增值。在试点阶段，城镇居民养老保险基金暂以试点县（区、市、旗，以下简称试点县）为单位管理，随着试点扩大和推开，要逐步提高管理层次；有条件的地方也可直接实行省级管理。

开展城镇居民养老保险试点的地区，要认真记录城镇居民参保缴费和领取待遇情况，建立参保档案，长期妥善保存；国家建立全国统一的城镇居民养老保险信息管理系统，与职工基本养老保险、新型农村社会养老保险信息管理系统整合，纳入社会保障信息管理系统（也称"金保工程"）建设，并与其他公民信息管理系统实现信息资源共享；国家通过大力推行发放社会保障卡，方便参保人持卡缴费、领取待遇和查询本人参保信息。国务院要求试点地区要按照精简效能原则，整合现有社会保险经办管理资源，建立健全统一的城镇居民养老保险与新型农村社会养老保险经办机构，加强经办能力建设。国务院还规定，城镇居民养老保险工作经费纳入同级财政预算，不得从城镇居民养老保险基金中开支。

二、农村居民养老保险制度

（一）农村居民养老保险的概念

农村社会养老保险是国家实施的旨在解决农村居民养老问题的一项重要社会保险制度。它实行个人缴费、集体补助和政府补贴相结合的筹资方式，待遇由基础养老金和个人账户养老金组成。参加新型农村社会养老保险的农村居民，符合国家规定条件的，按月领取新型农村社会养老保险待遇。

建立健全农村社会养老保险制度，是加快建立覆盖城乡居民的社会保障体系的要求。对于解决农村居民老有所养的问题，改变几千年来农民依靠家庭养老和土地养老的现状，是一个巨大的历史进步，是继取消农业税和对农业直接补贴之后又一项重大的惠农措施，对于缩小城乡差别，改革城乡二元结构，统筹城乡社会发展，解除农民养老后顾之忧，提高农民消费预期，维护农村社会稳定，促进经济发展，都具有重要意义。

（二）我国农村社会养老保险的探索

1. 早期农村社会养老保险制度改革

我国农村社会养老保险工作，是民政部根据国家"七五"计划的要求，参考

《国务院关于企业职工养老保险制度改革的决定》(1991年)所规定的城镇企业职工基本养老保险模式,从1991年试点,逐步开展起来的。当时农村社会养老保险(简称"老农保")的主要做法是:以个人缴费为主、集体补助为辅,采取完全个人账户基金储备积累的模式。对此国家予以政策扶持,主要是通过对乡镇企业支付集体补助予以税前列支体现。参保农村居民年满60周岁后,根据其个人账户基金积累额和平均余命确定养老金发放标准。

原来的农村社会养老保险主要是由农民个人缴费为主,多数地方的村集体经济和政府财政没有投入,待遇保障水平较低,农民参保积极性不高。1998年,根据国务院机构改革方案,农村社会养老保险职能、机构和人员移交到原劳动和社会保障部。2008年,这项工作又由人力资源和社会保障部负责。

2. 新型农村社会养老保险试点

我国政府高度重视农村社会保障事业,在一系列重要文件中对建立新型农村社会养老保险制度提出明确要求。2006年,《中共中央 国务院关于推进社会主义新农村建设的若干意见》(中发[2006]1号)和国家"十一五"规划都提出探索建立与农村发展水平相适应、与其他保障措施相配套的农村社会养老保险制度。2007年,党的十七大报告提出"加快建立覆盖城乡居民的社会保障体系,保障人民基本生活",要求"探索建立农村养老保险制度,鼓励各地开展农村养老保险试点"。2008年,在党的十七届三中全会通过的《中共中央关于推进农村改革发展若干重大问题的决定》中,第一次提出了"新型农村社会养老保险"(简称"新农保")的概念,明确提出:"贯彻广覆盖、保基本、多层次、可持续原则,加快健全农村社会保障体系。按照个人缴费、集体补助、政府补贴相结合的要求,建立新型农村社会养老保险制度。"2008年年底召开的中央经济工作会议和2009年温家宝总理在全国人民代表大会上做的《政府工作报告》都提出,2009年在全国开展新型农村社会养老保险制度试点。2009年9月1日,国务院印发《关于开展新型农村社会养老保险试点的指导意见》(国发[2009]32号),明确了试点的主要内容。提出年满16周岁(不含在校学生)、未参加城镇职工基本养老保险的农村居民,可以在户籍地自愿参加新型农村社会养老保险,新型农村社会养老保险实行政府主导和农民自愿相结合,引导农村居民普遍参保。按照国务院指导意见的要求，2009年首批试点覆盖面为全国10%的县（市、区、旗），以后逐步扩大试点。这项政策出台后，地方政府推进的积极性非常高，推进的步伐远超国务院指导意见的要求，有的省在所有县（市、区、旗）同时推开。2010年试点覆盖面很快扩大到了全国23%的县（市、区、旗）。

（三）建立新型农村社会养老保险制度的基本原则

在总结新型农村社会养老保险试点经验的基础上，《社会保险法》对新型农村社会养老保险的主要制度作出了规定。《社会保险法》第二十条规定："国家建立和完善新型农村社会养老保险制度。新型农村社会养老保险实行个人缴费、集体补助和政府补贴相结合。"第二十一条规定："新型农村社会养老保险待遇由基础养老金和个人账户养老金组成。参加新型农村社会养老保险的农村居民，符合国家规定条件的，按月领取新型农村社会养老保险待遇。"

根据《国务院关于开展新型农村社会养老保险试点的指导意见》（2009年9月1日），我国确定建立新型农村社会养老保险制度的基本原则是"保基本、广覆盖、有弹性、可持续"。"保基本"，就是要从现阶段经济发展水平的实际出发，保障农村老年人的基本生活。"广覆盖"，就是要千方百计扩大覆盖面，把尽可能多的农民纳入新型农村社会养老保险制度保障之中。"有弹性"，就是社会养老保险要适合农村、农民的特点，具有灵活性，可以是多层次的、多样性的。"可持续"，就是各级财政有能力确保支付基础养老金和缴费补贴，广大农民能够承受，愿意缴费，同时要在安全的前提下实现新型农村社会养老保险基金的保值增值，加强行政和社会监督，确保新型农村社会养老保险事业健康发展。

建立新型农村社会养老保险制度的具体要求：一是从农村实际出发，低水平起步，筹资和待遇标准要与经济发展及各方面承受能力相适应；二是个人（家庭）、集体、政府合理分担责任，权利与义务相对应；三是政府主导和农民自愿相结合，引导农村居民普遍参保；四是中央确定基本原则和主要政策，地方制定具体办法，对参保农村居民实行属地管理。

（四）参加新型农村社会养老保险的人员范围

按照国家现行政策规定，农村居民中年满16周岁（不含在校学生）、未参加城镇职工基本养老保险的人员，可以自愿参加新型农村社会养老保险。农村居民如果参加了城镇职工基本养老保险,原则上不参加新型农村社会养老保险。如果农村居民参加了新型农村社会养老保险后,进城务工按规定参加城镇职工基本养老保险,可以停止缴纳新型农村社会养老保险的保险费,新型农村社会养老保险个人账户予以保留。社会保险经办机构要根据农村居民就业和居住的情况,指导其选择参加一种社会保险制度,尽可能避免同时参加两种保险制度,不能同时享受两种基本养老保险长期待遇。

(五)新型农村社会养老保险基金筹集

新型农村社会养老保险基金实行由个人缴费、集体补助、政府补贴相结合的筹资方式。

第一,关于个人缴费。新型农村社会养老保险是一项社会保险制度,要求权利与义务相适应,个人缴费是享受待遇的前提条件。除新型农村社会养老保险制度实施时已经年满60周岁的农村老年居民外,参加新型农村社会养老保险的农村居民均应当按规定缴纳养老保险费。为适应农村居民收入较低、差异大且不稳定的特点,缴费标准目前设为一年100元、200元、300元、400元、500元五个档次;地方政府根据实际情况可增设缴费档次,可以向低增设,也可以向高增设。农村居民自愿选择、自主缴费,可以根据不同年份的收入情况选择不同的缴费档次。地方政府可制定激励政策,引导有条件的参保人选择较高标准缴费、长期缴费,以提高养老金水平。国家依据农民人均纯收入增长等情况适时调整缴费档次。

第二,关于集体补助。按照国家现行政策规定,有条件的村集体应当对参保人缴费给予补助,补助标准由村民委员会民主确定。鉴于一些地方没有集体经济或集体经济组织能力薄弱,国家鼓励其他社会经济组织,特别是集体经济组织改制为其他所有制形式的经济组织,以及公益组织和个人为参保人缴费提供资助。

第三,关于政府补贴。新型农村社会养老保险最大的优惠政策,是政府对农村居民参保给予补贴。政府补贴有利于调动农村居民的参保积极性,提高保障水平。政府对符合领取条件的参保人全额支付新型农村社会养老保险的基础养老金,其中中央财政根据中央确定的基础养老金标准对中西部给予全额补助,对东部地区给予50%的补助。目前中央确定的基础养老金标准为每人每年55元。同时，中央政府要求地方政府应当对参保人缴费给予补贴，2009 年确定的地方政府补贴标准为每人每年不低于 30 元。对农村重度残疾人等缴费困难群体，地方政府要代其缴纳最低标准部分或全部的养老保险费；对选择较高档次标准缴费的，地方政府可给予适当鼓励，具体标准和办法由省级人民政府确定。

（六）新型农村社会养老保险待遇

新型农村社会养老保险待遇由基础养老金和个人账户养老金组成，支付终身。

1. 基础养老金

国家确定全国基础养老金的最低标准，目前中央确定的基础养老金标准为每人每月 55 元。地方政府可以根据实际情况提高基础养老金标准，如北京市基础养老金标准为每人每月 280 元。对于长期缴费的农村居民可适当加发基础养老金，提高和加发部分的资金由地方政府支出。国家根据经济发展和物价变动等情况适时调整基础养老金水平。

2. 个人账户养老金

国家为每个新型农村社会养老保险参保人建立终身记录的养老保险个人账户。按照国家规定，个人缴费、集体补助及其他社会经济组织对参保人缴费的资助、地方政府对参保人的缴费补贴，全部记入个人账户。个人账户储存额每年参考中国人民银行公布的金融机构人民币一年期同期存款利率计息。参保人可以向经办机构或代办银行查询个人账户信息。个人账户养老金的月计发标准为个人账户全部储存额除以 139。这是根据 60 岁人口平均存活年数和利息等因素计算出的计发月数，这种计发办法也与城镇职工基本养老保险个人账户养老金计发系数相同，有利于两种养老保险制度的衔接和农民工等城乡流动就业群体的养老保险权益累计。新型农村社会养老保险参保人死亡，个人账户中的资金余额，除政府补贴外，包括个人缴费、集体补助等资金，可以依法继承；政府补贴不得继承，余额用于继续支付其他参保人的养老金。

3. 养老金待遇领取条件

新型农村社会养老保险制度实施时，已年满 60 周岁、未按月享受城镇职工基本养老保险待遇的，不用缴费，可以按月领取基础养老金，但其符合参保条件的子女应当参保缴费。这是家庭养老传统和相关法律规定在新型农村社会养老保险政策中的体现。子女参保缴费记入子女本人的个人账户，用于自己未来的养老金支付，而不是用于其父母的养老金支付。距领取年龄不足 15 年的，应按年缴费，也允许补缴，累计缴费不超过 15 年；距领取年龄超过 15 年的，应按年缴费，累计缴费不少于 15 年。

（七）被征地农民的社会保险

随着我国经济发展和城市规模扩张，在城市国有土地日趋紧张的情况下，征收农村集体土地成为各地保持经济发展的迫切需求。近年来，被征地农民的人数持续增长，涉及人数众多。长期以来，农民以土地为生，土地一旦被征收，就失去赖以生存的生活来源。目前，被征地农民的生活问题已经成为一个社会问题，引发了一些社会矛盾，也引起了党和国家的高度重视。为此，国家出台了一系列文件，要求各地政府将被征地农民问题纳入当地经济发展的全局考虑，采取补偿、安置、就业等综合措施，使农民的长远生计有保障，将被征地农民纳入社会保障体系，实现被征地农民生活水平不降低、老有所养、病有所医。

在国家现有政策规定的基础上，《社会保险法》第九十六条规定："征收农村集体所有的土地，应当足额安排被征地农民的社会保险费，按照国务院规定将被征地农民纳入相应的社会保险制度。"

1. 被征地农民的界定

所谓被征地农民，国务院有关文件中曾规定是无地农民，即土地全部被征收的才是被征地农民。随后国务院文件中又将被征地农民扩大为失去全部或者大部分土地的农业人口，具体对象由各地确定。

2. 被征地农民纳入社会保险制度

2006 年，国务院办公厅转发了《劳动保障部关于做好被征地农民就业培训和社会保障工作的指导意见》（国办发［2006］29 号），对被征地农民参加社会保险作出了以下要求：

对城市规划区内的被征地农民，应根据当地经济发展水平和被征地农民不同年龄段，制定保持基本生活水平不下降的办法和养老保障办法。对符合享受城市居民最低生活保障条件的，应按规定纳入城市居民最低生活保障范围。已开展城市医疗救助制度试点的地区,对符合医疗救助条件的要按规定纳入救助范围。有条件的地区可将被征地农民纳入城镇职工养老、医疗、失业等社会保险参保范围,通过现行城镇社会保障体系解决其基本生活保障问题。

对城市规划区外的被征地农民,凡已经建立农村社会养老保险制度,开展新型农村合作医疗制度试点和实行农村最低生活保障制度的地区,要按有关规定将其纳入相应的保障范围。没有建立上述制度的地区,可由当地人民政府根据实际情况,采取多种形式保障被征地农民的基本生活,提供必要的养老和医疗服务,并将符合条件的人员纳入当地的社会救助范围。

《社会保险法》确立了我国社会保险体系的基本框架,在五项社会保险制度中,基本养老保险和基本医疗保险覆盖全体公民。而且,《社会保险法》中明确规定,将被征地农民纳入相应的社会保险制度,而不是社会救助和低保制度中,也不是建立单独的针对被征地农民的社会保险制度,同时考虑到将所有被征地农民纳入社会保险制度中,需要资金投入和制度准备,因此,法律规定了有关实施步骤可由国务院及其授权的地方政府根据实际情况决定。

三、城镇居民和农村居民养老保险制度的合并实施

党的十七大提出了建立覆盖城乡居民的社会保障制度的总体目标,党的十七届三中全会也提出,要加快形成城乡经济社会发展一体化新格局。根据中央规定的精神,一些地区在完善居民养老保险制度的过程中,将城镇居民社会养老保险和新型农村社会养老保险作统一安排,建立统筹城乡的居民社会养老保险制度。考虑到我国幅员辽阔,各地经济社会发展水平、城镇化水平和社会保险工作情况等存在较大的差异,《社会保险法》第二十二条规定,"省、自治区、直辖市人民政府根据实际情况,可以将城镇居民社会养老保险和新型农村社会养老保险合并实施。"法律授权省、自治区、直辖市人民政府可以根据本地区实际情况,将城镇居民社会养老保险和新型农村社会养老保险合并实施。这就为各地从实际出发,统筹解决城乡居民养老保险问题,提供了法律依据。但是,要实现城镇居民社会养老保险和新型农村社会养老保险的合并实施,还必须尽快研究和制定符合现实及长远需要的统一的保险制度,以指导城乡居民养老保险制度的建立。

第四节 机关和事业单位养老保险制度

一、机关和事业单位退休制度改革探索

1955年12月，国务院颁布《关于国家机关工作人员退休处理暂行办法》，建立了与企业劳动保险制度大体相同的机关、事业单位工作人员退休养老制度，与企业劳动保险制度分开实施，退休费标准确定为本人退休前工资的50%~80%。1958年，国务院颁布《关于工人、职员退休处理的暂行规定》，将国营企业、公私合营企业、事业单位和国家机关、人民团体的工人、职员的退休办法合而为一。

1978年，国务院颁布《关于工人退休、退职的暂行办法》和《关于安置老弱病残干部的暂行办法》，再次将国家机关、事业单位工作人员与企业、人民团体工作人员的退休、退职办法分开，但两个办法退休费的计发办法基本一致，延续了根据本人工作年限按照退休前工资的一定比例计发的办法。此后，在1993年机关、事业单位工作人员工资制度改革和2006年机关、事业单位工资制度改革时，两次对离退休费计发基数和计发比例进行了相应调整。公务员退休费根据工作年限按照本人退休前基本工资的50%~90%计发，事业单位工作人员退休费根据工作年限按照本人退休前基本工资的70%~90%计发。1991年6月，国务院印发《关于企业职工养老保险制度改革的决定》，迈出了企业养老保险制度改革的第一步，并明确国家机关、事业单位养老保险制度改革的具体办法由人事部另行规定。1992年1月，国家人事部印发了《关于机关、事业单位养老保险制度改革的决定》，明确了行政机关、事业单位养老保险制度改革的任务和基本原则，开始探索行政机关、事业单位养老保险制度的改革。

二、公务员的养老保险

目前，我国公务员实行的是退休养老制度，费用由国家负担，个人不缴费，

养老金标准以本人工资为基数,按照工龄长短计发。也就是说,公务员退休后,由所在单位各自负责,根据工作年限按退休前工资的一定比例计发退休金,资金由政府财政预算安排。参照公务员法管理的工作人员的养老保险,目前也是按照公务员退休养老制度施行。

党的十七大报告提出"促进企业、机关、事业单位养老保险制度改革",党的十七届五中全会通过的《中共中央关于制定国民经济和社会发展第十二个五年规划的建议》中也提出"推动机关事业单位养老保险制度改革",指出了机关、事业单位将单位分别负责的退休养老制度改革为社会化的养老保险制度的方向。但企业、机关、事业单位性质不同、人员结构不同、在经济社会发展运行中的功能不同,改革要分步实施、有序推进。所以,公务员和参照公务员法管理的工作人员的养老保险制度也要按照国家的统一部署进行改革,需要由国务院制定具体政策。对于此类人员的养老保险制度改革,目前尚在研究中。按照分步改革、有序推进的原则,在《社会保险法》中并没有对公务员和参照公务员法管理的工作人员的养老保险问题作出具体规定,只是原则规定了公务员和参照公务员法管理的工作人员养老保险的办法由国务院规定,这为下一步推进改革留出了空间。

三、事业单位工作人员的养老保险

目前,我国事业单位的属性难以明确划定,有从事行政管理的事业单位,有从事公益活动的事业单位,还有从事经营活动的事业单位,总的职工人数超过3 000万人。按照现行的事业单位职工退休养老制度,费用是由国家或者单位负担,个人不缴费,养老金标准以本人工资为基数,按照工龄长短计发。

我国实行改革开放以后,为适应市场经济发展的要求,一些从事科研的事业单位开始转制为企业。为做好转制单位职工养老保险和离退休人员养老金发放工作,1999年,原劳动保障部、国家经贸委、科技部、财政部联合下发《关于国家经贸委管理的10个国家局所属科研机构管理体制改革意见的通知》规定,转制单位从转制之日起参加当地企业职工基本养老保险。转制前已离退休的人员,原离退休费待遇标准不变,基本养老金调整按企业的办法执行。转制前参加工作、转制后退休人员,基本养老金计发按照企业的办法执行,并实行5年过渡,过渡期内按照企业办法计发的养老金如低于按原事业单位办法计发的离退休金，差额部分采用加发补贴的办法解决。转制后参加工作的人员，执行当地企业职工基本养老保险制度。文件下发后，转制单位都按照此政策纳入了当地企业职工基本养老保险制度。由于事业单位与企业实行两种不同的养老保险制度，待遇调整机制不同，特别是1999—2001年，事业单位离退休金调整幅度高于企业同类人员养老金调整幅度。为体现"老人老办法"的原则，使转制前执行事业单位办法的离退休人员不因转制而导致退休待遇降低，2002年2月，原劳动保障部、人事部、财政部、科技部和建设部印发了《关于转制科研机构和工程勘察设计单位转制前离退休人员待遇调整等问题的通知》，对转制前离退休人员的待遇政策进行了调整，考虑到转制前离退休人员原执行事业单位调整办法的历史和单位有无事业费的实际，规定：有正常事业费的单位，从2001年开始，转制前离退休人员待遇调整纳入国家统一的事业单位离退休费调整范围，由财政部门按统一的补助标准和现有经费渠道安排所需资金，由原单位负责发放；没有正常事业费的单位，转制前离退休人员基本养老金调整按企业办法执行，由社会保险经办机构从基本养老保险统筹基金中支付，与按事业单位办法增加的离退休费的差额部分，由原单位视经济情况自筹资金解决。

2003年12月底，国务院办公厅印发了《文化体制改革试点中经营性文化事业单位转制为企业的规定（试行）》，启动了经营性文化事业单位转制为企业改革的进程。对文化事业单位转制为企业后的养老保险问题，延续了已发布文件的相关政策；同时鼓励转制单位为职工建立企业年金，以妥善解决转制后退休人员的养老保险水平衔接问题，并给予税收优惠政策，规定企业缴费在工资总额4%以内的部分可以从成本中列支。

2008年2月，国务院常务会议讨论通过了原劳动保障部、财政部、人事部制定的《事业单位工作人员养老保险制度改革试点方案》，并于3月正式印发。根据国务院关于事业单位分类改革的总体部署，决定在山西、上海、浙江、广东、重庆5个省市先期开展事业单位工作人员养老保险制度改革试点，与事业单位分类改革试点配套推进，即实行对现有承担行政职能的事业单位执行公务员的养老保险制度，对从事生产经营的事业单位执行企业职工养老保险制度，对分类改革后保留的从事公益性活动的事业单位执行单独的事业单位养老保险制度。

新的事业单位养老保险制度的模式与企业职工养老保险一样，其主要内容包括：①实行社会统筹与个人账户相结合的基本养老保险制度。基本养老保险费由单位和个人共同承担，单位缴费比例一般不超过单位工资总额的20%。个人缴费比例为本人缴费工资的8%。按个人缴费工资8%的数额建立个人账户，全部由个人缴费形成，做实个人账户的起步比例为3%，以后每年提高一定比例，逐年达到8%。②改革基本养老金计发办法。基本养老金由基础养老金和个人账户养老金组成，待遇水平与退休上一年度当地在岗职工平均工资、本人缴费年限、缴费工资、退休年龄紧密挂钩。改革前已经退休的人员，继续按国家规定的原待遇标准发放基本养老金，参加国家统一的基本养老金调整。改革前参加工作、改革后退休且个人缴费年限累计满15年的人员，按照合理衔接、平稳过渡的原则，在发给基础养老金和个人账户养老金的基础上，再发给过渡性养老金，并在过渡期内采取新老办法对比等措施，确保退休人员的待遇水平不降低。此后在2010年颁布的《社会保险法》第十三条中作出规定，事业单位职工参加基本养老保险前，视同缴费年限期间应当缴纳的基本养老保险费由政府承担。③建立基本养老金正常调整机制，根据职工工资增长和物价变动等情况，国务院统筹考虑事业单位退休人员的基本养老金调整。④建立职业年金制度，构建多层次的养老保险体系，提高事业单位工作人员退休后的生活水平，增强事业单位的人才竞争力。⑤逐步实行省级统筹。

对事业单位养老保险制度的设计，既要考虑其人群的特殊性，也要考虑制度之间的衔接。基金单独建账，与企业职工基本养老保险基金分别管理使用。但是，为了完善社会保障体系和便于人员流动，在制度设计上应与企业职工基本养老保险实行大体相同的制度结构和筹资模式。目前这项改革正在进行中。

案例分析

一、养老保险金的属性

[基本案情]

陈某与陶某是一对夫妻,两人结婚当初感情尚好,随后因陶某经常在外打麻将、不顾家庭,导致夫妻间产生矛盾。2009年,陈某向人民法院提起离婚诉讼。因为陈某与陶某分别在单位都办理了社会保险,并缴纳了养老保险费,于是陈某请求分割包括养老费在内的共同财产。陈某认为养老保险费是夫妻共同财产,要求进行分割;而陶某却认为养老保险费是个人财产,不应当进行分割。

法院审理后认为,按照国家现行关于养老保险金管理的规定,劳动者个人账户下的养老保险费交给国库,待其达到退休年龄并符合领取养老金的条件时,由国家按月发放养老金给劳动者。在未退休之前,劳动者不能实际取得个人账户下的养老保险金。因此,陈某和陶某名下已缴纳的养老保险费不宜直接进行分割,但考虑到陈某与陶某每月由单位扣缴的养老保险费是从夫妻共同财产即工资中支付的,现陶某扣缴的数额明显高于陈某,故在分割夫妻共同财产时应将陶某缴纳的高于陈某部分的养老保险费按各半分割后从陶某应得财产中扣除。

[法律问题]

1. 如何认识养老保险金的性质?
2. 夫妻关系存续期间的养老保险金是否是夫妻共同财产?
3. 夫妻离婚时养老保险金应如何分割及分割的原则是什么?

[学理分析]

1. 养老保险金具有工资属性

职工基本养老保险金是国家为解决用人单位职工在退休后的基本生活保障而

建立起来的一种社会保险制度。它是我国对企事业单位工资制度进行改革的产物（在此之前，我国主要实行的是退休金制度）。职工养老保险金的资金来源即养老保险费主要是由用人单位和个人按照国家规定的单位工资总额和职工个人工资的一定比例分担而缴存的，而职工缴纳养老保险费通常是由其所在单位从职工工资中进行代扣代缴。因此，从养老保险金的来源上来说，它与劳动者的工资收入密切相关。再从养老保险金的本质上来讲，养老金是国家通过社会保险经办机构向退休职工发放的主要生活费用，是退休职工的主要收入和用以养家糊口的生活保障，具有工资属性，其实质就是职工在退休后领取的工资，只不过是国家通过对过去的退休金制度改革而实行的一种取代退休金的工资转化形式。

2. 夫妻关系存续期间的养老保险金是夫妻共同财产

随着社会的日渐进步和人民群众生活的日益丰富，在我国无论是财产的种类还是形式均呈多元化、多类化发展。如果再用传统意义上的工资收入形式来定位夫妻共同财产已远远不能满足形势的需要。为此，最高人民法院在2003年12月颁布、2004年4月1日施行的《关于适用〈中华人民共和国婚姻法〉若干问题的解释（二）》第十一条第三项中规定，婚姻关系存续期间男女双方实际取得或应当取得的养老保险金属于夫妻"其他应当归共同所有的财产"。由此可见，婚姻关系存续期间男女双方实际取得或应当取得的养老保险金应当纳入夫妻共同财产的范围。

3. 夫妻离婚时养老保险金应如何分割及分割的原则

最高人民法院在《关于适用〈中华人民共和国婚姻法〉若干问题的解释（二）》中规定的属于夫妻"其他应当归共同所有的财产"的养老保险金有两种：一种是婚姻关系存续期间男女双方已经实际取得的养老保险金，另一种是婚姻关系存续期间男女双方应当取得的养老保险金。由于这两种情况存有较大的差异性，因此，对这两种养老保险金的处理，也应区别对待，适用不同的方式和方法：

（1）已实际取得的养老保险金。这种情况是指当事人已将养老保险金领取到手或转到自己个人工资账户，大体包括离婚时夫妻一方或双方已退休，已按月实际领取养老保险金；或虽未退休但按相关政策已一次性结算养老保险金等情形。

对已实际取得的养老保险金作为夫妻共同财产在离婚时进行认定和分割，由于其具体数额是确定的，具有分割的可操作性，完全可以按一般离婚案件的夫妻共同财产的分割方法和分割原则进行认定和分割，并无作出特别处理的需要。

(2) 应当取得的养老保险金。应当取得是指当事人已具有享受养老保险金的基本条件，但由于某种原因尚未将养老保险金领取到手或转到自己个人工资账户。它大体上也包括两种情形：

①可预测的应当取得的养老保险金。如离婚时夫妻一方或双方已退休，可按月定期领取养老保险金；但法院判决前因养老保险金发放时间未至，故有部分养老保险金应当取得而未取得；再如按相关政策已一次性结算养老保险金的，虽结算手续基本办妥，但由于相关部门支付养老保险金的资金尚未到账，离婚时仍处于等待发放状态。这种可预测的应当取得的养老保险金数额明确无争议，与实际取得养老保险金并无太大的区别，领取它只是时间问题。

②不可预测的应当取得的养老保险金。主要是指离婚时夫妻一方或双方尚未退休，也没有按相关政策一次性结算养老保险金的，但夫妻一方或双方在婚姻关系存续期间已参与了养老保险，并缴纳了相关养老保险费用，已为日后领取或结算养老保险金提供了根本条件，一旦时机成熟，基于婚姻关系存续期间参与的养老保险必定获得相应的养老保险金，但到底应当取得多少养老金就离婚时现有条件无法进行预先测算。这种不可预测的应当取得的养老保险金，由于离婚时该养老保险金尚未实际取得，随着时间的推移，保险费的逐月累加而处于不断变化之中；同时，保险金按规定通常也是在职工退休后才能发放，其发放数额和发放年限也是因人、因时、因事而异。因此其具有不可预测性和不确定性，当然也就不具有进行实物分割的可操作性。虽然应当取得的养老保险金在夫妻双方离婚时虽尚未实际取得，但由于养老保险金是由国家规定的社会保险机构或部门进行统筹和统一管理的，因此夫妻双方或一方的养老保险金账户下的养老保险费数额在特定的时间段既是确定的，也是可以以证据形式明示的。虽然养老保险金不完全是养老保险费，但它是日后发放养老保险金的根本依据，也是夫妻离婚时应当取得的养老保险金既存、现有的利益。可以在离婚时，对夫妻双方现有保险金利益形式进行衡平，如同股权价值处理。由于养老保险金账户基于相关保险法律、法规

和政策的规定，它具有与个人身份的紧密关联性和专属性，因此决定了在衡平不可预测的应当取得的养老保险金这种利益形式时，不能简单和武断地打乱正常的社会养老保险秩序将其一分为二，而应把它放到离婚双方所有共同财产总体中进行整体衡量，以不破坏个人养老保险金账户专属性为原则，以夫妻关系确立之月起至法院判决之月止养老保险金账户金额（庭审中也可就双方当事人一致认可的数额确定）为依据、以现有价格补偿为手段。

二、退休人员再就业能否继续参加社会保险

[基本案情]

彭某是一公司职工，2008年其年满60岁时，经批准退休。但因该公司暂时无人接替其岗位，经双方协商，公司暂时留用彭某，双方约定：彭某的工资待遇可以参照单位的惯例执行，即彭某领取养老金后，还达不到公司在职职工的工资水平时，其差额部分由公司补足，并享受在职职工一样的福利及奖金待遇。

2011年6月，双方终止留用合同时，彭某提出要求公司支付养老金。彭某认为他从社会保险经办机构领取的养老金是国家给予的，不应当从企业应发的工资中扣除，企业对彭某应当与在职职工一样，发放全额工资，同时还应当为彭某缴纳工作期间的养老保险费。双方对此发生争议。

[法律问题]

1. 职工退休后是否可继续参加工作？
2. 退休职工再就业可否继续参加职工社会保险？

[学理分析]

养老保险是为达到法定老年年龄或从事某种劳动达到法定年限并解除劳动义务后的劳动者提供收入补偿的一种社会保险。养老保险是在法定范围内的老年人退出社会劳动后才发生作用的，是以劳动者与生产资料的脱离为前提的。劳动者依法解除劳动义务是享受养老保险的事实前提。劳动既是一项义务也是一项权

利。各个国家都依据本国劳动力资源状况、社会经济发展状况、劳动者体质状况等诸多因素确定本国劳动者的法定退休年龄，劳动者达到法定退休年龄后，则解除劳动义务。根据我国《劳动合同法》的规定，劳动者开始依法享受基本养老保险待遇的，劳动合同终止。《劳动合同法实施条例》规定，劳动者达到法定退休年龄的，劳动合同终止。我国企业职工目前法定的退休年龄是男职工年满60周岁，女干部年满55周岁，女工人年满50周岁，该退休年龄制定于20世纪50年代，一直未进行调整，这一标准无论从人们的预期寿命、劳动者体质状况还是技能状况等角度看，已不适应新的时代要求了。

劳动者达到退休年龄，解除劳动义务，却并非必须退出劳动。从就业结构看，为了降低失业率，实现就业队伍的年轻化，应该实行强制退休制度，即达到法定年龄的必须退出工作岗位。工作岗位的占有就是对社会资源的占有，法定退休年龄是劳动者参加劳动的年龄限制。但从劳动权的角度看，每个劳动者都享有劳动权，能否参加劳动不仅关系到人类能否维持基本物质生活，更关系到人类的精神生活以及自我实现的需求是否能够得到满足，任何人只要有劳动能力就应该有权利继续参加社会劳动。最高人民法院《关于审理劳动争议案件适用法律若干问题的解释（三）》（法释［2010］12号）第七条规定："用人单位与其招用的已经依法享受养老保险待遇或领取退休金的人员发生用工争议，向人民法院提起诉讼的，人民法院应当按劳务关系处理。"这表明司法机关对退休人员与用工单位的争议是按雇佣关系处理，并不依照劳动关系来解决。这一司法解释意味着对已经依法享受养老保险待遇的人员退休后再工作的，既否定其与用人单位存在劳动关系，也对其社会保险关系采取了否定态度。如果领取养老金的雇佣人员在工作期间发生人身伤亡的，不能获得工伤保险待遇，只能按民事法律关系来调整。如果退休人员已符合享受医疗保险条件的，其受到的伤害，也可以通过医疗保险来解决部分问题。

本案中，彭某退休后留用，应当按照劳务关系处理，这并不会损害彭某的利益。双方争议的焦点是劳动者退休后继续从事工作的，能否同时享受养老保险待遇。对于已经依法享受养老保险待遇的退休人员继续工作的，按什么标准支付其工资，目前没有法律规定，只能通过双方事前约定来处理。是否还应为其缴纳养老保险费？按照现行法律法规的规定，依法享受养老保险待遇的退休人员继续工作时，已经不再具备劳动和社会保险法律调整的"劳动者"或"职工"主体资格，难以建立劳动关系和社会保险关系，也难以缴纳社会保险费。但用人单位可以为其办理补充保险，以保障和提高其相关待遇。

三、退休人员符合法定条件应及时领取养老金

[基本案情]

王女士原来在一家私营企业工作，工作期间依法缴纳了养老保险费。王女士在 2012 年 1 月达到法定退休年龄，缴纳养老保险费已满 15 年，但因企业没有为其办理退休手续，致使她在社会保险经办机构无法领取养老金。王女士退休 3 个月后，向单位所在地的人民法院起诉，要求企业为其办理退休手续，并赔偿 3 个月的养老金。该企业认为，王女士拿不到养老金是社会保险经办机构的问题，作为私营企业没有办理退休手续的事务，职工达到法定退休年龄，终止劳动合同就完事了。而社会保险经办机构则说，企业不办理退休手续，经办机构不掌握职工是否退休的情况，当然也就无法审核和支付养老金。由此产生争议。

[法律问题]

1. 退休人员领取养老金的法定条件是什么？
2. 用人单位是否要为退休人员及时办理申领养老金的手续？

[学理分析]

根据《社会保险法》的规定："参加基本养老保险的个人，达到法定退休年龄时累计缴费满十五年的，按月领取基本养老金。"这就是说，法律规定领取养老金的法定条件只有两个：一个是"达到法定退休年龄"，另一个是"累计缴费满十五年"。满足这两条就可以领取到养老金。

至于如何具体操作：一是对企业来说，根据《劳动合同法》第五十条规定："用人单位应当在解除或者终止劳动合同时出具解除或者终止劳动合同的证明，

并在十五日内为劳动者办理档案和社会保险关系转移手续。"企业应当及时把退休人员终止劳动合同后的社会保险关系转移到社会保险经办机构，以便社会保险经办机构及时掌握退休人员的信息。二是对于社会保险经办机构来说，由于用人单位事前按月都要将职工参加社会保险和缴纳社会保险费（包括养老保险费）的情况报送给社会保险经办机构，所以社会保险经办机构的信息库中应当存入有职工的基本资料，包括职工的年龄和缴费时间及缴费数额，只要在信息库中找到职工满足"达到法定退休年龄时累计缴费满十五年的"，就可以依法实现让退休人员"按月领取基本养老金"。

本案中，王女士达到法定退休年龄时，养老保险费累计缴满十五年，符合按月领取基本养老金的法定条件，企业应当及时将其社会保险关系转到社会保险经办机构，社会保险经办机构应补发其应得的养老金。

四、灵活就业人员是否必须参加养老保险

[基本案情]

老唐在一些餐馆做钟点工，没有长期固定在一家餐馆，他在餐馆打工时都与餐馆约定为非全日制用工，属于灵活就业人员。老唐以此形式打工一年后，听朋友建议，他应当参加社会保险，要求所在餐馆为其缴纳养老保险费。于是老唐便向餐馆提出参加养老保险。谁知餐馆说，像他这样做小时工的人员不用参加社会保险。老唐不服，将餐馆不为其缴纳养老保险费的行为投诉到当地劳动保障监察机构。

[法律问题]

1. 灵活就业人员能否参加养老保险？
2. 灵活就业人员如要参加养老保险，应如何缴纳养老保险费？

[学理分析]

《社会保险法》规定："未在用人单位参加基本养老保险的非全日制从业人员

以及其他灵活就业人员可以参加基本养老保险，由个人缴纳基本养老保险费。"同时规定，个人按照国家规定缴纳的基本养老保险费，应当分别记入基本养老保险统筹基金和个人账户。这就表明：一是未在用人单位参加基本养老保险的非全日制从业人员以及其他灵活就业人员参加基本养老保险是自愿的，非强制性参加，个人可以参加，也可以不参加。这主要是考虑到，灵活就业人员一般来讲工作不稳定，工资收入也较低，如果强制性要求其参保，不通情理。二是灵活就业人员如要参加养老保险，其缴纳的养老保险费完全由个人缴纳，不是由用人单位和个人分别按照国家规定的比例缴纳，而且缴纳的养老保险费不是全部划入个人账户，而是分别记入基本养老保险统筹基金和个人账户。三是对于未在用人单位参加基本养老保险的非全日制从业人员以及其他灵活就业人员，用人单位在支付工资时，要考虑将社会保险费也支付给劳动者，以便劳动者个人能够志愿参加社会保险。

本案中，对于老唐是否参加养老保险不是餐馆的强制性义务，应由老唐自己决定并由其个人缴纳养老保险费。

五、跨地区流动就业人员退休时的养老金在何处领取

[基本案情]

老章的户籍在成都，他在成都一家公司工作了10年，到深圳一家公司工作了8年，随后又到北京一家公司工作了7年后达到退休年龄。他在北京买了一套房，想退休后定居北京。当他退休后到当地社会保险经办机构办理领取养老金手续时，被告知不能在北京领取养老金。老章不解，说他已在北京工作多年，且在北京缴纳了养老保险费，为什么不能在北京退休领取养老保险金？为此起诉到法院。

[法律问题]

1. 职工在跨地区流动就业时能否转移养老保险关系？
2. 职工退休时能否在当地按当地养老金标准领取养老保险金？

✓ [学理分析]

按照《社会保险法》规定："个人跨统筹地区就业的，其基本养老保险关系随本人转移，缴费年限累计计算。个人达到法定退休年龄时，基本养老金分段计算、统一支付。"即法律明确规定了个人跨统筹地区（目前我国职工基本养老保险实现了省级统筹）流动就业的，其基本养老保险关系可以随本人转移，基本养老金实行分段计算、统一支付。

退休人员在何地如何领取养老保险金？按照我国有关规定，跨省流动就业的参保人员达到待遇领取条件时，按照下列规定确定其养老保险待遇领取地：

一是基本养老保险关系在户籍所在地的，由户籍所在地负责办理待遇领取手续，享受基本养老保险待遇。

二是如果基本养老保险关系不在户籍所在地，而在其基本养老保险关系所在地累计缴费年限满10年的，在该地办理待遇领取手续，享受当地基本养老保险待遇。

三是如果基本养老保险关系不在户籍所在地，且在其基本养老保险关系所在地累计缴费年限不满10年的，要将其基本养老保险关系转回上一个缴费年限满10年的原参保地办理待遇领取手续，享受基本养老保险待遇。

四是基本养老保险关系不在户籍所在地，而且在每个参保地的累计缴费年限均不满10年的，要将其基本养老保险关系及相应资金归集到户籍所在地，由户籍所在地按规定办理待遇领取手续，享受基本养老保险待遇。

本案中，老章的户籍在成都，且在成都一家公司工作了10年，而他在深圳、北京两地的工作时间及其缴纳养老保险费的年限都不足10年。所以老章领取养老保险金的地点，按照国家规定只能是成都。

第四章

基本医疗保险

第一节 医疗保险基本概念

一、基本医疗保险的含义及特征

（一）基本医疗保险的含义

基本医疗保险，是指参保人按照国家规定缴纳一定比例的医疗保险费后，参保个人因患病和意外伤害而就医诊疗发生医疗费用时，由国家和社会管理的医疗保险基金支付其医疗保险待遇。

医疗保险有广义和狭义之分。广义的医疗保险不仅补偿由于疾病给参保人带来的直接经济损失，还包括补偿由于疾病带来的间接经济损失（如误工工资等）、因疾病死亡等支付的经济补偿，甚至对疾病预防和健康维护的费用等。狭义的医疗保险是指参保人患病或非因工负伤后在生活和医疗方面仅医疗救治获得经济帮助的一种社会保险制度。

（二）医疗保险的基本特征

医疗保险作为一种社会保险，主要表现在将集中在个体身上的、由疾病风险所致的经济损失分摊给所有参加保险的社会成员，并将集中起来的医疗保险资金用于补偿个体因疾病风险带来的经济损失。医疗保险的主要特征是：

1. 享受待遇的期限性

疾病与健康是相伴而行的，劳动者在日常生活中随时都有可能患病或非因工负伤，因而疾病对个人来说是一个终身的风险。医疗保险主要是针对疾病风险而设立的一种社会保险，医疗保险相对于大多数人来说，既有享受频率最高的特点，又是一种短期补偿性措施，享受医疗待遇都是在一定期限内发生和结束的权利义务关系。

2. 涉及人员的广泛性

疾病发生的普遍性决定了医疗保险的广泛性。它不像生育保险那样仅对女性劳动者实行,也不像养老保险、失业保险那样仅对某一时期退出劳动岗位或暂时失去工作的劳动者实行,而是对所有劳动者实行。由于人在一生中都可能遇到疾病侵害的风险,因此,许多国家医疗保险的对象包括了全体国民。

3. 相互信息的隐含性

在参与医疗保险活动的当事人之间,参保人比社会保险经办机构更清楚地了解自己的健康状况,医生比病人更了解治疗的最佳方案和治疗成本,由此产生社会保险经办机构与参保人之间信息不对称、医生与病人之间信息不对称,可能导致身体健康的劳动者不愿意参保、医生为了某种利益实施过度治疗等行为。这需要政府在规范参保行为和医疗服务行为方面发挥重要作用。

二、国外医疗保险法律制度

医疗保险的出现主要是劳工运动的结果。在欧洲中世纪,手工业者自发地成立"行会",每个成员定期缴纳会费,筹集资金帮助病人渡过难关。18 世纪末 19 世纪初,同一行业或同一地区的工人和农民通过筹措医疗资金互相帮助。这些早期互助性团体将筹集来的资金用于需要帮助的会员,其基本原则是合作,会员参加管理和根据会员的需求变化而分配救济金。1883 年,德国首次颁布世界上第一部《劳工疾病保险法》,其中规定某些行业中工资少于限额的工人应强制加入医疗保险基金会,基金会强制性征收工人和雇主应缴纳的基金,对于参加保险的劳动者,患病时医疗费和药费均实行免费制,医生与病人的关系是一种非金钱关系。这一法令标志着医疗保险作为一种强制性社会保险制度的开始。特别是 1929—1933 年世界性经济危机后,医疗保险立法进入全面发展时期,这个时期的立法,不仅规定了医疗保险的对象、范围、待遇项目,而且对与医疗保险相关的医疗服务也进行了立法规范。

根据国际劳工组织 102 号《社会保障(最低标准)公约》,1969 年国际劳工组织制定了第 130 号《医疗和疾病津贴公约》及建议书,扩大了 1944 年国际劳工组织第69号《医疗建议书》的适用范围。目前，世界上一百多个国家建立了社会医疗保险制度。

国际医疗保险制度经过百余年的发展与演变，大体可分几种类型（或模式），即以英国、瑞典为代表的国家（政府）卫生保障型，以德国、日本等为代表的社会医疗保险型，以美国为代表的商业医疗保险型，以新加坡为代表的储蓄医疗保险型等。就一个国家或地区而言，可能同时存在几种医疗保险制度，但是一般都有一种主导模式可作为该国或地区的代表。

（一）英国的国家卫生保障制度

1948年，英国颁布《国民医疗服务法》，将国家卫生服务制度作为医疗保障制度体系的主体制度，其费用占到全国卫生保健总费用的90%以上，居民享受免费程度很高的医疗卫生服务。在卫生保健的实施及管理方面强调国家中央集权控制卫生资源的分配，采取全科医生制度，医疗服务与资金管理一体化，以社区保健作为卫生服务的重点，社区诊所、社区医疗、教学医院承担不同的功能。其优点是覆盖全面，国民就医的直接费用低廉；不足之处是效率较低，就医等待时间长，医疗服务质量不高，公众满意度低，得不到及时治疗的患者不得不选择到私立医院或国外就医。基本特点：难而不贵。

（二）德国的社会医疗保险制度

德国是世界上第一个建立医疗保险制度的国家。其特点是：医疗保险基金社会统筹、互助共济。德国有98%的居民参加了各种医疗保险，其中90%的人参加法定医疗保险。

1. 医疗保险的对象。参加法定医疗保险的人员范围为强制保险者、自愿保险者和家属保险者。个人收入超过法定数额的自由职业者和雇主参加自愿保险。学生以及保险权益人供养的直系亲属也都享受与权益人同等待遇的医疗保险。这些人占全部法定医疗保险人的30%。

2. 医疗保险基金的来源。医疗保险费用完全来自雇主和雇员所缴纳的保险费，各缴一半。月收入低于610马克的工人，保险费全部由雇主承担，而失业者的医疗保险金大部分由劳动部门负担。18岁以下无收入者和家庭收入低于一定数额的，可免交某些项目的自付费用。保险费实行现收现付，政府适当补贴。

3. 医疗保险金的支付。医疗保险金可以用于所有必需的医疗费用开支,即被保险人可以享受较为昂贵的治疗方式。医疗保险待遇包括预防疾病、疾病的早期诊断、治疗疾病、医学康复、支付医疗津贴、支付丧葬补贴等。被保险人的年龄、性别和健康状况与缴费水平无关,享受的医疗待遇也不受缴费多少的影响。参保人的配偶和子女可不付保险费而同样享受医疗保险待遇。由于近年提高了药品费用,采用了先进设备,医疗保险开支增大。为此,医疗保险机构普遍采取了如下解决措施:①投保人在特殊情况下要有限地支付医疗费;②与制药公司谈判,控制部分药品价格。

此外,病假补助也属于法定医疗保险的内容。病假补助一般为纯工资的一定数额。病假的前6周由雇主支付,以后由保险机构根据情况支付,但每月最多不得超过一定金额。如连续病假超过78周,可提前退休,享受养老保险,同时还可以享受一切治疗。

(三) 美国的商业医疗保险制度

美国一直主要实行商业医疗保险,体现自由主义理念下的制度安排,没有建立全国统一的社会医疗保险。目前,美国医疗保障制度包括政府的医疗救助制度和商业医疗保险制度两部分。政府的医疗救助制度覆盖约25%的人群,主要是65岁以上的老年人和贫穷人口、严重的残疾人员、儿童。商业医疗保险制度覆盖60%的人群,主要是在职的雇员。其好处是政府承担有限责任,节约公共资源;雇员参保自由,灵活多样,有钱买高档的,没钱买低档的,适合多层次需求。美国这种以自由医疗保险为主、按市场法则经营的、以营利为目的的制度,往往拒绝接受那些条件差、收入低的居民的投保,因此其公平性较差。覆盖范围窄,有超过人口总数15%的4 600万人完全没有医疗保险,主要包括小公司的雇员和自由职业者、临时工和失业人员等。

2010年3月23日,继美国国会众议院通过医改法案,奥巴马签署世人关注的《可负担的医疗保险》法案,正式开始实施全面的医疗改革。2011年,奥巴马政府经过艰难的改革,通过全国医保法案,努力实现美国强制医疗保险的全覆盖。美国医疗保险制度改革的举措是:

1. 医疗保险实现"全覆盖"和"低成本"。即通过适当的政府干预实现全民覆盖，改善医疗体系作为公共产品的公平性；通过调整医保支出结构，削减不必要开支，提高医保体系运行效率，在实现低成本的同时提升效率。

2. 向中产阶级提供税收减免，扩大针对低收入群体医疗救助计划覆盖范围，使目前 3 200 万没有医疗保险的美国人获保，医保覆盖率升至 95% 左右。对于年收入低于 43 320 美元个人和低于 73 240 美元三口之家，联邦政府将给予医保补贴。

3. 创设"医疗保险费率管理局"，监管保险公司保费政策，监督和评估各保险公司保险费率调整，有权否决不合理的保费上调计划。政府将对为员工购买医疗保险的小企业减免税收。向各州提供资金，帮助它们改革医疗事故处理体系；采取措施防止医疗体系内的浪费、欺诈和渎职行为等。很多有工作的穷人赖以生存的社区医疗中心也会得到更多的资金支持。规定保险公司不得以投保者过往病史为由拒保或者收取高额保费；不得在投保人患病后单方面终止保险合同；不得对投保人终身保险赔付金额设置上限等。雇用超过 50 名员工的企业必须向员工提供医保；子女可以享用父母的医保服务至 26 岁。将建立以州为基础的医疗保险交易所，小企业和个人可在交易所里通过联合议价，享受与大公司员工或联邦政府雇员同样优惠保险费率。

4. 政府将对高收入群体加征个人所得税并对高额保单加征消费税。其中，政府对年收入超过 20 万美元的个人和年收入超过 25 万美元的家庭加征个人所得税，税率从原来的 1.45% 提高至 2.35%。征收"豪华保单"税，对保单超过 1.02 万美元的个人和超过 2.75 万美元的家庭征收 40% 消费税，这一规定暂定从 2013 年开始执行。

（四）新加坡的储蓄医疗保险制度

新加坡的卫生保健筹资体制是建立在个人责任基础上的，其基本原则具体表现在医疗储蓄和医疗保护方案上。在 20 世纪 80 年代早期，新加坡政府决定逐步从以一般赋税资助卫生保健的体制，走向以个人储蓄为基础的体制。它由以下三个方面组成：

1. 医疗储蓄方案

医疗储蓄是一个全国性的、强制性参加的储蓄计划，帮助个人储蓄，以用于支付住院费用。每一个有工作的人，包括个体业主，都需要按法律要求参加医疗储蓄。医疗储蓄运作起来就像个人的银行储蓄账户，唯一的不同点是医疗储蓄账户上的钱只能支取交纳住院费用。参加医疗储蓄的每一个人都有自己的账户。医疗储蓄经费并不同他人的合在一起。每个人可以用自己的医疗储蓄支付个人或直系家属的住院费用，如妻子、孩子和父母。

根据年龄的不同，缴纳医疗储蓄的费用占工资总额的 6%～8%，由雇主和雇员均摊。医疗储蓄金是免税的，并根据平时的平均利率增长利息，最低利率是 2.5%，为了避免医疗储蓄金余额过度积压，从而产生不必要的支出，医疗储蓄的缴纳有一个最大限额。据估计，这一最大限额足以保证病人终生利用补贴病房的卫生保健需要。

医疗储蓄只包括住院费用和选定的贵重门诊检查。在 1993 年，住院病人的 80% 是使用医疗储蓄支付住院费用的，其余的 20% 由其雇主、保险公司或自己支付。用医疗储蓄金支付住院费用也有一定限额。为了让住在私人医院的和在公立医院的高级病房的病人缴纳部分现金以及防止账户的所有者们过早地用光医疗储蓄金，设立了日住院费用提取现额；并根据手术的难易程度对不同的外科手术规定了提取限额。

当医疗储蓄账户的所有者超过 55 岁时，可以提取一定的医疗储蓄金。但在账户上要保存一个最低的累计额，这是为了保障账户所有者在年老时有足够的储蓄支付其住院费用。医疗储蓄金可以作为遗产，并不缴纳遗产税。

2. 医疗保护方案

为了补充医疗储蓄方案，新加坡政府于 1990 年开始了医疗保护方案。医疗保护是一项基本的、低费用、大病保险计划。它的设立是为了帮助参加者支付大病或慢性病的医疗费用。与医疗储蓄不同，医疗保护是自愿参加的。医疗保护是一个需要放弃的计划，即每一个医疗储蓄的成员如果不特别指明放弃这一方案，它将自动成为医疗保护的成员。

医疗保护的保险金从医疗储蓄中扣除，它是一个低费用的保险计划，其福利限定在 B2 级。30 岁以下的人，每人的保险金只是每月 1 新元，66～70 岁的人是每人 11 新元。医疗保护基金用于支付部分住院费用和一些较贵的门诊治疗费用，如肾透析；但不包括一些病种如一些天生性疫病、精神病、美容手术的治疗费用。作为大病保险方案，只有在医院账单超过一定数目以后，才能提供医疗保险的福利。超过部分的80%由医疗保护支付，余下的20%自负或用医疗储蓄金支付。然而，门诊的肾透析、化疗和放疗没有报销起限。

目前，新加坡88%的医疗储蓄成员参加了医疗保护计划，约15万医疗储蓄所有者的家属自愿参加了医疗保护方案；约20万人（12%左右）宣布放弃这一方案，这些人主要是从他们的雇主那里得到非常好的医疗福利或者参加了私人保险。3%的所有住院患者从医疗保护获得福利。

3. 医疗基金方案

医疗基金是新加坡政府为帮助贫困的新加坡人支付医疗保险费用而特别建立的一种捐赠的基金，始于1993年。它保障了所有的新加坡人，无论他们的社会经济地位如何，都将能得到良好的、基本的医疗保健。医疗基金从第一笔2 000万新元捐赠开始，只要经济持续增长和预算增加，政府将每年给医疗基金1 000万新元，只有这些捐赠基金的利息收入可以用于支付穷人的住院费用。这些捐赠基金的收入分到公立医院。那些不能支付其住院费用的人可以申请医疗基金的帮助。每一个公立医院都有一个由政府任命的医院医疗基金委员会，审批申请和发放基金。这个委员会由积极参与社区工作的私营和公立部门的人组成。从1993年4月医疗基金开始以来，共有上万人申请并得到了医疗基金的帮助，支付了医院费用。①

（五）日本的医疗保险制度

日本是世界上建立医疗保险制度较早的国家之一，于1922年制定了《健康保险法》，医疗保险首先是在产业工人中实行，随后逐步扩大到海员、政府工作人员及农民等，现在已覆盖全国所有居民。

职工医疗保险又分为五种组织形式：①健康保险（包括一般被雇佣者和日雇劳动者）；②船员保险；③国家公务员互助会保险；④地方公务员互助会保险；⑤私立学校教职员互助会保险。

---

① 参见：匡芳. 细数新加坡医疗保险制度［N］. 国际金融报，2004.

日本的医疗保险组织可分为两大类：一类是以产业工人、政府机关工作人员等在职职工及其家属为对象的"职工医疗保险"，另一类是以农民等为对象的"国民健康保险"。各个医疗保险组织的基金主要来自雇主和雇员缴纳的保险费，国家和地方政府根据各医疗保险组织的人员组成状况给予一定的补贴。政府主管的医疗保险的保险费为基本工资的8.2%，再加上奖金的1%；各种组织医疗保险的费率高低不一，平均为工资的8.246%，保险费由雇主和雇员平均负担。实际执行中，有的企业雇主缴大半，雇员缴少部分。国民健康保险的资金通常由政府负担一半，居民缴费负担一半。保险费的总费率是按医疗费用支出计算出来的，一般2~3年调整一次。

医疗保险的待遇主要包括疾病治疗、负伤医疗以及死亡补贴和分娩补贴等。医疗费用报销的范围是：诊断费用、药品费用、医疗材料费用、处置费、手术费、住院护理费和转院费用。对被保险者还设有一种高额医疗费补贴，即一个月内在同一医疗机构内医疗费用个人负担全额超过一定金额，超过部分由医疗保险组织负担。医疗保险组织按统一标准向医疗机构支付医疗费用。该标准由厚生省中央社会保险协会制定，费用计算方法采用计分累积法。

（六）法国的医疗保险制度

法国医疗保险具体由全国保险基金会负责管理，其主要职责是：对有关的法律条文提出实施草案；平衡医疗保险费用开支，董事会有权决定提高保险费的金额，但必须由政府作出最后决定；平衡工伤保险费用开支；与医疗卫生部门签署共同契约，规定在哪些情况下参加保险的人可以得到报销补偿；保证基层基金会的行政开支；监督不动产的运行情况、下属基金会的工作情况、建立预防机动基金、设立残疾人社会行动基金。16个地区级医疗保险基金会的工作任务主要是：负责社会行动费用开支，提供社会服务，工伤事故预防，负责医院及私人诊所的开支，但不负责医疗保险费的发放。129个三级医疗保险基金会的主要任务是：对投保人注册登记，对投保人发放补贴，支付医疗费用，实施并落实残疾人社会行动计划。

法国的医疗保险基金来源于雇主、个人工资、自由职业者及小商人收入中按一定比例缴纳的医疗保险费。个人提取费率是不同的，但医疗的水平和享受医疗条件却是一样的。针对酒、医疗广告、烟草税及 1%的资本收入所得税在内的社会保障税,用于社会保险中。

所有企业雇主都要到各级征收联盟登记注册,10 人以上的企业每月登记一次,包括雇员人数、工资及实物收入等。征收联盟有权对其进行各项检查。企业如经营不景气,可与征收联盟谈判,通过协议缓缴或少缴。如果企业破产,在企业拍卖中,所得款项应缴纳国家税收,其次缴纳应征的社会保障税,然后才能处理债权债务问题。

三、医疗保险的功能作用

疾病不仅直接危害人们的身体健康,而且影响人们的正常生活和生产,导致社会不安定。实行医疗保险对于人们减轻经济负担,摆脱疾病,恢复健康,促进生产发展,保障社会安定都具有重要意义。

（一）减轻社会成员经济负担

健康是全体公民生活的基本需要,疾病是不确定性很强的社会风险之一。医疗保险制度积聚了单位、个人的经济力量和政府的资助,以实现每个参保人以确定的、较小数额的保费,去抵御难以预料的、数额大的经济损失,防止患病的社会成员"因病致贫"。

（二）促进生产发展

在劳动者因病不能参加工作期间,实施医疗保险,不仅要为其治疗,还要为其支付病假工资,保证劳动者及其亲属的基本生活,解除其后顾之忧。同时,通过帮助其身体康复治疗,让劳动者及时恢复身体健康,从而保证其能继续投入到社会劳动过程中,不断地促进生产的发展。

（三）保证社会公平

医疗保险承担着社会收入再分配的功能,保障社会成员在患病后有均等的就医机会,因病施诊,给予参保人必要的医疗保障。特别是对低收入者在受到疾病打击下,给予及时的医疗救助,可以有效地解决社会成员因缺钱看不起病的问题,帮助他们克服疾病风险,维持稳定的生活水平,进而减轻社会成员之间的不平等性。

四、我国医疗保险的基本框架

《社会保险法》明确规定了我国的基本医疗保险制度由职工基本医疗保险、新型农村合作医疗和城镇居民基本医疗保险三项制度组成,制度覆盖城乡全体居民,这是第一次将我国的基本医疗保险制度框架以法律的形式固定下来,明确了三项基本医疗保险的法律地位,为推动医药卫生体制改革进程和实现全体居民"病有所医"提供了法律保障。

(一)明确了基本医疗保险制度框架,三项制度覆盖城乡全体居民

加快建立覆盖城乡的社会保障体系是党的十七大提出的全面建设小康社会伟大战略部署的重要内容,也是科学发展的必然要求。中共中央、国务院于2009年3月17日提出了《关于深化医药卫生体制改革的意见》(中发〔2009〕6号),明确指出我国要建立覆盖城乡居民的基本医疗保障体系。目前,医药卫生体制改革已进入关键时期,基本医疗保险制度建设直接关系亿万国民的身心健康状况、生活质量和社会福利水平,关系国民素质与社会公平,是医药卫生体制改革的重要内容,也是覆盖城乡居民的社会保障体系的重要组成部分。过去有一种认识,认为基本医疗保险只包括职工医保和城镇居民医保,而新型农村合作医疗不属于基本医疗保险。

(二)明确了医疗保险互助共济,缴费与待遇相挂钩的基本制度类型

《社会保险法》明确把缴费与待遇享受相关联的医疗保险制度作为医疗保障体系的主体制度,明确了建设医疗保障体系的总体思路,通过多渠道筹集资金来购买基本医疗服务,合理确定不同缴费主体、缴费水平、保障标准和医疗服务范围相对应的多形式、多层次保障方式,符合我国现阶段经济发展水平、医疗服务市场现状。

(三)明确了覆盖城乡全体居民,实现城乡统筹发展

我国政府明确指出,要建立覆盖城乡居民的基本医疗保障体系,同时指出随着经济社会发展,逐步提高筹资水平和统筹层次,缩小保障水平差距,最终实现制度框架的基本统一。《社会保险法》明确规定三项制度覆盖城乡全体居民,有利于推进制度整合与衔接,建立统筹城乡的医疗保险服务管理体制;有利于加快

提高医疗保险统筹层次，扩大基金调剂和适用范围，增强基金共济能力；有利于促进基本医疗保险关系转移接续，完善医疗服务管理，适应人员流动性日益增强的趋势和需求。

我国已经确定了 2020 年基本建立覆盖城乡居民的社会保障体系的宏伟目标。根据国务院关于 2020 年建立比较健全的医疗保障体系的要求，要加快建立和完善以基本医疗保障为主体、其他多种形式补充医疗和商业健康保险为补充、覆盖城乡居民的多层次医疗保障体系，逐步实现人人享有基本医疗保障。我国《社会保险法》的颁布实施，弥补了社会保障制度建设在法律上的空白，对于建立覆盖城乡居民的社会保障体系，更好地维护公民参加社会保险和享受社会保险待遇的合法权益，使公民共享发展成果，促进社会主义和谐社会建设，具有十分重要的意义。

第二节 职工基本医疗保险制度

一、职工基本医疗保险制度历史沿革

新中国成立以来，我国政府高度重视职工医疗保障问题。随着经济社会发展和改革开放的深入，职工医疗保险制度不断向前推进，主要经过了三个阶段：

第一阶段：新中国成立初期，在机关事业单位和国有企业分别建立了公费医疗和劳保医疗制度。劳保医疗经费的来源在 1953 年以前，全部由企业负担，1953 年改为根据行业性质分别按工资总额的 5%～7% 提取。为了便于企业统筹运用资金，1969 年国家财政部规定将原按工资总额的 2.5% 提取的福利费、3% 提取的奖励基金和 5.5% 提取的医疗卫生费合并改为按工资总额的 11% 提取职工福利基金。职工福利基金主要用于医疗卫生费和福利费开支。如果 11% 提取的福利基金仍不敷使用，企业可以从税后留利中提取职工福利基金进行弥补。此时期的职工医疗制度适应了当时计划经济时期的需要，对保障职工的医疗待遇发挥

了重要作用。

第二阶段：20世纪80年代我国实行改革开放以后，我国逐步向社会主义市场经济过渡，旧的公费医疗和劳保医疗制度的弊端逐步显现出来，如覆盖面窄、公平性差、共济能力差、个人缺乏责任意识、资金来源不稳定、单位拖欠职工费用等，这些弊端使旧的制度难以为继。为适应社会主义市场经济要求，各地不断探索对公费医疗和劳保医疗制度进行改革。1994年，国务院在江苏镇江、江西九江开展医疗保险改革试点。改革的基本内容是：建立职工医疗保险基金，由国家、单位、个人共同筹集，原则上按工资总额的一定比例筹集，将暗补改为明补。同时，职工看病时少量负担医药费，增设专门的医疗保险管理机构。

第三阶段：1998年年底，国务院决定在全国推行城镇职工基本医疗保险制度改革，实现由公费医疗和劳保医疗的单位福利制度向社会保险制度的转轨。国务院召开全国职工医疗保险制度改革工作会议，并印发了《国务院关于建立城镇职工基本医疗保险制度的决定》（国发［1998］44号），部署在全国范围内全面推进职工医疗保险制度改革的工作。根据该文件的规定，城镇所有用人单位，包括企业（国有企业、集体企业、外商投资企业、私营企业等）、机关、事业单位、社会团体、民办非企业单位及其职工，都要参加城镇职工基本医疗保险。此后十多年，随着职工医疗保险制度改革的深入，覆盖范围逐渐扩大到了全体从业人员。

二、职工基本医疗保险制度覆盖范围

根据《国务院关于建立城镇职工基本医疗保险制度的决定》（国发［1998］44号），在全国范围内城镇所有用人单位，包括各类企业、机关、事业、社会团体、民办非企业单位及其职工，都要参加职工基本医疗保险。基本医疗保险费由用人单位和职工共同缴纳。用人单位缴费率应控制在职工工资总额的6%左右，职工缴费率一般为本人工资收入的2%。具体缴费比例由各统筹地区根据实际情况确定。目前，用人单位缴费率全国平均为7.43%，最高的统筹地区达到10%，最低的统筹地区为3%，个人缴费全国平均为2%。随着经济发展，用人单位和职工缴费率可作相应调整。

根据《社会保险法》第二十三条规定，职工基本医疗保险的筹资方式，即职工参加职工基本医疗保险，由用人单位和职工按照国家规定共同缴纳基本医疗保险费。事实上，我国的医疗保险基金是由单位、个人和政府三方面共同筹集的。我国职工基本医疗保险基金由统筹基金和个人账户构成。职工个人缴纳的基本医疗保险费全部记入个人账户。用人单位缴纳的基本医疗保险费分为两部分，一部分用于建立统筹基金，一部分划入个人账户。划入个人账户的比例一般为用人单位缴费的30%左右。统筹基金和个人账户实行分别核算，不得相互挤占。对用人单位而言，由于其指挥和控制着劳动者在社会生产活动中付出的劳动力，对劳动力的恢复和再生产有着不可推卸的责任，理应为其职工缴纳一部分基本医疗保险费；同时，用人单位把一部分原来由自己办理的事项转交给了社会，减轻了单位的社会事务负担，从而有利于转化生产经营机制，增强竞争活力。对职工而言，要求个人缴纳医疗保险费，并在患病时享有获得医疗服务的权利，体现了权利和义务对等的原则。个人缴纳一定医疗保险费，有利于促进社会成员增强"费用意识"和"健康意识"，珍惜有限的医疗资源，从而积极锻炼身体，并主动监督医疗服务，注意减少医疗资源浪费，有助于促进医疗服务质量和效率的提高。对政府而言，作为均等化的基本公共服务提供者，政府通过补助基本医疗保险基金的不足或者直接给予参保人缴费补贴，成为基本医疗保险的出资一方，并以社会管理者的身份，对医疗保险进行制度规范与运行监督，保证国家的社会经济政策得到有效的贯彻落实。

随着我国产业结构调整和劳动用工的多元化，以非全日制、临时性和弹性工作等灵活形式就业的人员（以下简称灵活就业人员）逐步增加，这部分人的医疗保障问题日益突出。为解决灵活就业人员的医疗保障问题，原劳动保障部于2003年5月印发《关于城镇职工灵活就业人员参加基本医疗保险的指导意见》（劳社厅发[2003]10号），规定灵活就业人员参加基本医疗保险，要坚持权利与义务相对应、缴费水平与待遇水平相挂钩的原则，在参保政策和管理办法上既要与城镇职工基本医疗保险制度相衔接，又要适应灵活就业人员的特点。已与用人单位建立较为稳定劳动关系的灵活就业人员，要按照用人单位参加基本医疗保险的方法缴费参保；其他无稳定劳动关系或没有劳动关系的灵活就业人员，要积极引导其以个人身份缴费参保,这类灵活就业人员参加基本医疗保险的缴费率原则上按照当地的缴费率确定。缴费基数可参照当地上一年职工年平均工资核定。灵活就业人员缴纳的医疗保险费纳入统筹地区基本医疗保险基金统一管理。该指导意见要求各级社会保险行政部门要重视灵活就业人员的医疗保障问题,积极将灵活就业人员纳入基本医疗保险制度范围。同时,还应结合经济发展水平和医疗保险管理能力,在区分灵活就业人员的人群类别、充分调查分析其基本医疗需求的基础上,针对不同类别的人群,制定相应政策和管理办法。在总结实践经验的基础上,《社会保险法》第二十三条规定了"无雇工的个体工商户、未在用人单位参加职工基本医疗保险的非全日制从业人员以及其他灵活就业人员可以参加职工基本医疗保险,由个人按照国家规定缴纳基本医疗保险费"。法律规定了灵活就业人员参加职工基本医疗保险实行自愿原则。也就是说,灵活就业人员可以根据个人意愿决定是否参加基本医疗保险,这与用人单位建立有稳定劳动关系的职工参加基本医疗保险的强制原则不同。

随着我国改革开放和工业化、城镇化进程加快,大量农村居民涌入城镇形成了一支新型劳动大军,人们称之为"农民工"。他们的户籍仍在农村,但他们主要从事非农产业,有的在农闲季节外出务工、亦工亦农,流动性强,有的长期在城市就业,已成为产业工人的重要组成部分。大量农民进城务工或在乡镇企业就业,对我国现代化建设作出了重大贡献。党中央、国务院高度重视农民工问题,制定了一系列保障农民工权益和改善农民工就业环境的政策措施,取得了显著成效。但农民工面临的问题仍然很多,进城务工期间的大病医疗问题是突出问题之一。2006年1月21日国务院出台了《国务院关于解决农民工问题的若干意见》(国发[2006]5号),把农民工医疗保障问题作为农民工社会保障的重点问题,要求优先解决。考虑到农民工流动性大,就业不稳定,为了便于农民工医疗保险关系和待遇的转移接续,使农民工在流动就业中的医疗保障权益不受损害,同时考虑到农民工工资收入偏低的实际情况,国发[2006]5号文件在总结各地做法的基础上,提出了农民工参加医疗保险的具体政策,概括起来就是"低费率、保大病、保当期、主要由用人单位缴费"。2006年5月,原劳动保障部印发《关于开展农民工参加医疗保险专项扩面行动的通知》(劳社厅发[2006]11号),要求以省会城市和大中城市为重点，以农民工比较集中的加工制造业、建筑业、采掘业和服务业等行业为重点，以与城镇用人单位建立劳动关系的农民工为重点，统筹规划，分类指导，分步实施，全面推进农民工参加医疗保险工作。《社会保险法》第九十五条明确规定："进城务工的农村居民依照本法规定参加社会保险。"这就从法律上进一步明确了将广大农民工纳入社会保险制度，当然也就要求纳入医疗保险制度。目前，职工基本医疗保险已成为覆盖城镇各类职业劳动者的一项制度。

第三节 居民医疗保障制度

一、新型农村合作医疗制度

（一）新型农村合作医疗制度的概念

新型农村合作医疗制度是由政府组织、引导、支持，农民自愿参加，个人、集体和政府多方筹资，以大病统筹为主的农民医疗互助共济制度，是与我国改革开放前传统的农村合作医疗制度相对而言的，人们简称其为"新农合"。

2002年10月，《中共中央　国务院关于进一步加强农村卫生工作的决定》（中发［2002］13号）明确指出，要逐步建立以大病统筹为主的新型农村合作医疗制度。要求到2010年，在全国农村基本建立起适应社会主义市场经济体制要求和农村经济社会发展水平的农村卫生服务体系和农村合作医疗制度，使新型农村合作医疗制度成为覆盖全体农村居民的社会医疗保险制度。

2003年1月16日，国务院办公厅转发了卫生部、财政部、农业部《关于建立新型农村合作医疗制度的意见》（国办发［2003］3号），按照"财政支持、农民自愿、政府组织"的原则组织进行试点。国务院要求从2003年起，各省、自治区、直辖市至少要选择2～3个县（市）先行试点，取得经验后逐步推开。到2010年，实现在全国建立基本覆盖农村居民的新型农村合作医疗制度的目标，减轻农民因疾病带来的经济负担,提高农民健康水平。

建立新型农村合作医疗制度要遵循以下原则:

一是自愿参加,多方筹资。农民以家庭为单位自愿参加新型农村合作医疗,遵守有关规章制度,按时足额缴纳合作医疗经费;乡(镇)、村集体要给予资金扶持;中央和地方各级财政每年要安排一定专项资金予以支持。

二是以收定支,保障适度。新型农村合作医疗制度要坚持以收定支,收支平衡的原则,既保证这项制度持续有效运行,又使农民能够享有最基本的医疗服务。要随着农村社会经济的发展和农民收入的增加,逐步提高新型农村合作医疗制度的社会化程度和抗风险能力。

三是先行试点,逐步推广。建立新型农村合作医疗制度必须从实际出发,通过试点总结经验,不断完善,稳步发展。要随着农村社会经济的发展和农民收入的增加,逐步提高新型农村合作医疗制度的社会化程度和抗风险能力。

新型农村合作医疗制度一般采取以县(市)为单位进行统筹。条件不具备的地方,在起步阶段也可采取以乡(镇)为单位进行统筹,逐步向县(市)统筹过渡。国务院要求县级人民政府成立由有关部门和参加合作医疗的农民代表组成的农村合作医疗管理委员会,负责有关组织、协调、管理和指导工作。委员会下设经办机构,负责具体业务工作,人员由县级人民政府调剂解决。根据需要在乡(镇)可设立派出机构(人员)或委托有关机构管理。经办机构的人员和工作经费列入同级财政预算,不得从农村合作医疗基金中提取。

在试点的基础上,2004年1月,国务院办公厅转发了卫生部等11部门《关于进一步做好新型农村合作医疗试点工作的指导意见》(国办发[2004]3号),进一步明确了试点的目标任务,细化了有关原则要求,对制度探索的重点环节提出了指导性意见,完善了有关政策,推动了新型农村合作医疗的健康发展。

2007年1月,国务院召开了全国新型农村合作医疗工作会议。会议回顾总结了新型农村合作医疗试点四年来所取得的成绩、经验,明确要求新型农村合作医疗在全国范围内全面推开。《社会保险法》第二十四条规定:"国家建立和完善新型农村合作医疗制度。新型农村合作医疗的管理办法,由国务院规定。"这是通过立法确立的专门为农村居民设立的一项基本医疗保险制度。到2010年年底,参加新型农村合作医疗的人员已达8.35亿人。成为世界上覆盖人口最多的一项基本医疗保障制度。

（二）新型农村合作医疗的筹资方式

新型农村合作医疗制度实行个人缴费、集体扶持和政府资助相结合的筹资机制。在起步阶段，中央政府要求：

1. 农民个人每年的缴费标准不应低于10元，经济条件好的地区可相应提高缴费标准。乡镇企业职工（不含以农民家庭为单位参加新型农村合作医疗的人员）是否参加新型农村合作医疗由县级人民政府确定。

2. 有条件的乡村集体经济组织应对本地新型农村合作医疗制度给予适当扶持。扶持新型农村合作医疗的乡村集体经济组织类型、出资标准由县级人民政府确定，但集体出资部分不得向农民摊派。鼓励社会团体和个人资助新型农村合作医疗制度。

3. 地方财政每年对参加新型农村合作医疗农民的资助不低于人均10元，具体补助标准和分级负担比例由省级人民政府确定。经济较发达的东部地区，地方各级财政可适当增加投入。从2003年起，中央财政每年通过专项转移支付对中西部地区除市区以外的参加新型农村合作医疗的农民按人均10元安排补助资金。

按照国务院的规定，随着社会经济水平的发展，新型农村合作医疗筹资水平要逐步提高。2009年新型农村合作医疗全国人均筹资113元；2010年，国务院决定将中央财政对新农合的补助标准提高到每人每年60元，地方财政补助不少于60元，并相应提高家庭缴费标准。2011年，再次将中央和地方财政补助标准提高到200元。随着我国经济的持续发展，补助标准还将逐步提高。

（三）资金管理

农村合作医疗基金是由农民自愿缴纳、集体扶持、政府资助的民办公助社会性资金，要按照以收定支、收支平衡和公开、公平、公正的原则进行管理，实行专款专用，专户储存，不得挤占挪用。国家规定：

1. 农村合作医疗基金由农村合作医疗管理委员会及其经办机构进行管理。农村合作医疗经办机构应在管理委员会认定的国有商业银行设立农村合作医疗基金专用账户，确保基金的安全和完整，并建立健全农村合作医疗基金管理的规章制度，按照规定合理筹集、及时审核支付农村合作医疗基金。

2. 农村合作医疗基金中农民个人缴费及乡村集体经济组织的扶持资金，原则上按年由农村合作医疗经办机构在乡（镇）设立的派出机构（人员）或委托有关机构收缴，存入农村合作医疗基金专用账户；地方财政支持资金，由地方各级财政部门根据参加新型农村合作医疗的实际人数，划拨到农村合作医疗基金专用账户；中央财政补助中西部地区新型农村合作医疗的专项资金，由财政部根据各地区参加新型农村合作医疗的实际人数和资金到位等情况核定，向省级财政划拨。中央和地方各级财政要确保补助资金及时、全额拨付到农村合作医疗基金专用账户，并通过新型农村合作医疗试点逐步完善补助资金的划拨办法，尽可能简化程序，易于操作。要结合财政国库管理制度改革和完善情况，逐步实现财政直接支付。关于新型农村合作医疗资金具体补助办法，由财政部商有关部门研究制定。

3. 农村合作医疗基金主要补助参加新型农村合作医疗农民的大额医疗费用或住院医疗费用。有条件的地方，可实行大额医疗费用补助与小额医疗费用补助结合的办法，既提高抗风险能力又兼顾农民受益面。对参加新型农村合作医疗的农民，年内没有动用农村合作医疗基金的，要安排进行一次常规性体检。各省、自治区、直辖市要制定农村合作医疗报销基本药物目录。各县（市）要根据筹资总额，结合当地实际，科学合理地确定农村合作医疗基金的支付范围、支付标准和额度，确定常规性体检的具体检查项目和方式，防止农村合作医疗基金超支或过多结余。

4. 加强对农村合作医疗基金的监管。农村合作医疗经办机构要定期向农村合作医疗管理委员会汇报农村合作医疗基金的收支、使用情况；要采取张榜公布等措施，定期向社会公布农村合作医疗基金的具体收支、使用情况，保证参加合作医疗农民的参与、知情和监督的权利。县级人民政府可根据本地实际，成立由相关政府部门和参加合作医疗的农民代表共同组成的农村合作医疗监督委员会，定期检查、监督农村合作医疗基金使用和管理情况。农村合作医疗管理委员会要定期向监督委员会和同级人民代表大会汇报工作，主动接受监督。审计部门要定期对农村合作医疗基金收支和管理情况进行审计。

二、城镇居民基本医疗保险制度

（一）城镇居民基本医疗保险试点的推进

城镇居民基本医疗保险制度是以大病统筹为主，针对城镇非从业居民的一项基本医疗保险制度。《社会保险法》第二十五条第一款规定："国家建立和完善城镇居民基本医疗保险制度。"

随着我国城镇职工医疗保险制度的全面实施和新型农村合作医疗试点工作的顺利推进，城镇学生、儿童等非从业城镇居民医疗问题日益突出，社会反应强烈。从2004年起，江苏镇江、广东佛山等地开始探索建立城镇居民医疗保险制度，通过社会医疗保险来解决少年儿童等非从业居民的医疗问题，取得较好社会效果，积累了初步经验。党的十六届六中全会通过《中共中央关于构建社会主义和谐社会若干重大问题的决定》（2006年），将"完善城镇职工基本医疗保险，建立以大病统筹为主的城镇居民医疗保险，发展社会医疗救助"，作为完善社会保障制度，保障群众基本生活的重要内容作出了部署。

2007年7月，国务院印发《关于开展城镇居民基本医疗保险试点工作的指导意见》（国发[2007]20号），正式决定在全国启动城镇居民基本医疗保险试点。按照国务院的要求，2007年在有条件的省份选择2~3个城市启动试点，当时确定了88个试点城市开展这项工作。2008年扩大试点，争取2009年试点城市达到80%以上，2010年在全国全面推开，逐步覆盖全体城镇非从业居民。要通过试点，探索和完善城镇居民基本医疗保险的政策体系，形成合理的筹资机制、健全的管理体制和规范的运行机制，逐步建立以大病统筹为主的城镇居民基本医疗保险制度。

城镇居民基本医疗保险试点遵循的原则。一是坚持低水平起步，根据经济发展水平和各方面承受能力，合理确定筹资水平和保障标准，重点保障城镇非从业居民的大病医疗需求，逐步提高保障水平；二是坚持自愿原则，充分尊重群众意愿；明确中央和地方政府的责任，中央确定基本原则和主要政策，地方制定具体办法，对参保居民实行属地管理；三是坚持统筹协调，做好各类医疗保障制度之间基本政策、标准和管理措施等的衔接。

按照《国务院关于开展城镇居民基本医疗保险试点工作的指导意见》，城镇居民基本医疗保险参保范围是：不属于城镇职工基本医疗保险制度覆盖范围的中小学阶段的学生（包括职业高中、中专、技校学生）、少年儿童和其他非从业城镇居民都可自愿参加城镇居民基本医疗保险。2008年10月，国务院办公厅印发了《关于将大学生纳入城镇居民基本医疗保险试点范围的指导意见》（国办发[2008] 119号），明确纳入城镇居民基本医疗保险范围的为各类全日制普通高等学校（包括民办高校）、科研院所（以下统称高校）中接受普通高等学历教育的全日制本专科生、全日制研究生。2009年人力资源和社会保障部、财政部联合印发了《关于全面开展城镇居民基本医疗保险工作的通知》（人社部发[2009] 35号），要求全国所有城市都要开展城镇居民基本医疗保险工作。到2010年年底，城镇居民基本医疗保险制度参保人员已达1.9亿人。至此，在全国范围内城镇居民基本医疗保险制度覆盖了城镇居民全体非从业人员。

（二）城镇居民基本医疗保险的筹资方式

在城镇居民基本医疗保险试点阶段，按照国家规定，试点城市应根据当地的经济发展水平以及成年人和未成年人等不同人群的基本医疗消费需求，并考虑当地居民家庭和财政的负担能力，恰当确定筹资水平；探索建立筹资水平、缴费年限和待遇水平相挂钩的机制。

按照国家规定，城镇居民基本医疗保险以家庭缴费为主，政府给予适当补助。参保居民按规定缴纳基本医疗保险费，享受相应的医疗保险待遇，有条件的用人单位可以对职工家属参保缴费给予补助。国家对个人缴费和单位补助资金制定税收鼓励政策。

1. 参保人员缴费。目前，绝大多数地方对成年人和未成年人确定了不同的缴费水平，并采取了按绝对额筹资的方式。2009年，全国居民医保人均筹资水平为130元，成年人筹资标准为200~400元，未成年人筹资标准为80~120元。大学生参加城镇居民基本医疗保险的个人缴费标准和政府补助标准，按照当地中小学生参加城镇居民基本医疗保险相应标准执行。

2. 政府补贴。按照国务院的规定，对试点城市的参保居民，政府每年按不低于人均40元给予补助，其中，中央财政从2007年起每年通过专项转移支付，对中西部地区按人均20元给予补助。在此基础上，对属于低保对象的或重度残疾的学生和儿童参保所需的家庭缴费部分，政府原则上每年再按不低于人均10元给予补助，其中，中央财政对中西部地区按人均5元给予补助；对其他低保对象、丧失劳动能力的重度残疾人、低收入家庭60周岁以上的老年人等困难居民参保所需家庭缴费部分，政府每年再按不低于人均60元给予补助，其中，中央财政对中西部地区按人均30元给予补助。中央财政对东部地区参照新型农村合作医疗的补助办法给予适当补助。财政补助的具体方案由财政部门商劳动保障、民政等部门研究确定，补助经费要纳入各级政府的财政预算。

2008年《国务院办公厅关于将大学生纳入城镇居民基本医疗保险试点范围的指导意见》规定，大学生参保所需政府补助资金，按照高校隶属关系，由同级财政负责安排。中央财政对部属院校按照各地财政补助标准进行补助，对地方所属高校学生按照城镇居民基本医疗保险补助办法给予补助。

民政部、财政部和原劳动保障部下发的《关于做好城镇困难居民参加城镇居民基本医疗保险有关工作的通知》（民发［2007］156号）规定，各级财政部门要根据困难居民参加城镇居民基本医疗保险人数和补助标准，足额安排城市困难居民参加城镇居民基本医疗保险所需补助资金。补助困难居民参保所需家庭缴费部分的资金，列政府收支分类科目"城市医疗救助"项下，并通过财政部门在社会保障基金财政专户中设立的"城市医疗救助基金"专账及时划拨至"城镇居民基本医疗保险基金"专账。

在积极推进城镇居民基本医疗保险制度建立过程中，国家通过立法，充分肯定了各地试点的成功经验。《社会保险法》第二十五条第二款规定，城镇居民基本医疗保险实行个人缴费和政府补贴相结合；第二十五条第三款规定，享受最低生活保障的人、丧失劳动能力的残疾人、低收入家庭60周岁以上的老年人和未成年人等所需个人缴费部分，由政府给予补贴。至此，城乡全体居民都有了基本医疗保障制度安排。

同时，当社会保险基金入不敷出时，也由政府给予补贴。财政部、原劳动保障部印发的《社会保险基金财务制度》（财社字［1999］60号）规定：基金当年入不敷出时，在动用历年滚存结余、调剂金后，由同级财政部门给予适当支持，并可以根据需要按国务院有关规定报批后调整缴费比例。例如，2008—2010年，中央财政共安排专项补助资金509亿元，用于帮助各地解决关闭破产国有企业退休人员等医疗保障问题。其中，安排资金89亿元，帮助地方解决139万原未参保的地方政策性关闭破产国有企业退休人员参加职工医保问题；安排资金216亿元，帮助地方解决407万原未参保的地方依法破产国有企业退休人员参加职工医保问题；安排资金140亿元，按照补差原则，帮助地方彻底解决中央和中央下放企业退休人员参保问题，特别是将61万名未参保退休人员纳入医保；安排资金54亿元，推动地方统筹解决关闭破产集体企业退休人员和困难企业职工等其他城镇未参保人员医疗保障问题。近年来，各地按照国务院的要求，通过调剂中央财政补助，积极配套资金，全面解决了600多万关闭破产国有企业退休人员参保问题，同时，还解决了200万名左右其他关闭破产企业退休人员和困难企业职工医保问题，有力地维护了社会稳定，促进了社会和谐。《社会保险法》进一步作出规定："县级以上人民政府在社会保险基金出现支付不足时，给予补贴。"

（三）城乡医疗保险制度连通

为了适应城镇化的快速发展、城乡人员流动的加剧以及就业形式多样化等变化，解决关闭破产企业退休人员以及困难企业职工、灵活就业人员以及农民工等的医疗保障问题，国务院在深化医药体制改革中提出打通城镇职工基本医疗保险、城镇居民基本医疗保险和新型农村合作医疗制度。具体政策措施如下：一是参加职工医疗保险有困难的关闭破产企业退休人员和困难企业职工，经省政府批准后，参加城镇居民医保；二是灵活就业人员自愿选择参加城镇职工医保或城镇居民医保；三是签订劳动合同并与企业建立稳定劳动关系的农民工要参加城镇职工基本医疗保险，其他农民工根据实际情况，参加户籍所在地新型农村合作医疗或务工地城镇居民基本医疗保险。也就是说，符合一定条件的从业人员，也可选择参加城镇居民基本医疗保险。

第四节 基本医疗保险基金支付管理

一、基本医疗保险基金支付目录

(一) 基本医疗保险药品目录

《社会保险法》第二十八条规定,符合基本医疗保险药品目录、诊疗项目、医疗服务设施标准以及急诊、抢救的医疗费用,按照国家规定从基本医疗保险基金中支付。这是首次通过法律的形式明确规定基本医疗保险药品目录、诊疗项目、医疗服务设施标准在限定医疗保险基金支付范围上的作用,对医疗保险行政部门强化基金管理、明确基金用途、规范基金使用方法具有非常重要的意义。

为了保障职工基本医疗用药,合理控制药品费用,规范基本医疗保险用药范围管理,根据《国务院关于建立城镇职工基本医疗保险制度的决定》(国发〔1998〕44号),基本医疗保险用药范围通过制定《基本医疗保险药品目录》(以下简称《药品目录》)进行管理。确定《药品目录》或药品品种时要考虑临床治疗需要,也要考虑地区间的经济差异和用药习惯,中西药并重。

纳入《药品目录》的药品,应是临床诊疗必需、安全有效、价格合理、使用方便、市场能够保证的药品,并具备下列条件之一:

1. 《中华人民共和国药典》(现行版) 收载的药品;
2. 符合国家药品监督管理部门颁发标准的药品;
3. 国家药品监督管理部门批准正式进口的药品。

以下药品不能纳入基本医保用药范围:

1. 主要起营养滋补作用的药品;
2. 部分可以入药的动物及动物脏器,干(水)果类;
3. 用中药材和中药饮片炮制的各类酒制剂;
4. 各类药品中的果味制剂、口服泡腾剂;

第四章　基本医疗保险

5. 血液制品、蛋白类制品（特殊适应证与急救、抢救除外）；
6. 社会保险行政部门规定基本医疗保险基金不予支付的其他药品。

《药品目录》中的西药和中成药在《国家基本药物》的基础上遴选，并分"甲类目录"和"乙类目录"。

"甲类目录"的药品是临床必需，使用广泛，疗效好，同类药品中价格低的药品。"甲类目录"由国家统一制定，各地不得调整。

"乙类目录"的药品是可供临床选择使用，疗效好，同类药品中比"甲类目录"药品价格略高的药品。"乙类目录"由国家制定，各省、自治区、直辖市可根据当地经济水平、医疗需求和用药习惯，适当进行调整，增加和减少的品种数之和不得超过国家制定的"乙类目录"药品总数的15%。各省、自治区、直辖市对本省、自治区、直辖市《药品目录》"乙类目录"中易滥用、毒副作用大的药品，可按临床适应证和医院级别分别予以限定。

基本医疗保险参保人员使用《药品目录》中的药品，所发生的费用的支付原则是：使用"甲类目录"的药品所发生的费用，按基本医疗保险的规定支付。使用"乙类目录"的药品所发生的费用，先由参保人员自付一定比例，再按基本医疗保险的规定支付。个人自付的具体比例，由统筹地区规定，报省、自治区、直辖市社会保险行政部门备案。使用中药饮片所发生的费用，除基本医疗保险基金不予支付的药品外，均按基本医疗保险的规定支付。对于国家免费提供的抗艾滋病病毒药物和国家基本公共卫生项目涉及的抗结核病药物、抗疟药物和抗血吸虫病药物，参保人员使用且符合公共卫生支付范围的，基本医疗保险基金不予支付。对于急救、抢救期间所需药品的使用可适当放宽范围，各统筹地区要根据当地实际制定具体的管理办法。

国家《药品目录》的组织制定工作由国务院社会保险行政部门负责，并与相关部门组成国家《药品目录》评审领导小组，负责评审《药品目录》及每年新增补和删除的药品。各省、自治区、直辖市《药品目录》的制定工作由各省、自治区、直辖市负责社会保险的行政部门负责，参照国家《药品目录》制定工作的组织形式，建立相应的评审机构和专家组。在制定《药品目录》的工作中，各级社会保险行政部门不再进行药品检验，不得向药品生产和经销企业收取评审费和各种名目的费用,不得巧立名目加重企业的负担。制定《药品目录》所需经费由劳动保障行政部门向财政部门提出申请,由同级财政拨款解决。国家《药品目录》原则上每两年调整一次,各省、自治区、直辖市的新药增补工作每年进行一次,各地不得自行进行新药增补。增补进入国家"乙类目录"的药品,各省、自治区、直辖市可根据实际情况,确定是否进入当地的"乙类目录"。

第一版的基本医疗保险《药品目录》于2000年颁布,2004年、2009年国家根据参保人员用药需求的变化,对目录进行了调整,药品数量有了较大幅度的增加。目前执行的《药品目录》(2009年版)共有西药品种1 170个,其中甲类355个,乙类815个;中成药987个,其中甲类154个,乙类833个。从这几年医疗保险《药品目录》执行情况来看,社会各界反映普遍较好,广大参保人员基本的用药需求得到了保障。同时,各地医疗保险部门从维护参保人员合法权益的角度出发,通过"三率"(即基本医疗保险药品备药率、使用率和个人自费药品负担率)控制指标等管理措施,加大了对医疗机构医疗服务行为的监控力度,促进医疗机构和医生规范诊疗、合理用药,减轻了参保人员的医疗费用负担。

(二)基本医疗保险诊疗项目

《国务院关于建立城镇职工基本医疗保险制度的决定》和原劳动保障部等部门发布的《关于城镇职工基本医疗保险诊疗项目管理的意见》(劳社部发〔1999〕22号)规定,基本医疗保险诊疗项目通过制定基本医疗保险诊疗项目范围和目录进行管理。制定基本医疗保险诊疗项目范围和目录既要考虑临床诊断、治疗的基本需要,也要兼顾不同地区经济状况和医疗技术水平的差异,做到科学合理,方便管理。

基本医疗保险诊疗项目是指符合以下条件的各种医疗技术劳务项目和采用医疗仪器、设备与医用材料进行的诊断、治疗项目:

1. 临床诊疗必需、安全有效、费用适宜的诊疗项目;
2. 由物价部门制定了收费标准的诊疗项目;
3. 由定点医疗机构为参保人员提供的定点医疗服务范围内的诊疗项目。

国务院社会保险行政部门负责组织制定国家基本医疗保险诊疗项目范围,采用排除法分别规定基本医疗保险不予支付费用的诊疗项目范围和基本医疗保险支付部分费用的诊疗项目范围。

基本医疗保险不予支付费用的诊疗项目，主要是一些非临床诊疗必需、效果不确定的诊疗项目以及属于特需医疗服务的诊疗项目。主要范围有：

1. 服务项目类，如挂号费、院外会诊费、出诊费、检查治疗加急费等特需医疗服务。

2. 非疾病治疗项目类，如各种美容、健美项目以及非功能性整容、矫形手术等。

3. 诊疗设备及医用材料类，如应用正电子发射断层扫描装置（PET）、电子束CT、眼科准分子激光治疗仪等大型医疗设备进行的检查、治疗项目，眼镜、义齿、义肢、助听器等康复性器具等。

4. 治疗项目类，如除肾脏、心脏瓣膜、角膜、皮肤、血管、骨、骨髓移植外的其他器官或组织移植、近视眼矫形术、磁疗等辅助性治疗项目。还有各种不育（孕）症、性功能障碍等诊疗项目。

基本医疗保险支付部分费用的诊疗项目，主要是一些临床诊疗必需、效果确定但容易滥用或费用昂贵的诊疗项目。主要范围有：

1. 诊疗设备及医用材料类，包括应用 χ—射线计算机体层摄影装置（CT）、立体定向放射装置（γ—刀、χ—刀）、心脏及血管造影 χ 线机（含数字减影设备）、核磁共振成像装置（MRI）、单光子发射电子计算机扫描装置（SPECT）、彩色多普勒仪、医疗直线加速器等大型医疗设备进行的检查、治疗项目；体外震波碎石与高压氧治疗；心脏起搏器、人工关节、人工晶体、血管支架等体内置换的人工器官、体内置放材料；各省物价部门规定的可单独收费的一次性医用材料。

2. 治疗项目类，包括血液透析、腹膜透析，肾脏、心脏瓣膜、角膜、皮肤、血管、骨、骨髓移植，心脏激光打孔、抗肿瘤细胞免疫疗法和快中子治疗项目。

3. 各省社会保险行政部门规定的价格昂贵的医疗仪器与设备的检查、治疗项目和医用材料，也纳入支付范围。

各省（自治区、直辖市，下同）社会保险行政部门要根据国家基本医疗保险诊疗项目范围的规定，组织制定本省的基本医疗保险诊疗项目目录。可以采用排除法，分别列基本医疗保险不予支付费用的诊疗项目目录和基本医疗保险支付部分费用的诊疗项目目录。也可以采用准入法，分别列基本医疗保险准予支付费用的诊疗项目目录和基本医疗保险支付部分费用的诊疗项目目录。对于国家基本医疗保险诊疗项目范围规定的基本医疗保险不予支付费用的诊疗项目，各省可适当增补，但不得删减。对于国家基本医疗保险诊疗项目范围规定的基本医疗保险支付部分费用的诊疗项目，各省可根据实际适当调整，但必须严格控制调整的范围和幅度。

参保人员发生的诊疗项目费用，属于基本医疗保险不予支付费用诊疗项目目录以内的，基本医疗保险基金不予支付。属于基本医疗保险支付部分费用诊疗项目目录以内的，先由参保人员按规定比例自付后，再按基本医疗保险的规定支付。属于按排除法制定的基本医疗保险不予支付费用和支付部分费用诊疗项目目录以外的，或属于按准入法制定的基本医疗保险准予支付费用诊疗项目目录以内的，按基本医疗保险的规定支付。

国家基本医疗保险诊疗项目范围要根据基本医疗保险基金的支付能力和医学技术的发展适时进行调整。各省的基本医疗保险诊疗项目目录要在国家基本医疗保险诊疗项目范围调整的基础上作相应调整。随着全国医疗服务项目管理的逐步统一和规范，国家以残疾人医疗康复项目为突破正在研究探索制定准入性的基本医疗保险诊疗项目目录。

（三）基本医疗服务设施标准

按《国务院关于建立城镇职工基本医疗保险制度的决定》规定和原劳动保障部等部门发布的《关于确定城镇职工基本医疗保险医疗服务设施范围和支付标准的意见》（劳社部发［1999］22号）要求，各省劳动保障行政部门要按照本意见的要求，组织制定基本医疗保险医疗服务设施项目范围。

基本医疗保险医疗服务设施是指由定点医疗机构提供的，参保人员在接受诊断、治疗和护理过程中必需的生活服务设施。基本医疗保险医疗服务设施费用主要包括住院床位费及门（急）诊留观床位费。对已包含在住院床位费或门（急）诊留观床位费中的日常生活用品、院内运输用品和水、电等费用，基本医疗保险基金不另行支付，定点医疗机构也不得再向参保人员单独收费。

基本医疗保险基金不予支付的生活服务项目和服务设施费用主要包括：①就

(转) 诊交通费、急救车费；②空调费、电视费、电话费、婴儿保温箱费、食品保温箱费、电炉费、电冰箱费及损坏公物赔偿费；③陪护费、护工费、洗理费、门诊煎药费；④膳食费；⑤文娱活动费以及其他特需生活服务费用。其他医疗服务设施项目是否纳入基本医疗保险基金支付范围，由各省（自治区、直辖市，下同）政府社会保险行政部门规定。

基本医疗保险住院床位费支付标准，由各统筹地区社会保险行政部门按照本省物价部门规定的普通住院病房床位费标准确定。需隔离以及危重病人的住院床位费支付标准，由各统筹地区根据实际情况确定。基本医疗保险门（急）诊留观床位费支付标准按本省物价部门规定的收费标准确定，但不得超过基本医疗保险住院床位费支付标准。

定点医疗机构要公开床位收费标准和基本医疗保险床位费支付标准，在安排病房或门（急）诊留观床位时，应将所安排的床位收费标准告知参保人员或家属。参保人员可以根据定点医疗机构的建议，自主选择不同档次的病房或门（急）诊留观床位。由于床位紧张或其他原因，定点医疗机构必须把参保人员安排在超标准病房时，应首先征得参保人员或家属的同意。

参保人员的实际床位费低于基本医疗保险住院床位费支付标准的，以实际床位费按基本医疗保险的规定支付；高于基本医疗保险住院床位费支付标准的，在支付标准以内的费用，按基本医疗保险的规定支付，超出部分由参保人员自付。

各省劳动保障行政部门要按照本意见的要求，组织制定基本医疗保险医疗服务设施项目范围。各统筹地区劳动保障行政部门要根据本省规定的基本医疗保险医疗服务设施项目，确定基本医疗保险基金的支付标准。统筹地区社会保险经办机构要加强对医疗服务设施费用的审核工作，严格按照基本医疗保险医疗服务设施项目范围和支付标准支付费用。

（四）急诊、抢救的医疗费用

急诊，是指医疗机构为急性病患者进行紧急治疗的门诊。抢救，是指在紧急危险情况下的迅速救护。与一般治疗相比，急诊、抢救的特点是变化急骤、时间性强、随机性大、疾病谱广泛、多科室交叉、涉及面大，并且急危重病人的诊治风险大、社会责任重。

为了保证参保人在突发疾病、意外伤害时，能在最快时间内得到专业、科学的救治，基本医疗保险除了对急诊、抢救时在定点医疗机构发生的符合"三个目录"的医疗费用予以支付外，还专门对急诊、抢救费用的支付给予了一些照顾。根据《国务院关于建立城镇职工基本医疗保险制度的决定》《城镇职工基本医疗保险用药范围管理暂行办法》《关于城镇职工基本医疗保险诊疗项目管理的意见》《关于确定城镇职工基本医疗保险医疗服务设施范围和支付标准的意见》和《城镇职工基本医疗保险定点医疗机构管理暂行办法》规定，一是在定点范围上有所放宽，如急诊、抢救期间参保人员在非定点医疗机构就医发生的费用，基本医疗保险基金准予支付。二是在用药范围上，如急诊、抢救期间所需药品的使用可适当放宽范围，各统筹区可根据当地实际制定具体的管理办法。三是将急诊留观床位费纳入基本医疗保险医疗服务设施费用，由基本医疗保险基金支付。

二、基本医疗保险基金不予支付的医疗费用

《社会保险法》第三十条规定，下列医疗费用不纳入基本医疗保险基金支付范围：①应当从工伤保险基金中支付的；②应当由第三人负担的；③应当由公共卫生负担的；④在境外就医的。按照法律规定，如果出现上述四种情况中的一种或多种，即使这部分医疗费用符合《社会保险法》第二十八条的规定，那么通过除外责任，基本医疗保险不应支付费用。

1. 应当从工伤保险基金中支付的费用

除了医疗保险之外，提供医疗服务也是工伤保险的重要内容。职工通过参加工伤保险，保障因工作原因受到的事故伤害或职业病损害。职工的工伤保险待遇是一个较为宽泛的待遇，工伤职工的医疗费用、康复费用等都从工伤保险基金中支出。为了避免工伤职工的医疗费用支付与职工基本医疗保险基金支付的范围产生交叉。法律规定凡符合工伤支付条件的医疗费用，均应由工伤保险基金按规定支付，不再纳入基本医疗保险基金支付范围。此外，由于工伤职工的保障范围更明确、保障责任更重大，一般情况下，工伤保险的保障待遇会高于基本医疗保险，这样规定也有利于保障参保职工权益。

2. 应当由第三人负担的费用

主要是指职工由于第三人侵权，导致参保人员的人身受到伤害而产生的医疗费用。如参保人员被第三人打伤而入院治疗，由此产生的医疗费用，按照我国民法通则、侵权责任法等规定，应当由侵权人负担，基本医疗保险基金不予支付。一些情况下，导致参保人受到伤害的事件有明确的责任方，比如责任事故、由他人导致的交通事故或者参保人受到故意伤害，依照法律规定，如果医疗费用应当由第三人负担，那么这部分医疗费用不属于基本医疗保险的支付范围。但是，针对实践中出现的第三人拒绝支付或者暂时无法确定第三人的情况，法律规定：第三人不支付或者无法确定第三人的，由基本医疗保险基金先行支付；基本医疗保险基金先行支付后，有权向第三人追偿。

3. 应当由公共卫生负担的费用

公共卫生是指政府组织全社会共同努力，改善社会卫生条件，包括预防、监控和医治传染病和其他重大疾病流行，培养良好卫生习惯和文明生活方式，达到预防疾病、促进人民群众身体健康所提供的公共医疗服务。从这个定义可以看出，公共卫生包括的范围与基本医疗保险保障的医疗服务范围有一定重合。但是，我国现阶段的基本公共卫生服务，主要是由政府免费向全体公民提供的，国家基本公共卫生服务项目所需费用纳入政府财政预算安排。因此，为清晰界定公共卫生与基本医疗保险各自责任范围，《社会保险法》规定应当由公共卫生负担的医疗费用，不属于基本医疗保险基金支付范围。

4. 在境外就医的费用

根据现阶段我国经济发展水平和保障水平以及基本医疗保险管理能力，我国的基本医疗保险主要针对的是在境内发生的医疗费用，对于参保人在境外（包括我国港、澳、台地区）发生的医疗费用，不属于支付范围。对于参保人可能发生的境外医疗费用风险，可通过相应的商业保险来解决。

上述这四项医疗费用，即使符合基本医疗保险药品目录、诊疗项目和医疗服务设施标准的要求，也不纳入基本医疗保险基金支付的范围。

三、基本医疗保险费用结算

（一）定点医疗机构管理

《社会保险法》第三十一条规定：社会保险经办机构根据管理服务的需要，

可以与医疗机构、药品经营单位签订服务协议，规范医疗服务行为。医疗机构应当为参保人员提供合理、必要的医疗服务。

与社会保险经办机构签订提供基本医疗保险服务协议的医疗机构、药品经营单位，被称为"定点医药机构"。定点医药机构要按服务协议的要求提供相应的服务，并获得相应收入。

1. 定点医药机构的定义

定点医药机构主要是指定点医疗机构和定点药店。

定点医疗机构，是指经统筹地区社会保险行政部门审查，并经社保经办机构确定的，为基本医疗保险参保人员提供医疗服务的医疗机构。定点医疗机构应具备以下条件：①符合区域医疗机构设置规划；②符合医疗机构评审标准；③遵守国家有关医疗服务管理的法律、法规和标准，有健全和完善的医疗服务管理制度；④严格执行国家、省（自治区、直辖市）物价部门规定的医疗服务和药品的价格政策，经物价部门监督检查合格；⑤严格执行城镇职工基本医疗保险制度的有关政策规定，建立了与基本医疗保险管理相适应的内部管理制度，配备了必要的管理人员和设备。

定点药店，即指定点零售药店，是经统筹地区社会保险行政部门审查，并经社保经办机构确定的，为基本医疗保险参保人员提供处方外配服务的零售药店。定点零售药店应具备以下资格与条件：①持有"药品经营企业许可证""药品经营企业合格证"和"营业执照"，经药品监督管理部门年检合格；②遵守《药品管理法》及有关法规，有健全和完善的药品质量保证制度，能确保供药安全、有效和服务质量；③严格执行国家、省（自治区、直辖市）规定的药品价格政策，经物价部门监督检查合格；④具备及时供应基本医疗保险用药、24小时提供服务的能力；⑤能保证营业时间内至少有1名药师在岗，营业人员需经地级以上药品监督管理部门培训合格；⑥严格执行城镇职工基本医疗保险制度有关政策规定，有规范的内部管理制度，配备必要的管理人员和设备。

2. 定点医药机构的义务

一般而言，社会保险经办机构与定点医药机构签订的服务协议包括服务人群、服务范围、服务内容、服务质量、医疗费用结算办法、医疗费用支付标准以及医疗费用审核与控制等内容，并明确双方的责任、权利和义务。《社会保险法》第三十一条规定了医疗机构应当为参保人员提供合理、必要的医疗服务。第一次从法律层面对定点医疗机构的服务进行规范。

定点医疗机构的义务是为参保人员提供合理、必要的医疗服务。所谓合理的医疗服务，是指医疗服务应当准确、及时、适合具体参保人的病情；所谓必要的医疗服务，是指医疗服务是必需、适量、不存在过度医疗的情况。这是法律对医疗机构的明确要求，为广大的参保患者提供了一个有力的法律武器以保护好自己的权益，也为社会保险经办机构提供了法律依据以追究有关违规医疗机构的法律责任。据此，社会保险经办机构对医疗机构提供的服务是否合理、必要拥有监督检查的权利，定点医疗机构应予以配合。

定点药店的义务是应配备专（兼）职管理人员，与社会保险经办机构共同做好各项管理工作。严格管理外配处方，应当分别管理、单独建账。定点零售药店要定期向统筹地区社会保险经办机构报告处方外配服务及费用发生情况。定点零售药店有义务提供与费用审核相关的资料及账目清单。

（二）基本医疗保险结算管理

1. 基本医疗保险结算管理的概念

基本医疗保险结算管理是指社会保险经办机构与医疗机构、药品经营单位进行医疗和药品费用的结算。由于相对医疗机构而言，医疗保险经办机构与药品经营单位（多为药店）的结算办法比较简单，因此我们平时所讨论的主要以社会保险经办机构与医疗机构之间的结算为主。

社会保险经办机构如何与医疗机构进行结算，对于医疗服务行为中涉及的"医、患、保"三方均有重要意义。对于医疗机构而言，与社会保险经办机构进行医疗费用结算是其医疗行为获得补偿的主要途径，是医疗机构生存发展的保证。医疗机构希望结算要及时、足额、简单、方便。对于参保人而言，社会保险经办机构如何与医疗机构结算是其获得医疗服务的保证。参保人希望结算要恰当合理，从而保证其获得的医疗服务质量。对于社会保险经办机构而言，它作为参保人的代表向医疗机构购买服务，自然希望买到质量优良、价格合理的医疗服务，并且其费用不能超出医疗保险的支付范围。

良好的医疗保险结算至少应当具有以下四个要素：一是结算简单方便，结算周期短，保证医疗机构能够及时足额获得补偿；二是应由医疗保险支付的费用，由社会保险经办机构与医疗机构直接结算，不增加参保人负担；三是通过合理的付费方式，促进医疗机构主动控制成本并保证服务质量；四是有完善的监管，建立相应的奖惩机制。

2. 付费方式改革的基本取向

2009年，《中共中央 国务院关于深化医药卫生体制改革的意见》明确提出要"完善支付制度，积极探索实行按人头付费、按病种付费、总额预付等方式"。付费方式改革直接涉及深化医药卫生体制改革的多个领域，如公立医院运行机制的转变、加强公立医院服务监管、设立药事服务费、加强全科医生制度建设等，是医改的关键环节之一。

近年来，各地不同程度地开展了付费制度改革的探索，取得了初步成效，为控制医疗费用不合理增长，引导医疗服务行为发挥了积极作用。从各地的实践并结合国际经验看，付费方式改革的趋势是由单一付费方式向多种付费方式组合的复合式付费方式发展。具体来说，就是在总结按项目付费经验基础上，探索按人头付费、按病种付费、总额预付等方式并存，并与费用总控相结合的复合式付费方式。

付费方式大体可以分为以按项目付费为代表的后付制和以按人头付费、按病种付费、总额预付为代表的预付制。后付制对医疗保险机构来说是一种被动付费制，是由医疗保险机构在费用发生后按医疗机构报送的所发生的医疗费用为基础向医疗机构进行支付。预付制对医疗保险机构来说是一种预算支付制，是由医疗保险机构在医疗服务活动开始之前就预先决定给医疗机构的补偿标准。从有利于充分满足医疗服务需求的角度，一般选择后付制；从有利于控制费用的角度，一般选择预付制。由于付费方式涉及医、患、保多个主体，任何一种医疗保险付费方式都有其优势和缺陷：按人头付费和总额预付最有利于费用控制，但可能出现医疗服务提供不足；按项目付费有利于满足患者的医疗需求，保证医疗服务质量，但容易造成医疗过度，费用失控；按单病种付费既有利于费用控制，又能保持适度医疗服务，但适用范围较窄，对医疗机构和经办机构的要求较高，管理难度大，成本高。付费方式选择的直接目的是既控制不合理费用，又满足患者的基本医疗需求，但任何一种付费方式都很难同时满足这两个目标。只有将多种支付方式结合起来，才能充分发挥长处，避免和限制其短处。因此，付费制度改革的基本取向是，从单一付费方式改为复合付费方式，充分发挥预付制方式控制医疗费用的优势，并用其他后付制支付方式弥补医疗服务的不足，实现控制费用与保障服务的平衡。

3. 直接结算

所谓直接结算，是指参保人员就医时不需要先垫付全部医疗费用再到社保机构报销，而是只付个人应承担的医药费，其余应当由基本医疗保险基金支付的部分，由医疗保险经办机构与医疗机构、药品经营单位直接进行结算。为此，《社会保险法》第二十九条第一款明确规定："参保人员医疗费用中应当由基本医疗保险基金支付的部分，由社会保险经办机构与医疗机构、药品经营单位直接结算。"这一制度依法确立，改变了过去那种参保人员看病，先由本人支付全部医疗费用，然后再就其中应当由医疗保险基金支付的部分，去医疗保险经办机构报销的做法，免除了参保人先行垫付全部医疗费用的负担，同时也省去了到医疗保险经办机构报销的麻烦，极大地方便了参保人员，体现了基本医疗保险服务更加注重以人为本的理念。

根据参保人就医行为和就医地点，直接结算大致可分为四种情况：

一是统筹地区内住院医疗费用的直接结算。目前，全国大部分统筹地区住院医疗费用已经实现直接结算。

二是统筹地区内门诊医疗费用的直接结算。据统计，目前超过90%的统筹地区城镇职工基本医疗保险个人账户实现直接结算或者包干使用，仅有不到5%的统筹地区采取事后报销方式；近60%的统筹地区实现了门诊大病费用直接结算。在已开展居民医保门诊统筹的地区中，80%实现了门诊医疗费用即时结算。

三是省内异地就医直接结算。随着人员流动的规模扩大，异地就医人员大幅度增加，医疗费用结算问题越来越突出。不少省区在着力推进统筹地区内医疗费用即时结算的基础上，着手通过省内计算机联网等方式，探索实现省内异地就医即时结算。

四是跨省异地就医直接结算。近年来,一些地方主动建立区域经办协作机制,通过参保地和就医地协商、点对点联网结算等方式,探索解决跨省异地就医,特别是异地安置退休人员就医结算问题。如在"长三角"地区,上海、浙江、江苏、安徽及河南的12个统筹地区之间,通过采用异地委托方式,开展了区域经办合作。海南与山西、黑龙江、广西、贵州省等经办机构间,签订异地就医合作协议,解决参保人员异地就医结算问题。广州市与成都市通过"点对点"协作,使两市参保人员异地就医实现即时结算,极大方便了参保农民工异地就医。

医疗保险实现直接结算关系可以有效减轻参保人经济负担,为参保人提供更为便利的服务,有利于更好地保障参保人权益,党和国家对此非常重视。《国务院办公厅关于印发医药卫生体制五项重点改革2010年度主要工作安排的通知》(国办函〔2010〕67号)中明确要求:到2010年年底,在80%的城镇职工医保、城镇居民医保和新农合统筹地区实现医疗费用即时结算。由于我国经济水平和医疗保障管理水平的限制,跨统筹地区之间信息联网尚未完全实现,因此目前"80%地区实现直接结算"是指在统筹地区医保定点医疗机构范围内,实现住院、大病和门诊费用的直接结算。下一步,各地要加快以信息网络为基础、以社会保障卡为载体的社会保障信息系统建设步伐,与统筹地区内所有定点医疗机构实现联网结算,并通过异地结算中心实现跨统筹地区的医疗费用直接结算。

(三)基本医疗保险异地就医服务

异地就医,是指参加基本医疗保险的人员在自己所在的统筹地区之外的中国境内地区就医的情况。异地就医包括参保人退休后到异地居住或异地安置、异地转诊、出差或旅行过程中的异地就医等多种情况。

由于离开了参保地,医疗保险经办机构的管理服务难以跟上,因此异地就医人员面临着就医结算不及时、不方便,个人负担重等一系列问题,参保人特别是退休后到异地居住或异地安置的参保人对异地就医问题的反应比较强烈。对此,《社会保险法》第二十九条第二款规定:"社会保险行政部门应当建立异地就医医疗费用结算制度,方便参保人员享受医疗保险待遇。"

目前,基本医疗保险异地就医服务管理主要有以下政策规定:①参保人员短期出差、学习培训或度假等期间,在异地发生疾病并就地紧急诊治发生的医疗费用,一般由参保地按参保地规定报销。②参保人员因当地医疗条件所限需异地转诊的,医疗费用结算按照参保地有关规定执行。参保地负责审核、报销医疗费用。有条件的地区可经地区间协商,订立协议,委托就医地审核。③异地长期居住的退休人员在居住地就医,常驻异地工作的人员在工作地就医,原则上执行参保地政策。参保地经办机构可采用邮寄报销、在参保人员较集中的地区设立代办点、委托就医地基本医疗保险经办机构代管报销等方式,改进服务,方便参保人员。④对经国家组织动员支援边疆等地建设,按国家有关规定办理退休手续后,已按户籍管理规定异地安置的参保退休人员,要探索与当地医疗保障体系相衔接的办法。具体办法由参保地与安置地协商确定、稳妥实施。

为了进一步完善医疗保险管理服务,建立异地就医结算机制,以异地安置退休人员为重点,探索就地就医并结算的办法,国家人力资源和社会保障部印发了《关于基本医疗保险异地就医结算服务工作的意见》(人社部发〔2009〕190号),明确要求各级医疗保险管理部门从完善管理服务入手,通过创新机制,简化程序,逐步解决参保人员异地就医的费用报销问题,做好异地就医结算管理服务。具体有以下一些措施:

一是逐步提高统筹层次,实现地级统筹,减少同一地级城市不同区县之间的政策差异,消除区域性流动就医的政策和管理障碍,实现参保人员同城无异地和同城同待遇。统筹地区经办机构认真履行本地参保人员就医管理和医疗费用审核结算的职责,同时要为在本地就医的异地参保人员和其参保地经办机构提供相应服务,对医疗服务进行监控。同时,积极探索建立省级和国家级风险调剂金,用于解决由于异地就医所带来的基金支付风险问题。

二是建立参保地和就医地间的区域协作经办工作机制,逐步将参保人员异地就医的医疗费用审核、支付以及对医疗服务的监管等经办事务委托就医地协助管理,实现异地就医管理服务由参保地向就医地转移,提高管理效率。同时,允许有条件的地区通过地方政府补贴等探索解决异地安置退休人员异地就医结算问题。

三是加强基本医疗保障信息管理系统建设,鼓励有条件的地区实行城市间或区域间的信息、资源共享和联网结算。各地可积极探索利用各种社会服务资源参与异地就医结算服务。研究制定医疗保险统一的管理信息标准，建立全国统一、覆盖城乡的基本医疗保障数据系统和异地就医结算系统，实现异地就医信息流和资金流的全国联通，借助信息技术手段，逐步扩大联网范围，推行就医一卡通，持卡结算，逐步实现异地就医医疗费用的实时结算。

四是以异地安置退休人员为重点，完善异地就医管理服务，从缩短审核支付时间入手，探索建立参保地委托就医地进行管理的协作机制。建立异地就医协作机制的地区，相关协作服务费标准由协作双方协商确定，所需经费列入同级财政预算。逐步建立部、省两级异地就医结算中心，方便参保人员就医结算。省级人力资源社会保障等部门及经办机构在国家政策指导下，负责统一组织协调并实施省内参保人员异地就医结算服务工作，规范异地就医结算的业务流程、基金划转及基础管理等工作，保证异地就医结算服务工作顺利开展。

第五节 基本医疗保险待遇

一、职工医疗保险待遇

《社会保险法》第二十六条规定："职工基本医疗保险、新型农村合作医疗和城镇居民基本医疗保险的待遇标准按照国家规定执行。"法律没有对基本医疗保险待遇项目和享受条件作更为具体的规定，只规定了"按照国家规定执行"，主要是指国务院关于基本医疗保险制度的若干规定以及各统筹地区人民政府根据国务院授权制定的具体标准。

国际上医疗保险待遇的内容主要有三项：医疗津贴、医疗费和供养亲属的医疗补助。在我国，医疗保险待遇主要包括医疗期间待遇、伤残待遇等。

（一）医疗期间待遇

职工享受疾病保险待遇，除完全丧失劳动能力外，只限于规定的医疗期内。

此医疗期,即职工因患病或非因工负伤停止工作治病休息且不得辞退的期限,其长度根据职工本人连续工作时间和在本单位工作时间分档次确定,最短不可少于3个月,最长一般不超过24个月;难以治愈的疾病,经医疗机构提出,本人申请,劳动保障行政部门批准后,可适当延长医疗期,但延长期最多为6个月。

在此期间的疾病保险待遇包括医疗保险待遇和疾病津贴两个部分组成。

1. 医疗保险待遇

职工一般可在与社会保险经办机构和用人单位签订的医疗服务合同规定的多个定点医疗机构中选择就医。其保险待遇项目主要有:规定范围的药品费用、规定的检查费用和治疗费用、规定标准的住院费用。上述费用按规定比例从医疗保险个人账户和社会统筹基金中支付,超出支付限额的费用和其余费用由个人负担。国务院《关于建立城镇职工基本医疗保险制度的决定》规定:统筹基金和个人账户要划定各自的支付范围,分别核算,不得互相挤占。要确定统筹基金的起付标准和最高支付限额,起付标准原则上控制在当地职工年平均工资的10%左右,最高支付限额原则上控制在当地职工年平均工资的6倍左右。起付标准以下的医疗费用,从个人账户中支付或由个人自付。起付标准以上、最高支付限额以下的医疗费用,主要从统筹基金中支付,其支付比例目前全国平均为80%,个人也要负担一定比例。超过最高支付限额的医疗费用,可以通过商业医疗保险等途径解决。统筹基金的具体起付标准、最高支付限额以及在起付标准以上和最高支付限额以下医疗费用的个人负担比例,由统筹地区根据以收定支、收支平衡的原则确定。《国务院关于印发医药卫生体制改革近期重点实施方案(2009—2011年)的通知》(国发〔2009〕12号)提出:逐步提高城镇职工医保政策范围内的住院费用报销比例。逐步扩大和提高门诊费用报销范围和比例。将城镇职工医保最高支付限额提高到当地职工年平均工资的6倍左右。

2. 疾病津贴

又名病假工资。职工患病或非因工负伤,停止工作满一个月以上的,单位停发工资,改为按其工作时间长短给付相当于本人工资一定比例的疾病津贴。

(二)伤残待遇

职工患病或非因工负伤致残的在医疗期内医疗终结或医疗期满后,经用人单位申请，劳动鉴定机构进行劳动能力鉴定并确定伤残等级，享受伤残待遇。伤残待遇因伤残等级不同而有区别。

1. 一级至四级伤残者，应退出劳动岗位，终止劳动关系。按现行规定，享受退休或退职待遇，由社会保险经办机构从养老保险基金中支付相当于本人工资一定比例的伤残津贴，符合享受养老金条件后，按规定改发养老金。而根据《社会保险法》第十七条："参加基本养老保险的个人，因病或者非因工死亡的，其遗属可以领取丧葬补助金和抚恤金；在未达到法定退休年龄时因病或者非因工致残完全丧失劳动能力的，可以领取病残津贴。所需资金从基本养老保险基金中支付。"

2. 五级至十级伤残者，在规定的医疗期内不得辞退，用人单位为其另行安排工作，不能从事所安排工作的，可按规定继续发给病残津贴。规定医疗期满后，可以解除劳动合同并按规定给予经济补偿。

二、新型农村合作医疗待遇

根据国务院的现行规定，新型农村合作医疗主要补助参加合作医疗的农民的大额医疗费用或者住院医疗费用。其中，住院费用的支付水平平均为35%。有条件的地方，可实行大额医疗费用补助与小额医疗费用补助相结合的办法，既提高抗风险能力，又兼顾农民受益面。

对参加新型农村合作医疗的农民，年内没有动用农村合作医疗基金的，安排进行一次常规性体验。农村合作医疗报销基本药物目录由各省、自治区、直辖市制定，各县（市）根据筹资总额，结合当地实际，科学合理地确定农村合作医疗基金的支付范围、支付标准和额度，确定常规性体验的具体检查项目和方式，防止农村合作医疗基金超支或过多结余。同时，鼓励参加农村合作医疗的农民充分利用乡镇以下医疗机构的服务。

《新型农村合作医疗基金财务制度》（财社〔2008〕8号）对新型农村合作医疗基金支出规定："实行大病统筹加门诊家庭账户的统筹地区，基金支出包括统筹基金支出和门诊家庭账户基金支出；实行大病统筹或住院统筹加门诊统筹的统筹地区，基金支出全部为统筹基金支出，其中实行住院统筹加门诊统筹的统筹地区，统筹基金支出包括住院统筹基金支出和门诊统筹基金支出。"

统筹基金支出是指用统筹基金支付的对参加合作医疗的农民医药费用的补偿支出。其中，住院统筹基金支出是指用统筹基金支付的对参加合作医疗的农民住院费用的补偿支出。门诊统筹基金支出是指用统筹基金支付的对参加合作医疗的农民门诊和健康体检费用的补偿支出。门诊家庭账户基金支出是指设立家庭账户的地区，用于参加合作医疗的农民门诊费用、住院自负费用和健康体检的支出。可以结转使用，但不得提取现金。

按照《国务院关于印发医药卫生体制改革近期重点实施方案（2009—2011年）的通知》的要求，要逐步提高新型农村合作医疗对政策范围内的住院费用报销比例，逐步扩大和提高门诊费用报销范围和比例，将新型农村合作医疗最高支付限额提高到当地农民家庭人均纯收入的6倍左右。

三、城镇居民基本医疗保险待遇

国务院《关于开展城镇居民基本医疗保险试点工作的指导意见》规定，城镇居民基本医疗保险基金重点用于参保居民的住院和门诊大病医疗支出，有条件的地区逐步试行门诊医疗费用统筹。

城镇居民基本医疗保险只建立统筹基金，不建立个人账户。保险基金的使用要坚持以收定支、收支平衡、略有结余的原则。要合理制定城镇居民基本医疗保险基金起付标准、支付比例和最高支付限额，完善支付办法，合理控制医疗费用。探索适合困难城镇非从业居民经济承受能力的医疗服务和费用支付办法，减轻他们的医疗费用负担。城镇居民基本医疗保险基金用于支付规定范围内的医疗费用，其他费用可以通过补充医疗保险、商业健康保险、医疗救助和社会慈善捐助等方式解决。

城镇居民基本医疗保险基金支付比例原则上低于职工基本医疗保险，但高于新型农村合作医疗，一般可以达到50%～60%。有条件的地区可以探索门诊普通疾病医疗费用统筹的保障办法，划出部分资金，专项用于支付一般门诊费用。

2008年，人力资源社会保障部、财政部、卫生部联合印发了《关于开展城镇居民基本医疗保险门诊统筹的指导意见》（人社部发〔2009〕66号），提出有条件的地方通过统筹共济的方式合理分担参保居民门诊医疗费,将城镇居民基本医疗保险保障范围拓展到了普通门诊。

随着居民医保制度的推进,财政补助的提高,城镇居民基本医疗保险待遇也逐步提高,2009年,城镇居民基本医疗保险政策范围内住院费用基金支付比例达到55%,一些地方探索建立了居民医疗保险门诊统筹。按照深化医药卫生体制改革的要求,为了进一步减轻大病重病患者的医药费用负担,国家要求从2010年起,城镇居民基本医疗保险要逐步提高住院医疗费用基金支付比例,原则上参保人员住院政策范围内医疗费用基金支付比例要达到60%以上,二级(含)以下医疗机构要达到70%。基金最高支付限额要提高到城镇居民可支配收入的6倍以上。同时要求开展门诊统筹工作,60%的统筹地区要建立门诊统筹。医疗保险基金结余较多的地方,可采取多种方式,加大对医疗负担过重的大病重病患者的保障力度。对儿童重大疾病患者,可以通过探索到指定医疗机构诊治、医疗保险基金对医疗机构按病种限额或定额结算、适当降低个人自付比例等方式,进一步减轻个人负担。同时,将城镇居民基本医疗保险参保人员住院分娩和产前检查发生的符合规定的医疗费用纳入城镇居民医疗保险基金范围。

四、退休人员享受基本医疗保险的条件

《国务院关于建立城镇职工基本医疗保险制度的决定》规定,退休人员参加基本医疗保险,个人不缴纳基本医疗保险费,但没有规定退休人员需要缴费达到一定年限才可以享受基本医疗保险待遇。实践中,为防止单位和职工逃避参保义务,一些地方在通盘考虑当地参保人员年龄结构和医疗保险基金收支情况的基础上规定了最低缴费年限,明确参保人员缴费参保满足最低缴费年限的才能退休后不缴费享受医保待遇。从实际效果来看,起到了促进参保人员连续缴费的目的,也维护了制度公平。《社会保险法》将这一行之有效的办法上升为法律规定,《社会保险法》第二十七条规定:"参加职工基本医疗保险的个人,达到法定退休年龄时累计缴费达到国家规定年限的,退休后不再缴纳基本医疗保险费,按照国家规定享受基本医疗保险待遇。"这表明,退休人员要享受基本医疗保险待遇,应当满足两个条件:一是达到法定退休年龄,二是累计缴费达到国家规定年限。

退休年龄，是指前一章中所述职工享受基本养老保险待遇时应达到的法定退休年龄。

缴费年限，是指职工实现退休后继续享受医疗保险待遇，不需要再缴纳基本医疗保险费所应达到的最低缴纳医疗保险费的年限。目前对最低缴费年限没有全国的统一规定，由各统筹地区根据本地情况来确定。从目前各地方规定的情况看，一般为男职工30年，女职工25年。但也有一些经济条件比较好的地方规定的年限门槛比较低。如北京市规定，累计缴纳基本医疗保险费男职工满25年、女职工满20年的，按照国家规定办理了退休手续，按月领取基本养老金或者退休费的人员，享受退休人员的基本医疗保险待遇，不再缴纳基本医疗保险费。

应当看到，一些职工由于各种原因，可能在达到法定退休年龄时，其缴纳基本医疗保险的年限未达到国家规定的最低缴费年限，对这样的职工，为了更好地保障他们在退休后的医疗待遇，有必要从法律制度的层面规定一个能够使其进入"制度内"的补救渠道，允许其缴费至国家规定的年限。于是，《社会保险法》第二十七条作出规定，参加职工基本医疗保险的个人，达到法定退休年龄时，累计缴费"未达到国家规定年限的，可以缴费至国家规定年限"。这就是说，对于退休时未达到国家规定的缴费年限的职工，法律规定可以允许其通过补缴的方式缴费至国家规定年限，补缴的费用包括其实际缴费年限与国家规定的最低缴费年限相差的期间内，应当由用人单位和个人缴纳的全部医疗保险费用。如《北京市基本医疗保险规定》规定，本规定自2001年4月1日施行前参加工作施行后退休，缴纳基本医疗保险费不满最低缴费年限的，由本人一次性补足应当由用人单位和个人缴纳的基本医疗保险费后，享受退休人员的基本医疗保险待遇，不再缴纳基本医疗保险费。

第六节 基本医疗保险关系转移接续

一、医疗保险关系转移接续的概念

医疗保险关系转移，是指参保人在跨地区流动就业时把原就业地的基本医疗保险缴费年限及个人账户转到新就业地，以便在两地的医疗保险年限能够累计计算。如若转移的基本医疗保险缴费年限满足连续参保年限的接续，则该参保人两地医疗保险缴费年限可合并连续计算。医疗保险关系转移的内容包含基本医疗保险缴费年限的清单及个人账户的余额。

为保证城镇职工基本医疗保险、城镇居民基本医疗保险和新型农村合作医疗参保人员流动就业时能够连续参保，基本医疗保障关系能够顺畅接续，保障参保人员的合法权益，《社会保险法》第三十二条规定："个人跨统筹地区就业的，其基本医疗保险关系随本人转移，缴费年限累计计算。"国家还规定，城乡各类流动就业人员按照现行规定相应参加城镇职工基本医疗保险、城镇居民基本医疗保险或新型农村合作医疗，不得同时参加和重复享受待遇。各地不得以户籍等原因设置参加障碍。

二、城镇基本医疗保险关系的转移接续

城镇基本医疗保险参保人员跨统筹地区流动就业，新就业地有接收单位的，由单位按照《社会保险登记管理暂行办法》的规定办理登记手续，参加新就业地城镇职工基本医疗保险；无接收单位的，个人应在中止原基本医疗保险关系后的3个月内到新就业地社会（医疗）保险经办机构办理登记手续，按当地规定参加城镇职工基本医疗保险或城镇居民基本医疗保险。城镇基本医疗保险参保人员跨统筹地区流动就业并参加新就业地城镇基本医疗保险的，由新就业地社会（医疗）保险经办机构通知原就业地社会（医疗）保险经办机构办理转移手续，不再

享受原就业地城镇基本医疗保险待遇。建立个人账户的，个人账户原则上随其医疗保险关系转移划转，个人账户余额（包括个人缴费部分和单位缴费划入部分）通过社会（医疗）保险经办机构转移。

参保人员跨制度或跨统筹地区转移基本医疗保障关系的，原户籍所在地或原就业地社会（医疗）保险或新型农村合作医疗经办机构应在其办理中止参保手续时为其出具参保凭证，并保留其参保信息，以备核查。新就业地要做好流入人员的参保信息核查以及登记等工作。社会（医疗）保险和新型农村合作医疗经办机构要加强沟通和协作，共同做好基本医疗保障关系转移接续管理服务工作，简化手续，规范流程，共享数据，方便参保人员接续基本医疗保障关系和享受待遇。

三、城乡基本医疗保险关系的转移接续

农村户籍人员在城镇单位就业并有稳定劳动关系的，由用人单位按照《社会保险登记管理暂行办法》的规定办理登记手续，参加就业地城镇职工基本医疗保险。其他流动就业的，可自愿选择参加户籍所在地新型农村合作医疗或就业地城镇基本医疗保险，并按照有关规定到户籍所在地新型农村合作医疗经办机构或就业地社会（医疗）保险经办机构办理登记手续。

参加新型农村合作医疗的人员参加城镇基本医疗保险后，由就业地社会（医疗）保险经办机构通知户籍所在地新型农村合作医疗经办机构办理转移手续，按当地规定退出新型农村合作医疗，不再享受新型农村合作医疗待遇。

由于劳动关系终止或其他原因中止城镇基本医疗保险关系的农村户籍人员，可凭就业地社会（医疗）保险经办机构出具的参保凭证，向户籍所在地新型农村合作医疗经办机构申请，按当地规定参加新型农村合作医疗。

国家人力资源和社会保障部社会保险管理中心印发了《流动就业人员基本医疗保险关系转移接续业务经办规程（试行）》（人社险中心函［2010］58号），该规程明确了城镇职工基本医疗保险和城乡居民基本医疗保险参保人员流动就业时跨制度、跨统筹地区转移接续基本医疗保险关系的经办流程。

案例分析

一、因第三人造成伤害的医疗费用处理

[基本案情]

小李因近日身体不适,在周六被朋友硬拉到郊外一家小店去喝酒。吃饭过程中,因酒喝多了,与饭桌上的几个人发生口角,被人推倒摔伤,送医院治疗,因小李属于参加医疗保险的职工,医院收治住院。住院一个阶段后,为医疗费阶段性结算发生了争议:

小李的家属说,小李参加了医疗保险,其医疗费由社会保险经办机构与医院结算。

社会保险经办机构说,小李受伤住院是因第三人造成的,应当由第三人承担相关医疗费。

医院则称如果社会保险经办机构不付费,病人或者相关人也不付费,后续治疗就无法进行。

[法律问题]

1. 参加基本医疗保险的职工的医疗费由谁支付?

2. 因第三人造成伤害时,当第三人不支付或者无法确定第三人时,职工的医疗费用应如何处理?

3. 医疗机构对待参保职工的伤病治疗是否要"先付费,后治疗"?

[学理分析]

职工依法参加基本医疗保险后,治病所需医疗费用依据《社会保险法》的规定,凡是"符合基本医疗保险药品目录、诊疗项目、医疗服务设施标准以及急诊、抢救的医疗费用,按照国家规定从基本医疗保险基金中支付"。这是参保职

工应当享有的医疗保险待遇,是参保职工的基本权益。

本案中,小李受伤是因第三人造成的,应当由第三人负担医疗费用。按照《社会保险法》规定,应当由第三人负担的医疗费用不纳入基本医疗保险基金支付范围。但是,《社会保险法》又同时规定:"医疗费用依法应当由第三人负担,第三人不支付或者无法确定第三人的,由基本医疗保险基金先行支付。基本医疗保险基金先行支付后,有权向第三人追偿。"因此,本案中小李的医疗费用在第三人不支付或者无法确定第三人的情形下,应当由社会保险经办机构从基本医疗保险基金中先行支付。然后,社会保险经办机构依法向第三人追偿。

医疗机构对待参保职工的伤病治疗,不应当让病人"先付费,后治疗"。按照《社会保险法》规定,参保人员医疗费用中应当由基本医疗保险基金支付的部分,由社会保险经办机构与医疗机构、药品经营单位直接结算,而不应当由参保人员先行垫付。同时,《社会保险法》还规定,社会保险经办机构根据管理服务的需要,要与医疗机构、药品经营单位签订服务协议,规范医疗服务行为。要求医疗机构应当为参保人员提供合理、必要的医疗服务,而不能延误了对病人的及时治疗。

二、参保人员异地就医的医疗费用结算

[基本案情]

小何是成都市A公司的员工,出差到上海进行短期培训,其在培训期间生病,到上海一家医院进行治疗,病治愈后,小何在报销医疗费用时出现了问题。他电话询问了成都市本公司所在地的社会保险经办机构,得知:一是他在异地看病要视具体情况给予报销;二是他必须持医疗费用的发票回到成都去报销;三是他必须按照成都当地规定的医疗报销范围和标准进行报销。

[法律问题]

1. 参保职工异地就医可否报销医疗费用?
2. 参保职工异地就医时发生的医疗费用如何结算?

3. 参保职工异地就医时发生的医疗费用按何地标准进行结算？

[学理分析]

按照《社会保险法》规定，只要职工依法参加了医疗保险，无论在中国境内何地生病，都应当按国家有关规定给予报销医疗费用。为了方便职工生病随时随地都能得到及时治疗和减轻负担，法律规定了"社会保险行政部门和卫生行政部门应当建立异地就医医疗费用结算制度，方便参保人员享受基本医疗保险待遇"。

为了确保参保职工异地就医时发生的医疗费用及时结算，并结合各地执行的医疗保险待遇标准，国家作出了相关规定：一是要求省级人力资源社会保障等部门及经办机构在国家政策指导下，负责统一组织协调并实施省内参保人员异地就医结算服务工作，规范异地就医结算的业务流程、基金划转及基础管理等工作。二是参保人员短期出差、学习培训或度假等期间，在异地发生疾病并就地紧急诊治发生的医疗费用，一般由参保地按参保地规定报销。三是参保人员因当地医疗条件所限需异地转诊的，医疗费用结算按照参保地有关规定执行。参保地负责审核、报销医疗费用。有条件的地区可经地区间协商，订立协议，委托就医地审核。四是异地长期居住的退休人员在居住地就医，常驻异地工作的人员在工作地就医，原则上执行参保地政策。参保地经办机构可采用邮寄报销、在参保人员较集中的地区设立代办点、委托就医地基本医疗保险经办机构代管报销等方式，改进服务，方便参保人员。

三、灵活就业人员如何参加基本医疗保险

[基本案情]

黄女士经常在不同的公司分别做小时工，为了多挣钱，她白天晚上都在干活。由于长期劳累，一天终于病倒了。在生病期间，她听说其他员工生病都能报销医疗费用，而自己不能报销是因为自己没有参加医疗保险。于是，她找到目前正在上班的公司，要求公司为其参加医疗保险，并报销医疗费用。

公司则称，她这样的小时工属于灵活就业人员，公司不给办理医疗保险，但在给她的工资中已经包括一些社会保险费用了。因此，黄女士是否参加医疗保险由她自愿选择。

黄女士不认同此说法，向当地社会保险行政部门投诉。

[法律问题]

1. 灵活就业人员能否参加医疗保险？
2. 灵活就业人员如何参加医疗保险？
3. 灵活就业人员如果要参加医疗保险，按什么基数缴纳医疗保险费？

[学理分析]

依据《社会保险法》的规定："无雇工的个体工商户、未在用人单位参加职工基本医疗保险的非全日制从业人员以及其他灵活就业人员可以参加职工基本医疗保险，由个人按照国家规定缴纳基本医疗保险费。"这就是说，法律规定了无雇工的个体工商户、无稳定劳动关系的非全日制从业人员以及其他灵活就业人员参加基本医疗保险是志愿的，可以参加，也可以不参加。如果灵活就业人员要参加医疗保险，是由个人按照国家规定缴纳基本医疗保险费，而不由单位和个人共同缴费。国家要求，已与用人单位建立明确劳动关系的灵活就业人员，要按照用人单位参加基本医疗保险的方法缴费参保。而其他无稳定劳动关系或无稳定单位的灵活就业人员，要以个人身份缴费参保。

如果灵活就业人员要志愿参加基本医疗保险，其医疗保险费的缴费率原则上按照当地的缴费率确定。从统筹基金起步的地区，可参照当地基本医疗保险建立统筹基金的缴费水平确定。缴费基数可参照当地上一年职工年平均工资核定。灵活就业人员缴纳的医疗保险费纳入统筹地区基本医疗保险基金统一管理。因此，本案中，黄女士作为无稳定就业单位的灵活就业人员（小时工），要想参加医疗保险，则由她自愿选择并完全由自己缴费。

四、失业人员享受医疗保险待遇

✦ [基本案情]

小张在一家公司工作了五年后,因公司经营困难,公司与他解除了劳动合同。小张一时没有找到新的工作单位,他失业期间生病时,听说其他失业人员生病后都能报销医疗费用,于是就去找医疗保险经办机构要求报销医疗费用。

医疗保险经办机构经审核,认为失业保险经办机构没有将他的有关材料送来,是因为小张没有办理失业保险登记,不属于城镇登记失业人员,因此,不能享受医疗保险待遇。小张想立即进行失业保险登记,失业保险经办机构要他提交企业解除劳动合同的证明,可他没有。于是,小张找到原单位要求公司出具解除其劳动合同的证明。此时,小张原所在公司已被注销。

结果,小张又到医疗保险经办机构说明情况,要求医疗保险经办机构报销医疗费用。而医疗保险经办机构则称,没有失业保险经办机构提供的相关材料,没有办理失业保险登记,难以享受医疗保险待遇。

于是,小张把医疗保险经办机构告上法庭。

✓ [法律问题]

1. 失业人员能否参加医疗保险和享受医疗保险待遇?
2. 失业人员参加医疗保险如何缴纳医疗保险费?

✓ [学理分析]

依据《社会保险法》的规定:"失业人员在领取失业保险金期间,参加职工基本医疗保险,享受基本医疗保险待遇。"具体要求领取失业保险金的人员按规定参加其失业前失业保险参保地的职工医疗保险,由参保地失业保险经办机构统一办理职工医保参保缴费手续。

同时,按照法律规定,领取失业保险金的人员参加职工医疗保险,"应当缴纳的基本医疗保险费从失业保险基金中支付,个人不缴纳基本医疗保险费"。失业人员参加职工医保的缴费率原则上按照统筹地区的缴费率确定。缴费基数可参照统筹地区上年度职工平均工资的一定比例确定,最低比例不低于60%。失业保险经办机构为领取失业保险金人员缴纳基本医疗保险费的期限与领取失业保险金期限相一致。失业保险经办机构应将缴费金额、缴费时间等有关信息及时告知医疗保险经办机构和领取失业保险金人员本人。

从上述国家规定可见,失业人员要想享受医疗保险待遇,其必须具备两个前提条件:一是失业人员必须事先具有"领取失业保险金"的资格,二是失业人员必须是在"领取失业保险金期间"。而要具备这两个条件,依据《社会保险法》规定,领取失业保险金的人员,应当是"已经进行失业登记"。而进行登记,按照《社会保险法》第五十条规定,首先是用人单位应当及时为失业人员出具终止或者解除劳动关系的证明,并将失业人员的名单自终止或者解除劳动关系之日起十五日内告知社会保险经办机构。其次是失业人员应当持本单位为其出具的终止或者解除劳动关系的证明,及时到指定的公共就业服务机构办理失业登记。最后是失业人员凭失业登记证明和个人身份证明,到社会保险经办机构办理领取失业保险金的手续。失业保险金领取期限自办理失业登记之日起计算。

本案中,因为小张没有获得解除劳动关系的证明,不能办理失业登记;而没有失业登记证明,也就不能办理领取失业保险金的手续。小张不能作为领取失业保险金的失业人员,因而不能享受医疗保险待遇。

第五章

工伤保险

第一节 工伤保险基本概念

一、工伤保险的含义及特征

(一) 工伤保险的含义

工伤保险,又称职业伤害保险,是指当用人单位参加工伤保险缴纳工伤保险费后,劳动者因工作原因或在法定的特殊情况下发生意外伤害或因职业性有害因素危害,从而造成暂时或者永久丧失劳动能力、死亡时,能从国家或社会管理的工伤保险基金中依法获得治疗、康复所需费用,或者给予劳动者及其相关人员必要补偿和一定的生活费用。

如果用人单位未依法参加工伤保险和缴纳工伤保险费,当劳动者发生工伤事故时,由用人单位支付工伤保险待遇。

(二) 工伤保险的特征

工伤保险的主要特征是:

1. 工伤保险的参保人为用人单位,被保险人是与该用人单位建立了劳动关系的职工。职工参加工伤保险由用人单位缴纳工伤保险费,职工不缴纳工伤保险费。

2. 国家根据不同行业的工伤风险程度确定行业的差别费率,并根据使用工伤保险基金、工伤发生率等情况在每个行业内确定费率档次。

3. 工伤保险所保之险是职业风险是指在生产工作中发生的工伤事故和职业性有害因素对职工健康和生命造成的风险。这种风险客观存在,由外界伤害引起,具有不确定性。

4. 工伤保险实行无过失责任原则,即只要发生工伤事故不是职工的故意行为所致或者不是职工负主要责任,无论受到伤害的职工是否有过失,都应该享受工伤保险待遇。

(三) 工伤保险与商业人身保险的区别

工伤保险是一项社会保险,它与商业性的人身保险都是为被保险人的生命、健康设置的保险制度,但二者有本质的区别:

1. 投保人不同。商业人身保险的投保人是指与保险人订立了保险合同,并按照保险合同承担支付保险费义务的公民、法人和其他组织;工伤保险的投保人为与被保险人(职工)建立了劳动关系的用人单位。

2. 被保险人不同。商业人身保险的被保险人可以是任何公民,不区分是从业人员还是非从业人员;工伤保险的被保险人仅限于与投保人(用人单位)建立了劳动关系的职工。

3. 保险人不同。商业人身保险的保险人是指与投保人订立了保险合同,并承担赔偿或给付保险金责任的商业保险公司,保险公司是以营利为目的的企业;工伤保险的保险人是社会保险行政部门及其社会保险经办机构,社会保险经办机构在具体经办服务中所提供保险待遇支付不以营利为目的。

4. 保险的性质不同。商业人身保险是任意性保险或自愿性保险,保险关系因当事人自愿签订保险合同而建立;工伤保险为国家强制性保险,保险关系由法律规定而必须建立。

5. 适用法律不同。商业人身保险属民事法律关系,适用民事法律法规调整;工伤保险属劳动和社会保险法律关系,适用劳动和社会保险法律法规调整。

二、国外工伤保险法律制度

工伤保险是世界上产生较早的社会保险项目之一,德国最早于1884年制定《劳工伤害保险法》,目前已有近130个国家或地区建立了工伤保险制度。

(一) 德国的事故保险制度

德国事故保险立法是1963年颁布的,对事故实行强制保险。事故保险完全由雇主支付,这是与其他保险的主要区别。

德国的事故保险大体分为三个种类：一是工商业事故保险。工商业事故保险联合会是工商业事故最大的事故保险组织，在这个组织里有根据不同行业组织的35个合作社。二是农业事故保障。包括19个合作社，有独立的保险方式。三是公共事业单位事故保险。包括国营铁路、邮电等行业建立的事故保险合作社，中小学生也在这里保险，保险费用由政府财政负担。

德国的事故保险金给付标准是：暂时伤残者，6周内由雇主支付；6周以后至痊愈，由事故保险基金支付；永远伤残者，按其本人最近一年收入的66.6%发补助金。综合性治疗和辅助器具费用，一般由残疾基金会支付；遭受严重伤害的，由事故基金会支付。

（二）美国的工伤保险制度

美国没有全国统一的工伤赔偿制度，联邦政府只负责造船工人、铁路工人、港口工人、公务员和矽肺病人的工伤赔偿，其他工伤赔偿由各州负责。

美国的工伤赔偿包括：①医疗费用，包括治疗、药品、住院、康复和假肢等费用。②薪金赔偿，约为雇员工伤前工资的50%～75%。这部分费用不缴税，因而接近雇员工伤前实际所得工资收入。薪金赔偿从工伤后第二周开始支付。③肢体伤残赔偿。根据肢体永久性残疾部位给予赔偿。④因工死亡的抚恤费。因工死亡的，供养亲属年薪在一定数额之下和年龄在18岁以下的，可得抚恤金。抚恤金各州规定不一，有的州规定一次性支付，有的州规定定期支付，也有的州规定长期支付。

工伤保险费率按行业危险程度和企业工伤事故率确定。根据职业危险程度不同，费率从1%以下至16%不等。工伤保险费率一般一年一调整。

美国的工伤保险由各州政府劳工局管理，主要负责确定工伤保险费率，审查工伤保险基金收支情况，处理工伤申请、申诉、仲裁等。具体业务由一些州政府所属的工伤保险基金会经办，也有由私人保险公司经办的，个别大企业经州政府批准还可以自己经办。

（三）日本的工伤保险制度

日本的工伤保险始于1947年，目前企业的工伤保险由劳动省管理；国家公务员的工伤保险由内阁总务厅管理；地方公务员有专门的工伤保险基金，政策由自治省管理。

日本工伤保险法规定，凡是使用工人的单位均应参加工伤保险，但雇用5人以下的单位可以参加也可以不参加，但其中劳动大臣认定的发生工伤可能性较大的要强制性参加。

工伤保险费全部由企业雇主缴纳，政府在必要时给予补贴。雇员一般不缴工伤保险费。但也有一个例外，因通勤事故导致工伤，雇员在领取疗养补贴时也要缴一部分费用，从雇员领取的歇工补贴中扣除缴纳。

工伤保险的行业费率和费率浮动制度。日本的工伤保险行业费率划分细密，共分8大产业53行业，最高行业费率为水电建设行业的14.8%，最低行业费率为供水行业的5%。另外，各行业都附加1%的通勤事故保险费率。行业费率是依据各行业工伤事故状况由劳动大臣确定的，每3年调整一次。

参加了工伤保险的企业，一旦员工发生工伤，费用一般全部由基金支付，雇主不再承担费用。但因雇主故意行为或重大过失而导致的工伤、雇主未缴纳保险费期间发生的工伤，工伤保险管理机构支付给员工保险金后，向雇主征收同额或部分的"特别费用"。

日本的工伤者年满65岁，享受老年年金，而工伤年金仍继续享受。但如果享受遗属年金或伤残年金，工伤年金则要适当减少，减少额为遗属或伤残年金的1/2。

（四）法国的工伤保险制度

法国的工伤保险制度始建于19世纪末，属于强制性的社会保险险种。第一部工伤保险方面的法律是1898年出台的《工伤保险法》。根据有关法律规定，法国工伤保险覆盖范围包括雇员、学生、农业工作者、自由职业者。其中，对于农业工人和农场主的保险问题有特殊规定。

在工伤认定中，规定在通常情况下，因工作原因造成的伤害都属于工伤。但雇员在工作过程中受到的故意伤害不属于工伤，这种伤害应由侵权人进行赔偿，无论责任人是否能找到以及何时找到，都应由侵权人赔偿。法国将所有的职业病都归属于工伤。雇员在工作过程中所得的病，虽然不在职业病目录中，但是经过社会保险经办机构确认该种病确实是由于职业因素造成的，也与列入职业病目录的病人一样将其认定为工伤,享受工伤保险待遇。

目前,法国与其他主要的欧盟国家一样,将工伤保险确定为雇主责任,完全由雇主承担工伤保险缴费,雇员个人不缴费。与我国不同的是,雇主缴费不是以用人单位的工资总额为基数,而是以用人单位的营业额为基数缴纳工伤保险费;对于没有营业额的用人单位,则以预算为基数缴纳工伤保险费。法国的各项社会保险费都由社会保险经办机构负责征收。

工伤保险的享受条件是申领者的年龄须在 60 岁以下,因工致伤、丧失劳动能力、终身残疾或丧失 2/3 以上劳动能力,而且在伤残之前一年内受雇时间至少达到 33 天;超过 60 岁的工伤人员,工伤抚恤金转为养老金或按本人要求处理。工伤保险待遇主要包括:①伤残抚恤金从丧失全部或部分劳动能力时开始发放,直到其恢复工作或退休为止。②根据残疾程度不同发放不同等级的残疾抚恤金。③伤残导致完全丧失劳动能力者,可领取相当于年均工资 50% 的残疾抚恤金;对于生活无法自理者,还可以酌情给付护理费。④因工伤死亡者或领取伤残抚恤金者、工伤人员退休后死亡者,其遗属可领取遗属抚恤金。此外,对于学徒工、孕妇、超老年人、残疾人等特殊人群的赔偿标准高于一般工伤人员的赔偿标准,一般高出 20%~50%。

三、工伤保险的功能作用

在社会生产劳动领域中,由外界直接伤害引起的人身风险,即工伤事故和职业性有害因素引起损害的危险客观存在,由此发生的工伤和职业病给职工造成的打击和经济损失是职工难以承受的。建立工伤保险制度、实行工伤保险基金社会统筹,对工伤职工提供物质帮助、经济补偿和社会化管理服务,具有重要意义。

1. 保障遭受工伤事故和患职业病的职工获得医疗救治、经济补偿和职业康复的权利,保障工伤职工及其供养亲属获得物质帮助的权利,尊重和肯定劳动者工作的价值和为工作奉献的精神,解除了劳动者及其家庭的后顾之忧,有利于社会安定。

2. 分散用人单位的工伤风险。在生产工作中,工伤事故不仅伤害职工,给用人单位造成的风险也是客观存在的。发生工伤事故,不但会损害职工的健康甚至生命，也会给用人单位造成较大的经济损失。实行工伤保险，以社会统筹的工伤保险基金为职工提供物质帮助和经济补偿，有利于用人单位分散工伤风险，保障用人单位在发生工伤事故后，生产工作能正常进行。

3. 促进工伤预防。工伤保险实施的过程，就是贯彻"安全第一，预防为主"方针的过程。通过对保险金缴纳实行差别费率和浮动费率等措施，督促用人单位加强劳动安全卫生工作，保护职工健康和安全，积极改善劳动条件，有利于促进工伤预防，减少工伤危险造成的伤害。

第二节 职工工伤保险制度

一、职工工伤保险制度历史沿革

我国企业职工的工伤与职业病保障制度建立于20世纪50年代。1951年2月25日，中央人民政府政务院颁布实施的《劳动保险条例》第十二条就对工伤保险待遇作出了规定：①工人和职员因工负伤，全部治疗费、药费、住院时的膳费与就医路费，均由企业行政或资方负担。在医疗期间，工资照发。②因工致残，完全丧失劳动力退职后，饮食起居需人扶助者，发给本人工资75%的因工残废抚恤费，付至死亡时止。③饮食起居不需人扶助者，发给本人工资60%的因工残废抚恤费，付至恢复劳动能力或死亡时止。④部分丧失劳动力尚能工作着，企业应给予适当工作，并按其残废后丧失劳动力的程度，发给本人残废前10%～30%因工残废补助费，至退职养老或死亡时止。

1957年2月28日，由卫生部制定的《职业病范围和职业病患者处理办法的规定》，首次在我国将职业病伤害列入工伤保险的保障范畴。1958年2月9日颁布的《国务院关于工人、职员退休处理的暂行规定》和1978年6月2日颁布的《国务院关于工人退休退职的暂行办法》中，曾先后两次对工人工伤保险待遇作了调整和提高。

我国于 1994 年颁布的《劳动法》规定了劳动者有享受社会保险和福利待遇的权利；劳动者在因工致残或患职业病的情形下，依法享受工伤保险待遇。1996 年 8 月 12 日，原劳动部发布的《企业职工工伤保险试行办法》，将工伤保险作为一项独立的社会保险制度组织实施。2003 年 4 月 27 日，国务院发布《工伤保险条例》并于 2010 年进行修订，确立工伤保险是一项重要的社会保险制度。2010 年 10 月 28 日《社会保险法》第四章规定了工伤保险，共有 11 条，对工伤保险制度的覆盖范围、基金筹集、工伤认定、劳动能力鉴定、工伤保险待遇及支付渠道等作出了规范。

二、职工工伤保险制度覆盖范围

我国工伤保险制度的具体覆盖范围在 2010 年修订的《工伤保险条例》中有明确规定："中华人民共和国境内的企业、事业单位、社会团体、民办非企业单位、基金会、律师事务所、会计师事务所等组织和有雇工的个体工商户（以下简称用人单位）应当依照本条例规定参加工伤保险，为本单位全部职工或者雇工（以下称职工）缴纳工伤保险费。"外国人在中国境内就业的，也应当参加工伤保险，由所在单位为其缴纳工伤保险费。国家机关、依照公务员法管理的事业单位、社会团体的职工工伤管理办法另行制定。

我国 2010 年 10 月颁布的《社会保险法》从法律层面再次重申："职工应当参加工伤保险，由用人单位缴纳工伤保险费，职工不缴纳工伤保险费。"根据这条规定，我国境内的用人单位都应当为其所有职工缴纳工伤保险费。值得注意的是，与关于职工基本养老保险和职工基本医疗保险的覆盖范围相比，在《社会保险法》中，关于工伤保险的参保范围更强调"全部职工"。在《社会保险法》第十条和第二十三条第二款的规定中，对未在用人单位参加职工基本养老保险、职工基本医疗保险的非全日制从业人员以及其他灵活就业人员，规定的是"可以参加"职工基本养老保险和职工基本医疗保险，也就是说，在用人单位工作的非全日制从业人员以及其他灵活就业人员是自愿参加这两项社会保险的。而对于工伤保险来说，则要求包括在用人单位工作的非全日制从业人员也应当强制参保，用人单位应当为其缴纳工伤保险费。

三、职工工伤保险筹资渠道

工伤保险基金是社会保险基金的一种,是保障工伤职工各项法定待遇的物质基础,《社会保险法》规定,工伤保险费全部由用人单位缴纳,职工个人不缴费。这一规定充分体现了工伤保险遵循的雇主责任原则。

(一)工伤保险缴费费率

建立科学、规范的工伤保险缴费费率机制是工伤保险管理制度的核心,确定费率是保证工伤保险制度运行的关键一步。

1. 确定工伤保险费率应坚持以支定收与收支平衡的原则

工伤保险基金实行现收现付制,也就是将当期征缴的工伤保险费用于支付当期的各项工伤保险待遇及其他合法支出。工伤事故的发生有突然性,但总体上也有一定规律,在一个周期内,根据事故发生的概率,可以预测收支状况。对某个地区某一时段的工伤事故或者职业病的发生及其所需费用有了估算后,就能预估出下一时段所需的资金量。工伤保险费率的确定,应该满足各项工伤保险待遇及各项合法项目的支出,同时又不使基金有过多结余。

2. 实行行业差别费率

《社会保险法》第三十四条规定,国家根据不同行业的工伤风险程度确定行业的差别费率,并根据使用工伤保险基金、工伤发生率等情况在每个行业内确定若干费率档次。生产实践表明,不同的行业发生工伤事故的概率、严重程度差距较大,进而导致对工伤保险待遇支付的较大差距。因此,世界上建立工伤保险制度的国家,大都实行行业差别费率,使用人单位的缴费与所属行业风险程度、事故发生频率相挂钩。考虑到同一行业内不同单位间工伤发生率及使用工伤保险基金的情况也存在差异,在每个行业内还需要确定若干费率档次。

现行工伤保险行业差别费率及费率档次,根据不同行业的工伤风险程度,参照《国民经济行业分类》,划分为三个类别,分别确定不同的工伤保险缴费行业费率,平均缴费率原则上控制在职工工资总额的1%左右。一类行业为风险较小行业(如金融保险、商业、邮电、广播等),基准费率为0.5%左右;二类行业为中等风险行业(如农林水利、一般制造业、房地产业、铁路运输业等),基准费率为1%左右；三类行业为风险较大行业（如石油开采加工、矿山开采加工等），基准费率为2%左右。下一步还将进一步研究细分行业差别费率，特别是参公管理以外的事业单位也整体纳入工伤保险制度后，如何更科学地根据行业和职业风险，划分差别费率，是一项重要的基础工作。

3. 实行费率浮动机制

所谓费率浮动，是指同一用人单位不同年度之间应当根据上年工伤发生率和使用工伤保险基金的情况，在所属行业的费率档次内进行上下浮动。实行浮动费率的目的是利用经济手段促进用人单位重视安全生产，强化工伤预防工作，降低用人单位伤亡事故率。行业的差别费率和费率档次确定后，统筹地区社会保险经办机构根据上年度用人单位工伤保险基金使用、工伤发生率等指标，确定其在所属行业内相应的费率档次中适用的费率，作为单位缴费费率。用人单位在上年度安全生产状况好，工伤保险基金使用少，其具体适用的费率档次就低；反之，就有可能调高其适用的费率档次。

为了利用好浮动费率这个杠杆作用，必须制定规范的浮动费率机制，科学统计分析和评估行业企业的工伤事故率、收支率和工伤保险费用支出情况，调整用人单位的工伤保险费率。按照现行规定，用人单位属一类行业的，按行业基准费率缴费，不实行费率浮动。用人单位属二、三类行业的，费率实行浮动。用人单位的初次缴费费率，按行业基准费率确定，以后由统筹地区社会保险经办机构根据用人单位工伤保险费使用、工伤发生率、职业病危害程度等因素，1~3年浮动一次。具体浮动的办法是，在行业基准费率的基础上，可上下各浮动两档：上浮第一档到本行业基准费率的120%，上浮第二档到本行业基准费率的150%，下浮第一档到本行业基准费率的80%，下浮第二档到本行业基准费率的50%。

（二）工伤保险缴费基数

《社会保险法》第三十五条规定，用人单位应当按照本单位职工工资总额，根据社会保险经办机构确定的费率缴纳工伤保险费。因此，工伤保险费的缴费基数为本单位职工工资总额。在实务操作中，用人单位一般以本单位职工上年度月平均工资总额为缴费基数。

本单位职工工资总额，是指用人单位直接支付给本单位全体职工的劳动报酬总额。其包含两层意思：一是所谓全体职工，是指单位支付的对象是全部职工，不仅限于用人单位职工花名册的在册职工，还包括有农民工、临时工等建立了劳动关系的各种用工形式、用工期限的所有劳动者；二是劳动报酬总额，是指工资构成是劳动报酬总额，包括计时工资、计件工资、奖金、津贴和补贴、加班加点工资以及特殊情况下支付的工资。

《工伤保险条例》第十条第三款规定，对难以按照工资总额缴纳工伤保险费的行业，其缴纳工伤保险费的具体方式，由国务院社会保险行政部门规定。这样规定的主要考虑是，建筑业、小矿山、小型服务企业等，从业人员流动性大，职工不稳定，有的职工在同一用人单位可能不满一个月就离开了。但按照前述《社会保险法》有关工伤保险覆盖范围的规定，即使只在用人单位工作一天的从业人员也应纳入工伤保险。因此，需要对这些特殊行业企业参加工伤保险的缴费办法作出灵活的变通规定，以利于这些行业企业的职工享受工伤保险待遇。

四、工伤保险基金的统筹及使用管理

（一）工伤保险基金的统筹

我国在建立工伤保险制度的起步阶段，工伤保险基金在直辖市和设区的市实行全市统筹，其他地区的统筹层次由省、自治区人民政府确定。这是由于我国幅员辽阔，各地实际情况存在较大差异，如果只规定一个统筹层次，不一定对所有的省、区、市都合适，因此，考虑到各地开展工伤保险的实际情况，我国工伤保险制度对直辖市和设区的市的统筹层次作出了明确的规定，对于其他地方的统筹层次授权省、自治区人民政府确定。

但从发展趋势看，由于工伤保险统筹层次低，导致化解风险能力差，而世界上开展工伤保险的国家大都实行较高层次的统筹，因此，实行工伤保险省级统筹不仅能增强基金的保障能力，分散基金风险，也有利于强化基金管理。我国《社会保险法》和《工伤保险条例》都作出规定，工伤保险基金要逐步实行省级统筹。

（二）工伤保险基金使用

工伤保险基金是为工伤保险而筹集的，根据《社会保险法》和《工伤保险条

例》的有关规定，工伤保险基金应当用于支付工伤保险待遇，劳动能力鉴定费，工伤预防的宣传、培训等费用以及法律、法规规定的用于工伤保险的其他费用的支付等法定用途，不得挪作其他用途。

（三）工伤保险储备金

工伤事故的发生具有不确定性，为了应对重大工伤事故的发生，防范基金支付风险，保障工伤职工的合法权益，保证工伤保险基金在收支平衡的原则下的正常运行，《工伤保险条例》第十三条规定，工伤保险基金应当留有一定比例的储备金，用于统筹地区重大事故的工伤保险待遇支付；储备金不足支付的，由统筹地区的人民政府垫付。储备金占基金总额的具体比例和储备金的使用办法，由省、自治区、直辖市人民政府规定。

在规定储备金占基金总额的具体比例时，应进行储备金的测算。储备金是工伤保险机构用于对突发、重大、异常工伤事故进行补偿和给付的费用。虽然就整体参保人群而言，在一定的时间内，工伤事故的发生是有一定规律的，灾害造成的损失大小稳定在一定的水平。但由于多种因素的影响，在某一时间范围内基金的实际支出有可能超过正常支出。如果实际支出大于正常支出，工伤保险费就可能不足以应对实际支出。所以，在规定储备金占基金总额的具体比例时，应考虑辖区内可知的、潜在的风险和未知的、突发的风险，并对辖区内企业的风险程度和安全生产状况，以及当地的经济发展水平等因素进行分析测算，以确保发生重大工伤事故和职业病伤害时，储备金能够应对基金大规模支出的需要。如果发生重大突发工伤事故，工伤保险基金当年入不敷出时，可动用储备金；储备金仍不足支付的，由统筹地区人民政府垫付。

第三节 工伤认定

一、认定为工伤的情形

职工受到伤害后，能否从工伤保险基金获得补偿，首先要看其所受伤害是否属于工伤。因此，需要对职工所受伤害的性质进行认定，这就是工伤认定。

我国与国际上绝大多数建立工伤保险制度的国家和地区不同，对工伤采取行政认定的办法，即职工受到伤害后，需要经社会保险行政部门确认为工伤后，才能取得向社会保险经办机构申请工伤待遇的资格。而其他国家和地区，雇员受到伤害后，可以直接向工伤保险机构申请工伤待遇，由工伤保险机构确认其是否具有申领待遇的资格。

《社会保险法》第三十六条规定，职工因工作原因受到事故伤害或者患职业病，且经工伤认定的，享受工伤保险待遇。这里，法律规定了职工获得享受工伤保险待遇的两个条件：一是因工作原因受到事故伤害或者患职业病的，二是经工伤认定的。前者是实质性要件，后者是程序性要件。必须同时具备这两个要件，才能具有申领工伤保险待遇的资格。按照《工伤保险条例》的规定，对职工是否为工伤，分为认定为工伤和视同工伤两种情形，并对这两种情形都作了明确的规定。

按照《工伤保险条例》的规定，认定为工伤的情形主要有：

（一）在工作时间和工作场所内因工作原因受到事故伤害

符合"工作时间""工作场所""工作原因"（即俗称"三工标准"）的应当认定为工伤。这是国际上认定工伤的惯例。"工作时间"是指法律规定或者单位要求职工工作的时间，合法的加班期间以及单位违法延长工时的期间也属于职工的工作时间。职工在此期间受到事故伤害，属于应当认定为工伤的情形，应按规定将其认定为工伤。根据国际劳工组织《1981年职业安全和卫生公约》（第155号）第3条c项的规定，"工作场所"是指工人因工作而需要在场或前往，并在雇主直接或间接控制之下的一切地点。因此，"工作场所"应按照这一解释的基本精神去把握，包括职工日常工作所在的场所以及领导临时指派其所从事工作的场所。"工作原因"是指职工为履行工作职责、完成工作任务而受到事故伤害，是最为普遍的工伤情形。工作原因是工伤认定的核心要素。判定是否因工作原因，应当从是否属于本岗位工作，是否属于与工作有关的预备性或者收尾性工作，是否属于单位临时指派的工作，是否属于维护国家利益、公共利益的活动等方面考虑。"事故伤害"是指职工在工作过程中发生的人身伤害和急性中毒等事故伤害。

（二）工作时间前后在工作场所内，从事与工作有关的预备性或者收尾性工作受到事故伤害

按照国际劳工组织的定义，工伤是由于工作原因直接或间接受到的伤害。因此，国际上许多国家一般都将从事与工作有关的预备性或者收尾性工作受到伤害的，列入工伤的范围。我国工伤保险制度也采纳了这一观点。"从事与工作有关的预备性或者收尾性工作"，主要是指在法律规定的或者单位要求的开始工作时间之前的一段合理时间内，或者结束工作时间之后的一段合理时间内，职工在工作场所内从事本职工作或者领导指派的其他工作有关的准备工作和收尾工作。准备工作诸如运输、备料、准备工具等，收尾工作诸如清理场地、收拾工具等。例如，煤矿职工在采矿工作结束升井后，必须要到矿区进行洗澡更衣，恰在此时出现滑倒摔伤，这种情形应当按照收尾性工作受到事故伤害的规定认定为工伤。

（三）在上下班途中，受到非本人主要责任的交通事故或者城市轨道交通、客运轮渡、火车事故伤害

"上下班途中"是指职工在上下班的合理时间和必经路线上，既包括职工正常工作的上下班途中，也包括职工加班的上下班途中。"交通事故"是指《道路交通安全法》中交通事故的概念，即机动车和非机动车在道路上因过错或者意外造成的人身伤亡或者财产损失等事件。这种伤害既可以是职工驾驶或乘坐的机动车、非机动车发生事故造成的，也可以是职工因其他机动车、非机动车肇事所致；事故伤害发生的区域范围是在道路上，即指公路、城市道路和虽在单位管辖范围但允许社会机动车通行的地方，包括广场、公共停车场等用于公众通行的场所。"非本人主要责任"是指受到伤害的人员在事故中必须是无责任或者是承担非主要责任的。上下班途中，受到城市轨道交通工具、客运轮渡或者火车等事故伤害的，也属于工伤。

（四）在工作时间和工作场所内因履行工作职责而受到暴力等意外伤害

在工作时间和工作场所内，对于"因履行工作职责而受到暴力等意外伤害的"有两层含义：一是指在工作时间和工作场所内，职工因履行工作职责受到他人的暴力等意外伤害；二是指职工在工作时间和工作场所内因履行工作职责受到

非人为的意外伤害。没有证据否定职工所受到的伤害与履行工作职责有必然联系的，在排除非履行工作职责的因素后，应认定为因履行工作职责所致。

（五）患职业病

根据《职业病防治法》的规定，职业病是指企业、事业单位和个体经济组织的劳动者在职业活动中，因接触粉尘、放射性物质和其他有毒、有害物质等因素而引起的职业性疾病。其特征是在有毒有害的环境下从事特定职业所患的疾病。如果某人患有职业病目录中规定的某种疾病，但不是在职业活动中引起的，而是由于其居住地周边生产单位污染物排放或者是其他情况而引起的，就不属于职业病。

按照卫生部、原劳动保障部发布的《职业病目录》（卫法监发[2002]108号）规定，职业病共有10类115种：一是尘肺，二是职业性放射性疾病，三是职业中毒，四是物理因素所致职业病，五是生物因素所致职业病，六是职业性皮肤病，七是职业性眼病，八是职业性耳鼻喉口腔疾病，九是职业性肿瘤，十是其他职业病。职工要进行职业病诊断，应当到用人单位所在地或者本人居住地的省级以上人民政府卫生行政部门批准的具有职业病诊断资格的医疗卫生机构，依法取得职业病诊断证明书或职业病诊断鉴定书。

（六）因工外出期间，由于工作原因受到伤害或者发生事故下落不明

"因工外出"是指职工由于工作需要到本单位以外从事与本职工作或本单位业务范围有关的工作，包括两种情况：一是到本单位以外但是还在本地范围内，二是到本地区以外或境外。在第一种情况下，可以是受领导指派，也可以是因职责需要自行到本单位以外的情形。在第二种情况下，则必须是受领导指派的情形。职工因工外出期间受到的伤害，包括事故伤害、暴力伤害和其他形式的伤害。"发生事故下落不明"，是指因遭受生产事故、空难事故、船舶事故、意外事故或者自然灾害等各种形式的事故而失去任何音讯的情形。考虑到职工因工外出期间遇到事故下落不明的，很难确定职工是在事故中死亡了，还是由于事故暂时无法与单位取得联系，本着充分保护职工合法权益的基本精神，只要是在因工外出期间，发生事故造成职工下落不明的，就应该认定为工伤，其工伤认定不以宣告失踪为要件。但要说明的是认定为工伤后，一旦下落不明的人员又被发现还存

活,就要撤销工伤认定结论,并追回所支付的待遇。

(七)法律、行政法规规定应当认定为工伤的其他情形

在现实生活中,职业伤害的情形是复杂多样的,随着社会和人类生产活动的发展,可能会出现新的应该认定为工伤的情形,而对于未来出现的情形不可能规范穷尽。为了使工伤范围的规定更科学、更合理,使那些随着时间的推移应该纳入工伤的情形能够被纳入,同时也为了与其他法律规定相衔接,由全国人大及其常委会制定并颁布实施的法律,以及国务院制定并颁布实施的行政法规规定应该认定为工伤的情形,也应当认定为工伤。

二、视同工伤的情形

按照《工伤保险条例》的规定,视同工伤的情形主要有:

(一)在工作时间和工作岗位,突发疾病死亡或者在48小时之内经抢救无效死亡

"工作岗位",是指职工日常所在的工作岗位和本单位领导指派所从事工作的岗位。例如,清洁工人负责的清洁区域范围内都应该属于该工人的工作岗位。"突发疾病",是指上班期间突然发生的任何种类的疾病。一般多为心脏病、脑出血、心肌梗死等突发性疾病,发病突然而致命。"48小时之内"的起算时间,应从医疗机构的初次接诊(抢救)时间开始计算。

需要指出的是,如果在工作时间和工作岗位上发病,送到医疗机构经48小时的治疗(抢救)之后死亡的,不属于视同工伤的情形。目前,社会上对于"48小时"的划定有不同看法,需要进一步研究论证。

(二)在抢险救灾等维护国家利益、公共利益活动中受到伤害

"维护国家利益、公共利益活动",是指职工在国家利益或者社会公共利益受到威胁时,有组织或者自发实施的、意在阻止或者减少这种威胁及其可能造成的损失的行为。凡是抢险救灾等性质的行为,都应当认定为属于维护国家利益和维护公共利益的行为。在这类情形下采取行为而受到伤害的不特定主体,也应按照该项的规定视同为工伤。需强调的是,在这种情形下,工伤认定不受工作时间、工作地点、工作原因等条件的限制,这也与国际劳工公约的规定精神相符。国际

劳工组织《1964年工伤事故和职业病津贴建议书》(第121号)第三条第一款规定，各会员国应在必要时，将有关工伤及职业病津贴的法律的实施范围逐步扩大到某些不领取工资的劳动者、承担抢险救灾或维护秩序与法制任务的志愿人员、其他从事公益活动或参与公民义务事业的人员，例如自愿协助公共部门、社会部门或医疗部门的人员。

（三）职工原在军队服役，因战、因公负伤致残，已取得革命伤残军人证，到用人单位后旧伤复发

我国《军人抚恤优待条例》对因战、因公负伤致残有明确的界定，对因战、因公负伤致残的残疾军人由认定残疾性质和评定残疾等级的机关发给"中华人民共和国残疾军人证"，残疾军人转业、复员到用人单位旧伤复发的，根据《军人抚恤优待条例》第三十二条规定，国家对一级至六级残疾军人的医疗费用按照规定予以保障，由所在医疗保险统筹地区社会保险经办机构单独列账管理。七级至十级残疾军人旧伤复发的医疗费用，已经参加工伤保险的，由工伤保险基金支付；未参加工伤保险，有工作的由工作单位解决。因此，残疾军人转业、复员到用人单位旧伤复发的，应当进行工伤认定后享受工伤保险待遇。

三、不得认定为工伤或者视同工伤的情形

职工受到伤害，虽然是在工作场所，工作时间之内，甚至是在从事工作过程中，但是，《社会保险法》作出规定，职工因下列情形之一导致本人在工作中伤亡的，不认定为工伤：①故意犯罪；②醉酒或者吸毒；③自残或者自杀；④法律、行政法规规定的其他情形。

（一）故意犯罪

故意犯罪，是指行为人明知自己的行为会发生危害社会的结果，并且希望或者放任这种结果发生，因而构成犯罪的情形。职工因故意犯罪遭受事故伤害，仅指因职工本人实施故意犯罪导致的伤害，不包括侵权第三人实施故意犯罪导致职工受到伤害的情形。正是由于故意犯罪是伤亡人的行为所追求的目的是危害社会，而不是为了生产或工作，因此不属于工伤。此项排除有两个要点：①仅指故意犯罪，而非所有犯罪，即不包括过失犯罪。职工属于过失犯罪的，仍可以认定

为工伤。②故意犯罪应经司法机构判定。职工的行为是否犯罪以及是否属于故意犯罪，应当以司法机关的判决为准。

（二）醉酒或者吸毒

酒精具有麻痹神经中枢的作用，导致行为人的判断能力和反应能力迟钝，难以辨认或控制自己的行为。国家的一些法律规定禁止醉酒后工作，如禁止酒后驾车等。职工饮用白酒、啤酒、果酒、汽酒等含有酒精的饮料达到醉酒的状态，从事工作受到事故伤害的，不得认定为工伤。对于醉酒，应通过对行为人体内酒精含量的检测结果作出认定，如果发现行为人体内的酒精含量达到或超过一定标准，就应认定为醉酒。目前，实践中主要是依据国家质量监督检验检疫总局发布的国家标准《车辆驾驶人员血液、呼气酒精含量阈值与检验》（GB 19522—2004），其中，醉酒驾车是指车辆驾驶人员血液中的酒精含量大于或者等于80 mg/100 mL 的驾驶行为。

吸毒是通俗说法，在医学上多称药物依赖或药物滥用，是指不以医疗为目的，采取多种方式滥用麻醉药品和精神药品。《刑法》第三百五十七条规定，毒品是指鸦片、海洛因、甲基苯丙胺（冰毒）、吗啡、大麻、可卡因以及国家规定管制的其他能够使人形成瘾癖的麻醉药品和精神药品。毒品吸食后，能使人失去或降低行为控制力，对人的身体健康造成严重损害。因此，法律规定职工吸食毒品后，在毒品作用期间从事工作受到事故伤害的，不得认定为工伤。

（三）自残或者自杀

"自残"是指当事人通过各种手段和方法伤害自己的身体，并造成伤害结果的行为。例如，某职工在工作过程中故意将其手指切断，这种行为就属于自残。"自杀"是指当事人通过各种方法和手段结束自己生命的行为。自残或者自杀的目的是要残害或杀死自己，这种行为与工作没有必然的因果联系，职工本人对自己的死伤具有主观故意，应当对伤残死亡自行承担后果，因而不应认定为工伤或者视同工伤。需要说明的是，对于判定"自残""自杀"的行为，要有充分的证据，例如遗书、公安部门的勘查结论等，而不能随意将职工受伤或者死亡判断为"自残""自杀"造成的。

四、工伤认定的程序

法律规定,由社会保险行政部门进行工伤认定。工伤认定的程序应当向社会公开。

(一)工伤认定的申请

职工发生事故伤害或者患上职业病后,受伤害职工所在单位、受伤害职工本人或者其近亲属、工会组织,都可以依法申请工伤认定。

按照《工伤保险条例》规定,职工发生事故伤害或者按照职业病防治法规定被诊断、鉴定为职业病,所在单位应当自事故伤害发生之日或者被诊断、鉴定为职业病之日起30日内,向统筹地区社会保险行政部门提出工伤认定申请。遇有特殊情况,经报社会保险行政部门同意,用人单位的申请时限可以适当延长。法律法规规定用人单位有30日的工伤申请认定的时限,目的是促使用人单位在职工受到事故伤害或者患职业病后,及时履行申请工伤认定的义务,以便于搜集有关证据,尽快查明事故真相。用人单位未在规定的时限内提交工伤认定申请应承担责任,在此期间发生的工伤待遇等费用由用人单位支付。

申请工伤认定是工伤职工的基本权利。《工伤保险条例》规定了用人单位未在规定的时限内提出工伤认定申请的,受伤害职工或者其近亲属、工会组织在事故伤害发生之日或者被诊断、鉴定为职业病之日起1年内,可以直接向用人单位所在地统筹地区社会保险行政部门提出工伤认定申请。工伤职工的近亲属包括直系血亲和直系姻亲。直系血亲是指有直接血缘关系的亲属,包括父母、祖父母、外祖父母、曾祖父母、外曾祖父母等长辈和子女、孙子女、外孙子女等晚辈。这里的"父母"包括生父母、养父母和有抚养关系的继父母。"子女"包括婚生子女、非婚生子女、养子女和有抚养关系的继子女。直系姻亲是指与自己直系亲属有婚姻关系的亲属,包括直系血亲的配偶和配偶的直系血亲,如公婆、岳父母、儿媳、女婿等。按照《民法通则》中关于近亲属的规定,工伤职工的近亲属还应包括工伤职工的配偶和兄弟姐妹。这里的兄弟姐妹,包括同父母的兄弟姐妹、同父异母或者同母异父的兄弟姐妹、养兄弟姐妹和有抚养关系的继兄弟姐妹。此外,工会组织作为职工利益的守护者,也可以为职工提出工伤认定申请。

《工伤保险条例》规定工伤职工或者其近亲属、工会组织申请工伤认定的时效为1年，与《民法通则》第一百三十六条关于"身体受到伤害要求赔偿"的诉讼时效相一致。值得注意的是，这里的"1年"为申请工伤认定的时效，超过了这一期限，当事人即丧失了工伤认定申请权，同时也就丧失了享受工伤保险待遇的权利。

（二）工伤认定的受理

根据《工伤保险条例》第十七条的规定，工伤认定由工伤保险基金统筹地区的社会保险行政部门办理，实行省级统筹的，按照属地原则，由用人单位所在地的设区的市级社会保险行政部门办理。

1. 工伤认定申请的提出

按照我国现行法律法规及规章的规定，工伤认定申请人提出工伤认定申请，应当填写"工伤认定申请表"，提交劳动合同或聘用合同文本复印件，或者职工与用人单位存在劳动关系（包括事实劳动关系）、人事关系的其他证明材料，提供医疗机构出具的受伤后诊断证明书或者职业病诊断证明书（或者职业病诊断鉴定书）。

社会保险行政部门收到工伤认定申请后，应当在15日内对申请人提交的材料进行审核。材料完整的，作出受理或者不予受理的决定；材料不完整的，应当以书面形式一次性告知申请人需要补正的全部材料。当社会保险行政部门收到申请人提交的全部补正材料后，应当在15日内作出决定：决定受理的，应当出具《工伤认定申请受理决定书》；决定不予受理的，应当出具《工伤认定申请不予受理决定书》。

2. 调查核实

社会保险行政部门受理工伤认定申请后，可以根据需要对申请人提供的证据进行调查核实。进行调查核实时，有关单位和个人应当予以协助。用人单位、工会组织、医疗机构以及有关部门应当负责安排相关人员配合工作，据实提供情况和证明材料。用人单位拒不协助社会保险行政部门对事故伤害进行调查核实的，由社会保险行政部门责令改正，处2 000元以上2万元以下的罚款。

社会保险行政部门在进行工伤认定时，对申请人提供的符合国家有关规定的

第五章 工伤保险

职业病诊断证明书或者职业病诊断鉴定书，不再进行调查核实。职业病诊断证明书或者职业病诊断鉴定书不符合国家规定的要求和格式的，社会保险行政部门可以要求出具证据部门重新提供。

社会保险行政部门受理工伤认定申请过程中，按照国家现行规定，如果职工或者其近亲属认为是工伤，用人单位不认为是工伤的，由该用人单位承担举证责任。用人单位拒不举证的，社会保险行政部门可以根据受伤害职工提供的证据或者调查取得的证据，依法作出工伤认定决定。这主要考虑在用人单位与职工之间，用人单位处于管理者的地位，职工对用人单位具有依附性和从属性。按照单位劳动人事档案和单位规章制度的一般性规定，与职工管理有关的各种文件、文书，是由用人单位拟订并由其保管，如职工花名册、工资支付单、工作考勤和生产记录等。当职工与其所在单位的主张不一致时，双方必须提供相应的证据，而这些证据往往涉及上述文书、文件。从保护弱者的角度出发，加重用人单位的举证责任。

3. 作出决定

社会保险行政部门应当自受理工伤认定申请之日起 60 日内作出工伤认定决定（对于事实清楚、权利义务明确的工伤认定申请，应当自受理工伤认定申请之日起 15 日内作出工伤认定决定），并出具《认定工伤决定书》或者《不予认定工伤决定书》。在《认定工伤决定书》和《不予认定工伤决定书》上应当加盖社会保险行政部门工伤认定专用印章。

如果社会保险行政部门在受理工伤认定过程中，认为作出工伤认定决定需要以司法机关或者有关行政主管部门的结论为依据的，在司法机关或者有关行政主管部门尚未作出结论期间，可以作出工伤认定决定的时限中止，并书面通知申请人。

工伤认定受理完成后，社会保险行政部门应当自工伤认定决定作出之日起 20 日内，将《认定工伤决定书》或者《不予认定工伤决定书》送达受伤害职工（或者其近亲属）和该职工所在单位，并抄送社会保险经办机构。《认定工伤决定书》和《不予认定工伤决定书》的送达方式参照民事法律有关送达的规定执行。

需要指出，无论用人单位是否参加工伤保险，其职工受到事故伤害或患职业病的，都可以申请工伤认定。但是无营业执照或者未经依法登记、备案而经营雇用的人员以及被依法吊销营业执照或者撤销登记、备案而经营雇用的人员受到事故伤害或者患职业病的，用人单位使用童工造成童工伤残、死亡的，应当按照国家关于《非法用工单位伤亡人员一次性赔偿办法》的规定，给予一次性赔偿，不需申请工伤认定。

受伤害职工或者其近亲属、用人单位对社会保险行政部门作出的不予受理决定不服或者对工伤认定决定不服的，可以依法申请行政复议或者提起行政诉讼。

第四节 劳动能力鉴定

一、劳动能力鉴定的概念及性质

劳动能力鉴定是指由劳动能力鉴定机构根据职工本人或者亲属的申请，组织劳动能力鉴定医学专家，根据国家制定的评残标准和有关政策，运用医学科学技术的方法和手段，确定劳动者劳动功能障碍程度和生活自理障碍程度的一种综合评定的制度。《社会保险法》第三十六条明确规定，工伤职工须经劳动能力鉴定丧失劳动能力的，享受伤残待遇。

劳动能力鉴定委员会是负责对工伤职工伤残程度进行劳动能力鉴定的专门机构。省、自治区、直辖市劳动能力鉴定委员会和设区的市级劳动能力鉴定委员会分别由省、自治区、直辖市和设区的市级社会保险行政部门、卫生行政部门、工会组织、社会保险经办机构代表以及用人单位代表组成。劳动能力鉴定委员会建立医疗卫生专家库。列入专家库的医疗卫生专业技术人员应当具备下列条件：①具有医疗卫生高级专业技术职务任职资格；②掌握劳动能力鉴定的相关知识；③具有良好的职业品德。

为便于劳动能力鉴定工作的开展，劳动能力鉴定委员会办公室设在社会保险行政部门，具体负责劳动能力鉴定的组织、协调及与劳动能力鉴定相关的日常工作。由于劳动能力鉴定机构不是社会保险行政部门内设的一个行政机构,所以它对伤残职工的申请所作出劳动能力鉴定结论的行为不是一种具体行政行为。因此,申请鉴定的单位或者个人对劳动能力鉴定结论不服的,不能提起行政复议或行政诉讼。

二、劳动能力鉴定的标准

职工发生工伤,经治疗伤情相对稳定后存在残疾,影响劳动能力的,应当进行劳动能力鉴定。劳动能力鉴定是职工享受伤残待遇的重要前提。工伤职工进行劳动能力鉴定有三个条件:一是应当在经过治疗,伤情处于相对稳定的状态后进行;二是必须存在残疾,主要表现在身体上的残疾,如某一器官的损伤或是肢体残疾等;三是必须对工作、生活产生了直接影响,伤残程度已经影响到职工本人的劳动能力。

劳动能力鉴定是指劳动功能障碍程度和生活自理障碍程度的等级鉴定。劳动能力鉴定标准是劳动能力鉴定时所依据的尺度,是确定工伤职工伤残等级的标准,由国务院社会保险行政部门会同国务院卫生行政部门等部门制定。2006年11月2日国家质量监督检验检疫总局、国家标准化管理委员会发布了《劳动能力鉴定职工工伤与职业病致残等级》(GB/T 16180—2006),新标准共分10个等级572条,该标准是目前对工伤职工进行劳动能力鉴定的技术依据。根据法定的劳动能力鉴定标准,劳动功能障碍分为10个伤残等级,最重的为一级,最轻的为十级;生活自理障碍分为3个等级,分别为生活完全不能自理、生活大部分不能自理和生活部分不能自理。工伤职工经劳动能力鉴定丧失劳动能力的,享受伤残待遇。

三、劳动能力鉴定的程序

(一)提出申请

劳动能力鉴定由用人单位、工伤职工或者其近亲属向设区的市级劳动能力鉴定委员会提出申请,并提供工伤认定决定和职工工伤医疗的有关资料。

申请或申报劳动能力鉴定时必须符合以下要件:

1. 在法定期限内提交申请书。职工发生工伤，经治疗后在停工留薪期内治愈，或者伤情处于相对稳定后存在残疾、影响劳动能力，或者医疗期满仍不能工作的，应进行劳动能力鉴定，评定伤残等级，确定丧失劳动能力程度。停工留薪期一般不超过 12 个月。伤情严重或者情况特殊，经劳动能力鉴定委员会确认，可以适当延长，但延长不得超过 12 个月。申请书应采用书面形式，一般由用人单位代工伤或患职业病的职工办理，也可由工伤职工或其近亲属办理。

2. 提供有关证明材料，一般需要以下材料：①工伤与职业病认定资料和认定决定书；②医疗机构的诊断结论或诊断证明；③首次病历、病历摘要、既往病史；④有关检查、化验结果报告等结论；⑤如属提前医疗终结鉴定或重新鉴定请求，须提交书面申请报告，说明具体理由。

（二）受理申请

劳动能力鉴定委员会收到职工申报劳动能力鉴定的资料后，首先进行初审，审查有关材料是否齐备、有效，决定是否受理。如果经审查决定受理，即将申请书及有关资料分类整理、登记。

受理劳动能力鉴定申请一般应具备以下条件：①申请主体应符合法律规定，包括工伤职工所在的用人单位、工伤职工本人或者是工伤职工的近亲属；②停工留薪期满且实际造成的损害影响了劳动能力的；③向有管辖权的劳动能力鉴定委员会提出申请，即设区的市级劳动能力鉴定委员会。

（三）作出鉴定结论

劳动能力鉴定委员会作出鉴定，第一步是由专家出具诊断和技术性鉴定意见。劳动能力鉴定委员会首先要从设区的市级医疗卫生专家库中随机抽取 3 名或 5 名相关专家组成专家组，由专家组提出技术鉴定意见。第二步由劳动能力鉴定委员会作出鉴定结论。设区的市级劳动能力鉴定委员会应当自收到劳动能力鉴定申请之日起 60 日内，根据专家组的技术鉴定意见或者诊断结论，按照工伤评残标准和有关政策法规，作出劳动能力鉴定结论，必要时，可以委托具备资格的医疗机构协助进行有关的诊断。作出劳动能力鉴定结论的期限可以延长 30 日。劳动能力鉴定结论应当及时送达申请鉴定的单位和个人。劳动能力鉴定工作应当客观、公正。劳动能力鉴定委员会组成人员或者参加鉴定的专家与当事人有利害关系的,应当回避。

(四) 再次鉴定及复查鉴定的具体规定

申请鉴定的单位或者个人对设区的市级劳动能力鉴定委员会作出的鉴定结论不服的,可以在收到该鉴定结论之日起 15 日内向省、自治区、直辖市劳动能力鉴定委员会提出再次鉴定申请。省、自治区、直辖市劳动能力鉴定委员会作出的劳动能力鉴定结论为最终结论。

自劳动能力鉴定结论作出之日起一年后,工伤职工或者其近亲属、所在单位或者经办机构认为伤残情况发生变化的,可以申请劳动能力复查鉴定。劳动能力鉴定委员会进行再次鉴定和复查鉴定的期限,按照初次鉴定的时限执行。

第五节 工伤保险待遇

一、工伤保险待遇项目

《社会保险法》从第三十八条至第四十三条规定了工伤保险待遇的项目、支出渠道、工伤职工养老待遇、未参保情况下基金先行支付、第三人侵权造成的工伤医疗费先行支付和停止享受工伤待遇的情形。

(一) 从工伤保险基金中支付的项目

职工因工作遭受事故伤害或者患职业病进行治疗,享受工伤医疗待遇。根据《社会保险法》第三十八条规定,因工伤发生的下列费用,按照国家规定从工伤保险基金中支付:①治疗工伤的医疗费用和康复费用;②住院伙食补助费;③到统筹地区以外就医的交通食宿费;④安装配置伤残辅助器具所需费用;⑤生活不能自理的,经劳动能力鉴定委员会确认的生活护理费;⑥一次性伤残补助金和一至四级伤残职工按月领取的伤残津贴;⑦终止或者解除劳动合同时,应当享受的一次性医疗补助金;⑧因工死亡的,其遗属领取的丧葬补助金、供养亲属抚恤金和因工死亡补助金;⑨劳动能力鉴定费。

1. 治疗工伤的医疗费用和康复费用

治疗工伤的医疗费用和康复费用是指职工因工负伤或者患职业病进行治疗和康复所发生的费用，如挂号费、检查费、治疗费、医药费、康复费，以及住院期间的床位费、取暖费、空调费等，这些费用符合工伤保险诊疗（康复）项目目录、工伤保险药品目录、工伤保险住院服务标准的，由工伤保险基金全额报销，个人不需要承担费用。为了做到公正、客观，实现规范化、标准化管理，工伤保险诊疗（康复）项目目录、工伤保险药品目录、工伤保险住院服务标准由国家统一制定。工伤保险强调治疗和康复并重，并以最大限度地恢复工伤职工的生活自理能力和职业劳动能力为目的。因此，国家在制定目录和标准时，根据工伤的特点和治疗、康复的实际需要，并综合考虑我国的社会经济发展水平和工伤保险基金的承受能力，使工伤待遇优于非因工患病治疗的待遇，确保对工伤职工抢救治疗和工伤康复需要。

工伤职工到签订服务协议的医疗机构进行工伤康复的费用，符合规定的，从工伤保险基金支付。

2. 住院伙食补助费

为工伤职工住院支付伙食补助费，主要是因为职工治疗工伤与治疗一般疾病有着本质的区别。职工如果不是因工负伤，则不会增加这个负担，为保障工伤职工在住院期间的生活水平不降低，也不增加用人单位过多的经济负担，《社会保险法》规定住院伙食补助费由工伤保险基金支付。

3. 到统筹地区以外就医的交通食宿费

如果工伤职工需要到统筹地区以外就医，有医疗机构的转院证明，报经统筹地区社会保险经办机构同意，所需交通费、食宿费由工伤保险基金按标准支付。

4. 安装配置伤残辅助器具所需费用

安装配置伤残辅助器具所需费用是指帮助工伤职工恢复或提高身体功能的一些伤残辅助器具，在规定范围内所购置的费用不需要工伤职工个人负担。职工受到事故伤害后，可能造成身体器官缺损以及生理功能障碍，要恢复和提高工伤职工的身体功能，满足日常生活或就业的需要，经劳动能力鉴定委员会确认，可以享受配置辅助器具的待遇。如安装假肢、矫形器、假眼、假牙，配置轮椅、拐杖等辅助器具。由于辅助器具档次不同,价位高低不等,从各地生活水平和经济状况出发,国家对工伤职工配置的辅助器具制定了专门的目录,对经确认可以配置的辅助器具所需费用按照国家规定的标准从工伤保险基金支付。

5. 生活不能自理的,经劳动能力鉴定委员会确认的生活护理费

生活护理费是对工伤职工已完全丧失劳动能力、生活长期不能自理、需要别人的护理所给予的一种经济补偿。工伤职工伤残达到一定程度,根据工伤职工在进食、翻身、大小便、穿衣洗漱、自我移动等五项情形,经评定伤残等级并经劳动能力鉴定委员会确认需要生活护理的,职工可以从工伤保险基金按月享受生活护理费待遇。生活护理费标准是按照生活不能自理的程度分三档确定,具体待遇标准是:生活完全不能自理的生活护理费为统筹地区上一年度职工月平均工资的50%,生活大部分不能自理的生活护理费为统筹地区上一年度职工月平均工资的40%,生活部分不能自理的生活护理费标准为统筹地区上一年度职工月平均工资的30%。各统筹地区要根据职工的平均工资和生活费用变化等情况,适时调整生活护理费,从而使工伤职工的生活护理得到保障。

6. 一次性伤残补助金和一至四级伤残职工按月领取的伤残津贴

所谓一次性伤残补助金,是指对工伤职工因工负伤或者患职业病对身体造成伤残所给予的补偿。按照不同的伤残等级确定不同的补偿金额,职工负伤一次给一次补偿,而负伤后旧伤复发伤残等级发生变化的,不再支付一次性伤残补助金。所谓伤残职工按月领取的伤残津贴,是指工伤职工完全丧失劳动能力或是大部分丧失劳动能力时,为保障其基本生活,由社会保险经办机构按月支付的保障待遇。这项待遇一般支付到达法定退休年龄或未到法定退休年龄而死亡时止。

职工因工致残被鉴定为一级至四级伤残的,保留劳动关系,退出工作岗位,享受以下待遇:①从工伤保险基金按伤残等级支付一次性伤残补助金,标准为:一级伤残为27个月的本人工资,二级伤残为25个月的本人工资,三级伤残为23个月的本人工资,四级伤残为21个月的本人工资。②从工伤保险基金按月支付伤残津贴,标准为:一级伤残为本人工资的90%,二级伤残为本人工资的85%,三级伤残为本人工资的80%,四级伤残为本人工资的75%。伤残津贴实际金额不得低于当地最低工资标准,如果低于当地最低工资标准的,应由工伤保险基金

补足差额。为了能够保证工伤职工的基本生活水平，同时又让工伤职工分享社会发展成果，各统筹地区要根据职工的平均工资和生活费用变化等情况，适时调整伤残津贴。③工伤职工达到退休年龄并办理退休手续后，停发伤残津贴，按照国家有关规定享受基本养老保险待遇。基本养老保险待遇低于伤残津贴的，由工伤保险基金补足差额。

如果职工因工致残被鉴定为五级至十级伤残的，可以从工伤保险基金中按伤残等级支付一次性伤残补助金，具体标准为：五级伤残为18个月的本人工资，六级伤残为16个月的本人工资，七级伤残为13个月的本人工资，八级伤残为11个月的本人工资，九级伤残为9个月的本人工资，十级伤残为7个月的本人工资。

7. 终止或者解除劳动合同时，应当享受的一次性医疗补助金

一次性医疗补助金是指职工因工致残被鉴定为国家规定的伤残等级后，该职工与用人单位解除或者终止劳动关系时，可以享受的一次性医疗补助费用。按照我国现行规定，职工因工致残被鉴定为五级至十级伤残的，经工伤职工本人提出，可以与用人单位解除或者终止劳动关系，由工伤保险基金支付一次性工伤医疗补助金，具体标准由省、自治区、直辖市人民政府规定。

8. 因工死亡的，其遗属领取的丧葬补助金、供养亲属抚恤金和因工死亡补助金

职工因工死亡待遇主要包括：

(1) 丧葬补助金。丧葬补助金是安葬工亡职工、处理后事的必需费用。因工死亡职工的丧葬补助金按6个月的统筹地区上一年度职工月平均工资的标准计发。职工是因事故或职业中毒在发生伤害时抢救无效直接死亡的，职工因事故伤害或患职业病在停工留薪期内还未进行伤残等级鉴定就死亡的，以及工伤职工鉴定伤残为一级至四级在停工留薪期满后死亡的，都应当按照因工死亡给付其近亲属丧葬费。

(2) 供养亲属抚恤金。职工因工死亡，包括鉴定伤残为一至四级的工伤职工死亡，其近亲属符合享受条件的应当享受供养亲属抚恤金待遇。供养亲属抚恤金按照因工死亡职工生前本人工资的一定比例计发，计发对象是由因工死亡职工生

前提供主要生活来源、无劳动能力的亲属。具体标准为：配偶每月 40%，其他亲属每人每月 30%，孤寡老人或孤儿每人每月在上述标准的基础上增加 10%。核定的各供养亲属的抚恤金之和不应高于工亡职工生前本人工资。供养亲属抚恤金待遇属于长期待遇，为了能够保持供养亲属的基本生活水平，国家规定各统筹地区要根据职工的平均工资和生活费用变化的情况，适时对供养亲属抚恤金进行调整。但是，一旦供养亲属具备、恢复劳动能力或者死亡的，供养亲属抚恤金即停止发放。

(3) 因工死亡补助金。即一次性工亡补助金，与一次性伤残补助金待遇相类似，都是一次性支付的待遇，它是对工亡职工亲属以后生活的一次性补助。一次性工亡补助金标准按照上一年度全国城镇居民人均可支配收入的 20 倍发放。发放对象为工亡职工的近亲属，当有数个近亲属时，对于工亡职工生前对其尽了较多照顾义务的近亲属，应当予以照顾。

目前，我国规定的因工死亡职工的供养亲属，是指该职工的配偶、子女、父母、祖父母、外祖父母、孙子女、外孙子女、兄弟姐妹。这些人员首先必须依靠因工死亡职工生前提供主要生活来源，而且有以下情况之一的，才可以享受供养亲属抚恤金待遇：①配偶男年满 60 周岁、女年满 55 周岁；②父母男年满 60 周岁、女年满 55 周岁；③子女未满 18 周岁；④父母均已死亡，其祖父、外祖父年满 60 周岁，祖母、外祖母年满 55 周岁；⑤子女已经死亡或完全丧失劳动能力，其孙子女、外孙子女未满 18 周岁；⑥父母已经死亡或完全丧失劳动能力，兄弟姐妹未满 18 周岁。如属于完全丧失劳动能力，需要经过因工死亡职工生前单位所在地设区的市级劳动能力鉴定委员会鉴定确认。

需要指出，按照国家规定，伤残职工在停工留薪期内因工伤导致死亡的，其近亲属仅享受丧葬补助金；一级至四级伤残职工在停工留薪期满后死亡的，其近亲属可以享受丧葬补助金、供养亲属抚恤金待遇。

此外，职工因工外出期间发生事故或者在抢险救灾中下落不明的，从事故发生当月起 3 个月内照发工资，从第 4 个月起停发工资，由工伤保险基金向其供养亲属按月支付供养亲属抚恤金。生活有困难的，可以预支一次性工亡补助金的 50%。职工被人民法院宣告死亡的，按照国家有关职工因工死亡的规定处理。

9. 劳动能力鉴定费

劳动能力鉴定费是指劳动能力鉴定委员会在进行劳动能力初次鉴定、再次鉴定、复查鉴定活动中产生的费用。开展劳动能力鉴定，需要由劳动能力鉴定委员会抽取相关专家，并组织鉴定。《社会保险法》第三十八条规定劳动能力鉴定费从工伤保险基金中支付，既明确了劳动能力鉴定的费用开支渠道，也为劳动能力鉴定可持续发展奠定了基础。

（二）由用人单位支付的项目

根据《社会保险法》第三十九条规定，因工伤发生的下列费用，按照国家规定，由用人单位支付：①治疗工伤期间的工资福利；②五级、六级伤残职工按月领取的伤残津贴；③终止或者解除劳动合同时，应当享受的一次性伤残就业补助金。

1. 治疗工伤期间的工资福利，即职工享受停工留薪期待遇

职工因工作遭受事故伤害或者患职业病需要暂停工作接受治疗的，实行工伤停工留薪期。在停工留薪期内，工伤职工除享受工伤医疗待遇外，原工资福利待遇不变，由所在用人单位按月支付。这样规定有利于保证工伤职工的工资福利待遇不因工伤而受到影响，但为了遏制小伤大养、休工无限期的投机现象，我国《工伤保险条例》对停工留薪的期限作了限定。停工留薪期根据工伤职工伤情的具体情况来确定，一般不超过12个月。停工留薪的时间，由已签订服务协议的治疗工伤的医疗机构提出意见，经劳动能力鉴定委员会确认。伤情严重或者情况特殊需要延长治疗期限的，经设区的市级劳动能力鉴定委员会确认，可以适当延长，但最多可延长不超过12个月。工伤职工评定伤残等级后，停发原有的工资待遇，按照有关规定享受伤残待遇。工伤职工在停工留薪期满后仍需治疗的，继续享受工伤医疗待遇。按照《工伤保险条例》第三十三条规定："生活不能自理的工伤职工在停工留薪期需要护理的，由所在单位负责。"

2. 五级、六级工伤职工按月领取的伤残津贴

工伤职工经劳动能力鉴定委员会鉴定伤残达到五级、六级的，保留其与用人单位的劳动关系，由用人单位安排适当工作，这是考虑到五级、六级工伤职工大部分尚具有一定的劳动能力，如果从事工作，应当发放工资；如果用人单位难以

安排工作、工伤职工本人又没有提出与用人单位解除或终止劳动关系的，由用人单位按月发给伤残津贴，标准为：五级伤残为本人工资的70%，六级伤残为本人工资的60%。并由用人单位按照规定为其缴纳应缴纳的各项社会保险费。同时规定伤残津贴实际金额低于当地最低工资标准的，由用人单位补足差额。

3. 终止或者解除劳动合同时，应当享受的一次性伤残就业补助金

工伤职工被鉴定达到五级至六级伤残的，用人单位应当给予安排适当工作。若五级至六级工伤职工本人提出与用人单位解除或终止劳动关系的，由用人单位支付一次性伤残就业补助金。被鉴定伤残达到七级至十级的工伤职工，劳动、聘用合同期满终止或工伤职工本人提出解除劳动、聘用合同的，也应当由用人单位支付一次性伤残就业补助金。这是为了使这部分工伤职工在寻找到新的工作以前，基本生活有必要的保障。考虑到各地经济发展和生活水平的差异，一次性伤残就业补助金标准由省、自治区、直辖市人民政府规定。

二、工伤职工退休后待遇支付

一些工伤职工特别是一级至四级伤残的职工，因为退出工作岗位，一直依靠按月领取的伤残津贴维持生活。当他们达到法定退休年龄时，是否可继续领取伤残津贴同时又领取养老金？按照社会保险待遇不同时重复享受的原则，《社会保险法》第四十条作出规定，工伤职工达到退休年龄并办理退休手续后，停发伤残津贴，享受基本养老保险待遇。但是为了保障工伤职工待遇不因此遭受损失，又规定基本养老保险待遇低于伤残津贴的，由工伤保险基金补足差额。

按照现行规定，工伤职工被鉴定为一级至四级伤残后，只需要继续缴纳基本医疗保险费，不再缴纳基本养老保险费，由此造成他们的基本养老保险缴费年限一般较短；而一些被鉴定为五级、六级伤残的伤残职工，由于难以安排其工作，又以伤残津贴为缴费基数缴纳基本养老保险费，导致缴费一般比较少，按照少缴少得的原则，他们的养老保险待遇较低，可能会低于伤残津贴。因此，为了保障这些伤残职工在退休后能够维持原来的生活水平，我国《社会保险法》规定，伤残职工退休后享受的基本养老保险待遇低于伤残津贴的，由工伤保险基金给予补足。

依法领取伤残津贴的伤残职工,如果达到领取基本养老保险待遇条件,就享受基本养老保险待遇。但是对于一些达到退休年龄,却未达到领取基本养老保险待遇条件(按照法律规定,累计缴纳基本养老保险费不满15年,不能享受基本养老保险待遇)的伤残职工,此时只能继续享受工伤保险伤残津贴。

三、特定情况下的待遇支付

按照法律规定,用人单位应当依法为其职工参加工伤保险,缴纳工伤保险费,这是一项法定义务。如果职工发生工伤后,因用人单位未参加工伤保险导致职工不能从工伤保险基金中享受工伤保险待遇,那么就要由该用人单位承担法律责任,由用人单位为职工支付工伤保险待遇。

(一)工伤保险先行支付制度

工伤保险先行支付制度,是指由于用人单位未参加工伤保险,当工伤事故发生后,用人单位拒不支付或者无力支付职工的工伤保险待遇时,由工伤保险基金先行支付,再由社会保险经办机构向用人单位追偿的制度。《社会保险法》第四十一条规定,如果用人单位未参加工伤保险社会统筹,未按规定缴纳工伤保险费,职工发生工伤的,由该用人单位按照规定的工伤保险待遇项目和标准支付待遇。用人单位不支付的,从工伤保险基金中先行支付。这一规定避免了由于用人单位不支付工伤保险待遇导致的工伤职工无钱治伤、工伤待遇得不到保障的情况。同时为了维护已参保单位和职工的利益,使工伤保险基金免受损失,法律规定从工伤保险基金中先行支付的工伤保险待遇应当由用人单位偿还。

设计这一法律制度是因为:一方面,工伤保险制度是用人单位单方缴费的制度,职工本人难以掌握用人单位为其办理参加工伤保险的情况,只能依靠社会保险行政部门履行监督职责督促用人单位依法参保。如果用人单位不参加工伤保险,应当承担由其支付工伤保险待遇的法律责任。另一方面,职工与用人单位相比,是相对弱势的一方,发生工伤后很难顺利、及时地追回应得的工伤保险待遇,而法律赋予了社会保险经办机构(或工伤保险基金管理机构)追偿的措施,还有处以滞纳金、罚款等手段,相比职工自己去追偿更加有效。

工伤保险待遇先行支付制度,实际上也是政府为监督不力的失职行为承担责任的一种体现。将用人单位不支付工伤保险待遇的风险从工伤职工身上转移到工伤保险基金上,由基金先行支付,再向用人单位代为追偿的制度模式,既能够保障工伤职工的待遇支付,也能够有效促使用人单位履行义务。

(二) 工伤保险待遇的追偿

为了使工伤保险基金免受损失,《社会保险法》第四十一条规定,从工伤保险基金中先行支付的工伤保险待遇应当由用人单位偿还。用人单位不偿还的,社会保险经办机构可以依法追偿。即法律赋予了社会保险经办机构可以采取法定的强制措施,对于应当由未参加工伤保险的用人单位支付的工伤保险待遇,由社会保险经办机构责令其限期偿还,除须补缴欠缴数额外,自欠缴之日起,按日加收万分之五的滞纳金。逾期仍未偿还的,由有关行政部门处欠缴数额1倍以上3倍以下的罚款。社会保险经办机构可以向银行和其他金融机构查询其存款账户;并可以申请县级以上有关行政部门作出划拨的决定,书面通知其开户银行和其他金融机构划拨应偿还的工伤保险待遇。用人单位账户余额少于应偿数额的,社会保险经办机构可以要求该用人单位提供担保,签订延期偿还协议。用人单位不偿还且未提供担保的,社会保险经办机构可以申请人民法院扣押、查封其价值相当于应偿数额的财产,以拍卖所得抵缴工伤保险待遇。

(三) 第三人侵权时的工伤保险待遇支付

在工伤保险实践中,经常会遇到由于第三人原因而导致的工伤。如较常见的是上下班途中受到交通事故伤害。第三人侵权导致职工工伤的,同时违反了我国的《侵权责任法》和《社会保险法》,根据这两个法律的规定,职工可以向侵权的第三人要求民事侵权赔偿,也可能向工伤保险基金要求享受工伤保险待遇,这就出现了民事侵权责任和工伤保险责任的竞合。对此,国外存在着四种模式:①由工伤保险取代民事侵权责任,工伤职工只能请求工伤待遇。这种模式简便易行,减少了诉讼,但一般赔偿数额较低,剥夺了当事人请求精神赔偿等相关权利。目前,在北欧国家、新西兰等采取这种做法。②由工伤职工在侵权损害赔偿与工伤保险待遇之间自由选择一种。这种模式往往能获得较高的赔偿数额,但诉讼时间较长,并受制于被告的赔偿能力。英国和其他英联邦国家早期曾一度采取这种模式,后来均已废止。③允许工伤职工可以同时享受侵权民事赔偿和工伤保险待遇"双份利益"。这种模式对工伤职工十分有利，可使工伤职工获得充分的赔偿，但一部分观点认为这种模式使受害人因为被侵权而获益，同时也加重了工伤保险基金的负担。只有英国等较少的国家采用这种模式。④工伤职工享受的是民事侵权赔偿和工伤保险待遇相互补充，两种请求所得的数额，不得超过实际损失。这种模式一方面避免工伤职工获得双份赔偿，节约了基金的开支；另一方面又保证受害人获得完全的赔偿。德国、日本、意大利等多数国家采取这种模式。

我国 2003 年颁布的《工伤保险条例》并未对因第三人侵权造成工伤的情形作出规定。最高人民法院在 2003 年《关于审理人身损害赔偿案件适用法律若干问题的解释》中规定，劳动者因工伤事故遭受人身伤害，向人民法院起诉请求用人单位承担民事赔偿责任的，告知其按《工伤保险条例》的规定处理。因用人单位以外的第三人侵权造成劳动者人身损害，赔偿权利人请求第三人承担民事赔偿责任的，人民法院应予支持。这一解释可理解为工伤职工可以获得"双赔"，即可以同时获得工伤保险待遇和民事侵权赔偿。但由于没有法律法规的明确规定，在实践中，还存在争议。目前，由于对工伤职工因第三人原因而导致的工伤是实行"单赔"，还是"双赔"或是"补差"的认识分歧较大，我国的《社会保险法》未对这一问题作出规定，工伤职工可以分别按照侵权责任法和社会保险法要求侵权赔偿和享受工伤待遇。但是，由于实际发生的医疗费用数额明确，且费用凭据只有一份，因此工伤职工只能享受一份。所以，《社会保险法》第四十二条对此作出规定，由于第三人的原因造成工伤的，应当由第三人承担医疗费用，第三人拒不支付或者不能支付的，或者无法确定第三人的，由工伤保险基金先行支付。工伤保险基金先行支付后，有权向第三人追偿。这在制度上解决了工伤职工在由于第三人原因造成的伤害后最为急需的工伤医疗费问题，为工伤职工及时救治提供了法律保障。

四、停止享受工伤保险待遇的情形

工伤职工享受工伤保险待遇的权利与一定的条件相对应。当职工丧失了法定的条件时，就失去了相应的权利。对此，《社会保险法》第四十三条规定，工伤职工有下列情形之一的，停止享受工伤保险待遇：①丧失享受待遇条件的；②拒不接受劳动能力鉴定的；③拒绝治疗的。

（一）丧失了享受待遇条件

工伤保险制度保护的对象是一个特定的职工群体，当工伤职工丧失享受条件时，就应该终止享受待遇。例如，工伤职工伤情治愈后，工伤医疗待遇就不再享受，只有旧伤复发医治的费用才可以报销医疗等费用。如果工伤职工在享受伤残津贴期间情况发生变化，不再具备享受伤残津贴的伤残等级，也要停止享受伤残津贴待遇。对于申请领取供养亲属抚恤金待遇的人员或已经领取供养亲属抚恤金待遇的人员，如果供养亲属是工亡者的子女、孙子女、外孙子女，则年满18周岁就丧失了享受待遇的条件，只有经过劳动能力鉴定委员会鉴定属于完全丧失劳动能力的才可以继续享受。如未满18周岁，但参军或就业也丧失了享受待遇的条件。

（二）拒不接受劳动能力鉴定

工伤职工在工伤治疗伤情相对稳定或停工留薪期满后，应当进行劳动能力鉴定。劳动能力不同程度的丧失，使劳动者可能因此不能从事原本适合的正常职业，甚至可能无法再从事任何工作，但也可能恢复劳动能力继续从事适合的职业和岗位，而这一切都必须通过劳动能力鉴定来确定。因为劳动能力鉴定结论是确定不同程度的经济补偿、合理调换工作岗位和恢复工作等的科学依据。有关部门按照法律法规规定，要求工伤职工进行劳动能力鉴定，如果工伤职工没有正当理由，拒绝接受劳动能力鉴定的，就无法确定工伤保险待遇，也表明该工伤职工不愿意接受工伤保险制度提供的帮助，对此，就应当停止支付其工伤保险待遇。

（三）拒绝治疗

工伤保险制度的重要目的之一，就是为工伤职工提供医疗救治，尽快治愈伤病，帮助工伤职工恢复劳动能力，重返社会，而不鼓励工伤职工消极依赖社会帮助。所以，职工遭受工伤事故或患职业病后，既有享受工伤医疗待遇的权利，同时也有积极配合医疗救治的义务。如果工伤职工无正当理由拒绝接受医疗机构对其受伤部位或职业病所实施的治疗，就有悖于工伤保险促进职业康复的宗旨。因此，法律规定了对拒绝治疗的工伤职工，工伤保险基金将停止支付其工伤医疗待遇。

案例分析

一、意外伤害险并不能代替工伤保险

[基本案情]

朱某是一港口货运公司员工。2010年12月,朱某因业务需要到外地出差,公司派车接送。在赶往某市的途中,车辆发生交通事故滑出路面侧翻,造成朱某脊椎骨折,肋骨骨折。事后,因为朱某购买了商业意外伤害保险,同时也参加了工伤保险,其向商业保险公司申请理赔后,又申请工伤认定,要求享受工伤保险待遇。当地社会保险行政部门接到朱某提出的申请后,经了解朱某已获得商业保险公司的理赔,便认为其不应当享受双重保险,故不予受理朱某的工伤认定申请。

朱某对当地社会保险行政部门不予工伤认定的行政行为不服,提起行政复议。

[法律问题]

朱某在获得商业保险公司的意外伤害赔偿后可否申请工伤保险待遇?

有种观点认为,如果朱某同时获得意外伤害保险赔偿和工伤保险待遇,使得当事人会取得大于损害之赔偿,有违法律精神。也有观点认为,工伤保险与商业意外伤害保险存在性质差异,二者并无冲突,朱某作为参加工伤保险的职工,在向商业保险公司要求意外伤害保险赔偿之后可以申请获得工伤保险待遇。

[学理分析]

依据我国《保险法》第二条规定,保险是指投保人根据合同约定,向保险人支付保险费,保险人对于合同约定的可能发生的事故因其发生所造成的财产损失承担赔偿保险金责任,或者当被保险人死亡、伤残、疾病或者达到合同约定的年龄、期限等条件时承担给付保险金责任的商业保险行为。意外伤害保险合同属于市场经济主体之间的商业行为，是当事人自愿选择投保的行为。本案中，朱某向商业保险公司申请意外伤害保险赔偿的前提是双方存在保险合同，且该合同是双方平等自愿的真实意思表示。所以，朱某应当获得意外伤害保险赔偿。

工伤保险属于国家法律规定的一种社会保险，是强制性要求用人单位参加的。根据《工伤保险条例》第十四条："职工有下列情形之一的，应当认定为工伤：……（五）因工外出期间，由于工作原因受到伤害或者发生事故下落不明的。"本案中，朱某在为公司办理业务外出途中发生交通事故致身体伤害，应认定为工伤无可争议，因此，朱某理应申请工伤认定，若被认定为工伤，则应依法获得工伤保险待遇。

同时，我国的《工伤保险条例》和《保险法》，均未作出工伤保险待遇与商业保险赔偿只能二者择其一的法律性规定。所以，朱某可以在向商业保险公司申请获得意外伤害保险赔偿之后，再向社会保险行政部门申请工伤认定，要求享受工伤保险待遇。

（素材来源：永修县人民法院）

二、未参加工伤保险的单位要为工伤职工支付工伤保险待遇

[基本案情]

王先生刚被某公司招聘为班车司机。双方约定，试用期两个月。王先生上班一个月后，在一次驾驶班车接送单位员工途中突发心脏病死亡。而此前，该公司未与王先生签订书面劳动合同，也未给王先生办理参加工伤保险。

王先生死亡后，其妻子认为王先生是因工死亡，要求公司支付丧葬补助金和供养亲属抚恤金。该公司支付了一小笔经济补助金后，就不再支付其他费用了。王妻不服，提起劳动争议仲裁申请，要求公司继续支付相关的丧葬补助金和供养亲属抚恤金。仲裁委裁决支持了王先生家人的请求。但该公司不服裁决，又起诉至法院。

法院审理后认定，双方虽未签订书面劳动合同，但已经形成事实劳动关系。

王先生在工作期间死亡，被社会保险行政部门认定为"视同工伤"，该公司依法应按规定给予其相应的工亡待遇。因该公司未参加工伤保险，王先生的工亡待遇费用应由该公司承担。据此作出判决：该公司支付王先生家属丧葬补助金和抚恤金。

✓ [法律问题]

1. 用人单位未参加工伤保险，其所属职工因工作原因遭受伤害后能否申请工伤认定？

2. 受伤害职工被认定工伤后，职工的工伤保险待遇应由谁来承担？

✓ [学理分析]

按照《社会保险法》第三十三条规定："职工应当参加工伤保险，由用人单位缴纳工伤保险费，职工不缴纳工伤保险费。"这就是说，法律强制性规定职工必须参加工伤保险，而且职工不缴纳工伤保险费，由其所在单位缴纳。法律所称职工，是指与用人单位存在劳动关系，包括事实劳动关系的各种用工形式、各种用工期限的劳动者。因此，用人单位应当按照法律的规定参加工伤保险，为所属全部职工缴纳工伤保险费。

按照《社会保险法》第三十六条规定，"职工因工作原因受到事故伤害或者患职业病，且经工伤认定的，享受工伤保险待遇；"如果职工是"因工死亡的，其遗属领取的丧葬补助金、供养亲属抚恤金和因工死亡补助金"，按照国家规定"从工伤保险基金中支付"。但是，《社会保险法》第四十一条又作出规定："职工所在用人单位未依法缴纳工伤保险费，发生工伤事故的，由用人单位支付工伤保险待遇。用人单位不支付的，从工伤保险基金中先行支付。""从工伤保险基金中先行支付的工伤保险待遇应当由用人单位偿还。"这表明：①凡是存在劳动关系（包括事实劳动关系）的职工，一旦因工作原因受到事故伤害（包括因工死亡），首先要进行工伤认定，然后才能享受相应的工伤待遇；②凡是受到事故伤害的职工所在单位参加了工伤保险且缴纳了工伤保险费的，其受到伤害的员工的工伤保险待遇从工伤保险基金中支付。③凡是受到事故伤害的职工所在单位没有参加工伤保险，或者没有依法缴纳工伤保险费的，其受到伤害的员工的工伤保险待遇由所在单位支付。如果所在单位不支付，先从工伤保险基金中支付，然后再向用人单位追偿。

本案中，王先生所在单位应当参加工伤保险而没有参加工伤保险，没有为职工缴纳工伤保险费；但王先生的工亡待遇不能因此失落。对此，应先对王先生的死亡进行工伤认定，然后依法要求其所在单位将按照法律规定的工伤保险待遇支付给王先生的家属。

三、认定工伤时的劳动能力鉴定

[基本案情]

袁某曾在部队服役时因公受伤，被诊断为左股骨骨折、慢性骨髓炎，后经评定为三等甲级残废。袁某复员到 A 公司工作一段时间后，因左股骨慢性骨髓炎复发，申请工伤认定。当地社会保险行政部门依据《社会保险法》和《工伤保险条例》的有关规定予以受理并发出受理通知书。经过调查核实，没有证据证明原告在工作过程中左股骨慢性骨髓炎复发事实，并经市劳动能力鉴定委员会进行旧伤复发确认，根据体征和相关辅助检查结果，袁某左股骨慢性骨髓炎复发诊断不成立，无旧伤复发症状，遂作出该情形不符合认定工伤和视同工伤范围的决定。袁某不服工伤认定结论，向上一级社会保险行政部门提出行政复议。上一级行政部门经审理，维持了原认定结论。袁某不服，起诉到法院。

法院庭审中，袁某诉称：其在部队服役期间因公受伤，有革命军人伤残证。其复员后，到 A 公司上班期间又旧伤复发，经医院诊断，证明某左股骨慢性骨髓炎复发，请求法院撤销当地社会保险行政部门作出的工伤认定，并对旧伤复发及伤残进行鉴定。

社会保险行政部门辩称：市劳动能力鉴定委员会对袁某提出的左股骨慢性骨髓炎工伤复发确认申请，进行了医疗检查和诊断，确认袁某左股骨慢性骨髓炎诊断不成立，无旧伤复发症状。本行政机关根据《工伤保险条例》的规定作出工伤认定结论，认为该情形不符合认定工伤范围和视同工伤范围，并已将工伤认定书送达袁某和其所在单位。袁某的诉讼请求没有事实证据，本机关作出的工伤结论

认定事实清楚,证据确凿,适用法律正确,程序合法,故请求法院予以维持。

A公司作为第三人述称:袁某在进入本公司面试,填报表格中没有写过有受伤和工伤的记录;袁某在本公司试用期内不太适合工作,公司想辞退他。因其有一段时间没有上班,所以联系不到他。直到袁某告知本公司才知道他正在申请认定工伤,也才知道他是复员军人,受过伤。

法院审理后认为,根据法律规定,社会保险行政部门作为工伤保险工作的主管部门,具有对袁某作出工伤认定结论的主体资格。本案中,袁某在部队服役时因公受伤,被诊断为左股骨骨折、慢性骨髓炎,但在本次工伤认定申请中,经市劳动能力鉴定委员会进行旧伤复发确认,根据体征和相关辅助检查结果,袁某左股骨慢性骨髓炎诊断不成立,无旧伤复发症状,故社会保险行政部门作出袁某不属于认定工伤和视同工伤范围的认定结论。该认定结论所依据的事实证据确凿、适用法律正确;而且,社会保险行政部门在受理袁某的工伤认定申请后,进行立案调查,并根据查明的事实,在规定的期限内作出了工伤认定结论并送达袁某和其所在单位,符合法律法规的规定。法院确认社会保险行政部门的行政程序合法。在庭审中,袁某对其旧伤复发要求重新鉴定,但未提出有力证据。据此,依照最高人民法院《关于执行〈中华人民共和国行政诉讼法〉若干问题的解释》第四十九条、《行政诉讼法》第五十四条之规定,法院判决,维持社会保险行政部门对袁某作出的工伤认定的具体行政行为。

宣判后,袁某不服一审判决,提起上诉。上一级法院认定的事实证据与一审法院认定的相同,遂依法驳回上诉,维持原判。

☑[法律问题]

1. 根据《工伤保险条例》的规定,职工原在军队服役,因战、因公负伤致残,已取得革命伤残军人证,到用人单位后旧伤复发的,应视同工伤。在工伤认定过程中,劳动能力鉴定委员会有无对复转军人旧伤复发的认定资格?

2. 劳动能力鉴定委员会是一个什么性质的机构?对劳动能力鉴定结论不服,能否提起行政复议和行政诉讼?

第五章 工伤保险

☑ [学理分析]

复员军人属于特殊群体，依据《工伤保险条例》规定，对于因战、因公负伤致残的复员军人，到用人单位后旧伤复发的，应当认定为"视同工伤"。虽然此类情形并非典型意义上的工作时间、工作场所、工作原因的工伤，但复员军人旧伤复发后享受与工伤职工同等的工伤待遇（一次性伤残补助金除外）。这一立法本意更多的是基于社会保险的共通性与军人优抚的特殊化考虑。

实践中，对复员军人因战、因公负伤致残，到用人单位后旧伤复发，认定"视为工伤"的，需要认定的事实是：是否确为旧伤复发。这是区分工伤与视同工伤的基础。革命军人伤残证是证明其曾经受伤的伤残性质与等级的依据，但旧伤复发必须要有医疗诊断予以佐证。法定负责工伤保险工作的社会保险行政部门，根据医疗诊断确定旧伤复发，作出视同工伤的认定，以及作出伤残等级鉴定，是一系列的整体行为，不能简单地分割。根据原劳动和社会保障部《关于实施〈工伤保险条例〉若干问题的意见》规定：工伤保险条例规定的工伤职工旧伤复发，是否需要治疗应由治疗工伤职工的协议医疗机构提出意见，有争议的由劳动能力鉴定委员会确认。协议医疗机构存在的前提是职工与用人单位事先有关于医疗定点机构的协商与选择，体现了双方的意思自治原则，但在没有协议医院或存在争议的，应当由劳动能力鉴定委员会确认。

根据《工伤保险条例》的规定，劳动能力鉴定是指劳动功能障碍程度和生活自理障碍程度的等级鉴定。劳动能力鉴定由法定的劳动能力鉴定委员会作出。劳动能力鉴定委员会是一个什么属性的机构呢？根据《工伤保险条例》规定："省、自治区、直辖市劳动能力鉴定委员会和设区的市级劳动能力鉴定委员会分别由省、自治区、直辖市和设区的市级社会保险行政部门、卫生行政部门、工会组织、经办机构代表以及用人单位代表组成。"劳动能力鉴定委员会要建立医疗卫生专家库，当收到劳动能力鉴定申请后，应当从医疗卫生专家库中随机抽取3名或者5名相关专家组成专家组，由专家组提出鉴定意见。劳动能力鉴定委员会再根据专家组的鉴定意见作出工伤职工劳动能力鉴定结论；必要时，可以委托具备资格的医疗机构协助进行有关的诊断。可见，劳动能力鉴定委员会是鉴定职工伤残等级的社会化机构，其作出的关于旧伤复发的鉴定结论，依法可以作为工伤认定的依据。因此，本案中，社会保险行政部门在对袁某的申请作出是否"视同工伤"认定的过程中，根据申请人提供的相关伤残证明、医疗证明，以及劳动能力鉴定委员会专家的协助诊断，作出不存在旧伤复发的情形、不符合视同工伤范围的认定，具有充分的合法性与合理性依据。

本案在工伤认定过程中，袁某未曾提出不服劳动能力鉴定结论的再次鉴定申请，而在审理中提出对劳动能力鉴定委员会的鉴定结论不服，要求对伤残等级重新进行鉴定。是否启动该鉴定程序呢？一审法院认为，对袁某提出再次鉴定的诉讼请求，应不予支持。理由是，本案社会保险行政部门委托劳动能力鉴定委员会对其是否属于旧伤复发进行了鉴定，经评查，袁某不存在旧伤复发的情形。根据最高人民法院《关于行政诉讼证据若干问题的规定》第六十二条之规定，对被告在行政程序中采纳的鉴定结论，原告或第三人提出证据证明有下列情形之一的，人民法院不予采纳：①鉴定人不具备鉴定资格；②鉴定程序严重违法；③鉴定结论错误、不明确或者内容不完整。而在本案的质证过程中，袁某（原告）对社会保险行政部门（被告）提供的鉴定结论未提出异议，只在庭审中提出要求重新鉴定，由于没有证据证明鉴定过程存在违反法定程序或鉴定人员存在违法行为，重新鉴定并无充分理由，故法庭予以当庭驳回。

如果袁某在申请工伤认定过程中，首先提出对劳动能力鉴定结论不服，那么按照《工伤保险条例》第二十六条的规定："申请鉴定的单位或者个人对设区的市级劳动能力鉴定委员会作出的鉴定结论不服的，可以在收到该鉴定结论之日起15日内向省、自治区、直辖市劳动能力鉴定委员会提出再次鉴定申请。省、自治区、直辖市劳动能力鉴定委员会作出的劳动能力鉴定结论为最终结论。"由于劳动能力鉴定委员会是由有关单位的专家组成的一个社会评判机构，与社会保险行政部门并无直接的行政隶属关系。劳动能力鉴定委员会是与社会保险行政部门相平行的社会机构，并不是一个行政机构。所以，劳动能力鉴定委员会作出的鉴定行为也非行政行为。当事人对劳动能力鉴定结论不服，不能再提起行政复议和行政诉讼。

（素材来源：上海市奉贤区人民法院）

四、参加单位组织的旅游活动摔伤是否应认定为工伤

[基本案情]

张某系 A 公司的职工，在公司统一出资组织的一次旅游活动中不慎摔倒受伤，张某以此申请工伤认定。公司所在地的市人力资源和社会保障局经审查，作出工伤认定决定书，认定张某在参加单位组织的旅游活动中不慎摔伤，属于《工伤保险条例》中规定的因工外出期间由于工作原因受到伤害的情形，予以认定工伤。A 公司对该工伤认定决定不服，遂诉至法院，请求法院依法撤销该工伤认定决定书。

[法律问题]

员工在参加所属公司组织的旅游活动中受伤是否属于因工作原因受伤？

本案在审理过程中，有两种不同认识：一种意见认为，公司组织的旅游活动内容主要为娱乐休闲性质，不属于工作原因，且在员工的劳动合同中，员工的工作职责并不包括参加旅游活动。所以，社会保险行政部门将员工在旅游中受伤认定为工伤没有法律依据，应当撤销其作出的工伤认定决定。另一种意见认为，员工参加公司组织的旅游活动不同于私自旅游的个人行为，是听从公司组织管理的一项单位行为。这种旅游活动是公司承担经费的一种企业文化活动，也是公司的工作内容之一。员工在旅游中意外受伤，符合《工伤保险条例》规定的因工外出期间因工作原因受伤的情形。因此，应依法维持社会保险行政部门作出的工伤认定决定。

[学理分析]

对于本案，法院审理后认为，员工参加公司组织的旅游活动意外受伤，符合《工伤保险条例》规定的因工外出期间因工作原因受伤的情形，应当认定工伤。其理由如下：

一是《工伤保险条例》中明确规定，职工因工外出期间，由于工作原因受到

伤害，应当认定为工伤。故本案中认定张某为工伤，具有法律根据。

二是对于"工作原因"的理解，不能仅从该职工与单位签订的劳动合同进行判断。实践中，劳动合同不能穷尽和概括职工所从事的和单位指派的各项工作内容，以此为判断标准过于狭隘。

三是职工参加的旅游活动系由公司组织的集体行动，是企业文化建设的一个方面。企业组织员工旅游与工作也有本质联系，其目的是修养职工身心，增强和改善单位团队沟通与协作，更好地调动员工的积极性，促进该公司提高绩效，实现企业利益。因此，这类集体活动也是职工工作的延续。本案中，张某在公司要求下参加集体活动应属于工作范畴，其在活动中受到伤害，也应认定为工伤。

四是《工伤保险条例》确立的工伤保护的法律原则和精神核心是保障劳动者因工作原因受到人身伤害后，让没有过错责任的无辜个人获得来自社会的经济救助和精神安慰。因此，本案的现实意义也在于提醒广大用人单位在组织和开展相关活动时，要充分做好各项安全防护措施，确保职工的人身安全。

法院对于此类问题的处理，无疑具有代表性。目前，用人单位组织职工外出旅游或进行相关的团队建设活动等，已逐渐成为企业加强企业文化建设，进行人力资源培训，加强和培养团队合作精神的重要手段。判断职工所参加活动是否属于工作原因，不应仅从该活动的内容形式予以考虑，更应从该项活动的目的、性质、是否为单位组织安排、费用承担等多方面因素进行审慎考量。因此，根据工伤认定的内涵和主旨，如果职工在单位积极鼓励参加的旅游或者团队建设活动中受伤，无疑构成工伤认定的正当工作原因。否则，如果单位仅从事情的表面上看，认为该活动内容与单位的业务工作无因果关联而拒绝承担责任，置职工的伤害于不顾，显然不符合公平公正的社会价值取向。反之，如果职工系出于个人目的，在从事个人活动或者是在参加旅游或者团队建设活动中擅自违反单位既定安排的内容而从事其他活动时受伤，则不属于因工作原因受伤。

（素材来源：山东省淄博市中级人民法院临淄区人民法院）

五、超过法定退休年龄的务工农民在工作中受伤是否可以进行工伤认定

[基本案情]

许某系一务工农民，1942年9月15日出生，自2008年6月2日至2008年9月29日在D县一公司从事门卫工作。2008年9月29日9时左右，许某在上班时间不慎被耿某驾驶的轿车撞倒在公司大门前，当场死亡。许某之妻李某于2008年10月30日向县劳动和社会保障局申请许某工伤认定。县劳动和社会保障局于2009年1月5日以受害者许某于1942年9月出生，至受伤之日年龄已经超过60周岁为由，根据劳动和社会保险相关法规政策规定作出工伤认定申请不予受理通知书。李某不服，向法院提起行政诉讼。

县人民法院经审理认为，《劳动法》只有禁止使用童工的规定，对达到法定退休年龄仍然从事劳动的人员，法律未作禁止性规定。《工伤保险条例》第二条规定："中华人民共和国境内的企业、事业单位、社会团体、民办非企业单位、基金会、律师事务所、会计师事务所等组织和有雇工的个体工商户（以下称用人单位）应当依照本条例规定参加工伤保险，为本单位全部职工或者雇工（以下称职工）缴纳工伤保险费。"该条第二款规定："中华人民共和国境内的企业、事业单位、社会团体、民办非企业单位、基金会、律师事务所、会计师事务所等组织的职工和个体工商户的雇工，均有依照本条例的规定享受工伤保险待遇的权利。"以上规定，并没有将超过法定退休年龄的进城务工农民排除在工伤认定范围之外。同时，进城务工农民达到法定退休年龄并不表示丧失劳动能力。本案中，许某作为进城务工的农民工，虽然已经超过了60周岁，但其为用人单位的雇工，是否构成工伤的争议，属于《工伤保险条例》调整的法律关系范畴。县劳动和社会保障局不应以许某年龄已超过60周岁为由不受理其妻子李某的工伤认定申请，故县劳动和社会保障局作出的工伤认定申请不予受理通知书的具体行政行为应予撤销。一审法院依照《行政诉讼法》第五十四条第二项之规定，判决撤销县劳动

和社会保障局作出的工伤认定申请不予受理通知书。

宣判后,公司不服一审判决,提起上诉。

市中级人民法院经审理认为,本案涉及超过法定退休年龄的进城务工农民是否适用《工伤保险条例》进行工伤认定问题。他们认为:

第一,达到法定退休年龄继续为用人单位工作的劳动者,应属于劳动法调整的对象。因为法律没有禁止的行为,行政相对人实施了此类行为都不属于违法行为,这是行政法中的一项基本原则。《劳动法》中仅规定禁止雇用16岁以下儿童,而未规定禁止用人单位聘用超过法定退休年龄的劳动者。既然法律未禁止企事业单位及个体工商户招聘已超过法定退休年龄的劳动者,那么用人单位聘用已到法定退休年龄的劳动者的行为就不属于违法行为。

第二,超过法定退休年龄的劳动者,在工作时间内,因工作原因受到伤亡的,属于《工伤保险条例》调整的范围。《工伤保险条例》第二条第二款规定:"中华人民共和国境内的企业、事业单位、社会团体、民办非企业单位、基金会、律师事务所、会计师事务所等组织的职工和个体工商户的雇工,均有依照本条例的规定享受工伤保险待遇的权利。"从此规定看,没有将超过法定退休年龄的劳动者排除在《工伤保险条例》调整的范围之外。因此,用人单位与超过法定退休年龄的劳动者所签订的劳动合同不属于无效合同的范围,在此期间发生的工伤事故,仍应属于《工伤保险条例》调整的范围,故不应将此类工伤申请排除在工伤认定受理的范围之外。

本案涉及的法律适用问题因影响面较大,在县人民法院对案件审理期间,经逐级报送请示,最高人民法院行政审判庭于2010年3月17日作出的《关于超过法定退休年龄的进城务工农民因工伤亡的,应否适用〈工伤保险条例〉请示的答复》([2010]行他字第10号)指出:"用人单位聘用的超过法定退休年龄的务工农民,在工作时间、因工作原因伤亡的,应当适用《工伤保险条例》的有关规定进行工伤认定。"故县劳动和社会保障局以许某年龄已超过60周岁为由对许某之妻李某的申请不予受理,属适用法律错误,其作出的工伤认定申请不予受理通知应予撤销。

二审法院认为,一审判决认定事实清楚,适用法律正确,程序合法。上诉人

(公司)的上诉理由不能成立,上诉主张不予支持。二审法院依据《行政诉讼法》第六十一条第一项之规定,判决驳回上诉,维持原判。

此案虽然结束了,但对于这个判决一直存在争议。

☑ [法律问题]

超过法定退休年龄的务工农民在工作中受伤是否可以进行工伤认定,相应地,城镇职工中超过法定退休年龄的劳动者继续在用人单位从业出现事故伤害,可否进行工伤认定?

☑ [学理分析]

《社会保险法》和《工伤保险条例》等法律法规对超过法定退休年龄的劳动者在工作中伤亡是否认定工伤的问题未作规定,但各地规定有所不同,大致有三种情况:一是明确规定不予受理。如一些地方规定,"受伤害人员是用人单位聘用的离退休人员或者超过法定退休年龄的",对其工伤认定申请不予受理。二是明确规定可以享受工伤保险。如一些地方规定,"本市用人单位聘用的退休人员发生事故伤害的",其工伤认定、劳动能力鉴定按照当地的规定执行,工伤保险待遇参照当地的规定,由聘用单位支付。三是对此类情形没有作出规定。如一些地方制定的《关于贯彻〈工伤保险条例〉试行办法》中,对此问题都没有规定。

在司法实践中,对此问题一直存在争论。

一种观点认为,超过法定退休年龄的劳动者,在工作时间内、因工作原因伤亡的,应当适用《劳动合同法实施条例》及《工伤保险条例》的规定进行工伤认定。理由如下:

第一,达到法定退休年龄劳动者的劳动合同并不是自动终止。所谓劳动合同终止,是指劳动合同的法律效力依法被消灭。根据《劳动合同法》第四十四条的规定,劳动者开始依法享受基本养老保险待遇的,劳动合同终止,也就是说,劳动者领取基本养老金之日,劳动合同的法律效力依法被消灭,未领取基本养老金的,劳动合同的法律效力依然存在。而《劳动合同法实施条例》第二十一条规定:"劳动者达到法定退休年龄的,劳动合同终止。"《国务院关于建立统一的企业职工基本养老保险制度的决定》(国发〔1997〕26号)第五条规定:"本决定实施后参加工作的职工，个人缴费年限累计满 15 年的，退休后按月发给基本养老金。""本决定实施前已经离退休的人员，仍按国家原来的规定发给养老金，同时执行养老金调整办法。"按照原劳动和社会保障部办公厅《关于企业职工"法定退休年龄"涵义的复函》（劳社厅函［2001］125 号）规定，"国家法定的企业职工退休年龄"，是指国家法律规定的正常退休年龄，即男年满 60 周岁，女工人年满 50 周岁，女干部年满 55 周岁。按照现行有关基本养老保险的规定和实际做法，劳动者达到退休年龄是依法享受基本养老保险的前提，享受基本养老保险基本上可以涵盖达到法定退休年龄的情形。同时，退休制度主要发生在国有企业中，面比较窄，而且现在退休情况比较复杂，有正常退休、提前退休、内退等，因此本条并没有以退休作为劳动合同终止的情形之一。劳动者达到了退休年龄，但并没有依法享受基本养老保险待遇的，除国家另有规定的外，其劳动合同并不终止。《劳动合同法实施条例》第二十一条规定实际上将劳动合同终止的范围扩大了，即只要达到退休年龄就成为终止劳动合同的前提条件。严格地讲，该条规定与其上位法《劳动合同法》的规定存在一定程度的冲突，但是，上述两条只是规定终止劳动合同的前提条件，并未规定只要达到退休年龄，劳动合同就自然终止。因此，企业与劳动者终止合同必须与劳动者明确劳动关系的终止，倘若劳动者没有办理有关退休手续继续上班时，就不能认为其与企业已经终止了劳动关系，仍应视为企业与劳动者的劳动合同关系存在。

第二，达到法定退休年龄继续为用人单位工作的劳动者，属于劳动法调整的对象。原劳动部 1995 年 8 月 4 日发布的《关于贯彻执行〈中华人民共和国劳动法〉若干问题的意见》第二条规定："中国境内的企业、个体经济组织与劳动者之间，只要形成劳动关系，即劳动者事实已成为企业、个体经济组织的成员，并为其提供有偿劳动，适用劳动法。"第三条规定："国家机关、事业组织、社会团体实行劳动合同制度的以及按规定应实行劳动合同制度的工勤人员；实行企业化管理的事业组织的人员；其他通过劳动合同与国家机关、事业组织、社会团体建立劳动关系的劳动者，适用劳动法。"原劳动部 1996 年 10 月 11 日发布的《关于实行劳动合同制度若干问题的通知》第十三条规定："已享受养老保险待遇的离退休人员被再次聘用时，用人单位应与其签订书面协议，明确聘用期内的工作内容、报酬、医疗、劳保待遇等权利和义务。"上述规定未将超过法定退休年龄的劳动者排除在劳动法调整的范围之外,所以其应属于劳动法所调整的对象。

第三,超过法定退休年龄的劳动者与用人单位之间的关系仍是劳动关系。劳动关系,是指劳动者与劳动力使用者为完成生产过程而结成的社会关系。而劳务关系是指两个或两个以上的平等主体就劳务进行协商并达成合议的、有偿的经济关系。劳动关系与劳务关系的区别是:①劳动关系的主体一方是用人单位,另一方必然是劳动者。劳务关系的主体可以是不确定的,既可以是法人与法人之间、法人与自然人之间,也可以是自然人之间,其表现形式较多。②在劳动关系中双方的法律地位不平等,用人单位处于管理者的地位,劳动者处于被管理者的地位,他们之间的关系是管理与被管理的关系。在劳务关系中,双方之间的法律地位是平等的,他们之间仅有经济关系,而不存在管理与被管理的关系。③在劳动关系中,用人单位除按约定支付劳动者工资外,还应当为劳动者缴纳各种社会保险费。劳务关系中劳动者仅可得到劳动报酬,即劳动者提供劳务,用人单位支付约定的劳务报酬,劳动者无权要求用人单位为其缴纳社会保险费用。④因劳动关系发生的纠纷适用劳动法,而劳务关系纠纷适用合同法。用人单位聘用超过法定退休年龄的劳动者,劳动主体一方是用人单位,另一方是劳动者;双方之间是管理与被管理的关系;因这种关系属于劳动法的调整范围,所以,他们之间发生纠纷,适用劳动法。因此,此种关系符合劳动关系第①、②、④特征。因劳动者已超过法定退休年龄,用人单位仅按月发放工资,不少地方的劳动主管部门一般不再要求用人单位为其缴纳社会保险费用。对未缴满15年养老保险金,因此不能依法享受基本养老保险待遇的劳动者,仍允许用人单位给其缴纳养老保险金。虽然这一点与劳动关系第③特征有些差距,但具有劳动关系的基本特征,基本上不具有劳务关系的特征,故应认定为劳动关系,而不应认定为劳务关系。

此外,中共中央办公厅、国务院办公厅转发的《中央组织部、中央宣传部、中央统战部、人事部、科技部、劳动保障部、解放军总政治部、中国科协关于进一步发挥离退休专业技术人员作用的意见》(中办发[2005]9号)规定:"离退休专业技术人员受聘工作期间,因工作发生职业伤害的,应由聘用单位参照工伤保险的相关待遇标准妥善处理;因工作发生职业伤害与聘用单位发生争议的,可通过民事诉讼处理；与聘用单位之间因履行聘用合同发生争议的，可通过人事或劳动争议仲裁渠道解决。"最高人民法院行政审判庭参照该文件，于2007年7月5日作出的《关于离退休人员与现工作单位之间是否构成劳动关系以及工作时间内受伤是否适用〈工伤保险条例〉问题的答复》（[2007]行他字第6号）指出："离退休人员受聘于现工作单位，现工作单位已经为其缴纳了工伤保险费，其在受聘期间因工作受到事故伤害的，应当适用《工伤保险条例》的有关规定处理。"

另一种观点认为，超过法定退休年龄的劳动者，在工作时间内、因工作原因伤亡的，属于劳务关系，应通过民事诉讼途径解决其工伤赔偿问题。理由如下：

一是，劳动法律关系是指劳动法律规范在调整劳动关系过程中形成的法律上的劳动权利和劳动义务的关系。根据《劳动合同法实施条例》第二十一条的规定，法定退休年龄是法律所规定的终止劳动合同使劳动者丧失确立劳动关系的年龄，用人单位雇用的劳动者达到法定退休年龄时，就丧失其作为劳动关系一方的劳动法律调整的主体地位。其在达到法定退休年龄后为用人单位所进行的劳动活动，不再属于劳动法调整的范围，而是属于民事法律规范调整的范围。劳动者达到法定退休年龄，倘若还在工作岗位上继续为用人单位工作，此时两者之间的关系已由原来的劳动法律关系转变成劳务关系。因此说，超过法定退休年龄的劳动者在工作时间内、因工作原因而伤亡的，应当通过民事侵权赔偿诉讼途径来解决有关赔偿问题，而不应进入工伤认定程序来解决其工伤待遇问题。

二是，法律法规明确劳动合同终止，就是指法定终止，即自然终止或即时终止。法定退休年龄不包括非法定的"提前退休"和"内退"这两种情形。达到法定退休年龄继续为用人单位工作的劳动者，不属于劳动法调整的对象。法律虽然没有禁止用人单位不能招用达到法定退休年龄的劳动者，行政相对人实施了此类行为也都不属于违法行为，但此时的劳动行为，不属于劳动法调整的对象，而是属于民事法律规范调整的范围。既然达到法定退休年龄继续为用人单位工作的劳动者，不属于劳动法调整的对象，此类劳动者与用人单位之间的关系就不是劳动关系，而是劳务关系。尽管此种关系事实上符合劳动合同法律规范中的劳动关系的基本特征，但因国家法规中明确规定，此情形，劳动合同从此终止，不再存在劳动合同确立的劳动关系，正如被派遣劳动者与用工单位的关系一样，用工单位对被派遣劳动者的管理活动完全与劳动关系（或事实劳动关系）的基本特征相符合，但法律并不承认双方建立有劳动关系。为此，2010年7月12日最高人民法院审判委员会第1489次会议通过的《最高人民法院关于审理劳动争议案件适用法律若干问题的解释（三）》第七条明确规定："用人单位与其招用的已经依法享受养老保险待遇或领取退休金的人员发生用工争议，向人民法院提起诉讼的，人民法院应当按劳务关系处理"，而不是按劳动关系处理。

三是，我国劳动法律法规及配套规定只调整劳动关系。正如原劳动部1995年8月4日发布的《关于贯彻执行〈中华人民共和国劳动法〉若干问题的意见》第二条规定："中国境内的企业、个体经济组织与劳动者之间，只要形成劳动关系，即劳动者事实已成为企业、个体经济组织的成员，并为其提供有偿劳动，适用劳动法。"第三条规定："国家机关、事业组织、社会团体实行劳动合同制度的以及按规定应实行劳动合同制度的工勤人员；实行企业化管理的事业组织的人员；其他通过劳动合同与国家机关、事业组织、社会团体建立劳动关系的劳动者，适用劳动法。"上述两条规定都强调了只要形成劳动关系的劳动者，就适用劳动法。反之，没有劳动关系的劳动者不适用劳动法。超过法定退休年龄的劳动者依据法律规定，已经是法定劳动合同终止，没有劳动关系了，当然不适用劳动法调整。原劳动部1996年10月11日发布的《关于实行劳动合同制度若干问题的通知》第十三条也明确规定："已享受养老保险待遇的离退休人员被再次聘用时，用人单位应与其签订书面协议，明确聘用期内的工作内容、报酬、医疗、劳保待遇等权利和义务。"即强调已享受养老保险待遇的离退休人员被再次聘用的，要签订书面协议（民事协议）而不是劳动合同。要明确"聘用期内的工作内容、报酬、医疗、劳保待遇等权利和义务"，以便通过民事约定来保护此类劳动者的权益，而未将超过法定退休年龄的劳动者纳入劳动法调整的范围。

此外，虽然不将超过法定退休年龄的劳动者纳入劳动和社会保险法律调整的范围，但是否可以仅进行工伤认定（而不由工伤保险基金支付待遇），也是值得研究的一个问题。有观点认为，用人单位招用的超过法定退休年龄的劳动者（包括务工农民），在工作时间、因工作原因伤亡的，应当适用《工伤保险条例》的有关规定进行工伤认定，但并不按由工伤保险基金支付待遇，而是由用人单位参照工伤保险待遇给予支付。正如《关于进一步发挥离退休专业技术人员作用的意见》(中办发〔2005〕9号)中规定,"离退休专业技术人员受聘工作期间,因工作发生职业伤害的,应由聘用单位参照工伤保险的相关待遇标准妥善处理",即以《工伤保险条例》规定的相关待遇标准为参照,由聘用单位支付待遇。"因工作发生职业伤害与聘用单位发生争议的,可通过民事诉讼处理"。

(素材来源:最高人民法院)

六、工作原因是认定工伤的核心要素

[基本案情]

　　李某是E企业聘请的总务主管,负责管理维修部、保安部、人事部、报关组等部门的工作。在周一上班的下午,李某到E企业保安员训练场所给全体保安员开会,并让保安员提建议。保安员张某因出言顶撞而遭到李某的训斥,遂决定当众报复李某。在周三中午12时许,李某在E企业食堂就餐时,被张某用铁水管猛击头部,导致李某经抢救无效死亡。

　　李某的母亲吴某就此向县社会保障局申请工伤认定。县社会保障局受理后经调查,及时作出了工伤认定书,认定李某受事故伤害属工伤。E企业对此决定不服,向市劳动和社会保障局申请行政复议。

　　市劳动和社会保障局复议后,查明了县社会保障局作出工伤认定的事实,同时还查明该企业的工作制度规定正常上班时间:上午为8:00—12:00,下午为13:30—17:30。而李某出事当天的考勤记录表显示,李某的上班时间为7时31分,12时02分下班。据此,市劳动和社会保障局作出行政复议决定书,认定李某当天12时02分已离开工作岗位,遭受暴力伤害时不属于工作时间,其吃饭在食堂也不在工作场所内,县社会保障局认定李某为工伤,属认定主要事实不清,适用依据错误。市劳动和社会保障局决定撤销县社会保障局作出的工伤认定书,责令该局在收到本决定书之日起60日内重新作出决定。对此,李某的母亲吴某不服,起诉至法院。

　　法院一审认为,工伤保护的法律原则和精神是保障无恶意劳动者因工作或与工作相关活动中伤亡后能获得救济。《工伤保险条例》作出规定，职工在工作时间和工作场所内，因履行工作职责受到暴力等意外伤害的，应当认定为工伤。另据查明，市中级人民法院作出的一份刑事判决书中记载：在李某案发前一天的保安员会议上，李某基于工作管理上的需要，让保安员提建议，被告人张某在这种情况下出言顶撞李某，遭到李某的训斥，张某顶撞在先，李某训斥在后，双方均因工作问题发生纷争，且事后李某并未因此对张某作出不公正的处理，被害人李某对案件的发生没有责任。所以，李某属于因履行工作职责而受到暴力等意外伤害的情形。同时认为，《工伤保险条例》规定的工作时间应包括工作期间临时休息的时间，工作场所应包括工作期间临时休息的区域。李某受到的暴力伤害发生在职工工作期间临时休息的时间及临时休息地点，符合《工伤保险条例》规定的应当认定为工伤的情形。一审法院遂依照《行政诉讼法》第五十四条第一款第二项的规定，判决：①撤销被告（市劳动和社会保障局）作出的行政复议决定书。②被告（市劳动和社会保障局）应于本判决发生法律效力之日起2个月内对E企业的行政复议申请重新作出处理。

市劳动和社会保障局对此判决不服，作为上诉人向市中级人民法院提起上诉。认为：

1. 李某下班以后的吃饭时间不属于上班时间。

2. 工作期间休息时间是指工作时间内的休息时间，不包括上午、下午两个班之间的休息时间；而休息时间是指下班后的职工自由支配的时间。本案中，当天李某已于12时02分打卡下班，该时间属自由支配的时间，不应当认定为工作时间。因此，一审判决认定事实不清，适用依据错误，请求二审法院撤销原审判决。

E企业也认为：①根据李某的考勤记录，李某在当天下班时间为12点02分，事故发生时是下班时间，并不属于工作时间。李某吃饭的饭堂不属于工作场所。②一审法院适用法律不当。《工伤保险条例》第十四条第三项强调需同时具备工作时间、在工作场所、因履行工作职责受到暴力等意外伤害这三个要件的，才能认定为工伤。请求二审法院撤销一审判决。

被上诉人吴某答辩认为：

1. 关于上班时间，一审法院不仅以考勤卡来认定，还根据其他证据予以判断。根据李某的考勤时间，李某中午的休息时间只有十几分钟，所以中午的间隔时间是工间休息时间。

2. 本案经过市中级人民法院对凶手杀死李某的事实作出刑事判决，是因工作原因引起的报复行为，根据国家劳动部的规定，应认定为工伤。

市中级人民法院二审认为：根据《工伤保险条例》的规定，在工作时间和工作场所内，因履行工作职责受到暴力等意外伤害的，应当认定为工伤。可见，工作时间、工作场所以及因履行工作职责是该条款规定认定工伤应同时具备的三个要素。本案三方争议的焦点在于死者李某是否在工作时间内受到暴力伤害。按照E企业的考勤制度，全厂员工必须刷卡上下班；正常上班时间为上午8：00—12：00、下午1：30—15：30。上述上下班的时间段属于李某的工作时间，而上午和下午两个班之间的这段时间属于工外正常休息时间，属于其可以自由支配的时间。在事件发生当天的上午，李某于12：02刷卡下班，也就是说，其当天上午的工作时间已经结束，之后是其正常休息时间。因此，上诉人（市劳动和社会保障局）认定李某12：02离开工作岗位后遭受暴力伤害的时间不属于工作时间的理由成立，二审法院予以支持。遂依照《行政诉讼法》第五十四条第一项、第六十一条第二项的规定，二审法院判决：①撤销一审法院的行政判决；②维持市劳动和社会保障局作出的行政复议决定。本案一审、二审案件受理费各100元均由被上诉人吴某负担。

吴某不服二审判决，申请再审。

吴某称：《工伤保险条例》规定的工作时间和工作场所都应该包括合理的延伸范围，关键在于劳动者的伤亡是否因工作或从事与工作相关的活动所导致。李某虽然当时已经刷卡下班，但仍在厂内食堂吃午餐且处于上午和下午两班之间的短暂休息期间，属于工作地点和工作时间合理的延伸范围。再审请求撤销二审法院的行政判决书，并维持一审法院的判决书；一审、二审案件诉讼费均由市劳动和社会保障局和E企业承担。

市劳动和社会保障局答辩称：

1. 吴某将工作时间以外的休息时间理解为工作时间的合理延伸，背离了劳动法关于工作时间的概念,也与本案的事实不符。事发当日李某已打卡下班,中午的休息时间没有列入工作时间进行管理。

2. 根据《工伤保险条例》的规定,必须存在法律规定的情形才能认定为工伤。

综上,二审法院依法撤销一审判决符合法律规定,应予维持。

市中级人民法院再审认为:

在劳动法律关系中,工伤保护的法律原则和精神是保障无恶意劳动者因工作或与工作相关活动伤亡后能获得救济,只要劳动者受到的伤害与工作的内容相关联,对于工作时间的界定则要根据不同工作性质来判断,只要伤害情形不属于工伤排除范围,就应当认定为工伤。本案中,李某作为保安部的负责人,组织保安开会是其工作职责,其是因与加害人在会上发生言语冲突而被害。虽然李某是在中午12时02分打卡下班后被害,但其被害的地点在厂区内,被害原因是基于履行工作职责受到打击报复。如果仅因此就不认定为工伤,有违劳动法保护劳动者合法权益的立法本意和公平原则,也不利于职工履行职责。综上,吴某的再审申请理由成立,其请求应予支持;二审查明事实无误,但处理欠妥,再审予以纠正。依照《行政诉讼法》第五十四条第一款第二项的规定,再审法院判决如下:①撤销二审法院的行政判决书。②维持一审法院的行政判决书。

☑ [法律问题]

根据《社会保险法》规定,职工因工作原因受到事故伤害,且经工伤认定的,享受工伤保险待遇。同时根据《工伤保险条例》规定,职工在工作时间和工作场所内,因工作原因受到事故伤害的;或者在工作时间和工作场所内,因履行工作职责受到暴力等意外伤害的应当认定为工伤。如何理解工作时间、工作场所、工作原因或履行工作职责?

☑ [学理分析]

在工伤概念中的"工",就其本质而言,是指职工在劳动过程中(或工作过程中)执行职务(业务)的行为,既可能是在工作地点和工作时间之内,也可能是在其他地点或时间。工伤与非工伤的界限通常是:

1. 时间界限，即工伤一般限于工作时间之内所发生的意外伤害。

2. 空间界限，即工伤一般限于生产、工作区域之内所发生的意外伤害。

3. 职业（业务）界限，即工伤一般限于执行职务（业务）或称履行工作职责时所发生的意外伤害，只要意外伤害是因履行工作职责而发生的，并与发生的工作时间或工作区域紧密关联（即在合理的范围内），也应属于工伤。

4. 主观过错界限，即除了职工本人故意造成的意外伤害不属于工伤之外，发生在职工本人有过失或无过错的主观心理状态下的伤害，只要符合其他工伤条件，都应属于工伤。

本案中，从工作时间看，李某上午的工作时间是8：00—12：00，其受伤时间是在上午下班（打卡）之后，因此，严格来说，李某的伤害事故不能满足工作时间这一条件，二审判决认定李某12：02离开工作岗位后遭受暴力伤害的时间不属于工作时间，并无不当。但问题在于，李某刚下班，离开岗位很短时间（即不可能下班时间一到就瞬间离开工作区域），需要走一段距离。从工作场所看，李某在企业食堂吃饭时受伤害。而该食堂是否视为 E 企业的工作场所，应当具体分析，要看企业食堂地点是否属于整个厂区的一个部分，是否是该企业员工中午吃饭的必要场所。根据《工伤保险条例》的有关规定，工作时间、工作场所和工作原因是工伤认定的三大要素，但这三个要素的地位和作用并不等同。从工伤的概念分析，其关键是因工负伤，故工作原因是工伤认定中最关键的要素。从《社会保险法》和《工伤保险条例》的相关规定看，强调认定工伤和享受工伤保险待遇，核心要件是员工受到伤害是否与"工作原因"有关，而工作时间、工作场所则不是每种情形都必须满足的。

综合本案分析，李某被害确因履行工作职责而引起，其符合工伤认定的核心要素即"工作原因"。在符合工作原因的前提下，工作时间和工作场所要素应作为辅助性要素予以认定。虽然李某是在中午打卡下班后几分钟内被害，但其被害的地点在厂区（据查企业食堂设在厂区之内），被害原因是因履行工作职责而遭受打击报复。如果仅因工作时间上的几分钟之差不认定为工伤，有违有关劳动和社会保险法律法规保护劳动者合法权益的立法目的和立法原则。

（素材来源：广州市中级人民法院）

七、工伤认定案件中"上下班途中"的合理界定

[基本案情]

马某系某市机械加工厂的员工。市机械加工厂通过每天给员工发工票来安排当日的工作任务,月底根据工票记载的天数支付工资。马某家住 A 村,市机械加工厂的地址在 B 村,A、B 两村之间为水泥路,中间有一小桥。马某骑摩托车到单位上班仅需用 5 分钟。周一早晨上班时间,马某从本村骑二轮摩托车行至小桥时,由于小桥上的路面隆起,因避让行人发生翻车致伤。同村的刘某、王某听到一些村民说有人骑摩托车摔伤了的议论后来到现场,才知道是马某摔伤了,随后打 120 将马某送往医院救治。经医院诊断:颅骨骨折、颅底骨折、外伤性脑积水、脑疝等多处受伤。马某在治疗过程中向市劳动和社会保障局提出工伤认定申请。市劳动和社会保障局受理后,及时作出了工伤认定决定书,认定马某为工伤。市机械加工厂对此不服,起诉到法院。

市机械加工厂诉称:市劳动和社会保障局对马某作出的工伤认定决定没有事实根据,马某不是上班时间发生的事故,且其在村间路上驾车,未遭外力影响受伤,是由自身原因造成的,不应当认定为工伤。并提供了以下证据:①某市 120 医疗急救指挥中心出车记录表,显示某市卫生院 120 急救车 8:20 接呼救,证明事故发生的时间;②事故处理通知书,某市公安交警认定当天 8:30 在村间路上发生了摩托车翻车事故,证明市劳动和社会保险局认定马某是在上班途中有时间错误;③市机械加工厂的作息时间表,证明企业规定的上班时间是 7:30,而事故发生在 8:20 以后,证明市劳动和社会保障局认定时间错误;④厂规厂纪,证明马某 8:00 后没上班,不在上班途中;⑤市机械加工厂委托代理人调查证人王某的笔录,证明马某发生事故时间超过上班时间;同时委托代理人调查证人刘某笔录,证明报警时间是 8:30 后,超过上班时间。故请求依法撤销市劳动和社会保险局作出的工伤认定决定书。

市劳动和社会保障局辩称:①根据马某提供的材料,经过调查马某的家人和相关证人核实,马某是在上班途中发生事故受伤,而不能以"120"和交警记载

的时间为准,认为其不是去上班;②从《工伤保险条例》的立法宗旨看,该法是以保障因工作原因受事故伤害的职工获得医疗救治和经济补偿为前提,上班迟到在合理的时间内,不能作为不认定的依据;③马某驾车摔伤后,交警并未认定其是负主要责任的交通事故,说明马某是在交通事故中受伤,符合《工伤保险条例》认定范围。市劳动和社会保障局所做的工伤认定决定,事实清楚,证据充分,程序合法,适用法律正确,故请求维持所作出的工伤认定决定。

法院审理认为:根据市机械加工厂给每天员工发放的工票可以证实马某事发前日还在厂内上班,市机械加工厂称马某当天没有请假,也没有证据证实马某驱车的目的地是其他地点,故可以认定马某是到市机械加工厂上班的路上。同时,证人王某证实当日7时20分看到马某骑摩托车驶往市机械加工厂的方向,其上班路程不足5分钟,并且发现的路人并没有施救,而是告知了同村的人,事故应在7时20分以后发生的,因此应认定为马某在合理的上班时间内。市劳动和社会保障局根据马某的申请,结合马某的就医证明材料、工厂工票、证人证言及其他证据材料,得出了马某涉案事故发生的时间是在其前往上班的时间段内,即在上班途中,并据此作出了认定马某因工负伤的工伤认定决定,事实清楚,证据充分,程序合法,适用法律正确,应予维持。故依据《行政诉讼法》第五十四条第一项之规定,判决如下:维持市劳动和社会保障局作出的工伤认定决定。一审宣判后,各方当事人均未上诉,一审判决已经发生法律效力。

☑ [法律问题]

根据《工伤保险条例》规定,职工在上下班途中,受到非本人主要责任的交通事故伤害的,应当认定为工伤。现实生活中,当职工在道路上遇到交通事故时,如何理解职工是否在"上下班途中"?

☑ [学理分析]

《工伤保险条例》没有对如何判断职工是否在"上下班途中"作出具体的解释。司法实践中,存在两种观点:一种观点认为,职工在上下班途中遭受车辆事故伤害的,必须是在上下班的规定时间内和必经路线上,否则就不能认定为工伤;另一种观点认为,职工在上下班途中遭受到车辆事故伤害,只要是在合理的时间和路线上，就可以认定为工伤。

根据大多数职工的日常生活实际情况分析，职工上下班的时间并非固定的，上下班的路径也非一成不变的。因此，只要职工是在上下班前后的合理时间段，是在为上下班而往返于住处和工作单位的合理路径之中，都应该属于"上下班途中"。处理此类案件，应当从《工伤保险条例》的立法宗旨是保障工伤事故受害者的利益出发，结合劳动者的"上下班的时间""上下班的路线""上下班的目的"，对《工伤保险条例》的条款进行全面理解。

对"上下班途中"的理解应当全面准确，不能仅从字面意思进行理解，"上下班途中"原则上是指职工为上下班而往返于住处和工作单位之间的路途之中，但根据社会生活的实际情况，职工不一定只有一处住所，因工作性质的不同，其工作场所也不一定只有一处，而即使住处和工作场所仅有一处，职工往返于两地之间也不一定只有一条路径可供选择，因此只要是在职工为上下班而往返于住处和工作单位之间的合理路径之中，即应该认定为"上下班途中"。由此，对于"上下班途中"的理解不能过于机械，不能理解为最近的路线，不能理解为职工平常较多选择的路径，更不能以用人单位提供的路径作为职工的上下班路径。

1. 对"上下班途中"的理解要考虑上下班的时间因素

对于"上下班途中"的时间要求，应该是在一个合理的时间范围内，根据职工上下班路程的远近，使用交通工具的不同，考虑交通状况等因素，在合理的一段时间范围内均可以认为是上下班时间。在理解时间要素时，需要把握上下班时间和行程时间两个方面的要求，上下班时间是指正常工作或加班加点的开始（结束）时间，行程时间是指职工选择的行程路线和交通工具从单位到住处所需要的合理时间。如本案中，马某上班的时间虽然是 7：30，但由于其受伤被发现的时间是 8：20（而不是受伤时间），综合马某上下班路程及受伤的情况，可以认定马某的受伤时间是在一个合理的时间范围内。

2. 对"上下班途中"的理解要考虑上下班路线因素

这里所说的路线应该是上下班的合理路线，而不应该是必经路线。合理路线可以是地面路线，地下路线（如地铁、过江隧道等），高空路线（高架桥等）。各种路线只要可以联系到迅捷，或者费用低，或者安全性好等理由，就可以认为是合理路线。职工住所地或者上班场所可以有两处以上,有两个不同的方向,无论选择哪处或者哪个方向,只要是以上下班为目的,在合理的时间,可以认为是合理路线;职工与他人共搭车上下班而选择的绕道路线、因修路等原因交通改道的路线以及上下班回父母或者子女家的路线,也可以认为是合理路线。

3. 对"上下班途中"的理解要考虑目的因素,即职工是以上下班为目的

职工在上下班途中从事了其他活动,该活动是职工日常生活必需的、合理的要求(如途中到小路去公共厕所),且在合理时间内未改变以"上下班"为目的的合理路线,应当认定为"上下班途中"。同时,除了有证据能证明职工不是在"上下班途中",只有不能证明,就应当认定其在"上下班途中"。相反,如果职工改变了"上下班"这个目的,即使在合理的时间、合理的路线,也不宜认定"上下班途中"。

(素材来源:乳山市人民法院)

– 第六章 –

失业保险

第一节 失业保险基本概念

一、失业保险的含义

（一）失业的概念

失业，是指具有劳动能力并有劳动意愿的劳动者得不到劳动机会或者就业后又失去工作的状态。关于失业人员的定义，各国有不同的界定。如美国将失业人员定义为：年满16周岁、没有工作或正在寻找工作的人。国际劳工组织对失业人员的定义，是指在调查期内达到一定年龄并满足以下条件者：①没有工作，即未被雇用时也未自谋职业者；②目前可以工作，即可被雇用或自谋职业者；③正在寻找工作，即在最近特定时期已经采取明确步骤寻找工作或自谋职业者。

基于失业是否出于劳动者本人的主观意愿，可将失业分为自愿性失业和非自愿性失业。自愿性失业是指劳动者不愿意接受现行的工资水平和工作条件而引起的失业。后者是指劳动者愿意接受现行的工资水平和工作条件但仍然处于失业状态。对于自愿性失业，企业和国家通常没有义务为其提供失业保险，其生活保障需要通过其他社会保障制度解决。

（二）失业保险的概念

失业保险是指用人单位和职工按照国家规定缴纳一定比例的失业保险费，建立失业保险基金后，对非因本人意愿中断就业失去工作的劳动者，在法定期间内依法提供物质帮助，以保障其基本生活，并促进其重新就业。

失业保险是社会保障体系的重要组成部分，是社会保险的主要项目之一。我国失业保险制度建立和实施以来，有效地保障了失业人员的基本生活，促进了失业人员再就业,支持了企业改革,为促进深化改革和维护社会稳定发挥了重要作用。

二、失业保险的基本特征

失业保险制度作为社会保险体系的组成部分,其主要特征有:

1. 普遍性

失业保险是为保障劳动者失业后的基本生活而建立的,因此在确定适用范围时,应体现普遍性原则。在确定适用范围时,参保单位应不分部门和行业,不分所有制性质,其职工应不分用工形式,不分家居城镇、农村,解除或终止劳动关系后,只要本人符合条件,都有享受失业保险待遇的权利。我国失业保险适用范围呈逐步扩大的趋势,从国营企业的四种人到国有企业的七类九种人和企业化管理的事业单位职工,再到《失业保险条例》规定的城镇所有企、事业单位及其职工,充分体现了普遍性原则。

2. 强制性

失业保险是通过国家立法来强制实施的。失业保险覆盖范围内的用人单位及其职工都必须按照规定参加失业保险,履行缴费义务。

3. 互济性

失业保险基金主要来源于用人单位和个人缴费,缴费比例、缴费方式相对稳定。筹集的失业保险资金全部形成失业保险基金,在同一统筹地区内统一调度使用,以发挥互济功能,为失业人员承担风险。

4. 短期性

失业保险作为社会保险体系中的一个项目,也具有不同于其他社会保险项目的特征,最主要的就是失业保险的期限性。与职工基本养老保险和工伤保险不同,失业职工不可以长期享受失业保险待遇,失业职工只能在法定期限内享受失业保险待遇,超过法定期限,即使劳动者仍处于失业期间,也不可再享受。我国规定失业职工领取失业保险的最长期限是24个月。

三、国外失业保险法律制度

（一）英国的失业保险制度

1601年英国政府颁布了第一部具有社会保障性质的济贫法，其中包括失业保险的内容。1905年，工党政府颁布了《失业工人法》，向失业工人提供无偿援助，资金主要来源于自愿性捐助和失业税。1911年12月12日，英国正式批准了《失业保险法》，这是世界上第一个强制推行的失业保险法，适用范围限于建筑、造船等就业波动性较大的行业，尽管只是一部分行业，但受益人达到255万。1929年英国政府利用财政资金，给失业津贴期满时仍未就业的失业者发放"过渡性津贴"，即官方救济。这样，失业保险待遇和失业救济金两者分离，前者来源于上缴的保险费，后者则来源于国家税收。1933年9月制定的《全国政府法》规定，建立失业保险法定委员会和失业救济管理局两个政府职能部门。英国政府于1934年、1936年相继通过了《失业法令》《农业失业法令》和三项《国民健康保险法令》，1946年的《国民保险法》扩大了社会保险的覆盖范围，失业保险扩大到所有行业。1948年，失业保险与养老保险和寡妇养老保险、医疗、生育待遇和工伤保险合并，成为全方位覆盖所有就业人员的社会保险系统的一部分。

1986年以前，英国政府对于申请领取失业给付者是否有求职意愿部分，仅作宽松的认定，性质仍属于单纯提供失业给付，确保失业劳工生活，降低其产生社会问题的可能性。但由于失业率持续居高不下，领取失业给付者众多，保守党政府于1986—1996年引进对申请领取失业给付者进行严格访谈的制度，所有人需要有积极寻找工作的意愿，才具有申请给付的资格。实行严格的给付标准，是为了降低失业者对于给付的依赖。

1995年英国出台新的求职者法案，新法案于次年生效。新法案指定单一补贴，叫作"求职者津贴"。求职者津贴由两部分组成，一为社会保险制度的缴纳保费型求职者津贴，二为社会救助制度的资产调查型求职者津贴。前往特别就业中心申请津贴的求职者必须签署一份求职者协议，说明所欲就业类型、职位，以及扩展就业机会所需采取的行动等，方可符合领取津贴的条件。这是为了整合社会保险与社会救济。求职者津贴覆盖范围为18岁以上、65岁以下（女性则为60岁以下）尚未符合国家养老保险申请条件，在英国居住的人。但是自营职业者排除在缴纳保费津贴（失业保险）之外。

申请失业待遇的条件依社会保险与社会救济两类而定，①对于社会保险类缴费型的人员，要求年满18岁以上，已失业或每周工作时数未满16小时，离职前2年投保满1年，在特别就业中心办理登记，必须有工作能力、工作意愿且积极寻找工作。求职者必须签订求职者协议，该项协议是由求职者与个人咨询员所协议签订，赋予求职者积极求职的义务，并提供相关就业行动计划。求职者拒绝签订该项协议或无法履行，即终止津贴发放。②对于社会救助型的人员，主要是没有获得领取缴费型失业保险金，或者达不到领取缴费型失业保险的资格条件，或者超过领取时限；没有其他收入或者收入不超过某一低限。本人无正当理由而自愿离职，或本人有不良行为而失业，或拒绝失业介绍所为其介绍工作的，不能领取失业津贴。

失业保险待遇也分别是：对于缴费型失业保险待遇为：年龄在18岁到24岁者，发给50.95英镑，年满25岁以上则发放定额给付64.30英镑。先经过3天的等待期后，再发给26个星期的津贴。对于收入调查型社会救助人员的失业待遇为：依据其年龄、家庭收入水平、贫困程度和家庭结构而定，对给付期间并无限制，只要该求职者的状况符合上述申请要件，可持续申请。

（二）美国的失业保险制度

1935年以前，美国仅有少数州仿效英国的社会保险。1935年，美国《社会保障法案》首次以联邦法律的形式确立了强制性失业保险制度。《社会保障法案》规定，如果各州颁布失业保险法，并且遵守联邦法其他方面的一些规定，允许已按5.4%税率缴纳州失业保险税的雇主可以享受5.4%的税率抵扣。该州还可以从联邦政府那里，获得管理失业保险计划所必需的成本。因此，没有颁布失业保险法的州，与其他颁布了失业保险法的州的雇主相比，缺乏竞争优势。联邦政府要确保州政府的立法与联邦政府协调，规定州政府失业保险基金要具备的水平，对失业信托资金进行统一的管理和投资，而州政府根据各州的情况在联邦法律框架内颁布失业保险法。

美国的失业保险税一般由雇主缴纳,只有 3 个州也对雇员征收,美国 1985 年《联邦失业税法》规定:凡 1 年中连续 20 周雇用 1 人以上,或过去 2 年中任何一个季度支付 1 500 美元或更多工资的雇主;在农业部门,在过去 2 年中,至少有 10 周雇用 10 人或 10 人以上,或在过去 2 年中任何一个季度支付工资超过 2 万美元的雇主;在家庭服务业,在过去 2 年中任何一个季度支付给家庭工人的工资在 1 000 美元以上的雇主,都要缴纳政府失业保险税。享受失业保险的条件为:①过去一年的工资收入达到一定标准,有的州规定申请人要在最近一年被雇用两次;②有工作能力并处于可就业状态。联邦政府的计税依据是 7 000 美元,税率为 6.2%,但由于联邦政府允许已缴纳州失业保险税的雇主享有 5.4% 的税率抵扣,因此,联邦政府的税率仅为 0.8%,2006 年为了减少雇主的税收负担开始适当下调联邦失业保险税率。各州的保险税率除了要满足能够进行税率抵扣的条件(税基 7 000 美元,税率 5.4% 以上),还要将税率的计算与解雇的工人获得的失业保险待遇挂钩,以阻止失业的发生。

美国联邦失业保险税由联邦国税局负责征收,州失业保险税由州政府税务局征收。根据《联邦失业税法》的规定,各州征收的失业保险税用于支付失业保险待遇,但要统一上缴联邦财政部。财政部设立各州的失业保险税专户,当各州需要支付失业保险待遇时,由劳工部统一拨付使用。

(三)德国的失业保险制度

德国在 19 世纪 80 年代建立社会保险制度后,开始向失业者发放失业救济。1927 年,德国颁布《职业介绍法》和《失业保险法》,失业保险制度开始在全国强制推行,失业保险费由雇主和雇员共同缴纳。1969 年,德国颁布《就业促进法》,集中规定了职业训练、职业介绍及失业保险;1974 年实施《失业救济条件》。

德国对于失业人员的帮助分为失业保险和失业救济:①失业保险,雇工一旦失业,被注册为失业者的前 3 年内至少连续工作有 540 天以上,则可得到失业保险金,数额相当于雇工净收入的 68%。失业保险金的使用体现在四个方面:保障就业岗位、支付失业救济金、给失业者支付失业保险金和职业促进费用。失业保险金从失业者正式向劳动局申报之日起开始支付,享受失业保险待遇的最少期限为78天，即13周（德国的失业保险金按周发放，每周发放时间为6天），最长时间为832天。德国对享受失业保险待遇规定了两个参数，一是履行缴纳失业保险费义务的工作年限，二是年龄。就业时间长，年龄较大的人，缴纳的失业保险费相对要多，因此享受待遇的期限理应长些。按照规定，当一个失业者在自己应享受的失业保险待遇期限之内重新就业，那么在今后7年之内一旦他再次失业，还可以将原来应享受而未享受的期限加上。但两次享受期限相加，不能超过按照规定所应享受的最多的天数。②失业救济，实施失业者救济前对其经济状况，如有无其他收入来源、赡养人数等进行详细调查，以决定发放失业救济金。数额相当于失业前收入的58%，但可以无限期支付。1994年8月德国实施的《就业支持法》，允许建立私营的职业介绍所，这更有利于减少失业。

德国的失业保险基金来源主要有以下四个方面：①雇员缴纳的保险金；②雇主缴纳的保险金；③联邦政府财政贷款和补贴；④其他方面筹集到的资金。失业保险金由雇员和雇主各缴纳一半。雇员应当缴纳一半，由雇主从雇员的工资中扣除，连同雇主自己应当缴纳的一半，一起上缴给失业保险机关。若缴纳的保险金和分摊的款项不足以支付所需开支，那么联邦政府将给予补贴。

失业保险与其他保险不同的是，它由政府机构——联邦劳工局承办。所有的失业保险金，包括雇员和雇主上缴的部分，都由劳工局统一管理。劳工局负责失业保险金的收取和发放以及对失业者的职业介绍和职业培训。除此之外劳工局还负责调查劳动市场情况，制定劳动与社会保障方面的政策。联邦劳工局下设州（大区）、市一级的劳工局，实行垂直式管理。这种体制有利于高度统一，保证高效运作，充分发挥失业保险的功能。

（四）瑞典的失业保险制度

瑞典的失业保险是1893年首先由印刷行业工会建立起来的，主要是帮助失业的工人寻找工作，而不是发放失业救济金。1935年瑞典就制定出台了《失业保险法》，之后又出台了一些有关失业保险的法律。瑞典现行的失业保险待遇分为两个部分：一是普遍覆盖的基本保险，相当于社会平均工资的27%；二是自愿参加的收入损失保险，相当于缴费工资的60%。基本保险是由政府部门从1974年开始主办和实施的，凡符合相关基本条件和工作条件，以及年龄超过20

岁的人员，都可以获得基本保险范围内的失业救济金。收入损失保险是由国家资助，行业工会主办，个人自愿参加的一项保险，由行业工会或自我雇佣者组织成立失业保险基金，并向其会员提供失业救济金。按规定，只有参加了失业保险基金的会员，方能享受收入损失保险的失业救济金。失业保险基金一般以行业划分，有资格加入失业保险基金的人员包括从事固定的、有辅助薪酬补贴的、有就业补助金的，以及公益性单位提供的庇护性就业工作等。

失业救济金的来源主要由雇员、雇主和政府三方负担，一般情况下，失业救济金的95%是政府征收雇主的，5%是来自基金会员的费用和其他形式的收入。在瑞典90%的蓝领工人和88%的白领职员基本都参加了工会。加入工会的同时也就加入了这一行业的基金。不同的基金组成失业保险基金联合会，截至2009年7月，失业保险基金联合会共有32个基金。全国参加失业保险基金的人数共有333万，约占雇员总数的80%。联合会受失业保险委员会的管理。目前，失业保险制度已成为瑞典积极的劳动力市场政策的重要组成部分。

瑞典的失业人员申领条件为：①完全失业或者半失业，每周至少能工作一定时间，准备接受适合的工作，并在公共就业服务机构登记为求职人员。②已与公共就业服务机构协商并制定再就业计划书且积极主动地寻找工作。③在失业前的12个月内工作6个月至少480个小时，加入失业保险基金的持续时间达12个月以上，并缴纳了会员费。

瑞典失业救济金的申领分为失业保险基金的会员（从失业保险基金领取）和非会员（由专门的失业保险基金支付），但无论是否是会员都将获得基本保险的失业救济金。失业人员每周最多领取5天的失业救济金，通常情况下领取期限为300天。救济金的标准按照是否与收入相关分为两类：对参加收入损失保险的失业救济金一定期限内与失业前待遇挂钩，基本保险的失业救济金数额是按定额根据工作时间按比率发放。由于自身原因辞职或被雇主免职的在一段时间内无法享受失业救济金。

目前，世界各国实施的失业保险制度大致可以分为以下几种类型：

1. 强制性失业保险制度。即由政府通过立法强制实施的失业保险制度。在实行失业保险制度的国家，大都实行了强制性失业保险制度，包括美国、英国、日本、加拿大等30多个国家，我国实行的失业保险也属于此类。

2. 非强制性失业保险制度。即非由国家立法强制实施，而是由劳动者的意愿而决定是否加入。目前这种类型主要以丹麦为代表，其实行以工会为主建立失业保险基金，并由政府予以资助而建立失业保险的办法。

3. 双重失业保险制度。失业保险既有强制性失业保险，又有由政府提供资金，以调查经济状况为发放失业金依据的补贴制度，如德国。或者采取失业救济制度与非强制失业保险制度相结合的办法，如瑞典和芬兰等。

4. 附条件的失业救济制度，即并非所有失业人员都能享受失业保险，而只有符合一定条件的失业者才能领取失业救济，如澳大利亚、匈牙利、新西兰等国。此外，还有些国家实行全部由政府负担费用的失业援助制度，有些实行储蓄性失业保险制度等。

近年来，世界各国的失业保险制度已从传统的救济失业向促进就业转化。一些国家因失业率长期居高不下，使得失业保险金的支出不敷重负，许多国家开始改变失业救济办法，如缩短失业人员领取失业金的期限，以促使失业者尽快就业；或者通过颁布立法以改良失业保险的目的，如法国1967年通过了对失业保险制度进行改革的法令，提出失业补偿的目的应适应技术改革的基础结构的前景，失业人员应加强专业技能以适应这种变化。日本于1975年颁布了《雇佣保险法》，取代了1947年的失业保险，将促进就业作为失业保险的首要目的。许多国家越来越重视失业保险的预防失业和促进就业的职能。

四、失业保险的功能作用

（一）建立和完善失业保险制度，有利于培育劳动力市场

市场经济的最大特征是通过市场来实现资源的合理配置，建立起发达的生产要素市场，包括资金市场、商品市场和劳动力市场等。企业的生产主要决定于市场的需求，而市场的波动性使得生产对劳动力的需求也会发生不断的变化，这种变化必然导致对劳动力需求不足或过剩的情况，这就要求有一定比例的失业人员存在以适应市场的变化。因此，必须建立起统一的劳动力市场，打破各种所有制的限制，使劳动力能够合理流动，为企业生产提供足够的和合格的劳动力。要保

证能够长期维持市场运行所需要的劳动力结构,必须建立起失业保险制度,使从生产领域游离出来的失业人员得到必要的保障,以适应市场经济对劳动力的需求。我国的失业保险制度积极为促进失业人员再就业提供服务,保证了市场就业机制的建立和发展。1999—2006年,我国在为2 400多万失业人员提供了失业保险待遇的同时,将保障基本生活与促进就业有机地结合,有效地发挥了失业保险制度的作用,并为市场就业机制的建立和完善起到了重要作用。

(二) 建立和完善失业保险制度,有利于保证失业劳动者的基本生活

竞争机制是市场经济的重要法宝,其通过竞争的优胜劣汰来实现资源的配置。一方面,企业作为市场的主体要参与市场竞争,如果企业的经营方式落后,产品没有竞争力,必然要被市场所淘汰。社会经济领域就像自然界一样,是在不断地新陈代谢过程中发展的,新技术的发明和应用、新资源的开发、新市场的出现等因素都会引起社会经济的变化,竞争的结果,必然使一些落后的企业和生产方式落败,也会使一些决策失误的企业落败,这些企业的劳动者最终加入到失业大军的行列。另一方面,劳动力市场的建立,劳动者个人之间也必然形成竞争的机制,竞争就业,竞争上岗,没有良好素质和技术的劳动者也必然遭淘汰,成为失业人员。劳动者因失业而退出工作岗位,因此失去了工资收入,使得其本人和家庭陷于生存困难,因此,必须对失业的劳动者提供失业保险,保证其本人及其家庭的基本生活。

(三) 建立和完善失业保险制度,有利于促进失业劳动者的再就业

面对不可避免的失业问题,政府必须考虑如何采取措施实现劳动者的再就业。在市场经济发达的国家,劳动者失业后,主要通过失业保险制度保证其基本生活,并通过劳动力市场来实现其再就业。目前我国劳动力市场尚未发达,劳动力供求又不均衡,在劳动力供远大于求的情况下,劳动力市场体系还难以解决大量劳动者失业后的再就业问题。因此,需要发挥失业保险的作用,借助政府的力量帮助失业人员解决再就业的问题。在我国,纵观失业保险制度发展过程,其功能逐步由单纯保生活向促就业、防失业、保生活并重转变。在我国国有企业体制转轨的关键时期,通过建立失业保险制度,积极为国有企业下岗失业人员提供基本生活保障和再就业服务,为维护社会稳定作出了重要贡献。失业保险制度在推

进下岗到失业的并轨时期，实现了下岗职工基本生活保障向失业保险制度的顺利过渡与衔接，充分发挥了社会"安全阀"和"减震器"的作用。

第二节 职工失业保险制度

一、职工失业保险制度历史沿革

新中国成立以来，国家高度重视劳动者的就业问题，为把失业造成的消极影响降到最低限度，针对不同时期的需要，曾先后实行了失业救济制度，国营企业职工待业保险制度（计划经济时期将失业称为待业，在市场经济体制尚未建立的情况下，仍沿用了这一提法），下岗职工基本生活保障制度，以及现行的失业保险制度。

1949年以前，中国的失业情况十分严重，新中国成立前夕，城镇失业人员就有472万人，而当时全国职工人数只有809万人、城镇个体劳动者724万人，失业率高达23.6%。新中国成立之后，百废待兴，因失业引起的工人生活问题急需解决。为治理当时的城市失业问题，党和人民政府采取了一系列重要举措。当时的工作重点首先是展开失业救济，以解燃眉之急。1950年，政务院发布了《关于救济失业工人的暂行办法》和《关于救济失业教师与处理学生失学问题的指示》开始建立失业救济制度。建立失业救济的目的是减轻失业工人生活困难，并帮助其逐渐就业、转业。救济采用以工代赈为主的方式，同时采取生产自救、转业训练、帮助回乡生产及发放救济金等办法。1956年因失业率大大降低以及劳动就业与失业救济有了新的发展和变化，历时六年失业救济制度结束。6年间，全国共有210个城市举办了失业救济事业。在这一时期，接受救济的失业人员及其家属共有665万人次，接受救济金额共8 343万元，对于安定民心，巩固新生的人民政权，起到了积极作用。失业救济制度持续的时间不长，但从整个制度的设计和实施来看，已经具备失业保险制度的构成要素，可以说这是新中国最早的失业保险制度。

尽管失业救济制度具备失业保险的要素,但我国的失业保险制度真正起步是于1986年建立起的国营企业待业保险制度,它与之前的失业救济制度之间没有联系,也具有不同背景。待业保险制度的建立是为了适应国营企业经营机制转换和劳动制度重大改革的需要。从待业保险制度到失业保险制度大体历经了三个阶段:

第一阶段,1986—1993年。以1986年7月国务院颁布《国营企业职工待业保险暂行规定》(国发〔1986〕77号)为标志,我国开始建立失业保险制度。受当时思想认识的局限,将"失业"称为"待业",待业保险是为宣告破产企业的职工,濒临破产企业法定整顿期间被精减的职工,企业终止、解除劳动合同的工人和企业辞退的职工等四类人员提供失业保险。待业保险基金由企业按照其全部职工标准工资总额的1%缴纳。待业救济金按本人标准工资50%~75%发放。据统计自1986年10月至1988年6月,全国登记的失业人员为6.3万人,筹集的失业保险基金为8.1亿元,同期发放的失业救济金为313万元,享受失业救济的人员达5.83万人次。与此同时,全国性的失业保险管理机构初步建立,各地形成了失业保险管理网络。1989年,劳动部发布了《国营企业职工待业保险基金管理办法》,以加强对失业保险基金的统筹和管理。1990年劳动部又发布了《关于使用职工待业保险基金解决部分企业职工生活问题的通知》,要求妥善解决治理整顿期间关停企业的职工生活问题。

第二阶段,1993—1999年。以1993年4月国务院颁布《国有企业职工待业保险规定》(国务院令第110号)为标志,失业保险制度进入补充发展的阶段。主要变化:一是扩大了失业保险覆盖范围,将保障对象扩大到撤销和解散企业的职工,停产整顿企业被精减的职工,企业辞退、除名或者开除的职工等七类九种人员;二是将企业化管理的事业单位列入参保范围;三是将缴费基数由企业职工标准工资之和改为工资总额,规定国有企业缴费比例为0.6%,最高不超过1%,并对失业保险待遇的计发办法进行了改革。

第三阶段,1999年至今。以1999年1月国务院颁布《失业保险条例》为标志,失业保险走向基本成熟,也是失业保险工作走向法制化和规范化的重要时期。主要变化：一是失业保险参保覆盖范围扩大到所有的企事业单位；二是建立了国家、用人单位、职工三方负担筹资机制，单位费率调整为2%，增加了个人缴费，缴费比例为1%；三是强化了基金的调剂功能，建立了省级失业保险调剂金；四是规范了失业保险待遇的享受条件和申领程序；五是加强了管理和监督，确保了基金安全与完整。

20世纪90年代中期，针对实行劳动合同制度以前参加工作的国有企业正式职工（不含从农村招收的临时合同工），以及实行劳动合共制度以后参加工作且合同期未满的职工，因企业生产经营等原因而下岗，但尚未与企业解除劳动合同关系，没有在社会上找到其他工作的人员，国家实行了与失业保险制度并行的下岗职工基本生活保障制度，确保了国有企业下岗职工基本生活保障和再就业工作顺利进行。2006年实现了下岗职工基本生活保障与失业保险的并轨，由原先的三条保障线（再就业服务中心、失业保险和城市居民最低生活保障）变为以失业保险和城市居民最低生活保障的两条线的社会保障制度。

2010年10月28日，全国人大常委会通过了《社会保险法》，该法在第五章规定了失业保险制度，其中包括失业保险的适用范围、失业保险待遇的给付条件、失业保险金的给付期限、失业保险待遇申领程序以及失业保险待遇停止支付等。

二、职工失业保险制度覆盖范围

我国《社会保险法》第四十四条和《失业保险条例》第二条对失业保险覆盖范围作出了规定。即《失业保险条例》规定，城镇企、事业单位及其职工要参加失业保险，并缴纳失业保险费。《社会保险法》规定，职工应当参加失业保险，由用人单位和职工按照国家规定共同缴纳失业保险费。

失业保险覆盖范围是衡量失业保险制度是否完善的重要标准。按照《失业保险条例》的规定，城镇企、事业单位及其职工要参加失业保险，缴纳失业保险费；失业职工依法享受失业保险待遇。这里所说的城镇企业，包括国有企业、城镇集体企业、外商投资企业、城镇私营企业以及其他城镇企业。按照这一规定，各类城镇企业，不分所有制的性质，也不分组织经营形式，都应当参加失业保险，缴纳失业保险费；企业所有职工，不论性别、民族、户籍，都应当参加失业保险，并依法缴纳失业保险费。同时，《失业保险条例》第三十二条规定，省、自治区、直辖市人民政府根据当地实际情况，可以决定将本行政区域内的社会团体及其专职人员、民办非企业单位及其职工、有雇工的城镇个体工商户及其雇工纳入失业保险覆盖范围。除了有雇工的城镇个体工商户，其他两类用人单位总体上数量较少，用人规模不大，管理方式不一，因此对其是否参保不宜作统一规定，而由省级人民政府根据当地实际自主决定。城镇个体工商户的情况较为复杂。城镇个体工商户具有自我雇用的性质，从国际经验看，自雇人员一般不参加失业保险。但是，我国城镇个体经济组织在经营中往往不限于自我雇用，总体从业人数也较多。据国家工商总局发布的数据，近年来我国实有个体工商户约3 000万户，从业人员约6 000万人。这个就业群体就业流动十分频繁，面临的失业风险大，如果游离于失业保险之外，将会引发许多社会问题，因此有必要向其提供适当的失业保护。从各地实践看，大多数地区都将有雇工的城镇个体工商户及其雇工纳入失业保险的覆盖范围。

按照1999年颁布的《失业保险条例》规定，"城镇企业事业单位招用的农民合同制工人本人不缴纳失业保险费"。但"单位招用的农民合同制工人连续工作满1年，本单位并已缴纳失业保险费，劳动合同期满未续订或者提前解除劳动合同的，由社会保险经办机构根据其工作时间长短，对其支付一次性生活补助金。补助的办法和标准由省、自治区、直辖市人民政府规定"。这对农民合同制工人(或称"农民工")参加失业保险和享受待遇作了变通处理。但在实践中，一些农民工解除劳动合同后不愿回到农村去，想留在城里继续找工作，对这些"失业农民工"能否享受失业保险待遇存在疑义。2010年颁布的《社会保险法》对此作出明确规定："进城务工的农村居民依照本法规定参加社会保险。"这有利于将城镇职工与进城务工的"农民工"之间的差异消除，促进城镇职工与"农民工"平等地享受失业保险待遇。

目前，我国公务员和参照公务员法管理的工作人员未纳入失业保险范围，这是考虑到公务员职业稳定的特点。但随着社会主义市场经济的发展，是否将公务员和参照公务员法管理的工作人员纳入失业保险，尚需进一步研究。

三、职工失业保险筹资渠道

失业保险资金一般按照收支平衡的基本原则来筹集。筹集方式在多数国家是实行现收现付方式。主要有以下几种情况：①由政府、用人单位、职工三方共同负担。如德国、加拿大、日本、瑞士等国家，其比例视本国社会保险政策而定。②由政府和职工分担。如法国、荷兰、希腊等国家采用该方式。③由政府和用人单位双方分担。如美国（个别州除外）、意大利等国。④全部由用人单位负担。如印度尼西亚、加纳等国家。⑤全部由政府负担。如英国、澳大利亚、巴西、匈牙利、新西兰、卢森堡等国家。

我国失业保险制度自建立之初，就与社会保险的其他险种一样，通过设立单独的基金，满足向失业者提供物质帮助的需要。在市场经济条件下，劳动者的失业风险应当由国家、用人单位和劳动者本人共同、合理地分担，与此相适应，失业保险基金筹集应当由国家、用人单位和职工三方共同负担。我国的《失业保险条例》第五条以及《社会保险基金财务制度》（财社字[1999]60号）第十四条、第十五条对失业保险基金收入构成作了具体规定。失业保险基金主要由以下几部分组成：

1. 参加失业保险的用人单位及其职工缴纳的失业保险费收入。用人单位及其职工按规定缴纳的失业保险费是我国失业保险基金的主要来源。根据《失业保险条例》规定，参保单位及其职工应当按规定缴纳失业保险费。其中，城镇企业事业单位按照本单位工资总额的2%缴费，职工按照本人工资的1%缴费。职工个人缴费由参保单位代扣代缴。各省、自治区、直辖市人民政府根据本行政区域失业人员数量和失业保险基金数额，报经国务院批准，可以适当调整本行政区域失业保险费的费率。

2. 失业保险基金的利息收入。利息收入是失业保险基金存入银行或购买国债获得的利息，包括财政专户存款利息收入，国债利息收入，收入户、支出户存款利息收入等。按照《失业保险条例》规定，存入银行和按照国家规定购买国债的失业保险基金按照城乡居民同期存款利率和国债发行时规定的利率计息。

3. 财政补贴。财政补贴是失业保险基金不敷使用时，同级财政按规定给予失业保险基金的补贴。财政对失业保险基金的补贴有两种情况：经常性补贴和临时性补贴。经常性补贴是为了缓解因国家政策调整而增加的基金支付压力，在财政预算中安排的补贴。临时补贴是对于因不可预见的突发因素导致的基金不敷使用，由财政追加的补贴。临时性补贴的时间、数额具有较大的不确定性。财政对失业保险的补贴体现了政府责任，是失业保险基金的必要后备。目前，我国财政对失业保险的补贴主要发生在局部地区。

4. 依法纳入失业保险基金的其他资金。

四、职工失业保险服务与管理

（一）失业保险费征缴

失业保险参保单位及其职工应当按规定缴纳失业保险费。失业保险费的征缴实行申报缴纳制度。《社会保险费征缴暂行条例》规定，参保单位必须按月向失业保险经办机构申报应缴纳的失业保险费数额，经核定后，在规定期限内缴费。参保单位不按规定申报的，由经办机构暂按该单位上月缴费数额的110%确定应缴数额；没有上月缴费数额的，由征收机构暂按该单位的经营状况、职工人数等情况确定应缴数额，限期缴纳；待参保单位补办申报手续并按核定数额缴费后，再重新结算，多退少补。参保个人应当缴纳的失业保险费，由所在单位代扣代缴。失业保险费必须以货币形式缴纳，不得以实物抵顶。

（二）建立个人缴费记录

依据国家有关规定，为规范城镇企业事业单位及其职工参加失业保险和履行缴费义务的行为及经办机构的管理服务程序，准确审定失业人员申领失业保险金资格，确定待遇期限，失业保险经办机构在认真做好失业保险单位缴费记录的同时，应当建立失业保险个人缴费记录，准确、安全、完整地记录职工参加失业保险的情况。

个人缴费记录的基本内容应包括职工个人基本信息和缴费信息两部分。职工个人基本信息的内容包括：单位编号、单位名称、单位类型、姓名、性别、出生年月、社会保障号码（或公民身份证号码）、户口所在地、用工形式、参加失业保险时间等。缴费信息的内容包括：职工个人缴费起始时间、职工个人与单位缴费情况等。缴费情况应每年度汇总一次。缴费单位及职工情况发生变化时，失业保险经办机构应根据经审核的社会保险费申报表、代扣代缴明细表和其他资料，对个人缴费记录及时作出调整。缴费单位记录随同转移。转出地经办机构应为其办理相应的转迁手续，转入地经办机构应及时为其接续失业保险关系。

失业保险经办机构应做好个人缴费记录与申领失业保险金审核发放的衔接工作，以个人缴费记录为重要依据，确定失业人员领取失业保险金资格及待遇期限。缴费单位职工失业后按规定享受失业保险待遇的情况，可在个人缴费记录中予以反映。缴费单位职工办理退休手续、出国定居或在职期间死亡的，其个人缴费记录保留两年后予以注销。

（三）失业保险基金管理

按照《社会保险法》的规定，失业保险金、失业人员参加职工基本医疗保险应当缴纳的基本医疗保险费、失业人员领取失业保险金期间死亡后其遗属享受的一次性丧葬补助金和抚恤金，由失业保险基金支付。《失业保险条例》还规定，失业人员领取失业保险金期间接受职业培训、职业介绍的补贴和国务院规定或批准的与失业保险有关的其他费用也由失业保险基金支付。

目前，按照国家有关规定，失业保险基金在直辖市和设区的市实行全市统筹，其他地区的统筹层次由省、自治区人民政府规定。实践中，多数地方实行市（地）、县级统筹。为了适当弥补失业保险基金统筹层次过低的缺陷，《失业保险条例》规定了失业保险调剂金制度，即省、自治区的失业保险经办机构，可以从统筹地区征缴的失业保险基金中集中一部分，在全省或自治区范围内统一使用，对发生支付困难的地区给予补助和支持。失业保险调剂金是在基金总体统筹层次较低的情况下，以省、自治区为单位建立的失业保险"后备基金"，有利于调节地区间的失业保险压力，更好地分散和消除失业风险。失业保险调剂金应当按照"以支定收、略有结余"的原则，综合考虑各统筹地区经济发展水平、失业保险基金收入状况以及基金支付压力、基金调剂使用的需求等因素，核定筹集的比例和规模。应当注意的是，失业保险调剂金筹集的规模应控制在一定限度内，不宜长期存在较大数额的结余，否则将影响基金净支出地区的积极性，也会造成基金的浪费。

为了提高统筹层次,按照《社会保险法》的规定,失业保险基金逐步实行省级统筹,具体时间、步骤由国务院规定。

第三节 职工失业保险待遇

一、失业人员享受失业保险待遇的条件

失业人员是指在劳动年龄内有劳动能力,目前无工作但正以某种方式在寻找工作的人员,包括就业转失业的人员和新生劳动力中未实现就业的人员。我国《社会保险法》中所指失业人员只限定为就业转失业的人员。参加失业保险的职工失业后要领取失业保险金,必须符合一定的条件。按照《社会保险法》第四十五条规定,失业人员符合下列条件的,可以从失业保险基金中领取失业保险金:

(一)失业前用人单位和本人已经按照规定缴纳失业保险费满1年

失业人员失业前所在用人单位和本人必须依法参加失业保险,并按照规定缴纳失业保险费满1年。这是失业人员享受失业保险待遇要求其用人单位和个人必须履行的法定义务。如果缴费时间不满1年,失业后不能领取失业保险金;如果是未参加过工作的失业者,或参加工作1年以上,但所在单位和个人没有参加失业保险,表明其没有履行过缴费义务,即使劳动者处于失业状况,也不符合享受失业保险待遇的条件,不能领取失业保险金。应当指出的是,这里所说的满1年,是指累计缴费时间,即可以将在不同用人单位的缴费时间累积起来计算。此外,国家还规定,失业人员在领取失业保险金期间重新就业后不满1年再次失业的,可以继续申领其前次失业应领取而尚未领取的失业保险金。

(二)非因本人意愿中断就业

劳动者中断就业,从其自身角度看有两种原因:一是劳动者自愿临时或永久中断就业;二是劳动者不愿意中断就业,但因本人无法控制的种种原因而被迫离开原工作岗位。按照国际上通行的做法,前一种情况一般不认定为失业,因此也

不需要提供物质帮助；后一种情况即非因本人意愿中断就业的，则需要由失业保险提供生活保障。这是为了防止故意失业以获取失业保险金。自愿失业者不在失业保险给付范围之内，因为自愿失业责任全在失业者本人，或是出自获取更体面的工作岗位和更优惠的工资考虑，这种自愿离开工作岗位而暂时失业的现象理应由个人负责，企业和国家没有义务给付失业保险待遇。非自愿失业的责任是劳动者主观因素以外的原因造成的，理应提供失业保险。然而，自愿与否是当事者的主观意愿，在实践中难以作出准确、客观的判断。为避免争议，很多国家对此都作了尽可能详细的规定。我国《失业保险金申领发放办法》第四条对劳动者非因本人意愿中断就业的情形作了进一步明确，即非因本人意愿中断就业，是指终止与用人单位的劳动合同，被用人单位解除劳动合同，被用人单位开除、除名和辞退，以及因用人单位以暴力、威胁或者非法限制人身自由的手段强迫劳动，或者未按照劳动合同约定支付劳动报酬或者提供劳动条件，劳动者依法与用人单位解除劳动合同的情形。

我国《社会保险法》颁布后，国家人力资源和社会保障部下发了配套规章《实施〈中华人民共和国社会保险法〉若干规定》，规定了非因本人意愿中断就业包括下列情形：

1. 依照《劳动合同法》第四十四条的规定，因劳动合同期满，用人单位被依法宣告破产，用人单位被吊销营业执照、责令关闭、撤销或者用人单位决定提前解散而终止劳动合同的人员。

2. 由用人单位依照《劳动合同法》第三十九条的规定（即劳动者在试用期间被证明不符合录用条件的；或者严重违反用人单位的规章制度的；或者严重失职，营私舞弊，给用人单位造成重大损害的；劳动者同时与其他用人单位建立劳动关系，对完成本单位的工作任务造成严重影响，或者经用人单位提出，拒不改正的；以欺诈、胁迫的手段或者乘人之危，使对方在违背真实意思的情况下订立或者变更劳动合同，致使劳动合同无效的；被依法追究刑事责任的）可以解除劳动合同的人员。按照第四十条的规定（即①劳动者患病或者非因工负伤，在规定的医疗期满后不能从事原工作，也不能从事由用人单位另行安排的工作。②劳动者不能胜任工作，经过培训或者调整工作岗位，仍不能胜任工作。③劳动合同订立时所依据的客观情况发生重大变化，致使劳动合同无法履行，经用人单位与劳动者协商，未能就变更劳动合同内容达成协议。经用人单位提前三十日以书面形式通知劳动者本人或者额外支付劳动者一个月工资后）可以解除劳动合同的人员。按照第四十一条规定（即依照企业破产法规定进行重整的；或者生产经营发生严重困难的；或者企业转产、重大技术革新或者经营方式调整，经变更劳动合同后，仍需裁减人员的；或者其他因劳动合同订立时所依据的客观经济情况发生重大变化，致使劳动合同无法履行的）用人单位依据法律规定可以裁减的人员。

3. 用人单位依照《劳动合同法》第三十六条规定向劳动者提出解除劳动合同并与劳动者协商一致解除劳动合同的人员。

4. 由用人单位提出解除聘用合同或者被用人单位辞退、除名、开除的人员。

5. 劳动者本人依照《劳动合同法》第三十八条规定（即因用人单位未按照劳动合同约定提供劳动保护或者劳动条件的；或者未及时足额支付劳动报酬的；或者未依法为劳动者缴纳社会保险费的；或者用人单位的规章制度违反法律、法规的规定，损害劳动者权益的；或者因违反法律规定的情形致使劳动合同无效的；或者因用人单位以暴力、威胁或者非法限制人身自由的手段强迫劳动者劳动，或者用人单位违章指挥、强令冒险作业危及劳动者人身安全）解除劳动合同的人员。

6. 法律、行政法规规定的其他情形。

（三）已经进行失业登记，并有求职要求

失业登记是政府对劳动力和劳动力市场实施行政管理的一种手段，办理失业登记是失业人员领取失业保险金的必经程序，也是失业人员进入申领失业保险待遇程序的重要标志。同时对于失业保险而言，又是对劳动者的失业状况进行确认，并据以提供相应待遇的依据。参保人员进行失业登记时，须持本人身份证件和证明原身份的有关证据，以及与原单位终止、解除劳动关系或者解聘的证明。《社会保险法》第五十条规定："用人单位应当及时为失业人员出具终止或者解除劳动关系的证明，并将失业人员的名单自终止或者解除劳动关系之日起十五日内告知社会保险经办机构。失业人员应当持本单位为其出具的终止或者解除劳动关系的证明，及时到指定的公共就业服务机构办理失业登记。失业人员凭失业登记证明和个人身份证明,到社会保险经办机构办理领取失业保险金的手续。失业保险金领取期限自办理失业登记之日起计算。"

失业人员享受失业保险待遇,还必须有求职要求。这是考虑到失业保险的一个重要功能是促进失业人员再就业。失业保险保障的对象,是有能力工作并愿意继续工作的劳动者。如果劳动者不愿意继续工作,或者因法定事由(如达到退休年龄等)退出劳动力市场,他们就不再属于失业保险保障的对象,他们的生活可以通过其他社会保障计划予以保障。这也是国际上通行的做法。在一个民主国家,就业权是劳动者的一项基本权利,是否就业应当由劳动者根据自己的意愿作出选择。失业人员作为劳动者的一部分,享有同样的权利。从这个意义上讲,失业人员有选择就业或不就业的自由。享受失业保险待遇的劳动者为积极寻找工作,通过失业登记,表达有求职要求,可以获得公共就业服务机构提供的帮助,尽快实现再就业。因此,法律规定申领失业保险金的人员必须有劳动能力和求职要求,并且通过到职业介绍机构登记求职、主动应聘、参加职业培训等方式积极寻找到合适的工作机会。为了切实实施法律法规关于失业保险的规定,各地在执行中都作了细化和补充规定,主要做法是要求失业人员定期(如每月)到户口所在地的失业保险经办机构报告是否就业的情况,并且要求他们在无正当理由的情况下,不能拒不接受当地就业服务机构介绍的工作或提供的职业培训等服务,否则就视为没有就业要求或者已经就业,不再对其发放失业保险金。

二、失业保险金的领取期限

领取失业保险金是参加失业保险的职工的法定权利。只要失业职工及其失业前所在单位依法参加了失业保险,缴纳了失业保险费,并达到申领条件,不论个人和家庭经济状况如何,失业保险经办机构都应当为其发放失业保险金。职工参加失业保险的时间有长有短,所缴纳的失业保险费有多有少,为了体现公平和权利义务相统一的原则,职工失业时所领取的失业保险金应该有合理差别。根据《社会保险法》第四十六条规定,失业保险金的领取期限根据失业人员失业前的累计缴费时间确定,具体划分为三个档次:失业人员失业前所在单位和本人按照规定累计缴费时间满1年不足5年的,领取失业保险金的期限最长为12个月;

累计缴费时间满 5 年不足 10 年的，领取失业保险金的期限最长为 18 个月；累计缴费时间 10 年以上的，领取失业保险金的期限最长为 24 个月。

（一）实际领取期限

《社会保险法》规定了三档领取失业保险金的期限，分别为 12 个月、18 个月和 24 个月。这三档期限为最长期限，不是实际领取期限。实际领取期限是根据失业人员的重新就业情况确定的，可以少于或等于最长期限。例如，法律规定的"失业人员失业前所在单位和本人按照规定累计缴费时间满 1 年不足 5 年的，领取失业保险金的期限最长为 12 个月；"如果一名失业人员在 6 个月内重新就业，就只能领取 6 个月的失业保险金，不能理解为累计缴费时间满 1 年不足 5 年的失业人员不论其是否存在重新就业等情况，都能领取 12 个月的失业保险金。

（二）累计缴费期限

我国《失业保险条例》和《社会保险法》都把失业职工领取失业保险金的期限以其失业前在用人单位的累计缴费时间来确定。其主要考虑是：①要将履行缴费义务与享受失业保险待遇权利紧密结合，缴费时间越长，领取失业保险金的期限越长。不按照规定缴费的，应当在计算其领取期限时作相应扣除。②规定缴费时间累计相加作为确定享受期限的标准，有利于保护失业人员的合法权益。特别是对那些失业前多次转换工作单位，且参加了失业保险的人员来说，更加体现了这一精神。进而也有利于促进劳动力合理流动，促进用人单位和职工参加失业保险。

同时，我国的《失业保险金申领发放办法》还规定，实行个人缴纳失业保险费前，按国家规定计算的工龄视同缴费时间，与 1999 年《失业保险条例》发布后缴纳失业保险费的时间合并计算。

（三）再次失业情况下失业保险金的领取

为了鼓励失业人员抓住一切可能的机会实现就业，《社会保险法》规定失业人员在领取失业保险金期间重新就业后，再次失业的，缴费时间重新计算，其领取失业保险金的期限可以与前次失业应领取而尚未领取的失业保险金的期限合并计算，但是最长不得超过 24 个月。例如，一个劳动者工作 9 年多后失业，在这 9 年多就业期间用人单位和他本人都按照规定履行了缴费义务，如果经过当地失业保险经办机构核定其能领 18 个月的失业保险金。但他只领了 6 个月的失业保险金就又找到了工作，然后工作满 2 年后失业，并履行了 2 年的缴费义务，这时候如果核定再次工作 2 年的失业保险金领取期限为 4 个月，那么，该劳动者第二次失业时，能领取失业保险金的最长期限为：上次未领的 12 个月＋4 个月＝16 个月。

失业人员领取失业保险金的期限与其缴纳失业保险费的年限挂钩，体现了参保人员在享受权利和履行义务方面的对应原则。

三、失业保险金的标准

失业保险金是从失业保险基金中以现金形式支付给失业人员的基本生活费用，是最基本和最重要的失业保险待遇项目。失业保险金标准的高低关系到失业人员能够领到的失业保险金的多少，关系到失业保险待遇水平的高低。一般来说，失业保险金标准要根据失业人员及其家庭赡养人口的基本生活需要，并考虑社会平均工资、物价水平等因素来确定。失业保险既要保障失业人员的基本生活，又要有利于促进再就业，因此失业保险金标准既不能过低，也不宜过高。从各地实际执行情况看，目前失业保险金标准的确定办法有三种：一是与当地最低工资标准挂钩，按当地最低工资标准的一定比例计发失业保险金；二是与当地城市居民最低生活保障标准挂钩；三是在《失业保险条例》所规定的失业保险金最低和最高幅度内，将失业保险金发放水平与失业人员失业前的个人缴费工资挂钩。

目前，我国各地区经济社会发展水平不平衡，难以由国家确定统一的标准来适应各地。因此，我国《社会保险法》规定，失业保险金的标准，由省、自治区、直辖市人民政府确定，但不得低于城市居民最低生活保障标准。1999 年的《失业保险条例》曾规定失业保险金的标准，按照低于当地最低工资标准、高于城市居民最低生活保障标准的水平，由省、自治区、直辖市人民政府确定。

最低工资标准，是指劳动者在法定工作时间或依法签订的劳动合同约定的工作时间内提供了正常劳动的前提下，用人单位依法应支付的最低劳动报酬。根据《最低工资规定》，最低工资标准一般采取月最低工资标准和小时最低工资标准的形式，月最低工资标准适用于全日制就业劳动者，小时最低工资标准适用于非全日制就业劳动者。确定和调整月最低工资标准，应参考当地就业者及其赡养人口的最低生活费用、城镇居民消费价格指数、职工个人缴纳的社会保险费和住房公积金、职工平均工资、经济发展水平、就业状况等因素。最低工资标准的确定和调整方案，由省、自治区、直辖市人民政府劳动行政部门会同有关单位研究拟订，报省、自治区、直辖市人民政府批准。目前，全国各省、自治区和直辖市都已制定了最低工资标准，并建立了相应的调整机制。有种观点认为，《失业保险条例》关于失业保险金标准应低于当地最低工资标准的规定不尽合理，应当根据缴费工资和家庭抚养人口确定。也有观点认为，如果失业保险金标准等于或高于当地最低工资标准，会造成一些失业人员不愿意再就业，出现"养懒人"的导向，背离失业保险促进再就业的初衷。由于意见不一致，在《社会保险法》中，未作出失业保险金标准是否低于当地最低工资标准的规定。

城市居民最低生活保障标准，又称为城市居民最低生活保障线，是国家为救济社会成员中收入难以维持其基本生活需求的人口而制定的一种社会救济标准。我国《城市居民最低生活保障条例》规定，城市居民最低生活保障标准，按照当地维持城市居民基本生活所必需的衣、食、住费用，并适当考虑水、电、燃煤（燃气）费用以及未成年人的义务教育费用确定。直辖市、设区的市的城市居民最低生活保障标准，由市人民政府民政部门会同财政、统计、物价等部门制定，报本级人民政府批准并公布执行；县（县级市）的城市居民最低生活保障标准，由县（县级市）人民政府民政部门会同财政、统计、物价等部门制定，报本级人民政府批准并报上一级人民政府备案后公布执行。

四、失业人员参加职工基本医疗保险

为妥善解决失业人员在领取失业保险金期间的医疗保障问题，解除其后顾之忧，《社会保险法》第四十八条规定："失业人员在领取失业保险金期间，参加职工基本医疗保险，享受基本医疗保险待遇。失业人员应当缴纳的基本医疗保险费从失业保险基金中支付，个人不缴纳基本医疗保险费。"从一般意义上理解，失业人员作为劳动者或城乡居民，依法参加基本医疗保险，享受基本医疗保险待遇，就应当依法缴纳相应的保险费。但考虑到失业人员既已失业，失去主要经济收入来源，如果再让其负担基本医疗保险费，会进一步加剧生活困境；同时失业人员在失业前的就业期间，所在单位和本人已经缴纳了医疗保险费，因其暂时失业就享受不到基本医疗保险待遇，不尽合理。因此，为了有利于保障失业人员的医疗待遇和医疗保险缴费期限的累计与衔接，不影响其退休后的医疗保险待遇，《社会保险法》规定对领取失业保险金期间的失业人员参加职工基本医疗保险，其基本医疗保险费从失业保险基金中支付，失业人员本人不需要缴纳基本医疗保险费。

为贯彻落实《社会保险法》，2011年我国主管社会保险事务的国家人力资源和社会保障部作出规定，要求领取失业保险金人员应按规定参加其失业前失业保险参保地的职工医疗保险，由参保地失业保险经办机构统一办理职工医疗保险的参保缴费手续。领取失业保险金人员参加职工医疗保险的缴费年限与其失业前参保的缴费年限累计计算。同时规定，领取失业保险金人员参加职工医疗保险的缴费率原则上按照统筹地区的缴费率确定。缴费基数可参照统筹地区上年度职工平均工资的一定比例确定，最低比例不低于60%。失业保险经办机构为领取失业保险金人员缴纳基本医疗保险费的期限与领取失业保险金期限相一致。失业保险经办机构应将缴费金额、缴费时间等有关信息及时告知医疗保险经办机构和领取失业保险金人员本人。

五、失业人员死亡后的遗属待遇

给死亡职工的遗属发放丧葬补助金和抚恤金，是我国长期以来所坚持的一项职工福利制度。失业保险制度引入了这一制度，1999年的《失业保险条例》规定，领取失业保险金期间死亡的失业人员的丧葬补助金和其供养的配偶、直系亲属的抚恤金属于失业保险基金的支出项目。这主要是考虑到减轻失业人员遗属的经济负担。《社会保险法》基本延续了这一制度，第四十九条明确规定："失业人员在领取失业保险金期间死亡的，参照当地对在职职工死亡的规定，向其遗属发给一次性丧葬补助金和抚恤金。所需资金从失业保险基金中支付。"

按照我国现行规定，需要指出的是：①只有在领取失业保险金期间死亡的失业人员,才能向其遗属发放丧葬补助金和抚恤金。②职工死亡同时符合领取基本养老保险丧葬补助金、工伤保险丧葬补助金和失业保险丧葬补助金条件的,其遗属只能选择领取其中的一项,不能多重享受。③失业人员死亡后当月尚未领取的失业保险金可由其家属领取,其他尚未领取的失业保险金则不能领取。

六、失业保险金申领程序

参保人员失业后,可以按规定申领失业保险金。失业保险经办机构要按照规定受理其申请,审核确认领取资格,核定领取失业保险金、享受其他失业保险待遇的期限及其标准,负责发放失业保险金并提供其他失业保险待遇。

《社会保险法》《失业保险条例》《失业保险金申领发放办法》对失业人员申领失业保险金的程序作了具体规定。

第一,获取证明身份的材料。失业人员在寻求失业保障时往往需要证明自己的失业人员身份,我国的《劳动合同法》第五十条也明确规定:"用人单位应当在解除或者终止劳动合同时出具解除或者终止劳动合同的证明,并在十五日内为劳动者办理档案和社会保险关系转移手续。"《社会保险法》第五十条进一步规定:"用人单位应当及时为失业人员出具终止或者解除劳动关系的证明,并将失业人员的名单自终止或者解除劳动关系之日起十五日内告知社会保险经办机构。"同时法律规定,如果用人单位拒不出具解除或者终止劳动关系的证明,由劳动行政部门责令改正,给劳动者造成损害的,要承担赔偿责任。

第二,办理失业登记。失业人员应当持本单位为其出具的终止或者解除劳动关系的证明,及时到指定的公共就业服务机构办理失业登记。办理失业登记是领取失业保险金的重要环节。一方面,通过失业登记让公共就业服务机构掌握失业人员的情况,及时提供就业指导,促进再就业;另一方面,通过失业登记为发放失业保险待遇提供依据和信息。失业登记的主要内容有失业人员的个人情况,原就业情况,失业时间、原因等失业情况。

第三,办理领取失业保险金的手续。失业人员应在终止或者解除劳动合同之日起60日内到受理失业保险业务的社会保险经办机构申领失业保险金。失业人员申领失业保险金应填写"失业保险金申领表",并出示个人身份证明、单位为其出具的终止或者解除劳动关系的证明、失业登记及求职证明以及省级人力资源社会保障行政部门规定的其他材料,到经办机构办理领取失业保险金的手续。

第四,失业保险金领取期限。失业保险金领取期限自办理失业登记之日起计算。所以对失业人员来讲,当然是越早登记越好。早登记早享受待遇,晚登记晚享受待遇。失业保险金应按月发放,可以由失业保险经办机构开具单证,失业人员凭单证到指定银行领取。失业人员领取失业保险金,经办机构应要求本人按月到经办机构办理领取手续,同时要向经办机构如实说明求职和接受职业指导和职业培训情况。对领取失业保险金期限即将届满的失业人员,经办机构应提前告知本人。

七、停止领取失业保险金的情形

失业保险制度旨在保障失业人员失业期间的基本生活,并促进失业人员再就业。如果失业人员在享受失业保险待遇期间重新就业,或者在此期间其生活待遇可以通过其他的途径和来源得到保障,就不能继续领取失业保险金并享受其他失业保险待遇。

《社会保险法》第五十一条规定,失业人员在领取失业保险金期间有下列情形之一的,停止领取失业保险金,并同时停止享受其他失业保险待遇:

1. 重新就业。失业人员重新就业是获得其生活来源的根本出路,失业人员重新就业后,其身份就转变为就业人员,不属于失业保险的保障范围,因而不能再继续享受失业保险待遇。

2. 应征服兵役。根据国家有关规定,18周岁以上并符合其他条件的我国公民可以参加人民解放军或武装警察部队。失业人员在享受失业保险待遇期间,符合条件的,也可以应征服兵役。劳动者服役后,不再具有失业人员身份,不能继续享受失业保险待遇。

3. 移居境外。我国公民在享受失业保险待遇期间移居境外的,表明其在国内没有就业意愿,这就超出我国失业保险的地域管辖范围,应当停止享受失业保险待遇。

4. 享受基本养老保险待遇。享受基本养老保险待遇的人员不属于失业保险保障范围。根据养老保险的有关规定，失业人员失业前参加基本养老保险并按规定缴费的，在其享受失业保险待遇期间，养老保险关系暂时中断，其缴费年限和个人账户可以存续，待重新就业后，应当接续养老保险关系。失业人员达到退休年龄时可以从享受失业保险直接过渡到享受养老保险待遇，基本生活由养老金予以保障，在这种情况下，应当停止其享受失业保险待遇。

5. 无正当理由，拒不接受当地人民政府指定部门或者机构介绍的适当工作或者提供的培训的。失业人员尽快再就业，不仅可以从根本上解决失业人员的基本生活问题，也可以减轻失业保险基金不必要的支出。失业人员可以根据自己的意愿在当地人民政府指定的部门或者机构范围内选择就业服务机构。当地人民政府指定的部门和机构，可以是人力资源保障部门所属的就业服务机构，也可以是其他部门、组织开办的就业服务机构。考虑到目前从事就业服务工作的部门或机构情况较为复杂，规定由当地人民政府指定的部门或机构，可以保证为失业人员提供较为优质的服务。应当注意的是，一般来讲，无正当理由拒绝介绍的工作，主要是指拒绝的是与失业人员的年龄、身体状况、受教育程度、工作经历、工作能力及求职意愿基本相符的工作。如果失业人员不能接受政府指定的部门或者机构介绍的适当工作或者提供的培训，表明其要么无就业意愿，要么已经自谋就业了，对此应当停止其享受失业保险待遇。

需要指出的是，1999年的《失业保险条例》规定了7种停止享受失业保险待遇的情形，2010年的《社会保险法》只规定了5种情形，删去了两种情形，即"被判刑收监执行或者被劳动教养的"和"有法律、行政法规规定的其他情形的"。删去"被判刑收监执行或者被劳动教养的"主要考虑是，被判刑收监执行和被劳动教养，是对公民限制人身自由的强制措施和处罚，而享受失业保险待遇是公民社会保障权益的实现，两者并无必然联系。删去"有法律、行政法规规定的其他情形的"主要考虑是，对限制参保人员享受失业保险待遇的情形，应当由法律作出规定，不宜扩大限制的范围，这有利于扩大劳动者的受益面，更好地保障参保人员的社会保障权益。

第四节 失业保险关系转移接续

一、参保职工失业保险关系转移

市场经济发展过程中,劳动力作为一种生产要素具有在不同地区流动的属性。对于失业人员来说,因其享受的失业保险待遇与缴费年限挂钩,当其在不同社会保险统筹地区流动时,为了保障其失业保险权益不受减损,有必要建立和完善失业保险关系跨统筹地区的转移接续制度,以便无论是单位成建制在地区间转移还是劳动者个人跨统筹地区流动,在流动前单位和个人已按规定缴纳了失业保险费的,劳动者失业后应该享受的失业保险待遇不应该由于其跨统筹地区转移或流动而受影响,其享受失业保险待遇的权利应该得到保障。因此《社会保险法》第五十二条规定:"职工跨统筹地区就业的,其失业保险关系随本人转移,缴费年限累计计算。"这就要求用人单位或职工个人跨统筹地区转移或流动后,原来失业保险关系所在地的社会保险经办机构应当办理转移接续手续,对职工的缴费年限进行累计计算。

二、失业保险关系转移的处理

2002年,原劳动和社会保障部曾下发《关于单位成建制跨统筹地区转移和职工在职期间跨统筹地区转换工作单位时失业保险关系转迁有关问题的通知》(劳社厅函〔2002〕117号)规定,失业保险关系跨省、自治区、直辖市转迁时,转出前单位和职工个人缴纳的失业保险费不转移;在省、自治区内跨统筹地区的,是否转移失业保险费,由省级社会保险行政部门确定。转出地失业保险经办机构应为转出单位或职工开具失业保险关系转迁证明。转出单位或职工应在开具证明60日内到转入地经办机构办理失业保险关系接续手续,并自在转出地停止缴纳失业保险费的当月起,按转入地经办机构核定的缴费基数缴纳失业保险费。

转出前后的缴费时间合并计算。

根据国家规定的《失业保险金申领发放办法》，对失业人员的失业保险关系转迁的处理是：①失业人员失业前所在单位与本人户籍不在同一统筹地区的，其失业保险金的发放和其他失业保险待遇的提供由两地社会保险行政部门进行协商，明确具体办法，协商未能取得一致的，由上一级社会保险行政部门确定。②失业人员失业保险关系跨省、自治区、直辖市转迁的，失业保险费用（包括失业保险金、医疗补助金和职业培训、职业介绍补贴）要随失业保险关系相应划转。医疗补助金和职业培训、职业介绍补贴按失业人员应享受的失业保险金总额的一半计算。③失业人员失业保险关系在省、自治区范围内跨统筹地区转迁的，其失业保险费用的处理由省级社会保险行政部门规定。④失业保险跨统筹地区转移的，失业人员凭失业保险关系迁出地经办机构出具的证明材料到迁入地经办机构领取失业保险金。

案例分析

一、自愿辞职是否可以享受失业保险金

［基本案情］

张某1999年5月参加工作，其所在企业同时为他缴纳了失业保险金。2009年9月张某因所在企业改制而失业，他申请办理了失业登记，失业保险经办机构为他核定了应领取的24个月失业保险金。2009年10月张某开始领取失业保险金。2010年9月，张某被某公司招聘，失业保险经办机构为此停发了其剩余12个月的失业保险金。招聘张某的公司继续为其缴纳了失业保险金1年多后，张某因故自愿辞职，再次失业。当他去申请办理失业登记并要求享受失业保险金时，未能获得通过。

☑ [法律问题]

1. 失业人员要享受失业保险待遇应当具备哪些法定条件?

2. 失业人员在领取失业保险金期间重新就业后再次失业的,其缴费时间应当如何计算?其领取失业保险金的期限是否可以与前次失业应领取而尚未领取的失业保险金的期限合并计算?

☑ [学理分析]

1. 关于失业人员享受失业保险待遇具备的法定条件

根据《社会保险法》第四十五条规定:"失业人员符合下列条件的,从失业保险基金中领取失业保险金:(一)失业前用人单位和本人已经缴纳失业保险费满一年的;(二)非因本人意愿中断就业的;(三)已经进行失业登记,并有求职要求的。"失业保险是为所有有工作意愿的劳动者提供的社会保险,其中判断是否有工作意愿重要标准之一即是否因本人意愿而中断就业。

根据《实施〈中华人民共和国社会保险法〉若干规定》(2011),劳动者非因本人意愿中断就业包括下列情形:

(1) 依照《劳动合同法》第四十四条第一项、第四项、第五项规定终止劳动合同(即《劳动合同法》第四十四条第一项是"劳动合同期满";第四项是"用人单位被依法宣告破产";第五项是"用人单位被吊销营业执照、责令关闭、撤销或者用人单位决定提前解散"。出现以上这些情形,劳动合同终止)。

(2) 由用人单位依照《劳动合同法》第三十九条、第四十条、第四十一条规定解除劳动合同(即《劳动合同法》第三十九条规定,当劳动者有下列情形之一的,用人单位可以解除劳动合同:①在试用期间被证明不符合录用条件;②严重违反用人单位的规章制度;③严重失职,营私舞弊,给用人单位造成重大损害;④劳动者同时与其他用人单位建立劳动关系,对完成本单位的工作任务造成严重影响,或者经用人单位提出,拒不改正;⑤因本法第二十六条第一款第一项规定的情形致使劳动合同无效;⑥被依法追究刑事责任。第四十条规定,有下列情形之一的,用人单位可以解除劳动合同:①当劳动者患病或者非因工负伤,在规定的医疗期满后不能从事原工作,也不能从事由用人单位另行安排的工作时;②当劳动者不能胜任工作，经过培训或者调整工作岗位，仍不能胜任工作时；③当劳动合同订立时所依据的客观情况发生重大变化，致使劳动合同无法履行，经用人单位与劳动者协商，未能就变更劳动合同内容达成协议时。第四十一条规定，当用人单位出现下列情形之一的，用人单位可以依法裁减人员：①依照企业破产法规定进行重整的情形；②生产经营发生严重困难的情形；③企业转产、重大技术革新或者经营方式调整，经变更劳动合同后，仍需裁减人员的情形；④其他因劳动合同订立时所依据的客观经济情况发生重大变化，致使劳动合同无法履行的情形）。

(3) 用人单位依照《劳动合同法》第三十六条规定向劳动者提出解除劳动合同并与劳动者协商一致解除劳动合同。

(4) 劳动者由用人单位提出解除聘用合同或者被用人单位辞退、除名、开除。

(5) 劳动者本人依照《劳动合同法》第三十八条规定解除劳动合同（即《劳动合同法》第三十八条规定，当用人单位有下列情形之一的，劳动者可以解除劳动合同：①未按照劳动合同约定提供劳动保护或者劳动条件；②未及时足额支付劳动报酬；③未依法为劳动者缴纳社会保险费；④用人单位的规章制度违反法律、法规的规定，损害劳动者权益；⑤因本法第二十六条第一款规定的情形致使劳动合同无效；⑥法律、行政法规规定劳动者可以解除劳动合同的其他情形。或者"用人单位以暴力、威胁或者非法限制人身自由的手段强迫劳动者劳动的，或者用人单位违章指挥、强令冒险作业危及劳动者人身安全的"）。

(6) 法律、法规、规章规定的其他情形。

因此，对于劳动者主动提出的辞职要求，只有满足法定条件时，才可以要求享受失业保险待遇。所以张某第二次失业是属于不具备法定条件，任意辞职不能够领取该次失业保险金。

2. 关于失业人员在领取失业保险金期间重新就业后再次失业的，其缴费时间和领取失业保险金的期限如何计算问题

根据《社会保险法》第四十六条规定："失业人员失业前用人单位和本人累计缴费满一年不足五年的，领取失业保险金的期限最长为十二个月；累计缴费满五年不足十年的，领取失业保险金的期限最长为十八个月；累计缴费十年以上

的，领取失业保险金的期限最长为二十四个月。重新就业后，再次失业的，缴费时间重新计算，领取失业保险金的期限与前次失业应当领取而尚未领取的失业保险金的期限合并计算，最长不超过二十四个月。"这就是说，如果享受失业保险金的失业人员前次失业保险金尚未领完，则在下一次失业中领取期限可以合并计算。比如第一次失业可以领取 24 个月的失业保险金，但只领了 12 个月的保险金后就实现再就业了，那么如果第二次失业则可以把剩下的 12 个月补上。同时，按照《实施〈中华人民共和国社会保险法〉若干规定》（2011）第十四条规定："失业人员因当期不符合失业保险金领取条件的，原有缴费时间予以保留，重新就业并参保的，缴费时间累计计算。"我国《失业保险金申领发放办法》（2000年）还规定了失业人员在领取失业保险金期间重新就业后不满一年再次失业的，可以继续申领其前次失业应领取而尚未领取的失业保险金。

　　本案中，张某的第二次失业是因为自愿辞职，是否可以领取上一次的失业保险呢？有种观点认为只要处于失业状态，就仍然可以续领上次的保险金，而不管二次失业是什么原因。也有观点认为，张某第二次失业是不能够领取上一次的保险金的。因为，失业保险的目的是为了保证非自愿失业人员及其家庭的生活，因此自愿失业人员就不能享受失业保险待遇，这种情形同样适用于再失业。再失业仍然要符合法定的失业保险金申领条件，才能将前次失业保险金一并累积。这样既能保证失业保险基金的充实，也能够鼓励和促进就业。

二、用人单位不为员工缴纳失业保险的法律责任

［基本案情］

　　小金是一公司售货职工，因上班期间与客户打架，造成公司经济重大损失，同时也违反了公司的劳动纪律，公司以其严重违反企业规章制度，将其解除劳动合同。

　　小金失业后，拿着公司解除劳动合同的证明去办理失业登记申请领取失业保险金时，被告知因其所在单位未办理参加失业保险，未缴纳失业保险费，所以他不能领取失业保险金。同时因其打架受伤，生病的治疗费用不能在医疗保险经办

机构报销。此时，公司去补缴失业保险费，想将小金的问题转移到社会保险经办机构去解决。但该公司到社会保险经办机构办理参加失业保险时才知道，根据《社会保险法》的规定：失业人员要从失业保险基金中领取失业保险金，必须符合一个条件，即失业前用人单位和本人已经缴纳失业保险费满一年。而此时小金已经失业了，不能享受失业保险待遇。为此，小金找到公司，要求公司为自己遭受的经济损失承担赔偿责任。

[法律问题]

用人单位不依法为员工缴纳失业保险费，造成劳动者在失业期间不能领取失业保险金、生病不能享受医疗保险待遇等经济损失，劳动者可否要求所在单位承担赔偿责任？

[学理分析]

用人单位为其职工办理参加失业保险，并依法缴纳失业保险费是一项法定的义务，如果不及时为职工缴纳失业保险费，就会给职工造成一定的损失。

用人单位不为职工办理失业保险并不缴纳失业保险费的后果是，劳动者不能领取失业保险金和享受不到相关的失业保险待遇（如《社会保险法》第四十八条规定："失业人员在领取失业保险金期间，参加职工基本医疗保险，享受基本医疗保险待遇。失业人员应当缴纳的基本医疗保险费从失业保险基金中支付，个人不缴纳基本医疗保险费。"）

本案中，公司没有为小金缴纳失业保险费，造成小金无法享受失业保险待遇，小金理应要求公司承担责任。根据《实施〈中华人民共和国社会保险法〉若干规定》（2011）的有关规定："用人单位在终止或者解除劳动合同时拒不向职工出具终止或者解除劳动关系证明，导致职工无法享受社会保险待遇的，用人单位应当依法承担赔偿责任。"那么，因为用人单位没有为职工缴纳失业保险费，且社会保险经办机构不能补办而导致职工无法享受失业保险待遇的，同样可以要求用人单位应当依法承担赔偿责任。如果出现争议，按照《社会保险法》第八十三条规定："个人与所在用人单位发生社会保险争议的，可以依法申请调解、仲裁，提起诉讼。用人单位侵害个人社会保险权益的，个人也可以要求社会保险行政部

门或者社会保险费征收机构依法处理。"同时,《最高人民法院关于审理劳动争议案件适用法律若干问题的解释（三）》中也有明确规定:"劳动者以用人单位未为其办理社会保险手续,且社会保险经办机构不能补办导致其无法享受社会保险待遇为由,要求用人单位赔偿损失而发生争议的,人民法院应予受理。"

三、失业人员死亡后其家属能否领取丧葬补助金和抚恤金

[基本案情]

孙某工作一段时间后,因劳动合同到期终止,失业在家。他依法按月领取了失业保险金,核定的失业保险期限是12个月。当他领取第四个月的失业保险金之后,因一次车祸身亡。孙某家中有未成年的孩子及体弱多病的妻子,他尚未享受养老保险待遇。此时,他作为失业人员去世后,其遗属能否领取丧葬补助金和抚恤金?

[法律问题]

失业人员死亡后应当符合什么条件,其遗属才能够领取丧葬补助金和抚恤金?

[学理分析]

《社会保险法》第四十九条规定:"失业人员在领取失业保险金期间死亡的,参照当地对在职职工死亡的规定,向其遗属发给一次性丧葬补助金和抚恤金。所需资金从失业保险基金中支付。"根据法律这一规定,向死亡的失业人员遗属发给一次性丧葬补助金和抚恤金的条件仅限于"领取失业保险金期间"死亡的。也就是说,以下几种情况死亡的失业人员的遗属不能享受遗属待遇:死亡的失业人员失业后没有到社会保险经办机构办理失业登记,或者没有申请领取失业保险金的;因不符合条件而不能领取失业保险金的;依法停止领取失业保险金的;领取失业保险金期满后,仍处于失业状态的。

《失业保险金申领发放办法》规定了失业人员死亡后遗属待遇的标准和申领

程序。根据该办法规定，失业人员在领取失业保险金期间死亡的，其家属可持失业人员死亡证明、领取人身份证明、与失业人员的关系证明，按规定向经办机构领取一次性丧葬补助金和其供养配偶、直系亲属的抚恤金。失业人员当月尚未领取的失业保险金可由其家属一并领取。

四、进城务工农民的失业保险

[基本案情]

某市的一家企业招用了几十名农民合同制工人，某中5名农民合同制工人合同到期后没有与该企业续订劳动合同，处于失业状态。当他们发现与他们一起失业的城镇职工能每月从社会保险经办机构领取失业保险金后，也到社会保险经办机构申请领取失业保险待遇。经社会保险经办机构审查，他们原来所在企业在他们就业时没有为他们缴纳失业保险费，也就是没有将支付给他们的工资计入缴纳失业保险费的基数，因此，他们无资格申请领取失业保险待遇。于是，该5人向市劳动争议仲裁委员会申请仲裁，要求他们原来所在的企业为他们补缴失业保险费，以便他们也能按规定享受失业保险待遇。

市劳动争议仲裁委员会根据该市有关失业保险的规定裁定，农民合同制工人不在失业保险制度的覆盖范围之内，企业不应为他们缴纳失业保险费。该5人不服仲裁，向人民法院起诉，要求撤销市劳动争议仲裁委员会的裁决，并要求企业为他们补缴失业保险费。

法院经审理后，判决企业应当为农民合同制工人办理参加失业保险，并依法为农民合同制工人缴纳失业保险费。

[法律问题]

1. 进城务工农民被企业招用后是否强制性地参加失业保险？
2. 进城务工的农村居民是否应当与城镇职工一样享受失业保险待遇？

[学理分析]

国务院于1999年1月22日发布实施的《失业保险条例》，对农民合同制工人（或称进城务工的农村居民）的失业保险问题作了具体明确的规定。该条例第六条规定："城镇企业事业单位按照本单位工资总额的百分之二缴纳失业保险费。城镇企业事业单位职工按照本人工资的百分之一缴纳失业保险费。城镇企业事业单位招用的农民合同制工人本人不缴纳失业保险费。"第二十一条规定："单位招用的农民合同制工人连续工作满1年，本单位并已缴纳失业保险费，劳动合同期满未续订或者提前解除劳动合同的，由社会保险经办机构根据其工作时间长短，对其支付一次性生活补助金。补助的办法和标准由省、自治区、直辖市人民政府规定。"这里没有规定农民合同制工人像城镇职工一样按月领取失业保险金。《失业保险条例》将农民合同制工人纳入到失业保险的覆盖范围，但在规定个人缴费和待遇享受方面与城镇职工有所不同。还有一些地方和企业对此条例的理解是，农民合同制工人参加失业保险是选择性的，也就是可以参加也可以不参加，这就涉及对国家法律法规的解释与理解。

《失业保险条例》规定："城镇企业事业单位按照本单位工资总额的百分之二缴纳失业保险费。"也就是确定了缴费基数。对于这个"工资总额"：一种理解为缴纳失业保险费的人的工资总额，如果不为农民合同制工人缴费，则单位可以从缴费基数的工资总额中将这部分人的工资减去，现实中有的地方将缴费账户和不缴费账户分开，就是这样理解的；也有一种理解为是所有工资的总额，即包括城镇职工和农民合同制工人的所有工资，即使不为农民合同制工人缴纳失业保险费，也应该将所有工资总额作为缴费基数。

同时，《失业保险条例》规定："单位招用的农民合同制工人连续工作满1年，本单位并已缴纳失业保险费，劳动合同期满未续订或者提前解除劳动合同的，由社会保险经办机构根据其工作时间长短，对其支付一次性生活补助金。"这是对农民合同制工人享受失业保险待遇的条件作出了规定，对于"本单位并已缴纳失业保险费"的理解，也会有两种理解：一种理解是，用人单位可以缴纳也可以不缴纳，是选择性的；另一种理解是，这只是规定了农民合同制工人申领"一次性生活补助金"的前提，如果单位未为农民合同制工人缴费，则农民合同制工人可以向单位请求赔偿。

依据2010年颁布的《社会保险法》第九十五条规定："进城务工的农村居民

依照本法规定参加社会保险。"第四十四条规定："职工应当参加失业保险，由用人单位和职工按照国家规定共同缴纳失业保险费。"即国家法律明确规定了进城务工的农村居民依照《社会保险法》规定参加社会保险；同时，法律对"职工"并未区分为"城镇职工"和"农民合同制工人或进城务工的农村居民"是两类人。也就是说，国家法律已经将农民合同制工人或进城务工的农村居民纳入到失业保险的覆盖范围。按照《社会保险法》的规定，用人单位必须为农民合同制工人缴纳失业保险费，如果不缴，农民合同制工人在失业并符合其他领取社会保险待遇的条件后，可向用人单位索赔。

五、失业保险关系能否跨统筹地区转移

[基本案情]

小何在广州市工作了五年，五年间其所在单位和本人一直按规定向当地社会保险经办机构缴纳包括失业保险费在内的各项社会保险费。第六年，小何因家庭原因到了成都市一家企业工作。由于广州和成都是分属两个社会保险统筹地区，小何不知道要办理社会保险关系调转手续。在成都工作后，小何所在单位和本人也仍然参加了社会保险，缴纳了各项社会保险费，工作了半年后，因企业发生经营困难，小何与企业解除了劳动关系。当小何失业后向社会保险经办机构申领失业保险金时，成都的社会保险经办机构经审理后认为小何缴纳失业保险费不足一年，不能领取失业保险金。小何称自己在广州工作时已缴纳了五年的失业保险费，为什么不计算进来？社会保险经办机构解释说，因为小何没有办理失业保险关系的跨统筹地区转移。小何不明白为什么要办理失业保险关系转移，也不知道应该如何办理失业保险关系转移。

[法律问题]

1. 劳动者参加失业保险后，当跨地区流动就业时，失业保险关系能否跨地区转移？

2. 劳动者失业保险关系如何实现跨地区转移？

3. 劳动者在跨地区流动就业中失业后，如何计算其应当领取的失业保险金？

[学理分析]

劳动者参加失业保险并缴纳失业保险费后，当跨地区流动就业时，失业保险关系应当随本人跨地区转移。《社会保险法》第五十二条明确规定："职工跨统筹地区就业的，其失业保险关系随本人转移，缴费年限累计计算。"根据这一规定，职工跨统筹地区就业后，原来失业保险关系所在地的社会保险经办机构应当按照规定将其失业保险关系转至迁入地，迁入地的社会保险经办机构应当接受，并办理接续手续。在具体办理失业保险关系跨地区转移时，按照国家有关规定，转出地失业保险经办机构应为转出单位或职工开具失业保险关系转迁证明。转出单位或职工应在开具证明后60日内到转入地经办机构办理失业保险关系接续手续，并自在转出地停止缴纳失业保险费的当月起，按转入地经办机构核定的缴费基数缴纳失业保险费。转出前后的缴费时间合并计算，社会保险经办机构要根据失业人员累计缴费时间核定其领取失业保险金的期限，转入地经办机构应及时办理有关手续，并提供相应服务。

按照我国2001年1月施行的《失业保险金申领发放办法》规定："失业人员失业保险关系跨省、自治区、直辖市转迁的，失业保险费用应随失业保险关系相应划转。需划转的失业保险费用包括失业保险金、医疗补助金和职业培训、职业介绍补贴。其中，医疗补助金和职业培训、职业介绍补贴按失业人员应享受的失业保险金总额的一半计算。"如果失业人员失业保险关系在省、自治区范围内跨统筹地区转迁的，失业保险费用的处理由该省级劳动保障行政部门规定。

如果劳动者正处在领取失业保险金的期间进行跨地区流动时，失业人员凭失业保险关系迁出地经办机构出具的证明材料，到迁入地经办机构领取失业保险金。

本案中，小何在跨统筹地区流动就业时，应当在转出地（广州市）失业保险经办机构办理失业保险关系转迁证明，并凭此证明在60日内到转入地（成都市）失业保险经办机构办理失业保险关系接续手续。这样，成都市当地失业保险经办机构通过对小何的失业保险缴费年限累计计算，核定其领取失业保险金的期限，才能为小何支付失业保险金。

第七章

生育保险

第一节 生育保险基本概念

一、生育保险的含义及特征

生育保险作为社会保障体系的组成部分，对促进妇女平等就业，均衡用人单位负担，保证生育妇女医疗费用的支付和生育职工的基本生活等方面发挥着积极作用。《社会保险法》的出台，对进一步扩大生育保险覆盖范围，规范待遇保障项目和支付标准，更好地发挥生育保险的功能和作用提供了法律保障。

（一）生育保险的概念

生育保险是指由用人单位依法缴纳生育保险费，职工个人不缴费，当参保职工或其配偶因生育造成暂时中断劳动、工资收入减少或家庭经济困难时，由政府（或社会）管理的生育保险基金或者职工所在单位依法提供其生育待遇，或者给予职工配偶必要补贴。

生育保险的宗旨在于：一是通过均衡用人单位女职工的生育费用，消除就业性别歧视，促进妇女平等就业；二是通过向生育职工提供生育津贴、医疗服务和产假等方面的待遇，保障她们因生育而暂时丧失劳动能力时的基本经济收入和医疗需求，帮助妇女安全度过生育期，并使婴儿得到必要的照顾和哺育。

生育保险同其他社会保险一样，是随着经济的发展和社会的进步而产生的。生育保险是工业化大生产的必然产物，在生育过程中，妇女面临丧失劳动收入、增加医疗保健费用的支出以及身心上消耗，甚至有导致伤残或丧失生命的风险。这些风险在自给自足的小农经济和手工业时代由个人和家庭承担，当社会进入工业化大生产后，生产关系发生了变革，妇女走出家庭进入工厂劳动，成为社会劳动者。此时，妇女不再只依附于家庭劳动，纷纷从事社会上的各种工作，在经济上以及人格上取得了独立。当妇女成为社会劳动力大军中一个重要组成部分后，其因怀孕和分娩时遇到的收入减少及其他各种风险，就应当由国家和社会来承担。为此，在现代社会建立生育保险制度顺势而生，并将随着社会进步而不断发展。

（二）生育保险的基本特征

生育保险较其他社会保险具有以下特征：

1. 享受待遇人群的特定性

生育保险对生育职工实行经济和物质帮助，享受生育保险待遇的多为育龄年轻妇女。生育津贴一般以女职工原有的工资收入水平为标准。享受生育医疗服务和产假的主要是女职工，随着经济发展和社会进步，有些国家和地区，允许女职工在生育后给予男职工一定假期，以照顾生育后的妻子，假期工资照发。我国生育保险适用于达到法定结婚年龄的已婚职工，且必须符合国家计划生育政策。不符合法定年龄的女职工生育和非计划生育者，一般不得享受生育保险待遇。

2. 待遇保障的可预见性

生育保险属于短期补偿行为，其支付的频率和平均期限具有较强的计划性和可预见性。一是享受的人数可以预测。按照被保险范围内出生人口的数量和变量，基本可以预测下一年享受待遇的人数。二是生育保险待遇享受的期限比较明确。待遇享受期限基本上与法律规定的产假期限相一致，一般在3~6个月之间。三是享受的次数可以预测。一个参保人员基本上一生享受1~2次，即使包括合法二胎或计划生育手术等，享受次数也不会太多。鉴于这些因素，生育保险基金运行管理要比医疗保险相对容易，可以预测基金的支付总额，不需大量储备，是一个风险性比较低的保障项目。

3. 待遇支付的事前性

女职工怀孕后，在临产前一段时间，由于行动不便，已经不能正常工作；分娩以后，需要一段时间休息以使身体恢复和照顾婴儿。生育保险是根据事先事后保障相结合的方式建立的，生育保险待遇可从生育之前的预期就开始给付，而其他社会保险项目属于事后救济补偿保障。如失业保险是在失业发生之后，才提供失业津贴；医疗保险也是在疾病发生之后，提供医疗津贴；工伤、养老等保险津贴的提供也莫不如此。唯有生育保险为更好地保护产妇和婴儿健康，实行产前产后都有计划地享受的原则。

4. 医疗服务范围的确定性

生育行为本身是人类自然的生理现象，因此不需要特殊的医疗设备、药品和现代辅助设施。一般的检查项目是常规、基础性项目。正常生产的产妇不需要特殊的医疗技术和服务，如遇到难产可借助手术助产或进行剖宫产手术，医疗服务项目均属于传统辅助治疗手段。因此，生育保险的检查项目、治疗手段大都是基础性服务项目，与医疗保险有很大的区别。随着科学技术日新月异的发展变化，核磁共振、激光等现代技术广泛应用于临床，而在产科领域，一般不使用高端设施、材料及特殊药品。产妇需要的服务项目及药品，通常是正常身体检查及补充微量元素等，因此医疗服务项目相对比较固定，费用也比较低廉。

5. 生育保险医疗服务保障水平高于医疗保险

考虑到孕产妇及下一代的身体健康和安全，在生育保险制度设计上，医疗费报销比例一般高于医疗保险，在《医疗保险药品目录》《医疗保险诊疗项目目录》等规定的范围内，基本可以全部报销。没有规定医疗费自付的起付线和封顶线，在门诊进行的产前检查、住院分娩或出现高危情况下的医疗费费用都可以由生育保险基金支付。

6. 生育保险费全部由用人单位缴纳

在社会保障体系中，生育保险属于与工作相关联的保障计划。职工个人不缴纳生育保险费，参加保险以单位为主体。由用人单位向社会保险机构定期缴纳生育保险费，建立生育保险统筹基金。生育保险既要保证生育职工医疗费用的支付和生育职工的基本生活，又要均衡参保单位的负担，特别是减轻生育女职工较多的用人单位的负担。从生育保险运行的统计分析看，大部分地区缴费水平不超过1%。

二、国外生育保险法律制度

由于生育保险成为保障人类健康繁衍和确保劳动力扩大再生产的有效途径，

因而一直受到各国政府的重视，早在1883年《德国劳工疾病保险法》中，就有关于生育保险的内容。此后各国都把生育保险作为疾病保险或医疗保险的组成部分或作为妇女权益保障的内容，在立法中作出规定。

国际劳工组织分别在1919年和1952年制定了第3号公约《生育保护公约》和第103号公约《生育保护公约（修订）》。这两个公约均规定，妇女生育产假期至少应为12周，产假期间发给现金津贴，并提供医疗护理，其经费来自强制社会保险基金或其他公共基金。第3号公约还规定生育津贴不得少于妇女生育前工资收入2/3。1952年国际劳工大会通过的102号公约《社会保障（最低标准）公约》也有关于生育保险实施范围、生育津贴、生育医疗服务的规定。1975年国际劳工组织通过了《女工机会均等和待遇平等声明》，其中明确规定，由于生育是一种社会职能，所有女工应有权根据《生育保护公约（修订）》和《生育保护建议书》（第95号）规定的最低标准，享有充分的生育保护，其费用应由社会保障、其他公共基金或通过集体协议承担。2000年，第88届国际劳工大会为了促进劳动力中的所有妇女享有平等和母子的健康与安全，又通过了《生育保护公约》（第183号公约）和《生育保护建议书》（第191号）。

各国生育保险的项目、条件和标准主要是根据本国经济状况而确定。一些发达国家除了提供生育津贴、医疗服务和产假等方面的待遇外，还为孕妇、婴儿提供生活用品等。我国属于发展中国家，与发达国家的经济社会发展水平有一定的差距。我国的生育保险政策，只能立足于满足职工的基本待遇享受，保证必要的、合理的生活保障和医疗需要，与我国经济社会发展水平相适应，并随着我国经济社会发展水平的提高而逐步提高。

三、生育保险的功能作用

生育保险作为社会保险的重要组成部分，具有以下主要功能：

1. 促进妇女公平就业

由于受经济、传统观念、社会习俗等诸多因素影响，妇女受教育和就业的机会比男子少，妇女与男子体能、生理等方面的差异，限制她们获得更多的工作机会，降低了妇女在劳动力市场中的地位。职业妇女因生育而停止工作，如果这期间的生活费用和生育医疗费用都由其用人单位承担，无疑加大了用人单位的成本，导致其排斥招用妇女。这对妇女是不公平的。生育保险制度的实施，通过将妇女生育负担由用人单位责任转化为全社会责任，既解除了女职工怀孕、生育等特殊时期的后顾之忧，更通过均衡用人单位之间的负担，减轻用人单位招用妇女的成本，促进消除就业性别歧视，对促进妇女就业具有积极影响。

2. 保障女职工身体健康

国家制定的生育保险政策，主要体现在向生育职工提供生育津贴、产假以及报销医疗费用等方面，有效地保护女职工孕期、分娩期和哺乳期的安全，降低妇女生育期间的风险，保障她们因生育而暂时丧失劳动能力时的基本经济收入和医疗保健，帮助生育女职工恢复劳动能力，重返工作岗位，并使婴儿得到必要的照顾和哺育，从而体现国家和社会对妇女在这一特殊时期给予的支持和爱护。

3. 提高妇女参与社会的积极性

生育是人类繁衍生存和劳动力再生产的行为，具有社会属性。职业妇女既要从事经济活动，又要担负生育子女的天职，为劳动力的再生产尽其所能，这往往是一对矛盾。妇女要从事社会生产和工作，就难免影响生儿育女；反之，妇女生儿育女也会影响从事社会活动。实行生育保险，是解决这个矛盾的重要制度安排。国家通过立法从制度上保障职业女性在生育子女时，不会因此而导致失业，并得到相应的补偿，解除女职工的后顾之忧，提高广大妇女参与社会活动的积极性。

4. 有利于提高人口素质和劳动力再生产质量

生育保险的意义不仅仅是一般层面上的经济补偿，而是关系到两代人的生命安全与健康，关系到人口素质的提高。孕产妇和新生儿死亡的重要原因是一些低收入产妇没有经济能力到医疗机构进行产前身体检查及有关身体指征的检测，分娩时不到正规医疗机构生产，出现大出血等危险情况时因抢救不及时而造成死亡。生育保险不仅是为了保证女职工的身体健康，而且是为了保护下一代，使其得到正常的孕育、出生和哺育，促进优生优育，从而提高人口质量和素质。

5. 有利于贯彻落实国家人口计生政策

我国实行计划生育政策，控制人口数量，提高人口素质是一项基本国策。实行生育保险，有利于控制人口增长，享受生育保险待遇的女职工必须符合计划生育政策才能享受保障待遇，有利于增强妇女的生育责任感，提高生育质量，促进计划生育和优生优育这一国策的落实。

第二节 职工生育保险制度

一、职工生育保险制度历史沿革

我国生育保险制度是在20世纪50年代初建立起来的。旧中国的妇女劳动者在政治上没有地位，劳动条件不受保障，企业可以随时解雇怀孕的女工，更没有生育保障制度。新中国成立时，全国就业妇女为60万人，占职工总数的7.5%，仅占城镇人口的1%，90%的城市女性没有就业。但在当时的历史条件下，我国建立生育保障制度主要是为保障城镇职工生育待遇，而在农村并没有建立生育保障制度。

我国生育保险制度的模式历经了早期社会统筹——企业自行负担——社会统筹的发展脉络。1951年《劳动保险条例》规定了劳动保险基金，其中第九条规定："在开始实行劳动保险的头两个月内，由企业行政方面或资方按月缴纳的劳动保险金，全数存于中华全国总工会户内，作为劳动保险总基金，为举办集体劳动保险事业之用。自开始实行的第三个月起，每月缴纳的劳动保险金，其中百分之三十，存于中华全国总工会户内，作为劳动保险总基金；百分之七十存于各该企业工会基层委员会户内，作为劳动保险基金，为支付工人职员按照本条例应得的抚恤费、补助费与救济费之用。"而"女工人与女职员或男工人与男职员的配偶生育时，由劳动保险基金项下付给生育补助费，其数额为五尺红市布，按当地零售价付给之。"因此，当时生育保险与其他社会保险一道由社会保险基金支付，尽管社会统筹程度较低，但仍具有互济性质。

《劳动保险条例》对生育保险待遇作出明确规定，其内容主要包括：一是在

第七章　生育保险

实行劳动保险的企业内工作的工人与职工,包括工资制、供给制以及学徒工、临时工、试用人员在内的女工人与女职员和男工人的妻子,均可享受不同程度的生育保险待遇。二是生育职工可以享受产假,产假期限为 56 日,流产假期以 3 个月为界,3 个月以内流产的可以休产假 15 天,3 个月以上 7 个月以下流产的,产假为 30 天。三是产假期间的工资照发。四是女职工、男职工配偶生育给予生育补助费,其数额为 5 尺红市布,按当地零售价由劳动保险基金项下支付。五是包括生育保险金在内的劳动保险金,实行全国统筹与企业留存相结合的基金管理制度。劳动保险金由企业行政或资方按工资总额的 3% 提留,其中 30% 上缴中华全国总工会,70% 存于该企业工会基层委员会账户内。在 20 世纪 50 年代初期,我国生育保障制度主要覆盖城镇就业人口约 2 500 万人。

1953 年,国家财政状况和经济状况有所好转,国家对《劳动保险条例》作了修正。主要是从四个方面提高了生育保障待遇水平:一是增设了孕产期医疗保健项目,规定孕产期的检查费、接生费由企业支付。二是将流产产假放宽到无论是否为 3 个月,均为 30 天假。增加了难产或双胞胎生育假期,在原 56 天的基础上,增加 14 天;产假期满仍不能工作者,经医院证明按疾病待遇处理。三是将生育补助费改为正常生产(一胎)的补助 4 元,双生或多胎的每胎增加 4 元。四是对临时工、季节工及试用人员生育待遇作了补充规定:怀孕检查费、接生费、生育补助费及生育假期与一般女工人、女职员相同,产假期间由企业行政方面或资方发给产假工资,其数额为本人工资的 60%。

1955 年 4 月 26 日,国务院颁发了《关于女工作人员生产假期的通知》,对机关、事业单位女职工生育保险作了规定,使女职工生育待遇的覆盖范围从企业女职工扩大到机关、事业单位的所有女职工。

1969 年 2 月,财政部颁发的《关于国营企业财务工作中的几项制度的改革意见》规定,"国营企业一律停止提取工会经费和劳动保险金","企业的退休职工、长期病号工资和其他劳保开支改在企业营业外列支",这使得生育保险的社会统筹制度因此中断,变为企业对本单位的女职工自行负责的管理模式。

"文化大革命"结束后,为了适应市场经济体制和现代企业制度的要求,自 1987 年以来,各级劳动部门、社会保险机构以及工会对企业职工生育保险制度进行了实践探索与改革。各地的生育保险制度改革措施主要有两种：一种是实施生育保险基金社会统筹。用人单位按照工资总额的一定比例缴纳生育保险费，无论女职工数量多少，统一征缴建立生育保险基金。如江苏省南通市开始实行全民大集体企业生养基金统筹，企业按男女全部职工人数每年一次性向社会统筹机构上缴一定数额的资金，建立女职工生养基金，统筹企业中有女职工生育，其生育医疗费和生育津贴由社会统筹机构负责支付。湖南省株洲市也试行生育保险基金社会统筹。企业按工资总额的一定比例上缴生育保险费，通过银行划归劳动部门统筹。生育女工凭企业证明按月从当地劳动部门领取生育津贴。另一种是实施职工夫妇双方所在企业平均分担生育保险费用。如辽宁省鞍山市作出规定，要求该市企业的生育津贴由夫妻双方所在企业各自承担50%，若男方在部队、外地或机关工作，由女方单位全部承担。

1988年7月，国务院颁发了《女职工劳动保护规定》，目的在于减少和解决女工在劳动中因生理机能造成的特殊困难，保护其安全和健康。女职工原来的产假由《劳动保险条例》规定的56天增加至90天，其中产前假为15天，难产的增加产假15天。多胞胎生育的，每多生育一个婴儿，增加产假15天。政务院修正发布的《劳动保险条例》中有关女工人、女职员生育待遇的规定和1955年4月26日国务院《关于女工作人员生产假期的通知》同时被废止。

1994年12月14日，为了配合《劳动法》的贯彻实施，原劳动部在总结各地生育保险制度改革实践经验的基础上，颁发了《企业职工生育保险试行办法》。办法的颁布是城镇职工生育保险制度全面推行的标志，它对生育保险的基本原则、实施范围、待遇标准、基金管理、监督机制等都作出了明确的规定，成为我国沿用至今的推进生育保险制度改革的主要政策依据。

1995年7月27日，国务院发布了《中国妇女发展纲要（1995—2000年）》，提出在2000年在全国城市基本实现女职工生育费用的社会统筹。1996年和1997年原劳动部先后发布了《劳动部、国家科委关于在国家社会发展综合实验区全面建立生育保险制度的通知》《劳动部关于印发〈生育保险覆盖计划〉的通知》。1999年9月，针对部分地区在医疗保险制度改革中，机关、事业单位人员的生育费用没有纳入医疗保险支付范围的情况，为了做好制度转变过程中的政策衔接，原劳动保障部、国家计划生育委员会、财政部、卫生部联合下发的《关于妥善解决城镇职工计划生育手术费用问题的通知》规定：已经建立地方企业职工生育保险的地区，参保单位职工的计划生育手术费用可列入生育保险基金支付范围。没有建立企业职工生育保险的地区，在建立城镇职工基本医疗保险制度时，可以将符合基本医疗保险有关规定的参保单位职工计划生育手术费用纳入基本医疗保险统筹基金支付范围。没有参加生育保险和基本医疗保险的单位，职工计划生育手术费用仍由原渠道解决。

2002年，中共中央国务院颁布了《关于进一步加强农村卫生工作的决定》，提出了政府对农村合作医疗和医疗救助给予支持。明确了中央财政通过专项转移支付对贫困地区进行补助，其中包括农村孕产妇保健、住院分娩等费用。2003年1月国务院转发卫生部、财政部、农业部《关于建立新型农村合作医疗制度的意见》，进一步明确了农村妇女住院分娩的医疗费用由新农合制度解决。农村妇女住院分娩开始受到国家制度的保障。

2008年财政部、国家税务总局联合出台了《关于生育津贴和生育医疗费有关个人所得税政策的通知》，明确了"生育津贴、生育医疗费或其他属于生育保险性质的津贴、补助免征个人所得税"。2010年10月28日《社会保险法》法颁布，第六章在参考《企业职工生育保险试行办法》的基础上进行了生育保险法律制度的基本设计。生育保险制度为维护女职工及下一代身体健康作出了贡献。目前，各地社会保险行政部门按照生育保险与医疗保险协同推进的思路，积极扩大生育保险覆盖面，全面落实职工生育期间的生育津贴、医疗费等生育保险待遇。生育保险制度得到了全社会各界的普遍认可。

二、职工生育保险制度覆盖范围

（一）职工的生育保险

我国生育保险的适用范围是随着政治经济的需要逐渐扩展的，最初的规定是在1951年的《劳动保险条例》第二条，条例适用于"甲、雇用工人与职员人数在一百人以上的国营、公私合营、私营及合作社经营的工厂、矿场及其附属单位与业务管理机关。乙、铁路、航运、邮电的各企业单位及附属单位"。第十六条生育待遇规定"女工人与女职员或男工人与男职员的配偶生育时,由劳动保险基金项下付给生育补助费"。因此其覆盖范围是:雇用工人与职员人数在一百人以上的国营、公私合营、私营及合作社经营的工厂、矿场及其附属单位与业务管理机关、铁路、航运、邮电的各企业单位及附属单位的女工人与女职员或男工人与男职员的配偶。

1953年和1956年的两次修订扩大了生育保险的覆盖范围,增加了工、矿、交通事业的基本建设单位和国营建筑公司以及商业、外贸、金融、地址、国有农场等13个部门。1955年4月26日《国务院关于女工作人员生产假期的通知》对机关、事业单位女工作人员的生育保险作出了规定,生育保险范围从企业扩大到了机关、事业单位的女职工。1988年《女职工劳动保护规定》对企业和国家机关、事业单位女职工孕期、产期以及哺乳期的劳动保护进行了规定。1994年原国家劳动部颁布《企业职工生育保险试行办法》,规定生育保险适用于所有城镇国有企业及其职工,没有将国家机关事业单位及其工作人员、广大农村妇女、灵活就业人员等纳入覆盖范围。针对广大农村妇女和非国有企业女职工没有纳入生育保险的状况,2006年原国家劳动和社会保障部发出《关于生育保险覆盖范围的复函》,建议"各地可制定适合本地实际的生育保险办法,扩大生育保险制度覆盖范围"。

2010年《社会保险法》明确规定:"职工应当参加生育保险"。即所有用人单位都要参加生育保险,与原劳动部颁布的《企业职工生育保险试行办法》只适用于城镇企业及其职工相比,生育保险覆盖范围扩展到了所有用人单位。而目前,全国有近半数的省、自治区、直辖市颁布地方性生育保险政策,规定将机关、事业单位、社会团体、民办非企业单位、个体工商户等单位全部纳入生育保险覆盖范围。

(二)非从业人员的生育保障

我国《社会保险法》将生育保险的适用对象只规定为职工,因此对农村、城镇居民的生育保险以及失业人员的生育保险并没有作出明确规定,交由各地方规划。2007年全国开始进行城镇居民基本医疗保险试点工作。在推进试点过程中,河北、广东、陕西等14个省市将城镇居民住院分娩费用纳入城镇居民医疗保险制度予以解决。

人力资源和社会保障部办公厅于2009年发布的《关于妥善解决城镇居民生育医疗费用的通知》规定："各地要将城镇居民基本医疗保险参保人员住院分娩发生的符合规定的医疗费用纳入城镇居民基本医疗保险基金支付范围。开展门诊统筹的地区，可将参保居民符合规定的产前检查费用纳入基金支付范围。"2002年，中共中央、国务院颁布了《关于进一步加强农村卫生工作的决定》，提出建立以大病统筹为主的新型农村合作医疗制度和医疗救助制度，参加新型农村合作医疗制度的农村人口均能享受农村生育保险待遇。农村产妇住院报销比例为医疗费用总额的50%～70%之间。2009年，卫生部、财政部颁发《关于进一步加强农村孕产妇住院分娩工作的指导意见》，提出了国家对中西部困难地区住院分娩的妇女实施补助。对于失业人员是否享受职工保险待遇，各地办法并不一致，但已经有地方将失业人员的生育保险纳入规划；有的地方将失业人员的生育保险纳入到城镇社会保险中，如上海的《上海市城镇生育保险办法》；或给予失业生育补助，如《西安市贯彻〈失业保险条例〉实施意见》；广东省将与单位建立劳动关系的人员全部纳入生育保险参保范围，包括灵活就业人员、农民工等；天津2012年发布了《关于扩大城镇职工生育保险制度覆盖范围有关问题的通知》，将失业人员纳入城镇职工生育保险范围。

三、职工生育保险筹资渠道

世界大多数国家采用社会保险基金的传统筹措方法，将生育保险的资金筹措和其他社会保险项目的资金结合起来，并向雇主和雇员双方征收一种单一的保险费。但比较常见的办法是，由雇主和雇员按一定限额以下工资的固定比例，直接向各单位的保险方案缴纳保险费。这种单独的保险方案既包括健康照顾，也包括疾病和生育的现金补助。

此外，有些国家还规定政府也要负担一部分费用。一般来说，凡是通过某种国民健康服务制度，使医疗照顾适用于全体居民的国家，政府通常从财政收入中负担全部或至少大部分的医疗费。有些国家，如东欧国家，疾病与生育补助金来源是国营企业以雇主身份缴纳的保险费。

事实上，世界上多数国家的生育保险基金来源于被保险人、雇主和政府三方或雇主与雇员两方。如日本的健康保险（含生育保险）的保险财源由三部分组成：被保险人缴纳其薪金的4%，雇主负担的数额与被保险人相同，政府负担给付费用的16.4%及行政费用。韩国的疾病与生育保险基金的来源是：受保人工资收入的1.5%～4%（因工资水平而异）；雇主为工薪总额的3.24%；政府负担部分管理费用。巴拿马的疾病与生育基金，政府不负担，受保人缴纳收入的1%，年金领取者缴纳年金的7.25%，雇主负担工薪总额的8%。塞内加尔的疾病与生育保险基金来源于受保人和雇主的缴费，费率不超过3%，政府不负担费用。东欧一些国家，如罗马尼亚、保加利亚等国，规定妇女生育期间单位停发工资，从劳动保险金中领取现金，其数额相等于工资额。

我国实行改革开放以来，在建立生育保险制度之初，一直坚持按照"以支定收、收支基本平衡"的原则筹集资金。按照《社会保险法》第五十三条规定，职工应当参加生育保险，由参加生育保险社会统筹的用人单位，按照国家规定，即按用人单位职工工资总额的一定比例向社会保险经办机构缴纳生育保险费，建立生育保险基金。在筹资比例上，考虑到全国地区间经济情况差异，生育保险费的提取比例由当地人民政府根据计划内生育人数和生育津贴、生育医疗费等项费用确定，并可根据费用支出情况适时调整，但是最高不得超过职工工资总额的1%。用人单位缴纳的生育保险费作为期间费用处理，列入企业管理费用。由于我国各地区经济社会发展水平不平衡，各地缴纳生育保险费的标准也不同。目前，我国有大部分地区规定缴纳的生育保险费标准从0.4%到1%不等。全国生育保险筹资比例平均在0.7%左右。

在缴费方式上，生育保险与工伤保险相同，都是法律作出规定，保险费由用人单位缴纳，职工个人不需缴费，以充分体现对女职工权益的保护。

生育保险基金按属地原则组织，实行社会统筹。按属地原则组织，是指目前我国的生育保险是按行政区域划分的省级、地区（市、区）级、县（市、区）级为统筹单位，辖区内的各类用人单位（不分企业的所有制性质、不分隶属关系）一律参加所在地的生育保险社会统筹，执行当地的统一政策。生育保险费用实行社会统筹，是指生育保险基金由统筹地区的社会保险经办机构在国家规定的范围内统一筹集和适用，以实现互助互济，风险共担，为生育者提供基本的物质帮助。

生育保险实行社会统筹，实际上就是从社会角度履行对生育妇女给予补偿的责任。其作用和意义在于：

1. 有利于企业平等地参与市场竞争。由于社会分工、行业特点造成女职工分布不均衡，有些企业女职工多达职工总数的60%～70%，而有些企业则不足10%，由此导致了企业之间生育费用负担畸轻畸重。女工人数多的企业背上沉重的生育费用负担，不能平等地参与市场竞争。

2. 有利于保障妇女平等的就业权利。由于生育费用无形中加大了使用女职工的人工成本，导致一些用人单位不愿招用女性，或当女性到了生育期不再续签合同，从而增加了妇女就业的难度。即使在已经就业的女职工中，当企业转换经营机制，实行承包、租赁、优化组合等经营形式时，女职工特别是正在怀孕、生育、哺乳期的女职工难以得到与男职工平等的工作安排。实行生育保险社会统筹，女职工多的企业由于不负担生育费用，解决了后顾之忧，这就可以保障妇女实现平等就业的权利。

3. 有利于保障女职工生育期间享受社会保险待遇权。过去，女职工生育由企业支付工资和有关费用，当有些企业效益不好时，便无力保障女职工生育期间生育待遇给付，使女职工生育保险权益得不到兑现。实行生育保险社会统筹，生育保险基金由社会保险经办机构统一筹集使用，可以充分发挥基金的互济功能，不会出现生育女职工生育保险待遇落空的问题。

四、职工生育保险服务与管理

生育保险与医疗保险在医疗服务管理上有很多共同之处，按照生育保险与医疗保险协同推进的工作思路，生育医疗服务管理在医疗保险服务管理的基础上结合自身特点统筹开展。

一是生育保险的用药范围、诊疗项目和医疗服务设施标准，原则上按照基本医疗保险有关规定执行。

二是生育保险实行定点医疗管理制度。社会保险经办机构与定点医疗机构签订协议，实行协议管理制度。考虑到生育保险与医疗保险之间的密切联系，在用药管理、服务项目和设施标准等方面应以医疗保险服务管理为基础，同时根据生育保险的自身特点确定具体的管理办法。

三是生育医疗费用与医疗机构直接结算。由社会保险经办管理机构，按照与定点医疗机构协议要求，按照分娩的不同方式，制定相应的定额标准进行结算。这种办法方便了职工就医，简化了程序，对医疗费用的不合理增长起到了控制作用。既保障了参保职工的利益，也维护了医疗机构的利益，基本做到了在政策范围内"生孩子不花钱"，受到了参保人员的普遍欢迎。如北京市逐步提高待遇支付标准和保障范围，明确提出了在规定范围内个人不负担任何医疗费用，实现了"生孩子不花钱"的目标。在生育费用结算管理上，充分利用医疗保险信息结算系统，由社会保险经办机构与定点医疗机构直接结算，有效控制了医疗费用增长，减轻了个人负担。

第三节 生育保险待遇

一、生育保险待遇的基本含义

生育保险待遇，是指妇女在生育期间依法享有的各种帮助和物质补偿。对此，我国《社会保险法》第五十四条规定："用人单位已经缴纳生育保险费的，其职工享受生育保险待遇；职工未就业配偶按照国家规定享受生育医疗费用待遇。所需资金从生育保险基金中支付。生育保险待遇包括生育医疗费用和生育津贴。"这就明确了职工享受生育保险的条件，以及生育保险待遇的支付项目。只有用人单位依法缴纳了生育保险费，其女职工和男职工的未就业配偶才能依法享受生育保险待遇，这是享受生育保险待遇的前提条件。生育保险待遇支付的项目主要包括生育医疗费用和生育津贴。

二、生育医疗费用

《社会保险法》第五十五条规定，生育医疗费用包括下列各项：

（一）生育的医疗费用

生育医疗费用主要包括生育妇女在妊娠期、分娩期、产褥期内，因生育所发生的检查费、接生费、手术费、住院费、药费等医疗费用；生育出院后，因生育引起疾病的医疗费，也由生育保险基金支付。

1. 检查费

检查费是指生育妇女围产期保健过程中，定期到医疗机构进行身体检查的相关费用。大致可分为全身检查、产科检查、化验检查以及特殊检查四部分：①全身检查：主要有发育和营养状态、身高、体重、血压检查，心、肺、肝、脾以及脊柱和乳房检查；②产科检查：腹部检查、骨盆测量、阴道检查；③化验检查：血常规、血型、尿常规、尿糖，必要时做肝、肾功能检查；④特殊检查：根据情况做超声波检查、羊水检查、胎盘功能检查等。

2. 接生费

接生费主要是指生育妇女分娩时，医生或助产人员协助产妇娩出新生儿过程中所发生的费用，即医生以及助产人员提供的医疗服务的费用。大部分产妇为自然生产，这是接生过程中最为简单的一种，也是费用最低的一种。也有一部分产妇由于各种原因不能靠自己的力量分娩，需要医务人员手术助产才能娩出胎儿。目前，主要有两种助产方式：一是胎头吸引术，即用一种特制的吸引器，利用负压原理吸附在胎头上，随着宫缩、产妇屏气，向外拉胎头，使胎儿娩出，不用麻醉。二是产钳术，即用产钳夹住胎头两侧，借助宫缩和产妇屏气用力，顺着产轴方向将胎儿牵拉出来。无论是哪种接生方式，其费用均由生育保险基金支付。

3. 手术费

手术费支付的项目主要是指分娩过程中的剖宫产术。当产妇自身条件不适宜自己娩出胎儿时，必须靠医务人员进行手术帮助产妇完成分娩过程，其手术费用由生育保险基金支付。

4. 住院费

住院费是指产妇在分娩期间住院的床位费、取暖费等。床位费按照国家物价监督管理部门规定的普通床位收费标准支付。但是，母婴同室以及高标准病房所付费用，不属于生育保险基金支付的范畴。

5. 药费

药费是指生育妇女从怀孕至分娩后出院，医生根据产妇需要给予的药物护理、治疗所发生的费用。但是，在生育期间超出规定的医疗服务费和药费（包括产妇私自到药店购药以及购买滋补和营养品所发生的费用），不属于生育保险基金支付的范围。

（二）计划生育的医疗费用

计划生育的医疗费用，是指职工响应国家计划生育号召，因实行计划生育需要，实施避孕、节育手术所发生的费用。主要项目有放置（取出）子宫内节育器、人工流产术、引产术、绝育及复通手术所发生的医疗费用。

（三）法律、法规规定的其他项目费用

主要是指国家和各地根据经济发展水平和各地实际，适时出台保护生育妇女身体健康的相关医疗费用。

三、生育津贴

生育津贴是指根据国家法律、法规规定对职业妇女因生育而离开工作岗位所给予的生活费用。女职工在生育期间离开工作岗位，不能正常工作，生育津贴是对女职工在产假期间的基本生活保障。《社会保险法》第五十六条规定，职工有下列情形之一的，可以按照国家规定享受生育津贴。

（一）女职工生育享受产假

我国规定了女职工生育享有法定的产假。产假指国家法律、法规规定的，给予女职工在分娩前、分娩中和分娩后的一定时间内所享有的假期。产假主要作用是使女职工在生育时期得到适当的休息，逐步恢复工作能力及料理个人生活的能力，增进产妇身体健康，并使婴儿得到母亲的精心照顾和哺育。1951年《劳动保险条例》和1955年《国务院关于女工作人员生产假期的通知》规定，女职工生育享受产假56天；难产或双生增加产假14天；怀孕3个月以内流产的可以休产假15天，3个月以上不满7个月流产时，给予30天的产假。1988年国务院颁布的《女职工劳动保护规定》对产假进行了修改。规定法定正常产假为90天，其中产前假期为15天，产后假期为75天。难产、多胞胎生育，每多生育一个婴儿增加产假15天。同年，原劳动部发布了《关于女职工生育待遇若干问题的通知》，规定女职工怀孕不满4个月流产的，产假为15～30天；怀孕满4个月以上流产的，产假为42天，产假期间工资照发。1994年颁布的《劳动法》第六十二条也规定，女职工生育享受不少于90天的产假。2012年国务院颁布《女职工劳动保护特别规定》取代了1988年的规定，其中第七条规定："女职工生育享受98天产假，其中产前可以休假15天；难产的，增加产假15天；生育多胞胎的，每多生育1个婴儿，增加产假15天。女职工怀孕未满4个月流产的，享受15天产假；怀孕满4个月流产的，享受42天产假。"

根据我国《人口与计划生育法》第二十五条规定，公民晚婚晚育，可以获得延长婚假、生育假的奖励或者其他福利待遇。"生育假"实际上是产假。所谓晚婚，是指在法定婚龄基础上，男女青年超过法定结婚年龄3年以上初次结婚，即男子年满25周岁或者女子年满23周岁结婚的。所谓晚育，就是适当推迟婚后初育的年龄，即妇女24周岁以上生育子女的。对此，我国大部分省对晚育的妇女规定了晚育产假，即在法定产假的基础上给予适当延长产假的奖励，为10～30天，有些地方规定45～90天。此外，还有的地方规定给予男职工一定期限的护理假，一般为7～10天。

（二）享受计划生育手术休假

计划生育手术，是指公民为实行计划生育而采取的避孕、节育和补救措施。公民在进行计划生育手术时，身心不可避免地会受到不同程度的损害，有的还可能因为操作不当而引起手术并发症，理应得到国家的经济奖励和补偿。因此，《人口与计划生育法》第二十六条规定："公民实行计划生育手术，享受国家规定的休假；地方人民政府可以给予奖励。"对于公民实行计划生育手术所享受的国家规定的休假，目前国家并没有一个正式的关于计划生育手术术后休假的强制性规定。卫生部和国家计划生育委员会《关于转发〈节育手术常规〉的通知》和《劳动部关于女职工生育待遇若干问题的通知》，对各种节育手术术后休假都作出了相关规定。主要内容为：①放置宫内节育器和皮下药物埋植，自手术起休息2天，重体力劳动者，在术后一周内不作重体力劳动；②取宫内节育器，当日休息1天；③输精管结扎，休息7天；④单纯输卵管结扎，休息21天；⑤产后结扎输卵管，按产假另加14天；⑥人工流产：怀孕不满3个月的休息20天，3个月以上不满4个月的休息30天，4个月以上的休息42天，等等。目前，也有的地方对计划生育手术术后休假作出了明确规定。

（三）法律、法规规定的其他情形

随着社会的进步和社会保障立法的发展，除了女职工生育享受产假、计划生育手术休假两种情形外，今后可能会出现新的享受生育津贴的情形。同时，不同地区经济社会发展水平、人口结构差别较大，在符合国家统一规定的前提下，各地可以依据本地区经济、社会、资源、环境实际情况以及人口发展状况确定生育津贴的具体支付范围。如有的地区规定，允许女职工生育后，给予男职工一定假期，以照顾生育后的妻子，假期工资照发。

（四）生育津贴的支付标准

对于女职工在产假期间的生育津贴按什么标准支付，各地在实践中有不同的支付标准：一是按照女职工生育前工资标准支付，二是按照本单位上年度职工月平均工资计发，三是按照职工缴纳社会保险费基数计发，四是按照社会平均工资标准计发等。在制定《社会保险法》时，通过总结实践经验，作出规定："生育津贴按照职工所在用人单位上年度职工月平均工资计发。"2012年国务院颁布《女职工劳动保护特别规定》，又进一步规定："女职工产假期间的生育津贴，对已经参加生育保险的，按照用人单位上年度职工月平均工资的标准由生育保险基金支付；对未参加生育保险的，按照女职工产假前工资的标准由用人单位支付。"这样就把生育津贴的支付标准划分为两种情形：一是对已经参加生育保险的用人单位职工，其生育津贴按照用人单位上年度职工月平均工资的标准，由生育保险基金支付；二是对未参加生育保险的用人单位职工，其生育津贴按照女职工产假前工资的标准由用人单位支付。

四、职工未就业配偶生育医疗费用

生育保险制度通过解决女职工生育医疗费用、给予生育津贴，有利于消除用人单位后顾之忧，促进平等就业。对于未就业女性的生育医疗保障问题，我国政府已给予了高度重视。在我国城镇居民基本医疗保险制度和新型农村合作医疗制度中，已经把妇女生育医疗费用纳入了支付范围，按照国家现行政策规定：

一是参加城镇居民医疗保险的未就业妇女，其生育医疗费用可以按照规定从城镇居民基本医疗保险基金中支付。人力资源和社会保障部办公厅颁发的《关于妥善解决城镇居民生育医疗费用的通知》（人社厅发［2009］97号）规定："各地要将城镇居民基本医疗保险参保人员住院分娩发生的符合规定的医疗费用纳入城镇居民基本医疗保险基金支付范围。"开展门诊统筹的地区，可将参保居民符合规定的产前检查费用纳入基金支付范围。

二是参加新型农村合作医疗的农村妇女，其生育医疗费用可以按照规定从新型农村合作医疗基金中支付。2003年，国务院办公厅转发卫生部、财政部、农业部《关于建立新型农村合作医疗制度的意见》，明确农村妇女住院分娩的医疗费用由新型农村合作医疗制度解决。

三是中西部地区分娩补助计划。2009年，卫生部、财政部印发了《关于进一步加强农村孕产妇住院分娩工作的指导意见》（卫妇社发［2009］12号），规定实施农村孕产妇住院分娩补助政策，对农村孕产妇在财政补助之外的住院分娩费用，可按当地新型农村合作医疗制度的规定给予补偿。对个人负担较重的贫困孕产妇，可由农村医疗救助制度按规定给予救助。

同时，针对现实中存在用人单位为职工缴纳生育保险费是不分男女的，但在享受待遇时只有女职工享受，而男职工无法享受，会使得谁参保、谁受益的原则不能贯彻。我国已经有十多个省对参保男职工的配偶生育可以享受生育保险待遇进行了规定。如江苏、吉林等省规定，对参加生育保险的男职工，其配偶无工作单位或未参加生育保险，不能享受生育有关待遇的，且符合国家计划生育政策规定，其生育医疗费用按50%的标准由生育保险基金给予一次性支付。又如黑龙江省《企业职工生育保险暂行办法》规定，男方职工所在企业参加生育保险社会统筹，其配偶按计划生育家居农村从事农业生产劳动生活确有困难的，由生育保险基金按男方参加社会统筹当地企业职工上一年度月平均工资给予一个月的生育补助费。

因此，《社会保险法》作出规定：参加生育保险的职工未就业配偶按照国家规定享受生育医疗费用待遇，所需资金从生育保险基金中支付。这是对现行生育保险制度的一个突破。对于生育保险制度的完善，就是要做好未就业妇女的生育医疗保障与生育保险制度的衔接，从生育保险基金中解决参保职工未就业配偶的生育医疗费用待遇。

案例分析

一、产假工资与生育津贴

[基本案情]

王女士在一家企业上班，2011年8月因生育小孩休产假4个月，其间每个月1 800元的基本工资由所在单位支付，但本单位每月都有的较多的绩效奖金却没有了，该企业认为已给予王女士在产假期间的工资保障，其在产假期间毕竟未上班工作，绩效奖金理应扣除。

王女士听朋友说企业职工参加了生育保险，应当享受生育津贴，满心欢喜，领取了基本工资后，认为还有生育津贴，并未计较奖金得失。可是等她产假结束后，到社会保险经办机构领取生育保险时，却被告知她所在单位没有参加生育保险，其生育津贴由单位支付。王女士找到单位要求支付其生育津贴。单位却说，已发给了产假工资，就没有什么生育津贴了。王女士申请了劳动争议仲裁。

[法律问题]

1. 产假工资与生育津贴是一回事吗？
2. 产假职工所在单位未参加生育保险，其生育保险待遇应由谁支付？
3. 生育津贴以什么标准发放？

[学理分析]

实践中，一些人认为产假工资与生育津贴是不一样的两种收入，生育女职工既可以拿产假工资，也可以拿生育津贴，这样就可以拿到双份工资。这样理解到底对不对呢？其实这是源自对不同立法目的理解的不同。分析其历史沿革就可以知道产假工资与生育津贴的关系了。

1951年的《劳动保险条例》规定，"女工人与女职员生育，产前产后共给假五十六日，产假期间，工资照发"，这是新中国第一个关于女职工生育保险的规定，其中只有产假工资的规定。1988年《女职工劳动保护规定》第八条规定："女职工产假为九十天，其中产前休假十五天。难产的，增加产假十五天。多胞胎生育的，每多生育一个婴儿，增加产假十五天。"同年，劳动部发布的《劳动部关于女职工生育待遇若干问题的通知》规定"产假期间工资照发"。这些规定提高了《劳动保险条例》中有关女工人、女职员生育待遇的规定，但仍使用了"产假工资"这一提法。

1994年颁布的《劳动法》第六十二条规定："女职工生育享受不少于九十天的产假。"1995年劳动部《关于贯彻执行〈中华人民共和国劳动法〉若干问题的意见》（以下简称《意见》）第五十八条规定："企业下岗待工人员，由企业依据当地政府的有关规定支付其生活费，生活费可以低于最低工资标准，下岗待工人员重新就业的，企业应停发其生活费。女职工因生育、哺乳请长假而下岗的，在其享受法定产假期间，依法领取生育津贴；没有参加生育保险的企业，由企业照发原工资。"这是第一次将产假工资与生育津贴同时规定的法规性文件。同年，配合《劳动法》制定的《企业职工生育保险试行办法》第五条规定："女职工生育按照法律、法规的规定享受产假。产假期间的生育津贴按照本企业上年度职工月平均工资计发，由生育保险基金支付。"从此开始使用"生育津贴"的概念。所谓生育津贴，是指在法定的生育休假期间对生育者的工资收入损失所给予的经济补偿，用于保障女职工产假期间的基本生活需要。从《意见》的解释来看，"生育津贴"与"产假工资"的区别在于企业是否参加了生育保险，这对于单位未给缴纳生育保险的群体（如农民工）具有积极的保护作用。但从立法目的上讲，产假工资与生育津贴所保护的目的是一样的，都是为了使生育期间女职工的劳动收入不至于减少。从数额上讲也大致相仿。

除此之外值得指出的是，产假工资属于工资性质，而工资支付必须符合一定的原则,即法律中规定的工资支付是强制性的,如工资支付项目、工资支付水平、工资支付形式、工资支付对象、工资支付时间以及特殊情况下的工资支付等,都有明确规定,特别是工资支付的时间。一些地方法规规章明确规定了:"劳动者生育或者施行计划生育手术依法享受休假期间,用人单位应当支付其工资。劳动者因产前检查和哺乳依法休假的,用人单位应当视同其正常劳动支付工资。""劳动者依法享受法定休假日、年休假、探亲假、婚假、丧假、产假、看护假、计划生育假等假期期间,用人单位应当视同其正常劳动并支付正常工作时间的工资。"这些规定都显示出"产假工资"要同其他工资一样及时支付,如果超过了工资支付时间则会对生育职工的生活造成影响。

随着我国社会保险制度的不断完善,国家立法对职工享受生育保险待遇进行了规范。《社会保险法》规定:"职工应当参加生育保险,由用人单位按照国家规定缴纳生育保险费,职工不缴纳生育保险费。"同时还规定:"用人单位已经缴纳生育保险费的,其职工享受生育保险待遇;""生育保险待遇包括生育医疗费用和生育津贴"。①医疗费用,按照生育保险规定的项目和标准,对已经参加生育保险的,由生育保险基金支付;对未参加生育保险的,由用人单位支付。②生育津贴,主要是在女职工生育享受产假时,或者享受计划生育手术休假时,以及在法律、法规规定的其他情形得以享受的费用。女职工产假期间的生育津贴发放标准:一是对用人单位参加生育保险,缴纳了生育保险费的,"按照职工所在用人单位上年度职工月平均工资计发","所需资金从生育保险基金中支付。"二是对用人单位未参加生育保险的,根据国务院颁布的《女职工劳动保护特别规定》(2012年),是"按照女职工产假前工资的标准由用人单位支付。"进一步说,作为生育职工应当享受的生育待遇之一,讲"生育津贴",是相对于用人单位已参加了生育保险,由生育保险基金中支付的费用;讲"产假工资",是相对于用人单位未参加生育保险,由用人单位支付的费用。用人单位参加了生育保险,依法缴纳了生育保险费,就不再为生育职工支付"产假工资";而用人单位没有依法缴纳生育保险费,则单位所属职工就不能享受生育津贴,那么就应当要求用人单位承担相应的法律责任,由其支付"产假工资"。可见,"生育津贴"和"产假工资"这两者是不能同时享有的。

二、未婚生育女职工是否可以享受生育保险待遇

[基本案情]

陈女士是某公司职工,因忙于工作一直未谈恋爱,28岁才开始结识一男朋友。相识一年后,终因性格不合分手,分手3个月后才发现自己怀孕了,经慎重考虑,她打算生下这个孩子。在陈女士怀孕期间,公司曾想辞退她,但担心触犯法律,承担法律责任,让她继续留在公司工作。

陈女士生下孩子后,向公司申请产假,并要求享受生育保险待遇时,才得知公司没有参加生育保险,社会保险经办机构不支付任何生育保险待遇,一切由公司承担。此时,公司则以她未婚生育,违背计划生育政策为由,拒绝支付任何生育医疗费用、产假工资和相关生育待遇。陈女士不服,将该公司诉至法院,请求裁决公司支付其依法应有的生育保险待遇。

[法律问题]

未婚生育女职工是否可以享受产假待遇和生育保险待遇?

[学理分析]

1. 关于未婚生育女职工能否享受产假待遇

根据《妇女权益保护法》第二十五条规定:"任何单位均应根据妇女的特点,依法保护妇女在工作和劳动时的安全和健康,不得安排不适合妇女从事的工作和劳动。妇女在经期、孕期、产期、哺乳期受特殊保护。"女职工的产假,是结合妇女生育的生理特点而给予的法定休假的权利,是为了保护女职工的身心健康设定的劳动保护条件,属于强制性的规定。这种规定不仅对未婚生育的女职工,即使是对不符合计划生育政策的女职工同样适用。所以,任何妇女生育都应当享受产假待遇。值得一提的是,一些用人单位将违反计划生育政策规定所产生的产假作为事假处理,这是侵害女职工合法权益的。同时,女职工在怀孕期间,还不得以违反计划生育政策为由解除其劳动合同。

2. 关于未婚生育女职工能否享受生育保险待遇

一种观点认为，未婚生育女职工虽然能享受产假待遇，但不应享受生育保险待遇。其理由为：

一是根据《人口与计划生育法》第十八条规定，"国家稳定现行生育政策，鼓励公民晚婚晚育，提倡一对夫妻生育一个子女"，第二十一条规定："实行计划生育的育龄夫妻免费享受国家规定的基本项目的计划生育技术服务。""前款规定所需经费，按照国家有关规定列入财政预算或者由社会保险予以保障。"第二十四条规定："国家建立健全基本养老保险、基本医疗保险、生育保险和社会福利等社会保障制度，促进计划生育。"第四十一条规定："不符合本法第十八条规定生育子女的公民，应当依法缴纳社会抚养费。"这些规定都说明生育保险的设立是为了保障计划生育政策的顺利贯彻，违反计划生育政策者是不能享受相关保险待遇的。

二是根据中共中央、国务院《关于进一步做好计划生育工作的指示》（中发〔1982〕11号）规定："对于不按计划生育的，要给予适当的经济限制。国家干部和职工，城镇居民，计划外生第二胎的，要取消其按合理生育所享受的医药、福利等待遇，还可视情况扣发一定比例的工资，或不得享受困难补助、托幼补助。"可见，我国生育保险要求享受对象必须是合法婚姻者，即必须符合法定结婚年龄、按婚姻法规定办理了合法手续，并符合国家计划生育政策等的公民，而像本案中陈女士的未婚生育是违反《人口与计划生育法》和国家政策的。因此不能享受生育保险待遇。

另一种观点认为，未婚生育女职工也应当享受生育保险待遇。其理由为：

一是《社会保险法》和《女职工劳动保护特别规定》，都未明确规定此种情形的女职工不能享受生育保险待遇，国家法律法规中明确规定只要是"职工"参加了生育保险，所在单位缴纳了生育保险费，就有权享受生育保险待遇。法律法规中并没有明确规定不能享受生育保险待遇的条款。

二是国务院在1988年颁布的《女职工劳动保护规定》，曾在第十五条中规定："女职工违反国家有关计划生育规定的，其劳动保护应当按照国家有关计划生育规定办理，不适用本规定。"而在2012年新修订的《女职工劳动保护特别规定》中，将原规定的第十五条的内容删除了。这表明女职工违反国家有关计划生育规定的，适用《女职工劳动保护特别规定》。《女职工劳动保护特别规定》中明确规定有：①"女职工生育享受98天产假，其中产前可以休假15天；难产的，增加产假15天；生育多胞胎的，每多生育1个婴儿，增加产假15天。"②"女职工产假期间的生育津贴，对已经参加生育保险的，按照用人单位上年度职工月平均工资的标准由生育保险基金支付；对未参加生育保险的，按照女职工产假前工资的标准由用人单位支付。"③"女职工生育或者流产的医疗费用，按照生育保险规定的项目和标准，对已经参加生育保险的，由生育保险基金支付；对未参加生育保险的，由用人单位支付。"所以，未婚生育女职工应当享受生育保险待遇。

三是未婚生育的女职工不一定就是违反了《人口与计划生育法》和国家计划生育政策。或许未婚生育的女职工（如本案中的陈女士）已经超过了国家规定的晚婚晚育年龄，并且可能只生一个孩子。即便未婚生育的女职工违反了《人口与计划生育法》和国家计划生育政策法，可以对其按照违反计划生育法律政策进行处理，即对"不符合本法第十八条规定生育子女的公民，应当依法缴纳社会抚养费"，甚至处以重罚，但也不应影响其享受生育保险待遇。

对于上述两种观点仍有必要进行深入研讨。

三、用人单位缴纳生育保险费不以其职工性别来划分

[基本案情]

某县有一机械厂，今年初到当地社会保险经办机构办理社会保险参保登记手续，在缴费时提出只缴纳基本养老保险费、基本医疗保险费、工伤保险费和失业保险费，不缴纳生育保险费。其理由是该厂没有女职工，享受不到生育保险待遇。结果，该企业的这一要求被当地社会保险经办机构当场拒绝，并责令该企业按规定参加生育保险，并以企业所有职工人数工资总额的一定比例缴纳生育保险费。

☑ [法律问题]

1. 用人单位为何要为男职工缴纳生育保险费?

2. 男职工所在企业履行了缴纳生育保险费的义务后,其享受待遇的权利如何体现?

☑ [学理分析]

按照社会保险的基本原理,生育保险费用的社会统筹是指社会保险经办机构按照法律规定,根据社会保险"大数法则",在较大的社会范围内筹集保险基金,通过互助共济,将少数人和少数单位的生育风险,转由多数人和多数单位共同分担,以此实现对女职工生育费用的补偿。生育保险基金在筹资原则上不同于养老保险基金,一般是实行现收现付制,不强调留有很多的积累和结余。这主要基于两点考虑:第一,生育所造成的暂时丧失劳动能力,一般属于生理变化,女职工因生育引起的收入损失和医疗保健需求一般也是暂时性的,生育保险基金就其支付期限而言是一项短期风险,根据其支付变化需要可以合理确定筹资的比例并进行适当调整。第二,我国生育保险与计划生育这一基本国策相衔接,较之其他社会保险项目而言,有一定的计划性和可预见性,发生大的风险的概率较小,因此一般不用留有很多的积累以应付不测。因此,根据我国实际,国家规定职工生育保险费的缴纳标准一般不超过该企业全部职工工资总额的1%,职工个人不缴纳生育保险费。

生育保险的直接受益者是女职工,但企业缴纳生育保险费却不是以女职工的工资总额为基数,而是以全部职工的工资总额为缴费基数,即这里所指的"全部职工"并不区分男职工和女职工,也不区分生育前的女职工和生育后的女职工。这就体现了社会统筹、互助共济的社会保险性质。而且这种缴费方式可以使生育保险费用在各企业之间平均分担,不会对女性劳动者多的企业造成过度负担,进而影响女性劳动者就业。女性生育不仅关系到自身,也关系到人类社会的繁衍,是社会共同的责任。因此,即使企业中没有女职工只有男职工,也要以其工资总额为基数缴纳生育保险费。同时,职工个人不缴纳生育保险费,是因为可以避免职工个人缴费时出现的已生育、不生育仍然要缴费的不公平现象及其争论。

第七章　生育保险

由于在我国的生育保险制度规定中，用人单位为职工缴纳生育保险费是不分男女的，但在享受待遇时只有女职工能享受，而男职工无法享受，那么如何使男职工所在企业履行了缴纳生育保险费的义务后，其享受待遇的权利得以体现，以贯彻谁参保、谁受益的原则呢？《社会保险法》为此作出规定：参加生育保险的"职工未就业配偶按照国家规定享受生育医疗费用待遇，所需资金从生育保险基金中支付"。这是对现行生育保险制度的一个突破。这表明法律规定，对参加生育保险的男职工，其配偶若是参加生育保险的，依法享受生育保险待遇；其配偶若是没有参加生育保险或是无工作单位（或未就业）的，也依法享受生育医疗费用待遇，而此费用从生育保险基金中支付。

第八章

社会保险经办

第一节 社会保险经办机构

社会保险经办机构是服务型政府的重要组成部分,是贯彻落实各项社会保险规章制度和政策要求,管理社会保险基金,为各类参保单位和广大参保人员提供社会保险公共服务的组织。通过立法,准确界定经办机构的法律地位和职责任务,赋予其与履行社会管理和公共服务职能相匹配的工作手段和工作条件,明确其不履行法定义务和违反有关法律法规规定应承担的法律责任,是加强经办机构能力建设,推动社会保险经办管理服务健康发展,更好地满足广大人民群众社会保障需求所必需的。《社会保险法》第九章"社会保险经办",对社会保险经办机构的设立、主要职责、工作要求、保障条件及相应的法律责任都作了明确的规定,为加强全国经办系统建设,更好履行保障和改善民生的职责提供了法律依据。

一、社会保险经办机构的概念

社会保险经办机构,是指依据法律法规的授权和社会保险行政部门的委托,负责贯彻实施国家有关社会保险的法律法规政策,承办具体业务管理服务工作的法定事务性机构。社会保险经办机构承办的管理服务工作主要包括:负责社会保险登记,为用人单位和参保人员建立档案和权益记录,具体支付各项社会保险待遇,提供社会保险咨询服务。一些地方的社会保险经办机构还承担社会保险费的征缴和调剂使用社会保险资金等工作。

我国对社会保险事务实行政事分开的原则,由社会保险行政部门主要负责与社会保险有关的法规政策的制定及相关的行政管理，而由社会保险经办机构主要负责贯彻落实国家有关社会保险的法律法规政策，承办社会保险具体业务。

社会保险经办机构在全国各地区一般以"社会保险事业管理中心"来称谓。按照《社会保险法》第七十二条规定："统筹地区设立社会保险经办机构。社会保险经办机构根据工作需要，经所在地的社会保险行政部门和机构编制管理机关批准，可以在本统筹地区设立分支机构和服务网点。"这就是说，社会保险经办机构由统筹地区根据工作需要设立，而不按照行政区划层层设立，为方便对公民提供便捷的服务，可以在社区、街道、乡镇设立工作服务站。

二、国外社会保险经办管理服务模式

世界上有关国家和地区社会保险管理服务的模式各有不同，主体主要有三类：

（一）政府部门设立单独的机构

出于社会保险的普遍性和强制性考虑，很多国家采取了政府直接管理的社会保障管理体制。这种管理模式的特点是政府统管各项社会保障事务，社会保险费的征收、管理、发放等环节均由政府部门直接负责，在具体分工上则有所不同。这一模式主要包括美国、英国、爱尔兰、加拿大、澳大利亚、新西兰等主要英语国家，日本、新加坡、马来西亚、印度等亚洲国家以及肯尼亚等非洲国家。

美国社会保险经办机构比较繁杂，主要有社会保障署、财政部、劳工部、国家养老基金管理机构、津贴理事会、卫生和公共服务部、医疗照顾医疗援助中心、公共卫生协会、蓝盾蓝十字健康保险和税收政策中心等。美国的社会保险经办机构呈多元化，既兼顾联邦和州、地方政府的分工，又充分发挥社团、公司和私人的作用，具有统一管理和分工管理相结合、专业管理与顾问参与相结合的特点。

英国没有真正意义上的社会保险经办机构，所有有关社会保险的管理和执行工作几乎都由政府社会保障部门单独或协同其他部门负责，但健康保险除外。目前，英国就业及年金部是国民保险基金的管理机构和直接办理机构，从个人保障账号的管理、待遇资格的审查到资金的发放都由其负责。

日本的社会保险经办机构与中国的体制比较相近。由中央省厅和各地行政分支机构承担包括决策和管理在内的所有工作。

(二) 社会自治机构

在这种管理体制下，社会保险管理服务主要由社会承担，基金由具有法人地位的各种社会保险管理机构独立管理、自主经营，政府对社会保险实行严格的立法和监督，并通过国家预算对社会保险基金进行必要补助，但不具体参与基金的管理。这种社会自治管理体制多是沿袭历史传统，以德国、法国等欧洲大陆国家为代表，实行国家立法、行业自成体系、基金自主管理的管理体制和运行机制。

德国于19世纪80年代在世界上率先制定和实施社会保险法，其社会保险经办机构又称社会保险经营机构，按照不同险别采取分类管理模式。具体可分为养老保险机构、疾病保险机构、护理保险机构、失业保险机构、法定事故保险营运机构及保险事务所。

德国经办法定养老保险的机构主要是州养老保险局，负责管理工人的养老保险，目前全德共有23个州养老保险局。其次是联邦职员养老保险局，负责管理职员的养老保险。还有特别机构如海员保险局、铁路保险局及联邦矿工联合会具体负责本行业工人和职员的养老保险办理工作。此外还有农民养老保险机构。德国疾病保险包括法定疾病保险和私人疾病保险，前者是疾病保险的主体制度。德国的疾病保险经办机构可分为七大类全国性组织，包括海员疾病保险机构、农业疾病保险机构等。此外还有一般地方疾病保险机构作为补充。需要补充的是德国的护理保险机构设立在疾病保险机构内部。德国的失业保险由德国联邦劳动局承担，该局是服务性企业，它的前身其实是政府机构，改组后它的办事效率有所提高，为社会提供就业促进和失业保险服务。法定事故保险营运机构是同业工商事故保险联合会以及联邦、州和市工伤事故保险营运机构。法定事故保险营运机构负责预防工伤事故、职业病和危害健康的劳动条件以及进行有效的急救。德国还在市和县的行政区域内设立保险事务所。它们是社会保险经办的咨询机构，引导人们监督法定事故保险营运机构。

法国的社会保险经办机构具有多样性与复杂性，它主要是与法国庞大复杂的社会保险制度体系相配套。法国的社会保险制度包括强制性的法定制度以及自愿性的补充制度。法定制度包括一般制度、农业社会互助制度、领薪者特别制度以及独立职业者的老年和疾病自治制度。其中一半制度是法定制度的基础，也是覆盖最广泛的制度。与该体系相对应，法国的社会保险经办机构也呈现出多样性和复杂性，包括保险所、民间机构、互助会和保险公司等，其中各类保险所发挥主要作用。一半制度由全国社会保障所、地区和基层社会保障所等机构进行管理。独立职业者的老年和疾病自治制度主要针对不愿被纳入一般制度的工商界人士、手工业人士以及自由职业者而设立，包括老年保险自治制度以及疾病和声誉保险制度，其经办机构各有不同，包括地区、省、地方、行业或行业间的基层所以及旨在"互补"的全国所。农业社会互助制度主要适用于农业人口，其管理主要由一系列保障所负责，这些保障组织构成农业社会互助会。

（三）委托依法设立的专门基金公司来承担，采取商业化市场运作管理模式

以智利为代表的十几个拉美国家采取这种管理模式，其特点是通过国家立法实施强制性的个人全额缴费，个人缴费全部计入个人账户；社会保险基金实行私营化管理，由依法设立的专门基金管理公司承担基金征缴、个人账户管理、基金投资运营和待遇发放等工作，政府对基金投资的全过程实施监管并承担最终风险。

各国的社会保险经办机构体系不完全相同，这与一国经济、文化、历史传统，尤其是政治体制结构密切相关。社会保险管理服务不存在固定统一的模式，世界上也不存在最优的管理模式，每种体制背后都是与各国本土特色相适应的。此外社会保险经办机构直接受到一国所采用的社会保险模式的影响。虽然各国社会保险经办管理模式各不相同，但不同中也能找出几点共同之处：各国社会保险工作都是在政府主导下，实行决策、执行、监督相分离的管理体制；社会保险经办机构的职责也基本相同；各国社会保险经办机构多实行垂直管理，形成遍布全国的服务网络。

三、我国社会保险经办机构的设立

我国"社会保险经办机构"的表述最早见于 1993 年国务院发布的《国务院

批转国家体改委关于一九九三年经济体制改革要点的通知》,此后相关的规范性文件都沿用了该表述,但是均未精确界定其内涵。《社会保险法》也只是对社会保险经办机构作了原则性规定,没有对社会保险经办机构作具体的界定。

社会保险经办机构是伴随社会保险制度改革、建设和发展而产生并不断发展壮大的。1986年,为适应部分地区开展退休人员退休费用社会统筹试点的要求,《国营企业实行劳动合同制暂行规定》(国发〔1986〕77号)明确规定,"劳动合同制工人退休养老工作,由劳动行政主管部门所属社会保险专门机构管理"。这是国务院行政法规有关社会保险经办机构最早的规定。其含义,一是明确劳动行政部门设立社会保险专门机构;二是明确机构的职能,即管理劳动合同制工人的退休养老工作。

1991年,国务院发布《关于企业职工养老保险制度改革的决定》,规定:"劳动部门所属的社会保险管理机构,是非营利性的事业单位,经办基本养老保险和企业补充养老保险的具体业务,并受养老保险基金委员会的委托,管理养老保险基金。""社会保险管理机构可以从养老保险基金中提取一定的管理费。"这是关于经办机构相对比较完整的一个规定。对经办机构的性质,明确为非营利性的事业单位;对其主要职能,确定为经办基本养老保险和企业补充保险的具体业务,并受托管理养老保险基金;还确定工作经费来源,是从所管理的基金中提取一定的管理费。

1993年,党的十四届三中全会作出《中共中央关于建立社会主义市场经济体制若干问题的决定》,提出"社会保险基金经办机构,在保证基金正常支付和安全性、流动性的前提下,可依法把社会保险基金主要用于购买国家债券,确保社会保险基金的保值增值",进一步明确了经办机构管理社会保险基金的职责。

我国1994年颁布《劳动法》,第七十四条规定:社会保险基金经办机构按照法律规定收支、管理和运营社会保险基金,并负有使基金保值增值的责任。社会保险基金经办机构和社会保险基金监督机构的设立和职能由法律规定。这是我国第一次以法律形式明确了社会保险经办机构作为社会保险基金管理主体的地位和职能。1998年,《国务院关于实行企业职工基本养老保险省级统筹和行业统筹移交地方管理有关问题的通知》(国发〔1998〕28号)提出:对社会保险经办机构实行省级垂直管理。虽然《劳动法》和国务院有关法规、文件对经办机构的性质、职能、主要任务等作出了一些规定，但总的来看比较原则和零散，有些规定已经不适应社会保障制度改革和发展的需要。从总体来看，目前经办机构设立存在着数量多、机构分散、职能交叉重叠、与未来制度建设和发展要求不相适应等诸多问题，应当按照《社会保险法》要求加以规范和整合。

四、社会保险经办机构的经费保障

社会保险经办机构性质的差异决定了其经费保障方式的不同：一是政府通过预算的形式保障经办机构的人员和工作经费。二是通过从基金中提出管理费用的方式来保障人员和工作业务的正常开展。

从国外的情况看，社会保险经办机构的经费一般由社会保险基金支付，是社会保险基金支出的一部分。根据国外有关机构的调查，法国、德国、美国的基金管理成本占其发放养老金的比例分别为 1%～2%。

我国在建立社会保险制度初期，社会保险经办机构的经费从社会保险基金收入中提取的管理费中支出，但是由于缺乏监督管理和监督管理不到位，有的地方违规提取管理费，甚至挪用社会保险基金收入建办公场所等，影响了社会保险基金的安全。所以在1998年，财政部、原劳动部、中国人民银行、国家税务总局联合印发了《企业职工基本养老保险基金实行收支两条线管理暂行规定》（财社字［1998］6号），其中第三条规定："企业职工基本养老保险基金应逐步纳入社会保障预算管理。在国家社会保障预算制度建立以前，基本养老保险基金纳入单独的社会保障基金财政专户，实行收支两条线，专项管理，专款专用，任何部门、单位或个人均不得挤占、挪用，也不得用于平衡财政预算。"第七条规定："企业职工基本养老保险基金按照国家规定全部用于职工基本养老保险。社会保险经办机构开展业务工作所需要经费，由财政部门在预算中安排。"

1999年财政部和原劳动保障部联合下发《关于社会保险经办机构经费保障等问题的通知》，原则规定，社会保险基金实行收支两条线管理，社会保险经办机构不得从社会保险基金中提取任何费用，所需经费列入财政预算拨付。具体规定是：从1999年1月起，社会保险经办机构的经费包括人员经费、公用经费和专项经费,由同级财政部门根据人事(机构编制)部门核定的编制人数核拨。其中,人员经费原则上参照现行事业单位工资制度等有关规定并考虑社会保险经办机构的实际情况核定;公用经费和专项经费根据社会保险经办机构工作需要,分别按定额和定项办法核定预算。社会保险经办机构经费原则上由同级财政安排。实行社会保险省级或地级统筹的地区,可以由省级或地级财政统一安排统筹区域内各级社会保险经办机构经费,也可以由省级或地级财政安排适当的专项经费,对下级财政予以补助,专项用于社会保险经办机构开展业务工作。具体办法由省级财政部门会同社会保险行政部门制定。

2010年颁布的《社会保险法》,从法律层面肯定了现行规定。第七十二条规定:"社会保险经办机构的人员经费和经办社会保险发生的基本运行费、管理费用,由同级财政按照国家规定予以保障。"在实践中,从全国来看,各地社会保险经办机构都隶属于当地社会保险行政部门,一般情况下中央和各地社会保险经办机构的性质均为事业单位。随着社会保险制度的日趋完善,社会保险事业的不断发展,我国社会保险经办机构建设规模呈现不断扩大的趋势。目前,全国已初步建立起以各级社会保险经办机构为主干、以银行及各类定点服务机构为依托、以社区劳动保障工作平台为基础的社会保险组织体系和服务网络。

第二节 社会保险经办机构主要职责

2010年《社会保险法》的颁布对社会保险经办工作的开展提供了新的更加具体化的依据,社会保险经办机构通过履行经办管理服务职能,把国家的社会保险制度、政策转化为公共产品提供给参保单位和人员,是社会保险体系和法律关系中不可或缺的重要组成部分。《社会保险法》关于社会保险经办工作职责的规定,归纳起来,主要体现在以下几个方面。

一、社会保险登记

社会保险登记是用人单位依法参加社会保险的重要环节，社会保险登记标志着社会保险关系的成立，是社会保险缴费申报、审核，费用征收，个人账户记录以及待遇发放等系列活动的基本依据。根据《社会保险法》《社会保险费征缴暂行条例》和《社会保险登记管理暂行办法》，我国社会保险实行登记管理制度，凡是按照规定应依法参加社会保险、缴纳社会保险费的单位和个人都应办理社会保险登记。我国社会保险登记工作由省、市、县社会保险经办机构管理，县级以上社会保险经办机构主管本行政区域内的社会保险登记事宜。

（一）用人单位社会保险登记

社会保险登记是用人单位履行社会保险义务，缴纳社会保险费的基础，办理社会保险登记及其变更和注销手续是所有用人单位的法定义务。

1. 用人单位成立登记

按照《社会保险法》第五十七条规定，所有用人单位应当自成立之日起30日内凭营业执照、登记证书或者单位印章，向当地社会保险经办机构申请办理社会保险登记。按照我国有关法律法规的规定，公司、非公司企业法人、个人独资企业、合伙企业和个体工商户等营利性组织需在工商行政管理部门办理登记，取得营业执照。事业单位、社会团体、民办非企业单位等非营利组织需在机构编制管理机关、民政部门等有关主管部门办理登记，取得登记证书。上述两类组织办理社会保险登记，须持营业执照或者登记证书方能办理。而党政机关、人民团体等依法不属于登记范围的组织不需要办理登记，即本身没有营业执照或者登记证书，只需持单位印章办理社会保险登记。

用人单位办理社会保险登记一般经过的程序是：用人单位提供依法设立时取得的成立资格证书或证明文件（各类企业要经过工商登记领取工商营业执照，机关、事业单位和社会团体要取得有关机关的批准成立文件等），按照社会保险经办机构的要求填写社会保险登记表格，申请办理社会保险登记；社会保险经办机构依法应当自收到申请之日起15日内予以审核，主要审核用人单位填报的表格是否准确无误，证件和资料是否真实齐全；经审核通过后，符合要求的，社会保险经办机构要为申请单位确定社会保险登记证编码,建立社会保险登记档案,并向申请单位核发社会保险登记证件。

社会保险登记证件的样式由国务院社会保险行政部门统一印制,社会保险登记证号码冠以省、自治区、直辖市简称标识,省、自治区、直辖市社会保险经办机构应当将本省、自治区、直辖市的地区编码表报国务院社会保险行政部门备案。社会保险登记证件是单位参加社会保险的法律要件,也是用人单位向职工证明其已参加社会保险的重要凭证,由用人单位保管。社会保险经办机构对已核发的社会保险登记证件,实行定期验证和换证制度。用人单位应当在规定的期限内到社会保险经办机构办理验证及换证手续。社会保险登记证不得伪造、变造、转让、涂改、买卖和损毁。遗失社会保险登记证件或参保证明,应及时报告登记地社会保险经办机构,并申请补办。

社会保险登记应遵从属地原则,用人单位应到其所在地的社会保险经办机构办理社会保险登记。用人单位在异地设有分支机构且在当地按照国家规定进行登记的,其分支机构原则上应作为独立的缴费单位,向其所在地的社会保险经办机构单独申请办理社会保险登记。之所以这样要求,是考虑到各险种的统筹层次和不同地区之间社会保险缴费比例和待遇标准均不相同。跨地区生产经营的用人单位,其社会保险登记地由相关地区协商,意见不一致时由上一级社会保险经办机构确定登记地。

2. 用人单位变更登记

已参加社会保险、办理社会保险登记的单位,当其社会保险登记事项发生变更时,应当自变更之日起30日内持社会保险登记证件到原先办理登记的社会保险经办机构办理变更登记。这是为了使经办机构能够及时掌握和更新参保单位的有关信息,以便更好地提供服务,维护参保者社会保险权益。

用人单位在以下社会保险登记事项发生变更时,都应依法向原社会保险经办机构申请办理社会保险变更登记:①单位名称;②住所或地址;③法定代表人或负责人;④单位类型;⑤组织机构统一代码;⑥主管部门或隶属关系;⑦隶属关系;⑧开户银行及账号;⑨省、自治区、直辖市社会保险经办机构规定的其他事项;⑩用人单位经营范围发生变化时,还应办理工伤保险变更登记。

用人单位办理变更登记时，一是需要办理工商变更登记的生产、经营性单位，如各类企业、企业分支机构等，自工商行政管理部门办理变更登记之日起30日内，其他单位，如机关、事业单位、社会团体等，自有关部门批准或宣布变更之日起30日内，持相关证件和资料到原社会保险登记机构办理变更社会保险登记。二是需要按照要求填写社会保险变更登记表，同时提供以下资料：①向原社会保险登记机构提交社会保险变更登记申请；②提供工商变更登记表或有关机关批准或宣布有关登记事项发生变更的证明材料；③社会保险登记证件；④省、自治区、直辖市社会保险经办机构规定的其他资料。三是社会保险经办机构对申请变更登记的单位所提交材料齐全的，发给社会保险变更登记表，由申请变更登记的单位依法如实填写；经社会保险经办机构审核后，符合要求的，归入用人单位社会保险登记档案。四是对社会保险变更登记的内容涉及社会保险登记证件的内容，需更换社会保险登记证件的，社会保险经办机构应当收回原社会保险登记证件，并按更改后的内容，重新核发社会保险登记证件。

对于用人单位合并时的社会保险登记处理，分两种情形：一是由两个或两个以上的用人单位解散后，同时组成一个新的用人单位。属于因新设合并而组建的用人单位，应作为新单位办理社会保险登记。二是因一个用人单位存续，而将一个或几个用人单位解散后合并在一起的情形，属于存续的用人单位吸收解散的用人单位合并为一体而保留的单位，如吸收合并时原保留的用人单位涉及原登记事项发生变更的，应当办理社会保险变更登记；因合并而终止的其他用人单位，则应当分别办理社会保险注销登记。

对于用人单位分立时的社会保险登记处理，也分两种情形：一种是将原用人单位解散，在此基础上设立几个用人单位；另一种是原用人单位的一部分分立出来，设立另一个用人单位。因分立而保留的用人单位，如涉及原登记事项发生变更的，应当办理变更登记；因分立而终止的单位，应当办理注销登记。

3. 用人单位注销登记

用人单位发生解散、破产、撤销以及其他情形依法终止时，应当自终止之日起30日内到原先办理登记的社会保险经办机构申请办理注销社会保险登记。

用人单位办理注销社会保险登记时应当提交：①注销社会保险登记申请，按要求填报社会保险注销登记表；②工商注销登记证明、有关法律文书（如人民法院的判决书、裁定书）或其他有关注销文件（如主管机关审查同意的文件、审批机关的批准文件）等；③已结清应缴纳的社会保险费、滞纳金、罚款等有关证明。

经社会保险经办机构核准后，注销用人单位的社会保险登记，并缴销原社会保险登记证件。

（二）个人社会保险登记

1. 职工社会保险登记

按照《社会保险法》第五十八条规定，用人单位应当自用工之日起 30 日内为其职工向社会保险经办机构申请办理社会保险登记。按照《劳动合同法》的规定，用人单位自用工之日起即与劳动者建立劳动关系。用人单位一旦与劳动者建立劳动关系，就有义务为职工办理社会保险登记。值得指出的是，职工个人的社会保险登记不是一次性的，当职工社会保险登记事项发生变化时，其所在用人单位应当及时向社会保险经办机构申请办理变更登记；当职工变更用人单位时，新的用人单位也应当自用工之日起 30 日内为其向社会保险经办机构申请办理社会保险登记。

职工社会保险登记制度的实施需要社会其他部门的协助与配合，工商行政管理部门、民政部门和机构编制管理机关应当及时向社会保险经办机构通报用人单位的成立、终止情况，公安机关应当及时向社会保险经办机构通报个人的出生、死亡以及户口登记、迁移、注销等情况，各用人单位以及参保个人也应该及时主动向社会保险经办机构进行登记，这是维护职工社会保险权益的重要手段。在办理社会保险登记的过程中，用人单位和个人负有一定的义务，如用人单位和个人要提供必需的证件资料，并保证资料的真实性和有效性，以便社会保险经办机构能正确记录参保单位和个人的缴费情况。

2. 灵活就业人员社会保险登记

为更大范围地保障从业人员的社会保险权益，《社会保险法》第五十八条第二款规定："自愿参加社会保险的无雇工的个体工商户、未在用人单位参加社会保险的非全日制从业人员以及其他灵活就业人员，应当向社会保险经办机构申请办理社会保险登记。"

按照民法通则等法律法规，个体工商户是在法律允许的范围之内依法经核准登记，取得营业执照，从事工商业经营的自然人或家庭。个体工商户有的雇工经营，也有的不雇工仅由个体经营。有雇工的个体工商户属于个体经济组织，是用人单位的一种，应当依法为雇工缴纳社会保险费。无雇工的个体工商户，可以选择是否参加社会保险；参加社会保险的，应当自行办理社会保险登记。

非全日制劳动是灵活就业的一种重要形式，我国《劳动合同法》对非全日制用工形式作出规定，非全日制从业人员是指以小时计酬为主，在同一用人单位一般平均每日工作时间不超过4小时，每周工作时间累计不超过24小时的从业人员。在非全日制从业人员中，有的与用人单位建立了较为长期和稳定的劳动关系，在用人单位参加了社会保险，由用人单位代为办理个人社会保险登记；有的因没与用人单位建立稳定的劳动关系，没有在用人单位参加社会保险，若要选择参保，应当自行办理社会保险登记。

其他灵活就业人员主要包括自由职业者等岗位不固定、工作时间不固定、收入不固定、劳动关系不固定的就业人员。此类人员要选择参保，完全由自己办理社会保险登记。

以个人身份参加社会保险的人员，要填写参加社会保险人员情况表，并提供身份证、户口簿等其他相关证件和资料；与原用人单位解除或终止劳动关系的，还应提供相应证明。登记前曾在其他统筹地区参保的，应提供原参保地社会保险经办机构开具的社会保险关系转移材料，按照转移接续社会保险关系的规定办理登记。

3. 其他人员社会保险登记

按照国务院关于开展城镇居民和农村居民参加社会养老保险的有关政策规定，年满16周岁（不含在校学生）、不符合职工基本养老保险参保条件的城乡非从业居民，可以在户籍地自愿参加城乡居民养老保险。因此，此类居民是城乡居民社会养老保险制度的登记对象。特别是开展城乡居民养老保险合并实施的地区，要认真记录城乡居民参保缴费和领取待遇情况，建立参保档案，长期妥善保存。要建立全国统一的城镇居民养老保险信息管理系统，与职工基本养老保险、新农保信息管理系统整合,纳入社会保障信息管理系统。

按照国家有关规定,不属于职工基本医疗保险制度覆盖范围的学生(包括职业高中学生、中专学生、技校学生、大学生等)、少年儿童和其他非从业城镇居民都可自愿参加城镇居民基本医疗保险。凡自愿参保的居民,都应按规定办理社会保险登记。凡自愿参加新型农村合作医疗制度的农民,以家庭为单位,办理参合登记。

以个人身份参加社会保险的人员参保缴纳国家规定的社会保险费后,可以用加盖印章后的缴费通知单或缴费发票作为参保证明。

(三)个人社会保障号码

根据《社会保险法》规定,国家建立全国统一的个人社会保障号码。个人社会保障号码为公民身份号码。

根据《国务院关于实行公民身份证号码制度的决定》(国发〔1999〕15号)的规定,自1999年10月1日起在全国建立和实行公民身份证号码制度,公民身份证号码按照《公民身份证号码》(GB 11643—1999)国家标准编制,由18位数字组成,前6位为行政区划代码,第7至14位为个人出生日期码,第15至17位为顺序码,第18位为校验码。公民身份证号码是国家为每个公民从出生之日起编定的唯一的、终身不变的身份代码,在我国公民办理涉及政治、经济、社会生活等权益事务方面广泛使用。正因为如此,以全国统一编码的公民身份号码作为个人社会保障号码,是实现个人社会保障号码在全国各地简便易行的有效途径。

目前,我国各地正积极推广载有个人社会保障号码的社会保障卡发行工作,通过社会保障卡中载有个人社会保障信息存储和电子凭证的功能,实现个人基础信息以及参保、缴费、个人账户记载的查询、识别和记录,并作为个人参保的有效证明。

二、编制社会保险基金预算

《社会保险法》第六十七条规定:社会保险基金预算、决算草案的编制、审核和批准,依照法律和国务院规定执行。依照《国务院关于试行社会保险基金预算的意见》（国发〔2010〕2号）规定：统筹地区社会保险基金预算草案由社会保险经办机构编制，经本级社会保险行政部门（即目前国家称谓的"人力资源社会保障行政部门"）审核汇总，财政部门审核后，由财政和社会保险行政部门联合报本级人民政府审批。社会保险费由税务机关征收的，社会保险基金收入预算草案由社会保险经办机构会同税务机关编制。

社会保险基金预算草案经统筹地区人民政府批准后，由财政和社会保险行政部门批复，社会保险经办机构具体执行。社会保险经办机构应严格按照批准的预算和规定的程序执行，并定期向社会保险行政部门和财政部门报告。

社会保险费由税务机关征收的，社会保险基金收入预算批复税务机关和社会保险经办机构，税务机关应严格按照批准的预算和规定的程序执行，并定期向本级财政和社会保险行政部门报告。社会保险经办机构要严格按照批复的预算，筹集和使用社会保险基金。在预算执行过程中，要做好以下工作：①社会保险经办机构要定期对预算执行情况进行分析、检查。主要是基金收入是否按照批准的预算和相关政策规定筹集，基金支出是否按照批准的预算和社会保险待遇政策规定执行。②社会保险经办机构要协调和督促财政部门按照预算按时足额将财政对社会保险基金补助划转社会保险基金，保证财政补贴收入预算的执行。③对于社会保险费由税务机关代征的，社会保险经办机构要协调和督促税务机关按照社会保险费收入预算和社会保险费征收有关政策规定及时足额征收社会保险费。

三、核定社会保险缴费基数和比例

社会保险经办机构应当依法对用人单位送来的社会保险登记申报表和有关资料在规定的时间内进行即时核定，主要核定用人单位和缴费人数、各项社会保险费缴费基数和缴费费率是否符合规定，填报数量关系是否一致，申报资料是否齐全等。对用人单位申报资料齐全、缴费基数和费率符合规定、填报数量关系一致的申报表签章核准；对不符合规定的申报表提出意见，退回用人单位修正后再次核定。

1. 缴费人数核定

用人单位的职工，都应参加社会保险并足额缴费，缴费人数除包括正式的在岗职工外，还应包括短期、试用期内等其他人员。已经办理退休手续的人员由于不需要缴费，因此不计算在缴费人数核定范围内。此外，兼职人员与原用人单位存在劳动关系的，原则上应由原用人单位为其办理各项社会保险的参保缴费手续，但兼职单位应为其缴纳工伤保险。但是，对其余各项社会保险是否需要再增加缴费，仍存在争议，目前在实践中，是不需要重复缴费。

2. 缴费基数核定

缴费基数是缴纳社会保险费最重要的参数之一，准确核定用人单位和个人的缴费基数，对于社会保险费的征缴影响巨大。《社会保险法》中对参加不同险种的用人单位和个人缴费都作出了规定，其中对基本养老保险的缴费基数规定是："用人单位应当按照国家规定的本单位职工工资总额的比例缴纳基本养老保险费，记入基本养老保险统筹基金。职工应当按照国家规定的本人工资的比例缴纳基本养老保险费，记入个人账户。无雇工的个体工商户、未在用人单位参加基本养老保险的非全日制从业人员以及其他灵活就业人员参加基本养老保险的，应当按照国家规定缴纳基本养老保险费，分别记入基本养老保险统筹基金和个人账户。"应特别注意的是，不论是对用人单位的缴费，还是对职工以及对个体工商户等以个人身份参保缴费，都强调"按照国家规定"缴费。目前，我国规定的职工基本医疗保险、工伤保险、失业保险、生育保险的缴费一般以用人单位按本单位职工工资总额为基数，而职工个人缴费是按本人工资为基数（或者职工本人不缴费）。其含义主要有两点：一是《社会保险法》没有规定新的缴费基数确定办法，强调的是按照现行国家规定的办法缴费；二是各险种缴费基数的确定办法目前国家都有明确规定，是有效的，在国家出台新的规定之前应继续严格执行。因此，目前不存在改变用人单位和个人缴费基数核定办法的问题。

3. 缴费费率核定

社会保险缴费的费率核定主要是分险种进行核定：

（1）职工基本养老保险费由用人单位和职工个人共同缴纳，其中单位缴费费率原则上为20%，职工个人为8%；个体工商户和灵活就业等以个人身份参保者缴费费率为20%，其中8%计入个人账户。

（2）职工基本医疗保险费由用人单位和个人共同缴纳，单位缴费率控制在职工工资总额的6%左右，职工个人缴费率为本人工资的2%。各统筹地区可根据本地实际情况适当作出相应调整。

(3) 失业保险费由用人单位和职工个人共同缴纳，单位按照本单位职工工资总额的 2% 缴纳失业保险费，个人按照 1% 的费率缴费。

(4) 工伤保险费由用人单位缴纳，个人不缴费。《社会保险法》第三十四条规定："国家根据不同行业的工伤风险程度确定行业的差别费率，并根据使用工伤保险基金、工伤发生率等情况在每个行业内确定费率档次。"社会保险经办机构根据用人单位使用工伤保险基金、工伤发生率和所属行业费率档次等情况，确定用人单位缴费费率。

(5) 生育保险费由用人单位缴纳，个人不缴费。生育保险费率由当地人民政府根据当地计划生育人数和生育津贴、生育医疗费等项目确定，并可根据费用支出情况适时调整，但不超过工资总额的 1%。

4. 无雇工的个体工商户等灵活就业人员的缴费核定

政策规定范围内的以个人身份参保缴费的人员也应及时申报缴费。其中，参加职工基本养老保险的缴费基数为当地上年度在岗职工平均工资，缴费比例为 20%。灵活就业人员参加职工基本医疗保险，从建立统筹基金起步的地区，可以参照当地基本医疗保险建立统筹基金的缴费水平确定；缴费基数可以参照当地上一年在岗职工平均工资核定。一些地区为降低个人负担水平，扩大社会保险覆盖范围，适当降低了缴费基数或费率水平。

5. 未按规定申报时缴费数额的确定

用人单位未按规定申报的，社会保险经办机构可暂按上月缴费数额的 110% 确定应缴数额；没有上月缴费数额的，社会保险经办机构可暂按该单位的经营状况、职工人数等有关情况确定应缴数额。用人单位补办申报手续后，由社会保险费征收机构按照规定结算。

四、社会保险经办业务管理

（一）社会保险经办机构应当建立健全业务、财务、安全和风险管理制度

一是建立健全业务管理制度，主要是指提供社会保险经办工作应遵守一定的

规程，以便提高工作效率和服务质量。1997年以来，国家社会保险行政部门下发了《社会保险业务管理程序》等一系列管理规程和管理规定，有效地规范了社会保险经办业务。

二是建立健全财务制度，主要是指为了规范社会保险经办机构经办社会保险基金的财务行为，依法筹集和使用基金，做好基金的计划、控制、核算、分析和考核工作，并如实反映基金收支状况，确保基金的安全。1999年财政部和原劳动保障部联合下发了《社会保险基金财务制度》，着重规定了社会保险基金纳入单独的社会保障基金财政专户，实行收支两条线管理，专款专用。任何地区、部门、单位和个人均不得挤占、挪用，也不得用于平衡财政预算。同时，还下发了《社会保险基金会计制度》，进一步规范了社会保险基金的会计核算。

三是建立健全安全和风险管理制度，主要是指切实加强社会保险经办机构内部管理与监督，防范和化解基金运行风险，规范社会保险管理服务工作，确保社会保险基金安全。2007年原劳动和社会保障部颁布了《社会保险经办机构内部控制暂行办法》，对各级社会保险经办机构系统内部职能部门及其工作人员从事社会保险管理服务工作及业务行为进行规范、监控和评价的方法、措施作出了具体规定，要求对组织机构、业务运行、基金财务、信息系统等方面实行内部控制，在全系统内建立一个运作规范、管理科学、监控有效、考评严格的内部控制体系，对社会保险机构各项业务、各个环节进行全过程的监督，提高社会保险法规政策和各项规章制度的执行力，保证社会保险基金的安全完整，维护参保者的合法权益。

（二）社会保险经办机构要依法履行获取社会保险数据的职责

社会保险经办机构开展管理服务工作，最基本的业务之一就是要掌握参保人和各项社会保险基金的必要数据。这些数据包括用人单位及其劳动者参加社会保险登记情况、城乡居民参加社会保险的登记情况、各类单位和个人的缴费记录、社会保险对象享受各项待遇的记录、各项社会保险基金收支情况等。社会保险经办机构要依法通过业务经办、统计、调查等手段，获取社会保险事务的有关数据。同时，法律还为社会保险经办机构获取这些数据提供了有力保障。法律规定，当社会保险经办机构向有关单位和个人进行调查时，有关单位和个人具有配合义务,应当及时、如实提供。

(三)社会保险经办机构要依法及时为用人单位建立业务档案

社会保险经办机构为用人单位建立的社会保险业务档案,是指社会保险经办机构在办理社会保险业务过程中,直接形成的具有保存和利用价值的专业性文学材料、电子文档、图表、声像等不同载体的历史记录。社会保险经办机构应当及时为用人单位建立档案,完整、准确地记录参加社会保险的人员、缴费等社会保险数据,妥善保管登记、申报的原始凭证和支付结算的会计凭证。社会保险业务档案是用人单位的社会保险登记情况和缴费记录的证明,也是其职工享受社会保险待遇的依据。所以社会保险经办机构应当及时为用人单位建立档案。为了规范社会保险业务档案管理,维护社会保险事务真实、完整和安全,发挥档案的服务作用,2009年7月,人力资源社会保险部和国家档案局联合发布了《社会保险业务档案管理规定(试行)》,对社会保险经办机构管理档案作出了明确规定。

(四)社会保险经办机构要依法向参保人员及其用人单位提供免费查询服务

社会保险经办机构应当向参保人员及其用人单位开放社会保险个人权益记录查询程序,界定可供查询的内容,通过社会保险经办机构网点、自助终端或者电话、网站等方式向参保人员及其用人单位提供免费查询服务。这既是社会保险经办机构的法定义务或服务内容之一,也是参保单位和参保人员获悉参保情况、核实缴费数据的法定权利。但依据国家有关规定,参保人员向社会保险经办机构查询本人社会保险个人权益记录的,需持本人有效身份证件;参保人员委托他人向社会保险经办机构查询本人社会保险个人权益记录的,被委托人需持书面委托材料和本人有效身份证件。同时,参保人员需要书面查询结果或者出具本人参保缴费、待遇享受等书面证明的,社会保险经办机构也应当按照规定提供。

按照国家有关规定,参保人员或者用人单位对社会保险个人权益记录存在异议时,可以向社会保险经办机构提出书面核查申请,并提供相关证明材料。社会保险经办机构应当进行复核,确实存在错误的,应当改正。社会保险经办机构及其工作人员,应当依法为用人单位和个人保守信息秘密,不得以任何形式泄露。同时,社会保险经办机构应当对除参保人员本人及其用人单位以外的其他单位依法查询社会保险个人权益记录的情况进行登记,不得违法向任何单位和个人提供数据库中的信息资料或者提供超出规定查询范围的信息。

五、个人权益记录

社会保险个人权益记录,是指以纸质材料和电子数据等载体记录的反映参保人员及其用人单位履行社会保险义务、享受社会保险权益状况的信息,主要包括的内容有:①参保人员及其用人单位社会保险登记信息;②参保人员及其用人单位缴纳社会保险费、获得相关补贴的信息;③参保人员享受社会保险待遇资格及领取待遇的信息;④参保人员缴费年限和个人账户信息;⑤其他反映社会保险个人权益的信息。

社会保险经办机构要依法做好参保人个人权益记录,通过业务经办、统计、调查等方式获取参保人员相关社会保险个人权益信息;要建立社会保险个人权益信息采集的初审、审核、复核、审批制度,明确岗位职责,负责社会保险个人权益记录管理,提供与社会保险个人权益记录相关的服务。社会保险个人权益记录中缴费数额、待遇标准、个人账户储存额、缴费年限等待遇计发的数据,应当根据事先设定的业务规则,通过社会保险信息系统对原始采集数据进行计算处理后生成。人力资源社会保障信息化综合管理机构对社会保险个人权益记录提供技术支持和安全保障服务。人力资源社会保障行政部门对社会保险个人权益记录管理实施监督。

按照国家有关规定,在参保人员流动就业办理社会保险关系转移时,新参保地的社会保险经办机构应当及时做好社会保险个人权益记录的接收和管理工作;原参保地的社会保险经办机构在将社会保险个人权益记录转出后,应当按照规定保留原有记录备查。同时也要求对社会保险个人权益信息的采集、保管和维护等环节涉及的书面材料进行存档备查。

六、社会保险待遇支付

(一)社会保险经办机构应当按时足额支付社会保险待遇

社会保险待遇支付,是指按照规定支付给社会保险对象的基本养老保险待遇支出、基本医疗保险待遇支出、工伤保险待遇支出、失业保险待遇支出和生育保险待遇支出。①基本养老保险待遇支出包括基本养老金、医疗补助、丧葬补助金、抚恤金;②基本医疗保险待遇支出包括按规定分别形成的社会统筹医疗保险待遇支出和个人账户医疗保险待遇支出;③工伤保险待遇支出包括治疗工伤的医疗费用和康复费用等九项费用;④失业保险待遇支出包括失业保险金、医疗补助金、丧葬补助金、抚恤金、职业培训和职业介绍补助及其他费用;⑤生育保险待遇支出包括生育医疗费用和生育津贴。

按时足额支付,是指社会保险经办机构要按照国家有关规定,及时对符合享受社会保险待遇的人员支付相关待遇,确保不能影响其基本生活需要;同时要求足额支付社会保险金,不得有克扣和拖欠。如果社会保险经办机构不能按时足额发放社会保险金,将要依法追究其责任。

(二)社会保险经办机构要依法向第三人追偿垫支的社会保险基金

根据《社会保险法》第三十条、第四十一条、第四十二条规定,参加基本医疗保险的公民(包括参保职工和居民)由于第三人的侵权行为造成伤病的,其医疗费用应当由第三人按照确定的责任大小依法承担。超过第三人责任部分的医疗费用,由社会保险经办机构从基本医疗保险基金中按照国家规定支付。应当由第三人支付的医疗费用,第三人不支付或者无法确定第三人的,在医疗费用结算时,参保人可以向参保地社会保险经办机构书面申请基本医疗保险基金先行支付,并告知造成其伤病的原因和第三人不支付医疗费用或者无法确定第三人的情况。社会保险经办机构接到参保人提出的申请后,经审核确定其参加基本医疗保险的,应当按照统筹地区基本医疗保险基金支付的规定,先行支付相应部分的医疗费用。

职工由于第三人的侵权行为造成伤病被认定为工伤的,应当由第三人承担相应的工伤医疗费用。第三人不支付工伤医疗费用或者无法确定第三人的,职工本人或者其近亲属可以持工伤认定决定书和有关材料向社会保险经办机构书面申请工伤保险基金先行支付,并告知第三人不支付或者无法确定第三人的情况。社会保险经办机构接到职工提出的工伤保险基金先行支付申请后,应当首先审查职工获得基本医疗保险基金先行支付和其所在单位缴纳工伤保险费等情况,之后按照下列情形分别处理：

1. 对于职工所在用人单位已经依法缴纳工伤保险费，且在认定工伤之前基本医疗保险基金有先行支付的，社会保险经办机构应当按照工伤保险有关规定，用工伤保险基金先行支付超出基本医疗保险基金先行支付部分的医疗费用，并向基本医疗保险基金退还先行支付的费用。

2. 对于职工所在用人单位已经依法缴纳工伤保险费，在认定工伤之前基本医疗保险基金无先行支付的，社会保险经办机构应当用工伤保险基金先行支付工伤医疗费用。

3. 对于职工所在用人单位未依法缴纳工伤保险费，且在认定工伤之前基本医疗保险基金有先行支付的，社会保险经办机构应当在3个工作日内向用人单位发出书面催告通知，要求用人单位在5个工作日内依法支付超出基本医疗保险基金先行支付部分的医疗费用，并向基本医疗保险基金偿还先行支付的医疗费用。用人单位在规定时间内不支付其余部分医疗费用的，社会保险经办机构应当用工伤保险基金先行支付。

4. 对于职工所在用人单位未依法缴纳工伤保险费，在认定工伤之前基本医疗保险基金无先行支付的，社会保险经办机构应当在3个工作日内向用人单位发出书面催告通知，要求用人单位在5个工作日内依法支付全部工伤医疗费用；对于用人单位未按照规定按时足额支付的，社会保险经办机构应当按照《社会保险法》和《工伤保险条例》的规定，先行支付工伤保险待遇项目中应当由工伤保险基金支付的项目。

社会保险经办机构对于职工被认定为工伤后，有下列情形之一的，当职工或者其近亲属持工伤认定决定书和有关材料提出书面申请后，应当先行支付工伤保险待遇：①用人单位被依法吊销营业执照或者撤销登记、备案的；②用人单位拒绝支付全部或者部分费用的；③依法经仲裁、诉讼后仍不能获得工伤保险待遇，法院出具中止执行文书的；④职工认为用人单位不支付的其他情形。

社会保险经办机构收到参保人（即参保职工和参保居民）或者其近亲属提出先行支付医疗费用、工伤医疗费用或者工伤保险待遇申请后，应当审核申请人提交的所有医疗诊断、鉴定等费用的原始票据等证据。经审核后，社会保险经办机构应当保留所有原始票据等证据，并要求申请人在先行支付凭据上签字确认，凭原始票据等证据先行支付医疗费用、工伤医疗费用或者工伤保险待遇。如果社会保险经办机构审核后，认为不符合先行支付条件的，应当在收到申请后5个工作日内作出不予先行支付的决定，并书面通知申请人。

参保人因向第三人或者用人单位请求赔偿需要医疗费用、工伤医疗费用或者工伤保险待遇的原始票据等证据的，可以向社会保险经办机构索取复印件，社会保险经办机构应当提供此服务，并可要求参保人将第三人或者用人单位赔偿情况及时告知。对于参保人已经从第三人或者用人单位处获得医疗费用、工伤医疗费用或者工伤保险待遇的，应要求其主动将先行支付金额中应当由第三人承担的部分或者工伤保险基金先行支付的工伤保险待遇退还给基本医疗保险基金或者工伤保险基金。对此，社会保险经办机构不再向第三人或者用人单位追偿。对于参保人拒不退还的，社会保险经办机构可以从以后支付的相关待遇中扣减其应当退还的数额，或者向人民法院提起诉讼。

社会保险经办机构按照规定先行支付医疗费用或者先行支付工伤医疗费用后，有关部门确定了第三人责任的，应当要求第三人按照确定的责任大小依法偿还先行支付数额中的相应部分。第三人逾期不偿还的，社会保险经办机构应当依法向人民法院提起诉讼。

对于应当由用人单位支付工伤保险待遇而未支付的，社会保险经办机构依法按照规定先行支付工伤保险待遇后，应当责令用人单位在10日内偿还。用人单位逾期不偿还的，社会保险经办机构可以按照《社会保险法》第六十三条的规定，向银行和其他金融机构查询其存款账户，申请县级以上社会保险行政部门作出划拨应偿还款项的决定，并书面通知用人单位开户银行或者其他金融机构划拨其应当偿还的数额。用人单位账户余额少于应当偿还数额的，社会保险经办机构可以要求其提供担保，签订延期还款协议。用人单位未按时足额偿还且未提供担保的，社会保险经办机构可以申请人民法院扣押、查封、拍卖其价值相当于应当偿还数额的财产，以拍卖所得偿还所欠数额。

同时，法律还规定：一是参保人或者其近亲属对社会保险经办机构作出不予先行支付的决定不服或者对先行支付的数额不服的，可以依法申请行政复议或者提起行政诉讼。二是用人单位对社会保险经办机构作出先行支付的追偿决定不服或者对社会保险行政部门作出的划拨决定不服的，可以依法申请行政复议或者提起行政诉讼。

七、公布信息与接受监督

社会保险经办机构要依法及时向有关方面公布或提供相关信息。按照《社会保险法》第七十条规定："社会保险经办机构应当定期向社会公布参加社会保险情况以及社会保险基金的收入、支出、结余和收益情况。"第八十条第二款规定："社会保险经办机构应当定期向社会保险监督委员会汇报社会保险基金的收支、管理和投资运营情况。"由于社会保险涉及千家万户的切身利益，将社会保险基金运行情况向社会公布是规范基金管理，切实加强对基金社会监督的重要措施。建立社会保险基金信息公开制度，实行"阳光社保"，既是保障用人单位和广大参保人的知情权，又有利于社会监督的顺利开展，对社会保障制度的健康、良性发展起着积极促进作用。

社会保险经办机构负责经办社会保险业务，有义务将经办的过程和结果向社会公布。公布的内容主要是：各项社会保险基金的收入、支出、结余和收益情况，社会保险经办管理服务的基本情况，经办管理的重要事项，社会保险基金的投资运营情况，社会保险基金使用中违规违纪问题的处理和整改情况等。因此，社会保险经办机构要认真履行职责，定期向社会公布和向社会保险监督委员会汇报履责情况，接受社会监督。

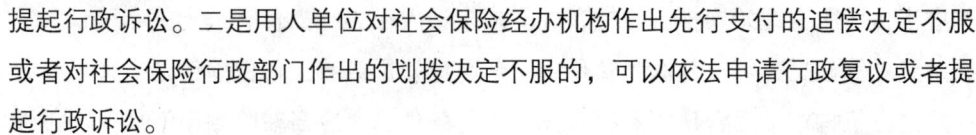

案例分析

一、高某因核定养老金一案不服上诉

［基本案情］

高某原系某地矿局地质队职工，自 1967 年起，长期在四川省等西部海拔

第八章 社会保险经办

4 200米以上的高原地区工作。1996年4月,调至本市某医院工作。2006年4月,医院向市社保中心申请办理高某领取养老金的手续。市社保中心在收到高某所在单位提交的申报材料后进行了审查,并于2006年4月10日为高某办理养老金核定手续,核定高某享受月养老金金额为人民币2 533.20元,享受月养老金起始年月为2006年5月。2006年10月,在高某补缴了1993年1月至1996年3月期间的养老保险费后,市社保中心于2006年10月25日调整核定高某养老金为人民币2 577.10元。高某对市社保中心核定其养老金的标准持有异议,认为根据国家劳人险局（1984）4号文件的规定,高某养老金应当在人民币2 577.10元的基础上提高10%。因遭市社保中心拒绝,高某遂诉至一审法院,请求撤销市社保中心于2006年10月作出的核定其月养老金的具体行政行为。

一审法院认为：根据高某现所在城市政府的有关规定,市社保中心负有统一经办本市基本养老保险业务,核定、发放养老金的职能。本案中,市社保中心在收到高某所在单位为其办理领取养老金手续的申报材料后,依据法规和规范性文件的规定为高某核定月养老金,并在高某补缴部分社会保险费后,调整了高某的养老金数额,所认定的事实清楚,证据确凿,程序合法,适用法律正确。高某认为根据劳人险局（1984）4号文件的规定,其养老金可以提高10%,但经查,该文件并未对原在四川省高原地区工作达一定年限,后于省外其他地区退休人员的适用问题予以明确。故目前高某要求参照该文件享受提高养老金待遇的请求,尚缺乏政策及法律依据。一审遂判决驳回高某的诉讼请求。判决后,高某不服,上诉至二审法院。

高某上诉称：市社保中心核定其养老金时,片面地理解劳人险局（1984）4号文。国办发（1982）36号文、劳人险（1982）32号文和劳人险局（1984）4号文是相互联系、前后照应的整体。其中,国办发（1982）36号文未对异地退休能否提高退休费问题予以明确,劳人险（1982）32号文开创了异地退休提高退休费标准的先例,劳人险局（1984）4号又改变了国办发（1982）36号文、劳人险（1982）32号文适用的特定对象,即增加了甘孜藏族自治州的理塘等部分地区工作的职工,高某的情况符合该文件的规定。虽然国办发（1982）36号文、劳人险（1982）32号文未对原在四川省高原地区工作达一定年限,后异地退休人员的适用问题予以明确,但该两文件是向各省、市、自治区相关部门转发执行。此外,四川省的川人工(1984)72号文中进一步明确规定,原在甘孜藏族自治州的理塘等部分地区工作满一定年限的职工退休后,可参照国办发(1982)36号文、劳人险(1982)32号文的规定提高退休费标准。一审认定有误,请求撤销一审判决。

市社保中心辩称:国办发(1982)36号文、劳人险(1982)32号文是对西藏干部、工人的特别优抚,对满一定工作年限后离休、退休、退职,且不论就地还是异地退休,其退休费标准可提高一定比例。而高某不是西藏高原工作后退休或者在四川省退休的职工,故不能依照上述文件提高养老金。一审判决正确,请求予以维持。

二审法院经审理查明:一审认定事实清楚,二审予以确认。

二审法院认为:高某对市社保中心经核定并调整其月养老金为人民币2577.10元不持异议,但坚持认为应在此基础上提高10%。本案争议的焦点在于对高某的月养老金是否应在原有基础上提高10%。国办发(1982)36号文、劳人险(1982)32号文规定了曾在西藏高原工作满一定年限后退休的职工可提高退休费标准,而劳人险局(1984)4号文则是对四川省的答复,同意对在四川省甘孜藏族自治州的理塘等部分地区工作满一定年限的职工退休费可提高标准,但未明确异地退休后如何办理的问题。四川省的川人工(1984)72号文明确,原在甘孜藏族自治州的理塘等部分地区工作满一定年限的职工退休后,可参照国办发(1982)36号文、劳人险(1982)32号文的规定提高退休费标准。这是四川省针对其省内相关情况所进行的规定。现上诉人高某认为应当根据国家劳人险局(1984)4号文及川人工(1984)72号文所规定,参照国办发(1982)36号文、劳人险(1982)32号文,对其在四川省外的其他地区退休后的养老金提高计发标准,缺乏依据。市社保中心对高某月养老金的核定符合规定。高某要求市社保中心提高月养老金的请求,本院不予支持。一审驳回高某的诉讼请求,并无不当,依法可予维持。据此,依据《行政诉讼法》第六十一条第一项之规定,判决如下:驳回上诉,维持原判。

(素材来源:上海市第二中级人民法院)

☑ [法律问题]

1. 个人是否有权向社会保险经办机构查询和核对其享受社会保险待遇记录？
2. 社会保险经办机构的基本职责是什么？

☑ [学理分析]

依据《社会保险法》规定，任何单位和个人可以免费向社会保险经办机构查询、核对其缴费和享受社会保险待遇记录，要求社会保险经办机构提供社会保险咨询等相关服务。这是参保人依法应享有的基本知情权。法律还规定，如果劳动者个人认为社会保险经办机构有不依法支付社会保险待遇，侵害其社会保险权益的行为，可以依法申请行政复议或者提起行政诉讼。同时，为了更好让劳动者享有知情权，法律还规定了社会保险经办机构应当及时、完整、准确地记录参加社会保险的个人缴费和用人单位为其缴费，以及享受社会保险待遇等个人权益记录，定期将个人权益记录单免费寄送本人。

社会保险经办机构是法定的经办社会保险事务的公益性服务机构。《社会保险法》明确规定了社会保险经办机构的基本职责：一是应当通过业务经办、统计、调查获取社会保险工作所需的数据；二是应当及时为用人单位建立档案，完整、准确地记录参加社会保险的人员、缴费等社会保险数据，妥善保管登记、申报的原始凭证和支付结算的会计凭证；三是应当及时、完整、准确地记录参加社会保险的个人缴费和用人单位为其缴费，以及享受社会保险待遇等个人权益记录，并且定期将个人权益记录单免费寄送本人；四是应当按时足额支付社会保险待遇。

二、跨地区流动就业中养老保险关系转移的办理

❋ [基本案情]

李某系四川省一农村居民，他在广东一企业打工，并参加了企业职工社会保险。8年后，他回到家乡结婚并生有一女儿，为哺养女儿，他在农村务农2年，并参加了农村养老保险。3年后，李某又到上海一企业打工。此时，他告诉企业

自己已在农村参加了农村居民养老保险，是否可以不再参加职工养老保险，并出具在家乡参加农村养老保险的证明。同时，他想起原在广东打工时个人曾缴纳的8年的养老保险费，于是要求广东当地的社会保险经办机构将他已缴纳了8年的职工养老保险金个人账户中积蓄部分退回自己。

结果，广东当地的社会保险经办机构告诉他，按照国家新规定，参保人员跨省流动就业的，其在各地参加养老保险缴费年限合并计算，个人账户储存额累计计算；未达到待遇领取年龄前，不得办理退保手续。

[法律问题]

1. 在缴纳的养老保险费中，属于个人账户的储存额能否提前支取？
2. 劳动者跨地区流动就业时，社会保险关系可否转移接续？
3. 劳动者跨地区流动就业时，社会保险关系如果能够转移接续，那么，社会保险经办机构如何办理转移手续？

[学理分析]

根据《社会保险法》第十四条规定，在养老保险基金中，参保人未达到法定退休年龄的，"个人账户不得提前支取"。为了保障劳动者中断就业或者在跨地区流动就业中的养老保险权益不受损失，我国出台了相应的配套文件，规定了社会保险关系的跨地区转移接续。如国务院办公厅转发的人力资源和社会保障部、财政部关于《城镇企业职工基本养老保险关系转移接续暂行办法》，就对社会保险经办机构做好此项工作进行了具体规定。

一是参加社会保险人员跨省流动就业的，由原参保所在地社会保险经办机构开具参保缴费凭证，其基本养老保险关系应随同转移到新参保地。参保人员达到基本养老保险待遇领取条件的，其在各地的参保缴费年限合并计算，个人账户储存额（含本息）累计计算；未达到养老保险待遇领取年龄前，不得终止基本养老保险关系并办理退保手续。

二是参加社会保险人员跨省流动就业的，其基本养老保险关系转移接续按下列规定办理：①参保人员在新就业地按规定建立基本养老保险关系和缴费后，由用人单位或参保人员向新参保地社会保险经办机构提出基本养老保险关系转移接续的书面申请。②新参保地社会保险经办机构在 15 个工作日内,审核转移接续申请,对符合本办法规定条件的,向参保人员原基本养老保险关系所在地的社会保险经办机构发出同意接收函,并提供相关信息;对不符合转移接续条件的,向申请单位或参保人员作出书面说明。③原基本养老保险关系所在地社会保险经办机构在接到同意接收函的 15 个工作日内,办理好转移接续的各项手续。④新参保地社会保险经办机构在收到参保人员原基本养老保险关系所在地社会保险经办机构转移的基本养老保险关系和资金后,应在 15 个工作日内办结有关手续,并将确认情况及时通知用人单位或参保人员。

三是对于农村居民进城务工(即农民工)中断就业或返乡没有继续缴纳养老保险费的,由原参保地社会保险经办机构保留其基本养老保险关系,保存其全部参保缴费记录及个人账户,个人账户储存额继续按规定计息。农民工返回城镇就业并继续参保缴费的,无论其回到原参保地就业还是到其他城镇就业,均按前述规定累计计算其缴费年限,合并计算其个人账户储存额,符合待遇领取条件的,与城镇职工同样享受基本养老保险待遇;农民工不再返回城镇就业的,其在城镇参保缴费记录及个人账户全部有效,并根据农民工的实际情况,或在其达到规定领取条件时享受城镇职工基本养老保险待遇,或转入新型农村社会养老保险,按照国家规定领取相应的养老保险金。本案中,李某的情形就当按此处理。

第九章

社会保险费征缴

第一节 社会保险缴费申报制度

我国建立的是缴费制的社会保险制度，征缴社会保险费是社会保险制度建立的物质基础，没有社会保险费的按时足额征缴，就无法形成持续、稳定的社会保险基金，社会保险待遇就成了无源之水。因此，《社会保险法》明确规定，我国县级以上人民政府要加强社会保险费的征收工作。也明确了社会保险费实行统一征收。

一、我国社会保险费征缴制度的历史沿革

1951—1969年，我国实行劳动保险制度，这个时期是我国社会保险制度的初创时期，劳动保险金由全国总工会及各工会基层委员会收缴，主要标志是1951年政务院颁布的《劳动保险条例》。《劳动保险条例》对劳动保险的实施范围，保险费征集、管理和支付，保险项目和标准以及保险业务的执行和监督都作了明确规定。根据该条例规定，劳动保险各项费用全部由实行劳动保险的企业行政方面或资方负担，其行政方面或资方须按月缴纳该企业全部工人与职员工资总额的3%作为劳动保险金。劳动保险金不得在工人与职员工资内扣除，并不得向工人与职员另行征收。

"文化大革命"期间，劳动保险制度实际上变成"企业保险"，主管劳动保险的机构也被撤销，统一提取劳动保险费的举措被取消。主要标志是财政部于1969年2月发布的《关于国营企业财务工作中几项制度改革的意见》，规定不再向国营企业提取"劳动保险费"，企业支付的退休金改在"企业营业外列支"，即

从企业利润中列支。直到20世纪80年代早期,企业承担着职工全部社会保险费用,职工生老病死全靠所在企业。

20世纪80年代初,随着经济体制和国有企业改革逐步推进,社会保险制度开始进行改革。首先从企业基本养老保险费社会统筹起步,由社会保险经办机构负责社会保险费的收缴、基金管理和待遇支付。但由于收缴工作缺乏强制性,加上部分企业社会保险意识不强,社会保险经办机构以上门收缴、催缴为主,企业欠费现象较为严重。多数地区养老保险费实行差额缴拨,退休金仍由企业代发,收缴工作很不规范。

1994年,《劳动法》颁布,其中第七十二条规定:"社会保险基金按照保险类型确定资金来源,逐步实行社会统筹。用人单位和劳动者必须依法参加社会保险,缴纳社会保险费。"第七十四条规定:"社会保险基金经办机构依照法律规定收支、管理和运营社会保险基金,并负有使社会保险基金保值增值的责任。"《劳动法》明确了社会保险经办机构的法律地位,规定了用人单位和劳动者必须依法参加社会保险,缴纳社会保险费。但由于缺乏缴费方式和处罚方面的具体规定,收缴社会保险费不规范以及收缴效率不高等问题未得到有效解决。

1999年1月22日,国务院发布《社会保险费征缴暂行条例》,第一次明确社会保险费的缴纳实行缴费申报制,同时明确了欠缴、拒缴社会保险费的处罚规定,增强了征缴工作的强制性。随后原劳动和社会保障部下发了《社会保险登记管理暂行办法》《社会保险费申报缴纳管理暂行办法》和《社会保险费征缴监督检查办法》。这些法规规章的颁布和实施为社会保险费的征缴提供了有力依据,为统一和规范各项社会保险基金征缴工作提供了保证,是社会保险费征缴的基本规章制度。之后,差额缴拨的方式改为实行社会保险费全额征缴、社会保险待遇全额支付和社会化发放。但由于缺乏强制手段,社会保险费征缴工作受到影响。

二、现行缴费申报制度

社会保险缴费申报制度,是指参加社会保险的用人单位和个人,必须在规定的期限内,携带缴费申报规定的资料,到社会保险经办机构申报应缴纳的社会保险费数额,经社会保险经办机构核定后,在规定期限内向社会保险费征收机构按时足额缴纳社会保险费的一种强制性规定。

缴费申报制度，是社会保险费征缴的一个重要环节，是构成社会保险费征缴制度的重要内容。依法实行缴费申报，不仅是对参保单位的要求，也是对征缴机构的要求。根据缴费申报制度，所有参加社会保险的用人单位，都必须到社会保险经办机构办理缴纳社会保险费的申报手续，不按规定申报以及不按规定缴费的，都要承担相应的法律责任。同时，社会保险费征收机构不按规定征收的，也要承担相应的法律责任。建立缴费申报制度，从根本上改过去上门收缴、催缴的"请求式"收缴方式为缴费责任人主动申报和缴费，使社会保险费的筹集由被动变为主动，有利于树立用人单位和参保个人的社会保险意识，也是社会保险费按时足额征缴到位的法律保证。

（一）申报主体

申报主体指依法参加社会保险的用人单位和个人。按照《社会保险法》《社会保险费申报缴纳管理暂行办法》等有关规定，用人单位应按月在规定期限内（每月5日前）主动申报其应缴纳的社会保险费数额。对于本单位职工应缴纳的社会保险费，用人单位应代为申报、代扣代缴。用人单位不得拒绝，也不得转由职工自行缴纳。职工对用人单位代扣代缴享有知情权，用人单位应当按月将缴纳社会保险费的明细情况告知职工本人，例如可以在每月发放职工本人工资单上注明代扣代缴社会保险费金额等明细情况。

灵活就业人员由于没有单位为其代扣代缴，需自行根据国家规定的缴费政策和当地规定的缴费标准，自主进行申报缴费，直接向社会保险费征收机构缴纳社会保险费。在一个缴费年度内，灵活就业人员可以采取定期或不定期的灵活申报、缴费方式。

（二）申报受理主体

申报受理主体是指接受缴费申报、核定缴费基数、核对应缴金额等业务的主体，因此，申报受理主体也是社会保险费的核定主体。《社会保险费征缴暂行条例》明确规定，缴费单位和缴费个人向社会保险经办机构申报，由社会保险经办机构受理和核定其应缴社会保险费。《社会保险法》对此给予了进一步明确，如第五十八条第一款规定"未办理社会保险登记的，由社会保险经办机构核定其应缴纳的社会保险费",第八十三条第二款规定"用人单位或者个人对社会保险经办机构不依法办理社会保险登记、核定社会保险费、支付社会保险待遇、办理社会保险转移接续手续或者侵害其他社会保险权益的行为,可以依法申请行政复议或者提起行政诉讼"。这些条款明确地规定了社会保险经办机构是社会保险费的申报受理主体和缴费核定主体。

(三) 申报办理

《社会保险法》规定用人单位应当自行申报社会保险缴费。《社会保险费征缴暂行条例》规定缴费单位必须按月向社会保险经办机构申报缴纳的社会保险费数额,经社会保险经办机构核定后,在规定的期限内缴纳社会保险费。所有的缴费单位,包括社会保险经办机构征收社会保险费的缴费单位以及由税务机关征收社会保险费的缴费单位,都必须按规定按月向社会保险经办机构办理缴纳社会保险费的申报。正常情况下,用人单位应当到社会保险经办机构办理申报手续。具体时限为用人单位应在每月5日前办理社会保险缴费申报。当用人单位到社会保险经办机构办理社会保险费申报有困难,且事先经过社会保险经办机构批准,可以通过邮寄申报方式代替上门申报。实行邮寄申报时,也要符合规定的申报时限要求,申报日期以寄出地的邮戳日期为实际申报日期。在实际工作中,各地还在积极探索其他社会保险费申报方式,通过不断出台和创新申报缴费方式,努力为用人单位提供多形式、多渠道、便利快捷的社会保险服务。例如,一些地区开展了社会保险费网上申报和缴费业务,不仅减少了中间环节,缓解了窗口服务压力,而且提高了工作效率,值得大力提倡和推广。以个人身份参加社会保险的,可以采取定期或不定期的灵活申报、缴费方式。

用人单位和个人办理社会保险登记地即是其缴费申报地。在社会保险费由税务机关征收的地区,用人单位和个人也要统一到社会保险经办机构办理社会保险费的申报手续,由社会保险经办机构及时将用人单位的缴费申报情况提供给当地负责征收社会保险费的税务机关。用人单位办理缴费申报时,要向社会保险经办机构报送社会保险费申报表、代扣代缴明细表以及社会保险经办机构规定的其他资料(如人员增减明细表等)。个体参保人员申报缴费时,要填报个人缴纳申报核定表,并提供身份证件等证明。

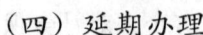

（四）延期办理

《社会保险法》第六十条规定，社会保险费非因不可抗力等法定事由不得缓缴。当用人单位因不可抗力影响，不能按期办理社会保险缴费申报的，可以延期办理缴费申报。但应当自不可抗力情形消失后立即向社会保险经办机构报告。在这种情况下，社会保险经办机构应当查明事实，予以核准。若用人单位无故拖延办理缴费申报，或确因不可抗力影响不能如期办理缴费申报，但在不可抗拒情形消除后又不向社会保险经办机构报告的，将依法对用人单位直接负责缴费申报的主管人员和其他直接责任人员予以处罚。

为规范社会保险费的申报和缴纳管理工作，劳动和社会保障部于 1999 年 3 月颁布了《社会保险费申报缴纳管理暂行办法》，规定缴费单位应当到办理社会保险登记的社会保险经办机构办理缴费申报，对参保单位实行"全额申报、全额缴费"。对不进行社会保险登记、申报和缴费的单位依法给予严肃处理，对多次上门催报仍拒不申报的有缴费能力的参保单位，依法采取经济的、行政的、法律的手段解决申报问题，实施强制征缴和追收。

第二节　社会保险参保缴费

一、社会保险费征收机构

1999 年 1 月 22 日国务院令第 259 号发布了《社会保险费征缴暂行条例》，该条例自发布之日起施行。条例规定，国务院劳动保障行政部门负责全国的社会保险费征缴管理和监督检查工作。县级以上地方各级人民政府劳动保障行政部门负责本行政区域内的社会保险费征缴管理和监督检查工作。并规定，社会保险费实行基本养老保险、基本医疗保险和失业保险三项社会保险费集中、统一征收。对工伤保险费和生育保险费没有提出统一征收要求。社会保险费的征收机构由省、自治区、直辖市人民政府规定，可以由税务机关征收，也可以由劳动保障行政部门按照国务院规定设立的社会保险经办机构征收。规定社会保险费由社会保险经办机构征收的，社会保险经办机构为社会保险费的征收机构；规定社会保险费由税务机关征收的，税务机关为社会保险费的征收机构。

目前，在全国31个省、自治区、直辖市及新疆兵团、5个计划单列市共37个征收地区中，征收机构征缴社会保险费的情况可分为三种：

第一类有51.3%的地区实行社会保险费全部由经办机构征收。

第二类有8.1%的地区实行社会保险费由税务机关征收。

第三类有40.6%的地区是五项社会保险费依险种或市县的不同，既有经办机构征收，也有税务机关征收。

除上述五项社会保险费外，大部分省份的居民基本医疗保险费由社会保险经办机构征收；新型农村养老保险费，除个别地区由税务机关征收，其余各省份由社会保险经办机构征收。

2010年的《社会保险法》提出："社会保险费实行统一征收，实施步骤和具体办法由国务院规定。"这意味着今后随着社会保险制度的完善，在一个统筹地区内，五项社会保险费要由一个机构负责统一征收。

二、依法参保缴费

（一）用人单位参保缴费

按照《社会保险法》第六十条规定："用人单位应当自行申报、按时足额缴纳社会保险费，非因不可抗力等法定事由不得缓缴、减免。"所谓不可抗力，是指自然灾害、战争、经济危机等用人单位不能避免和控制的造成用人单位不能按时足额缴纳社会保险费的客观因素。不可抗力情形消失后，用人单位应补缴其缓缴的社会保险费。

按照《社会保险费征缴暂行条例》规定，用人单位必须按月向社会保险经办机构申报应缴纳的社会保险费数额，经社会保险经办机构核定后，在规定的期限内缴纳社会保险费。按照国家现行政策规定，用人单位必须在其缴费申报经社会保险经办机构核准后规定的工作日内缴纳社会保险费。同时规定了缴费单位应当以货币形式全额缴纳社会保险费。

按照《社会保险法》和《社会保险费征缴暂行条例》规定，用人单位不按规定申报应当缴纳的社会保险费数额的，由社会保险经办机构暂按该单位上月缴费数额的110%确定应当缴纳的数额；没有上月缴费数额的，由社会保险经办机构暂按该单位的经营状况、职工人数等有关情况确定应当缴纳的数额。用人单位补办申报手续并按核定数额缴纳社会保险费后，由社会保险经办机构按照规定结算。

省、自治区、直辖市人民政府规定由税务机关征收社会保险费的，社会保险经办机构应当及时向税务机关提供缴费单位社会保险登记、变更登记、注销登记以及缴费申报的情况。同时，税务机关应当及时向社会保险经办机构提供缴费单位和缴费个人的缴费情况；社会保险经办机构应当将有关情况汇总，报劳动保障行政部门。

社会保险经办机构应当建立缴费记录，其中基本养老保险、基本医疗保险应当按照规定记录个人账户。社会保险经办机构负责保存缴费记录，并保证其完整、安全。社会保险经办机构应当至少每年向缴费个人发送一次基本养老保险、基本医疗保险个人账户通知单。缴费单位有权按照规定查询缴费记录。

(二) 职工参保缴费

按照《社会保险法》第六十条规定："职工应当缴纳的社会保险费由用人单位代扣代缴，用人单位应当按月将缴纳社会保险费的明细情况告知本人。"可见，代扣代缴是依照法律规定负有代扣代缴义务的用人单位，直接从职工本人的工资中扣除应由职工个人缴纳的社会保险费，并代为向社会保险费征收机构缴纳的一种社会保险征缴方式。代扣代缴是用人单位的法定义务，用人单位不得拒绝代扣代缴，也不得通过协商或其他方式转由职工自行缴纳。同样，缴纳社会保险费也是职工的法定义务，职工不得拒绝所在的用人单位依法代扣代缴社会保险费。同时，按照法律规定，用人单位还必须严格履行代扣代缴职工社会保险费后的告知义务，因为职工对用人单位的代扣代缴行为享有知情权，用人单位履行了代扣代缴行为后应当按月将缴纳社会保险费的明细情况告知职工本人。此外，实行代扣代缴方式，有利于减轻参保职工个人和征收单位的工作量，同时有利于征收单位审核用人单位和参保个人的申报缴费情况，提高审核的准确性和工作效率。缴费个人应当以货币形式全额缴纳社会保险费。缴费个人有权按照规定查询缴费记录。

(三) 其他人员参保缴费

按照《社会保险法》第六十条规定:"无雇工的个体工商户、未在用人单位参加社会保险的非全日制从业人员以及其他灵活就业人员,可以直接向社会保险费征收机构缴纳社会保险费。"由于此类人员没有用人单位,或者说没有固定的用人单位或用人单位依据国家规定无法为其履行缴费义务。因此,法律规定了此类灵活就业人员是自愿参加社会保险,自行向社会保险经办机构申请办理社会保险登记,也就可以自行直接向社会保险费征收机构缴纳社会保险费。

灵活就业人员要享受社会保险待遇也要求达到国家规定的社会保险缴费年限,所以灵活就业人员的缴费要保持一定的连续性和长期性。在一般情况下,此类人员的参保缴费是先在其所属的社会保险费征收机构确定的银行开设储蓄存折,然后签订一份缴费协议,按协议缴费。社会保险费征收机构则按月委托银行在缴费人的存折中扣缴当月的社会保险费。

城镇居民参加基本养老保险和基本医疗保险、农村居民参加新型农村养老保险和新型农村合作医疗,按照国家现行规定,原则上实行按年度缴费。参保人应当在当地主管社会保险行政部门规定的缴费期限内及时缴费。

三、依法征收

按照《社会保险法》第六十一条规定:"社会保险费征收机构应当依法按时足额征收社会保险费,并将缴费情况定期告知用人单位和个人。"这是法律赋予社会保险费征收机构的法定职责。

(一) 依法征收的基本要求

社会保险费征收机构要认真做到依法征收。首先,要求社会保险费征收机构的所有征收行为都必须要有法律、法规依据,并且按照法律、法规规定的原则、标准和程序进行,不得超越职权、多征、少征或者违反法定程序征收。其次,要做到按时征收,即要求社会保险费的征收既不能提前,也不能拖延,要在规定的时间内及时征收。如果随意提前征收,会影响用人单位的资金流动,加重用人单位的财务负担,打乱用人单位的生产经营秩序;随意拖延征收,会使当期征收的社会保险费不足以支付当期的社会保险待遇支出,损害参保人的利益,影响社会保险基金的正常运行。再其次,应当做到足额征收。社会保险费的征收既不能超过应缴数额,也不能少于应缴数额,而是要严格按照依法确定的应缴数额征收。超额征收和不足额征收的结果都如同提前征收和拖延一样,对用人单位和参保人享受待遇带来不利影响。对于超额征收中的"超额"不能理解为年度计划目标中的数额。社会保险费的应缴数额,是依法核定的每一个用人单位应当缴纳的社会保险费数额,不是上级部门对下级部门年度计划目标中的考核数额。在实际工作中,一些地方的征收机构在完成全年征收计划目标任务后,即不再征收当期"剩余"应征的社会保险费,或者改为第二年再征收。这是一种违法行为。最后,要依法履行告知义务。社会保险费征收机构要将缴费情况定期告知用人单位和个人,保障用人单位和个人的知情权,也便于广大职工监督用人单位的缴费情况和征收机构的征收行为。

(二) 征收方式

在实际征收社会保险费工作中,根据各地规定,社会保险费由社会保险行政部门所属经办机构负责征收的地区,其征收方式是:用人单位根据社会保险经办机构开具的缴费通知书缴纳社会保险费,各项社会保险费收入通过经办机构收入户,按月转入社会保障基金财政专户。社会保险费由税务机关负责征收的地区,其征收方式是:由社会保险经办机构核定用人单位和个人缴费基数,缴费单位和个人凭社会保险经办机构核定后的申报核定表等资料到税务机关缴费,税务机关通过向缴费单位和个人开具税收通用缴款书或缴费通知书等,将基金缴入当地国家金库或直接进入社会保障基金财政专户。同时,在实际工作中,全国各地还在积极探索各种社会保险费申报、缴纳方式,努力为用人单位和参保个人提供多形式、多渠道、便利快捷的社会保险经办服务。例如,一些地区开展了社会保险费网上申报和缴纳业务。用人单位和个人通过申请开通网上申报、缴费业务后,经社会保险经办机构受理、核定,即可拥有操作权限。用人单位和个人可在网上办理员工参保登记、缴费基数申报等,社会保险经办机构通过网上银行从用人单位银行账户划拨其应缴的社会保险费。通过这种操作模式,减少了中间环节,极大地提高了工作效率,缓解了社会保险经办机构服务大厅窗口服务压力,推进了社会保险费征缴工作的规范化、信息化和专业化。

第三节 社会保险费强制征收

社会保险费是社会保险基金的主要组成部分,是社会保险制度运行的物质基础。规范和强化社会保险费的征缴,对于确保社会保险基金应收尽收,维护社会保险制度的平稳运行和可持续发展,具有十分重要的意义。《社会保险法》第四条明确规定"中华人民共和国境内的用人单位和个人依法缴纳社会保险费",并在第七章和其他章节多处对规范和强化社会保险费征缴作出了明确具体的规定。

一、社会保险费强制征收的法律规定

《社会保险费征缴暂行条例》规定,用人单位未按规定缴纳和代扣代缴社会保险费,劳动保障行政部门或税务机关责令限期缴纳逾期仍不缴纳的,除补缴欠缴数额外,从欠缴之日起按日加收滞纳金。这一规定强制力不够,实践中难以对欠缴社会保险费的用人单位起到足够的震慑作用。为此,参照《商业银行法》和《税收征收管理法》等有关法律的相关规定,《社会保险法》第六十三条规定:"用人单位逾期仍未缴纳或者补足社会保险费的,社会保险费征收机构可以向银行或其他金融机构查询其存款账户;并可以申请县级以上有关行政部门作出划拨社会保险费的决定,书面通知其开户银行或者其他金融机构划拨社会保险费。用人单位账户余额少于应当缴纳的社会保险费的,社会保险费征收机构可以要求该用人单位提供担保,签订延期缴费协议。用人单位未足额缴纳社会保险费且未提供担保的,社会保险费征收机构可以申请人民法院扣押、查封、拍卖其价值相当于应当缴纳社会保险费的财产,以拍卖所得抵缴社会保险费。"这就从法律上规定了社会保险费强制征缴制度,加大了对社会保险费的征收力度,有力地保障了社会保险制度的有序运行。

二、责令限期补足社会保险费

法律规定对用人单位缴纳社会保险费有两个方面的要求：一是时间要求，即"按时"；二是数额要求，即"足额"。在没有不可抗力等法定事由的情形下，时间和数额两个要求缺一不可。用人单位应当在每月5日前向社会保险经办机构办理缴纳社会保险费的申报工作，同时必须在社会保险经办机构核准后3日内缴纳社会保险费。超过上述时间就属于没有按时缴纳社会保险费。同时，实际工作中也存在着用人单位虽然按时缴纳了社会保险费，但是缴纳数额不足的情况。比如，缴纳社会保险费的工资总额计算得少了，或者缴纳社会保险费的职工人数少于实际工作的人数等。对于用人单位未按时缴纳社会保险费的，由社会保险费征收机构责令其限期缴纳；对于用人单位未足额缴纳社会保险费的，由社会保险费征收机构责令其补足社会保险费。

法律规定由社会保险费征收机构责令用人单位限期缴纳或者补足社会保险费，要求用人单位自行改正违法行为，履行法定的缴费义务，是社会成本最小的处理方式。征收机构不能随意省略这一程序，剥夺了用人单位自己改正的机会。用人单位也应当利用好这一机会，及时改正错误，避免因拒不改正导致征收机构采取进一步行动而引起更大的经济损失。因为，根据《社会保险法》第八十六条规定，用人单位未按时足额缴纳社会保险费的，自欠缴之日起，按日加收万分之五的滞纳金；逾期仍不缴纳的，由有关行政部门处欠缴数额的1倍以上3倍以下的罚款。

三、查询存款账户

社会保险费征收机构对未按时足额缴纳社会保险费的用人单位采取了责令限期缴纳或者补足社会保险费的措施后，用人单位逾期仍未缴纳或者补足社会保险费，社会保险费征收机构可以采取进一步的强制措施。根据《社会保险法》第六十三条明确规定，"用人单位逾期仍未缴纳或者补足社会保险费的，社会保险费征收机构可以向银行和其他金融机构查询其存款账户"；按照《商业银行法》第三十条的规定，"对单位存款，商业银行有权拒绝任何单位或者个人查询，但法律、行政法规另有规定的除外"。《社会保险法》既然作出了明确规定，授予了社会保险费征收机构查询用人单位存款账户的权力，那么商业银行就不得拒绝。

因此，当用人单位逾期仍未缴纳或者补足社会保险费时，社会保险费征收机构有权向银行和其他金融机构查询其存款账户，银行和其他金融机构应当予以协助，使社会保险费征收机构能够真实、及时、准确地掌握用人单位的存款情况，保证社会保险费的按时足额征收。法律中所指的"银行和其他金融机构"是指在中国境内依法设立的各类商业银行、农村信用社以及经中国人民银行批准设立的其他金融机构。但在实际工作中也要避免社会保险费征收机构滥用查询存款账户的权力。行使查询权力，必须符合该用人单位经责令限期缴纳和补足之后，逾期仍未缴纳或者补足社会保险费的前提条件。当然，如果社会保险费征收机构没有依法查询，将承担相应的法律责任。

四、行政部门强制划拨社会保险费

对于逾期未缴纳或者未补足社会保险费的用人单位，社会保险费征收机构通过依法查询，可以掌握其存款情况。虽然《商业银行法》有明确规定，对单位存款，商业银行有权拒绝任何单位或者个人查询，有权拒绝任何单位或者个人冻结、扣划，但法律另有规定的除外。《税收征收管理法》中也有规定："从事生产、经营的纳税人、扣缴义务人未按照规定的期限缴纳或者解缴税款，纳税担保人未按照规定的期限缴纳所担保的税款，由税务机关责令限期缴纳，逾期仍未缴纳的，经县以上税务局（分局）局长批准，税务机关可以采取下列强制执行措施：（一）书面通知其开户银行或者其他金融机构从其存款中扣缴税款；……"正是借鉴《税收征收管理法》的有关规定，《社会保险法》赋予了社会保险费征收机构"可以申请县级以上有关行政部门作出划拨社会保险费的决定，书面通知其开户银行或者其他金融机构划拨社会保险费"的权力。这一规定，加大了社会保险费征收机构征收社会保险费的力度，可以较为有效地避免用人单位延期缴纳社会保险费，保障社会保险费的按时足额征收。

应当强调的是，社会保险费征收机构没有作出划拨社会保险费的决定权，决定权在县级以上有关行政部门。划拨属于行政强制执行中的直接强制,是对用人单位财产权的直接剥夺。目前,只有税务机关、海关等有权采取划拨的强制执行方式。因此,行使划拨权必须依法进行,必须慎之又慎。首先由社会保险费征收机构向县级以上有关行政部门提出申请,县级以上有关行政部门经审查认为符合条件的,作出划拨社会保险费的决定,并书面通知其开户银行或者其他金融机构划拨社会保险费。银行或者其他金融机构接到县级以上有关行政部门划拨社会保险费的书面通知后,应当及时将书面通知中确定的金额从用人单位存款账户划拨到指定账户,不得拒绝和拖延。从用人单位存款账户中划拨的金额不得超过用人单位应当缴纳的社会保险费。从我国目前由社会保险经办机构和税务机关两个部门征收社会保险费的实际情况看,如果是税务机关征收,县级以上税务机关可以决定划拨用人单位存款;如果是社会保险经办机构征收,经办机构必须向县级以上社会保险行政部门申请,由县级以上社会保险行政部门决定划拨用人单位的存款。

五、要求欠费单位提供担保

当社会保险费征收机构查询逾期未缴纳或者未补足社会保险费的用人单位的存款账户时,可能会发现一些用人单位在银行或者其他金融机构的存款余额不足以支付应当缴纳的社会保险费。遇到这种情况,社会保险费征收机构可以就该账户余额申请县级以上有关行政部门作出划拨社会保险费的决定,并书面通知其开户银行或者其他金融机构划拨社会保险费。对剩余欠缴的社会保险费,按照《社会保险法》的规定,社会保险费征收机构可以要求该用人单位提供担保,并签订延期缴费协议。用人单位可以提供相当于应当缴纳社会保险费的动产、不动产、有价证券等财产作为担保,保证在延期缴费协议规定的期限内履行缴纳社会保险费的义务。社会保险费征收机构和用人单位签订的延期缴费协议具有法律效力,双方都不得违反。用人单位在延期缴费协议规定的期限内未履行缴纳社会保险费义务的,社会保险费征收机构可以根据延期缴费协议的规定,对用人单位用于担保的财产依法进行处置,以处置所得抵缴社会保险费。

担保主要有两种形式:一是以物担保,即用人单位以自身所有的财产作为质押（将动产或者权利证书交付社会保险费征收机构占有）或者以自身所有的财产作为抵押（以特定财产作保而不转移占有）提供社会保险费担保的行为。用人单位逾期不缴纳或者不补足社会保险费的，社会保险费征收机构有权从处分担保物的价款中取得其社会保险费的资金。二是对人担保，即负担责任的第三人与社会保险费征收机构约定，于用人单位逾期不缴纳或者不补足社会保险费时由第三人代为履行缴费或者补足社会保险费义务的行为。社会保险费担保人不履行义务时，社会保险费征收机构有权依法申请对其采取强制执行措施。社会保险费担保人，是指在中国境内具有缴纳社会保险费担保能力的公民、法人或者其他经济组织。国家机关不能作为缴纳社会保险费担保人。担保人承诺担保时，应当填写缴纳社会保险费担保证书，写明担保对象、担保范围、担保期限和担保责任以及其他有关事项。担保证书需经被担保的用人单位、担保人和社会保险费征收机构签字盖章后方为有效。欠费用人单位以其所拥有的未作抵押的动产和不动产作为缴纳社会保险费担保时，应当填写作为缴纳社会保险费担保的财产清单，并注明担保范围、担保期限、担保财产的价值以及其他有关事项。缴纳社会保险费的担保清单须经欠费用人单位和社会保险费征收机构签字盖章后方为有效。

六、申请法院强制执行

扣押和查封两种手段属于《民事诉讼法》规定的财产保全措施，也属于《行政强制法》规定的强制措施。美国有关征收社会保险费的法律规定，如果在税务机关发出缴纳社会保险费通知后的 10 日内，用人单位仍然没有缴纳或者拒绝缴纳社会保险费，那么税务机关可以强制征收该用人单位的全部财产或者财产权……以征收该社会保险费。强制征收的措施包括查封、扣押、变卖等。在紧急情况下，税务机关可以不受 10 日期限的限制而立即予以强制征收。英国有关征收社会保险费的法律规定，如果缴纳社会保险费的用人单位没有支付或者拒绝支付应当缴纳的社会保险费，税务机关工作人员可以查封与欠缴社会保险费有关的土地、地产及房屋或者扣押货物及动产。在扣押财产后 5 日内，欠缴社会保险费的用人单位没有支付应当缴纳的社会保险费的，税务机关则对扣押的财产公开拍卖，所获收入用于支付用人单位欠缴的社会保险费以及扣押和拍卖期间发生的所有费用。

我国《税收征收管理法》第四十条规定："从事生产、经营的纳税人、扣缴义务人未按照规定的期限缴纳或者解缴税款，纳税担保人未按照规定的期限缴纳所担保的税款，由税务机关责令限期缴纳，逾期仍未缴纳的，经县以上税务局（分局）局长批准，税务机关可以采取下列强制执行措施：……（二）扣押、查封、依法拍卖或者变卖其价值相当于应纳税款的商品、货物或者其他财产，以拍卖或者变卖所得抵缴税款。"参考这一法律的有关规定，借鉴国外的相关立法经验，《社会保险法》明确规定，用人单位未足额缴纳社会保险费且未提供担保的，社会保险费征收机构可以申请人民法院扣押、查封、拍卖其价值相当于应当缴纳社会保险费的财产，以拍卖所得抵缴社会保险费。

1. 扣押

扣押是指为了防止欠缴社会保险费的用人单位逃避缴纳社会保险费的义务而对其财产予以留置的一种强制措施。被扣押的财产应当置于人民法院的控制之下。正是因为这一强制执行措施是由人民法院实施的，故属于民事强制执行。

2. 查封

查封是指为了防止欠缴社会保险费的用人单位逃避缴纳社会保险费的义务而对其财产就地封存，禁止移动和支配的一种强制措施。被查封的财产，通常指定欠缴社会保险费的用人单位自行负责保管，必要时应当设专人负责保管，未经查封的人民法院允许，欠缴社会保险费的用人单位不得自行启封。

对用人单位的财产实施扣押和查封，要特别注意：第一，扣押和查封财产的前提是用人单位没有足额缴纳社会保险费，并且没有按照规定提供相应的担保。第二，无论是扣押还是查封欠缴社会保险费的用人单位的财产，均不是由社会保险费征收机构作出决定，而是由社会保险费征收机构申请人民法院实施。第三，扣押和查封的财产数额是与欠缴社会保险费的用人单位应当缴纳的社会保险费数额价值相当的财产，不得超过其应当缴纳的社会保险费数额。比如，应当缴纳20万元社会保险费，则只能扣押和查封用人单位20万元的财产。

3. 拍卖

拍卖是指以公开竞争的方法把标的物卖给出价最高者的买卖合同。日常生活中比较常见的是工艺品、书法、绘画等各类艺术品的拍卖。社会保险费征收机构申请人民法院实施社会保险费保全措施后，依照《拍卖法》的有关规定拍卖所扣押、查封的财产，用以抵缴用人单位应当缴纳而未缴纳的社会保险费。

需要强调指出，这里的扣押、查封、拍卖属于人民法院强制执行程序。我国《行政诉讼法》第六十六条规定："公民、法人或者其他组织对具体行政行为在法定期限内不提起诉讼又不履行的，行政机关可以申请人民法院强制执行，或者依法强制执行。"《社会保险法》只授予有关行政部门划拨的强制执行权，划拨之外的强制执行方式如需实施，社会保险费征收机构都应当申请人民法院依法强制执行。

案例分析

一、职工参保缴费是强制性规定

[基本案情]

马某系 R 公司职工。2010 年 8 月初，R 公司因调整经营结构需要裁员，经与马某协商，双方同意解除劳动合同，并对解除后的一系列问题（包括 R 公司支付经济补偿费、欠缴的社会保险费等）达成共识。双方签订协议一份，约定：双方解除劳动合同，终止劳动关系；企业一次性支付马某 2 万元作为经济补偿，企业所欠的社会保险费等由其个人承担。

马某与 R 公司解除劳动合同后，一时没有找到新的工作岗位，同时听说 R 公司解除其等一批人的劳动合同后，留下来的职工工资成倍增长，认为自己被公司欺骗了，于是到县社会保险费征收机构投诉，要求 R 公司补缴所欠缴的社会保险费。

县社会保险费征收机构受理后，通过调查，很快作出了处理决定书，认定 R 公司欠缴马某的社会保险费违反了《社会保险法》第五十八条、第六十条、第六十二条之规定，对 R 公司作出处理决定：责令 R 公司 1 个月内到县社会保险服务大厅补缴马某的社会保险费。

R公司对此不服，向法院提起行政诉讼。R公司认为，其与马某签订的解除劳动合同（包括不为其缴纳社会保险费）等协议是双方真实意思表示，应合法有效。且此协议内容已履行完毕，此协议争议属于劳动争议的范围。企业既然已与职工达成协议，县社会保险费征收机构就不能再对此事作出处理决定，请求法院依法撤销社会保险费征收机构作出的行政处理决定。

法院经审理后认定：

《社会保险法》规定，"中华人民共和国境内的用人单位和个人依法缴纳社会保险费"。同时要求"用人单位应当自行申报、按时足额缴纳社会保险费，非因不可抗力等法定事由不得缓缴、减免。职工应当缴纳的社会保险费由用人单位代扣代缴"。可见，缴纳社会保险费是一种由国家强制实施的行为，用人单位及其劳动者个人都必须参加社会保险，依法缴费。而且，法律还特别规定了"职工应当缴纳的社会保险费由用人单位代扣代缴"。这就是说，用人单位应当依法按时为其单位的职工通过代扣代缴的方式缴纳社会保险费。本案中，R公司与马某就该公司欠缴社会保险费等事项达成的协议，违反了法律的强制性规定，侵犯了国家社会保险基金的安全性与完整性，其协议显然违法，是无效的协议。同时，《社会保险法》规定："用人单位未按时足额缴纳社会保险费的，由社会保险费征收机构责令其限期缴纳或者补足。"据此认定，社会保险费征收机构对用人单位贯彻、执行社会保险法律法规情况进行强制性的监督检查，纠正违法行为，保障法律法规等的实施，是履行其法定职权。因此，县社会保险费征收机构对该公司违法行为作出处理决定书是依法履行法定职责的行为。法院遂判决维持社会保险费征收机构作出的处理决定。

（素材来源：山东省临朐县人民法院）

☑ [法律问题]

1. 要不要缴纳社会保险费，是否可以通过用人单位与其职工协商约定？
2. 因不缴或欠缴社会保险费引起的争议是属于行政争议还是劳动争议？

☑ [学理分析]

1. 缴纳社会保险费用是法定义务，而非约定义务

法定义务是指基于法律明确规定而产生的义务，例如公民纳税，服兵役以及子女、父母间的抚养赡养等义务。法定义务具有强制性，当事人不能违法通过约定或者其他方式自行变更或者放弃。约定义务是指当事人之间通过合同（或者协商一致确定的）以及其他允许意思自治的领域内的活动产生的义务，约定义务一旦产生，在当事人之间具有约束力，当事人必须履行。但是，约定义务必须合法，不能以约定义务排除法定义务的适用。如果约定义务与法定义务相悖，则适用法定义务。

参加社会保险是用人单位和劳动者必须履行的一项法律义务，是法律法规强制规定的，是一种公法法律关系。而公权力是不可以放弃、变更和让与的，必须依法行使，否则就侵犯了他人的权利和公共利益。缴费单位与缴费个人足额缴纳社会保险费用，是其法定义务，而非约定义务，当事人对社会保险费的约定不能违反法律的强制性规定。

劳动法明确规定，用人单位和劳动者必须依法参加社会保险，缴纳社会保险费，因此，依法参加社会保险、缴纳社会保险费用，是用人单位和劳动者法定的责任和义务。《社会保险法》第八十四条规定："用人单位不办理社会保险登记的，由社会保险行政部门责令限期改正；逾期不改正的，对用人单位处应缴社会保险费数额一倍以上三倍以下的罚款，对其直接负责的主管人员和其他直接责任人员处五百元以上三千元以下的罚款。"第八十六条规定："用人单位未按时足额缴纳社会保险费的，由社会保险费征收机构责令限期缴纳或者补足，并自欠缴之日起，按日加收万分之五的滞纳金；逾期仍不缴纳的，由有关行政部门处欠缴数额一倍以上三倍以下的罚款。"第六十三条规定："用人单位逾期仍未缴纳或者补足社会保险费的，社会保险费征收机构可以向银行和其他金融机构查询其存款账户；并可以申请县级以上有关行政部门作出划拨社会保险费的决定，书面通知其开户银行或者其他金融机构划拨社会保险费。用人单位账户余额少于应当缴纳的社会保险费的，社会保险费征收机构可以要求该用人单位提供担保，签订延期缴费协议。用人单位未足额缴纳社会保险费且未提供担保的，社会保险费征收机构

可以申请人民法院扣押、查封、拍卖其价值相当于应当缴纳社会保险费的财产，以拍卖所得抵缴社会保险费。"可见，缴费单位足额缴纳社会保险费用，是法律明确规定的义务，它来源于国家法律的强制性规定，缴费单位与缴费个人无权约定变更或放弃，否则将受到法律的制裁。

本案中，R公司与马某达成的不缴纳社会保险费协议，违反了法律的强制性规定，是逃避法定义务的行为。因此，R公司应当依照有关法律规定为马某缴纳社会保险费。马某与R公司因达成不缴纳社会保险费的约定而收取的社会保险费用属不当得利，应当返还给原告R公司。

2. 因不缴或欠缴社会保险费引起的争议属于行政争议，而非劳动争议

本案中，原告提出的欠缴社会保险费是否属于劳动争议的范围？法院认为，用人单位欠缴社会保险费，违背的是行政管理法，其法律关系是国家征缴部门与用人单位之间管理与被管理的行政法律关系，并非劳动争议当事人之间的民事法律关系。

按照《社会保险法》第六十条规定："用人单位应当自行申报、按时足额缴纳社会保险费，非因不可抗力等法定事由不得缓缴、减免。"第六十一条规定，"社会保险费征收机构应当依法按时足额征收社会保险费"。可见，按时足额缴纳各种社会保险费用既是用人单位的法定义务，也是法律法规赋予社会保险费征收机构的法定职责。因此，已经参加社会保险统筹的用人单位如果不能按时足额给劳动者缴纳社会保险费，应由社会保险费征收机构负责征收，这属于行政管理行为，由此产生的争议，应属于行政复议或者行政诉讼的范围。所以凡是用人单位应当依法参加社会保险统筹的，无论劳动者起诉用人单位要求缴纳社会保险费，还是起诉社会保险经办机构要求发放社会保险金，均不属于劳动争议案件，劳动者可以向当地劳动行政主管部门申请解决。因为缴纳社会保险费的义务主体是用人单位（个人应缴费也是由用人单位代扣代缴），收缴单位是社会保险费征收机构。用人单位不论以何种方式不缴或欠缴社会保险费，都可视为侵害了职工的社会保险权益。按照《社会保险法》的规定："用人单位侵害个人社会保险权益的，个人也可以要求社会保险行政部门或者社会保险费征收机构依法处理。"所以，用人单位不缴或欠缴社会保险费，违背的是行政管理法，其法律关系是国家征缴

部门与用人单位之间管理与被管理的行政法律关系,并非劳动争议当事人之间的民事法律关系。因此,本案中所涉及的纠纷应属行政争议,应当受行政法的调整。

二、职工能否按自由职业者身份缴费

[基本案情]

金女士与一家广告设计公司口头约定,实行非全日制用工,工作时间灵活。一旦有设计任务时,公司便通知她到单位参与广告设计,一般是来单位领取任务或讨论设计方案后,大部分时间是在家工作,以完成一定工作任务支付劳动报酬。没有设计任务时,由她自行安排工作和生活。

金女士一般生小病都随便在街上药店买药吃,因一次生病上医院诊治时,被医生问及是否有医疗保险卡时,才发现单位没有为自己办理参加职工基本医疗保险。当她要求公司为其办理医疗保险时,公司告诉她说,像她这样的非全日制职工,用人单位一般不办理参加社会保险,由自己以灵活就业人员的身份自愿申请参加医疗保险。

金女士对此不服,认为自己是有单位的职工,单位应该为自己办理参加社会保险。于是向社会保险行政部门进行了投诉。

[法律问题]

1. 用人单位是否应当为非全日制员工办理参加社会保险?
2. 非全日制员工如何参加社会保险?

[学理分析]

根据《社会保险法》第五十八条规定:"用人单位应当自用工之日起三十日内为其职工向社会保险经办机构申请办理社会保险登记。未办理社会保险登记的,由社会保险经办机构核定其应当缴纳的社会保险费。"这就是说,用人单位必须依法为其职工办理参加社会保险,但是,法律同时规定了无雇工的个体工商

户、未在用人单位参加社会保险的非全日制从业人员以及其他灵活就业人员,是自愿选择参加社会保险,即《社会保险法》第五十八条第二款规定:"自愿参加社会保险的无雇工的个体工商户、未在用人单位参加社会保险的非全日制从业人员以及其他灵活就业人员,应当向社会保险经办机构申请办理社会保险登记。"也就是说,用人单位对于招用的非全日制从业人员,只要建立有较长期稳定劳动关系的,应当为其办理参加社会保险。但是,对未建立稳定劳动关系的非全日制从业人员,可以不为其办理参加社会保险,而由其本人自愿向社会保险经办机构申请办理社会保险登记。

对于单位职工参加社会保险,缴纳社会保险费,按照《社会保险法》规定:"用人单位应当自行申报、按时足额缴纳社会保险费,非因不可抗力等法定事由不得缓缴、减免。职工应当缴纳的社会保险费由用人单位代扣代缴,用人单位应当按月将缴纳社会保险费的明细情况告知本人。"然而,对于未在用人单位参加社会保险的非全日制从业人员,若要自愿参加社会保险,根据《社会保险法》的规定,应首先自愿向社会保险经办机构申请办理社会保险登记,之后"可以直接向社会保险费征收机构缴纳社会保险费",以实现自己参加社会保险。非全日制从业人员以及其他灵活就业人员参加职工基本养老保险和职工基本医疗保险,完全由个人按照国家规定缴纳职工基本养老保险费和职工基本医疗保险费。

第十章

社会保险基金

第一节 社会保险基金基本概念

社会保险基金是社会保险制度的重要物质基础。做好社会保险基金管理工作，确保基金安全完整，对于确保社会保险待遇按时、足额发放和支付，保证社会保险制度平稳运转，推动社会保险事业科学发展，加快经济发展方式转变，促进社会和谐稳定具有重要意义。

一、社会保险基金的建立

（一）社会保险基金概念

社会保险基金是指为了保障公民的社会保险待遇，按照国家法律、法规规定，由缴费单位和缴费个人分别按照社会保险缴费基数的一定比例缴纳以及通过其他合法方式筹集的，用于社会保险待遇支出的专项资金。社会保险基金属于社会公共基金，独立于财政和任何政府部门及其他社会组织，也独立于任何个人。

随着我国社会保险制度的建立，社会保险基金主要由用人单位和个人共同缴费而形成。在统一的社会保险基金概念下，按照一个社会保险险种设立一个独立基金的原则，我国分别有基本养老保险基金、基本医疗保险基金、工伤保险基金、失业保险基金和生育保险基金。对此，《社会保险法》第八章对社会保险基金作了集中规定。第六十四条明确规定："社会保险基金包括基本养老保险基金、基本医疗保险基金、工伤保险基金、失业保险基金和生育保险基金。"

由于我国职工基本养老保险和职工基本医疗保险都实行统账结合模式，因此职工基本养老保险和职工基本医疗保险还有统筹基金和个人账户基金之分。同时，随着我国社会保险制度从职工逐步扩展到城乡居民，社会保险基金还有新的类别，包括新型农村社会养老保险基金、城镇居民社会养老保险基金和城镇居民基本医疗保险基金、新型农村合作医疗基金等。

(二) 各项社会保险基金的建立

新中国成立之后，我国在制度上基本实行了两套社会保障制度，分别是企业职工社会保险和国家机关、事业单位实行的公费医疗、死亡抚恤等社会保险项目。1951年2月25日，中央政府颁布了《劳动保险条例》，该条例具体规定了职工在疾病、死亡、生育及年老后获得必要的物质帮助，职工的直系亲属也可以享受一定的保险待遇。根据条例的规定，职工个人不缴纳任何费用，劳动保险基金全部由企业负担，须按月缴纳相当于各该企业全部工人与职员工资总额的3%。其中30%存于中华全国总工会户内，作为劳动保险总基金；70%存于各该企业工会基层委员会户内，作为劳动保险基金，为支付工人职员按照本条例应得的抚恤费、补助费与救济费之用。开支的余额交上级工会建立社会保险调剂金。劳动保险基金由全国总工会委托中国人民银行代理保管。当时的社会保险基金社会统筹程度不高，大部分资金仍然由企业自己调用，这种保险基金的模式在"文化大革命"期间结束。20世纪80年代各种新的社会保险制度建立起来，相应地出现了各种社会保险基金。

1. 养老保险基金

养老保险包括职工基本养老保险、城镇居民社会养老保险和农村居民养老保险，分别对应着不同的养老保险基金。职工基本养老保险是最先建立起来的也是比较重要的养老保险基金，随之发展起来的是农村居民养老保险及城镇居民养老保险。(职工基本)养老保险基金是指为保障劳动者享受养老保险待遇而多方筹集的，在劳动者达到法定老年年龄，并从事某种劳动达法定年限之后提供给劳动者，以维持其基本生活水平的资金集合。我国职工基本养老保险基金由政府根据支付费用的实际需要和企业、职工的承受能力，按照以支定收、略有结余、留有部分积累的原则统一筹集。

1980年原劳动部开始改革养老保险金计发办法的试点，提出基本养老金计发方案，一部分按职工退休时当地平均工资的一定比例计发，另一部分按职工缴费年限长短和指数化月平均缴费多少来计发。1984年5月，原劳动部会同国家经委、财政部、工商银行、全国总工会等部门向国务院提交了关于统筹全民所有制单位退休基金的报告，提出了职工退休基金的社会统筹思路。与此同时，结合劳动制度改革，以地市县为统筹单位，首先在广东省江门市、东莞市，四川省自贡市，江苏省泰州市，以及辽宁省黑山县开始进行退休费用社会统筹试点，随后在全国逐步推开。1988年年底，全国实行企业退休费用统筹的市县达到2 200个，占全国2 367个市县总数的93%。

1991年6月，国务院下发了《关于企业职工养老保险制度改革的决定》，在该决定的推动下普遍实行了城镇企业职工个人缴费制度，城镇企业职工养老保险实现了从"企业保险"向社会保险的过渡，完成了保险费用由一方负担向多方负担的转变，同时在支付模式上选择了部分积累的养老保险金筹集模式，企业养老保险制度初步建立。1997年7月，国务院下发了《关于建立统一的企业职工基本养老保险制度的决定》，在全国范围内统一了基本养老保险制度。1998年国务院进行政府机构改革，成立了劳动和社会保障部，实现了社会保障的统一管理；同时合并、撤销了一批产业部门。同年，国务院作出决定将行业统筹交由地方管理。养老保险基金的社会统筹及统一管理不断深化。此时，对养老保险基金的理解是：①建立养老保险基金的目的是保障劳动者切实享受到养老保险待遇，以维持劳动者在达到法定老年年龄并从事某种劳动达法定年限被依法解除法定劳动义务之后的基本生活水平。②养老保险基金是通过多种渠道筹集而成，在我国主要由国家、用人单位和劳动者三方按一定比例共同负担。③养老保险基金是资金的集合，即通过社会统筹，将不同的用人单位、劳动者和国家的资金统一集中，形成养老保险基金。

1991年经国务院同意，民政部开始选择部分县市进行农村社会养老保险试点，在总结经验的基础上，民政部于1992年1月正式下发了《县级农村社会养老保险基本方案》，明确资金筹集坚持以个人缴纳为主，集体补助为辅，国家给予扶持的原则。1995年10月，国务院办公厅转发了民政部《关于进一步做好农村社会养老保险工作的意见》，要求各地加强领导，积极推进农村社会养老保险的建设。

2010年《社会保险法》第二十二条规定:"国家建立和完善城镇居民社会养老保险制度。"2011年6月7日,国务院发布了《关于开展城镇居民社会养老保险试点的指导意见》,其中进行了一些原则性的规定。目前城镇居民养老保险并不完善,主要是通过"中央确定基本原则和主要政策,地方制定具体办法"的原则实施。一些省、市在统筹城乡社会发展过程中,将城镇居民社会养老保险和新型农村社会养老保险做统一安排,建立了城乡居民社会养老保险制度。

2. 医疗保险基金

我国目前的医疗保险基金包括职工基本医疗保险、新型农村合作医疗和城镇居民基本医疗保险。其中职工基本医疗保险是最先建立起来、制度相对完善的医疗保险制度。

职工基本医疗保险基金是指国家为保障职工的基本医疗,由医疗保险经办机构按国家有关规定,向单位和个人筹集用于职工基本医疗保险的专项基金。基本医疗保险基金包括社会统筹基金和个人账户两部分,由用人单位和职工个人按一定比例共同缴纳。医疗保险具体待遇给付标准由统筹地区人民政府按照以收定支的原则确定。

职工基本医疗保险建立于20世纪90年代。在计划经济体制下,我国在城市实施的是劳保医疗和公费医疗制度。1984年,国家在公费医疗单位实行定额包干、超额部分按一定比率报销的办法。1993年,党的十四届三中全会提出了在20世纪末建立起社会主义市场经济体制基本框架的目标,确定在城镇建立社会统筹与个人账户相结合的职工医疗保险制度。国务院从1994年起,将镇江、九江作为医疗改革试点,目标是建立社会统筹与个人账户相结合的社会医疗保险制度,并且使之逐步覆盖城镇所有劳动者。1995年制定的《劳动法》明确规定国家建立包括医疗保险在内的五大社会保险制度。1998年12月国务院发布了《关于建立城镇职工基本医疗保险制度的决定》,决定在全国范围内进行城镇职工基本医疗保险制度的改革。

新型农村合作医疗制度是由政府组织、引导、支持,农民自愿参加,个人、集体和政府多方筹资,以大病统筹为主的农民医疗互助共济制度。农村合作医疗是广大农民自发创造的产物,新中国成立后,一些地方在土地改革后的农业互助合作运动的启发下，由群众自发集资创办了具有公益性质的保健站和医疗站。1959年11月，卫生部正式肯定了农村合作医疗制度，到1976年，全国已有90%的农民参加了合作医疗。在20世纪70年代末期以后，农村合作医疗遭到了破坏，并开始走向低谷，随着农村承包责任制的推行，全国大多数农村地区原有的以集体经济为基础的合作医疗制度遭到解体或停办的厄运。

1997年中共中央、国务院发布《关于卫生改革与发展的决定》，要求各地"积极稳妥地发展和完善合作医疗制度"。1998年城镇职工医疗保险改革启动后，国务院又启动了新型农村合作医疗制度试点。2002年国务院下发了《关于进一步加强农村卫生工作的决定》，明确提出"逐步建立新型农村医疗合作医疗制度"。2003年卫生部、财政部、农业部发布了《关于建立新型农村合作医疗制度的意见》，该意见成为规范新型农村合作医疗制度最重要的法律文件。

3. 失业保险基金

失业保险基金是国家法定建立的用以保障失业人员失业期间基本生活的资金。失业保险基金由城镇企业事业单位、城镇企业事业单位职工缴纳的失业保险费，失业保险基金的利息，财政补贴，依法纳入失业保险基金的其他资金构成。其中，单位和个人的缴费是失业保险基金的主体，基金不敷使用时国家财政给予的补贴构成失业保险基金的必要后备，失业保险基金存入银行和购买国债所得的利息则是基金的必要补充。

1986年国务院颁布《国营企业职工待业保险暂行规定》，标志着我国失业保险制度正式建立。1994年4月国务院颁布了《国有企业职工待业保险规定》，决定建立失业保险基金，并规定了失业保险基金的筹集、使用和管理。1999年国务院颁布了《失业保险条例》，提高了基金的统筹层次。

4. 工伤保险基金

工伤保险基金是国家为了实施工伤保险制度而通过各种渠道筹集资金所形成的专项资金积累，工伤保险费率应坚持以支定收、收支平衡的原则。它是劳动者依法获得工伤保险待遇的主要经费来源。1951年的《劳动保险条例》一直沿用至我国工伤保险制度改革之前，1988年后我国工伤保险制度开始逐步改革。1992年原劳动部发出《职工工伤保险条例》（征求意见稿）时曾提出六项基本原则：建立工伤保险基金，实行一定范围内的社会统筹；建立工伤保险与工伤预防、职业病康复相结合机制；建立统一的评残标准；适当提高工伤待遇标准；扩大工伤保险覆盖范围；在管理上实行国家立法、省级统筹、分级管理。1996年出台了《企业职工工伤保险试行办法》，企业工伤保险得到全面推广。工伤保险基金的建立对降低职工或遗属费用，调剂使用基金，特别是企业为应付特大事故、减轻经济负担发挥了重要作用。2003年4月27日国务院颁布了《工伤保险条例》，对工伤保险基金的筹集方式、管理模式，工伤认定的形式、标准，劳动能力鉴定的形式、标准，工伤保险待遇、监督管理和法律责任等方面进行了明确的规定。

由于目前我国各项社会保险基金统筹层次参差不齐，且整体统筹层次较低，因此各类社会保险基金还没有做到全国统一，而是由每个统筹地区形成各自的基金。目前社会保险基金的数量很多。

5. 生育保险基金

生育保险根据"以支定收、收支基本平衡"的原则筹集资金，由企业按照其工资总额的一定比例向社会保险经办机构缴纳生育保险费，建立生育保险基金。生育保险费的提取比例由当地人民政府根据计划内生育人数和生育津贴、生育医疗费等项费用确定，并可根据费用支出情况适时调整，但最高不得超过工资总额的1%。

我国的生育保险也是起源于1951年的《劳动保险条例》。1969年2月，财政部颁发的《关于国营企业财务工作中的几项制度的改革意见》规定，"国营企业一律停止提取工会经费和劳动保险金"，"企业的退休职工、长期病号工资和其他劳保开支，改在企业营业外列支"，生育保险的社会统筹制度因此中断。1994年12月14日，为了配合《劳动法》的贯彻实施，原劳动部在总结各地生育保险制度改革实践经验的基础上，颁发了《企业职工生育保险试行办法》，办法的颁布是城镇职工生育保险制度全面推行的标志，它对生育保险的基本原则、实施范围、待遇标准、基金管理、监督机制等都作出了明确的规定，成为我国沿用至今的推进生育保险制度改革的主要政策依据。

二、建立社会保险基金的意义

社会保险基金的建立对国民生活和社会稳定具有重大的意义：

一是保障劳动者和社会成员的基本生活需要和伤病救治，维护社会稳定。能够满足社会成员基本的物质生活需要，提供一个良好的生活环境是社会稳定的最基本的前提。现代社会实行的是社会化大生产，社会分工程度较高，个人抵抗风险的能力降低，即使不出现人身的意外，也可能会因为劳动能力的降低或社会原因导致的失业而影响收入。作为社会的成员，因为各种原因导致的不能满足基本生活需要和伤病救治，理应得到社会的支持和援助，这不是对社会成员的怜悯，而是国家和社会应尽的义务。只有在物质上能够得到保障，社会成员的生活才能够稳定，也才能够减少因基本物质条件不能满足导致的社会冲突的发生。同时，只有在保障社会成员基本生活需要的前提下，政治、经济地位平等，人格独立才能具有真正的意义，才能够缓解社会的不满情绪，减少社会矛盾。

二是实施国民收入的初次分配和再分配，调整社会经济关系，促进社会公平和经济公平。党的十七大报告指出初次分配和再分配都要处理好效率和公平的关系，再分配更加注重公平。在市场经济条件下，初次分配关系主要由市场机制形成，生产要素价格由市场供求决定，政府通过法律法规和税收进行调节和规范，不直接干预。再分配是指在初次分配结果的基础上政府对要素收入进行再次调节的过程。主要通过税收、提供社会保障和社会福利、转移支付等调节手段进行，重点调节地区之间、城乡之间、部门之间、不同群体之间、在职与退休人员之间的收入关系，防止收入差距过大，保障低收入者基本生活。社会保险基金是个人、企业、国家共同筹资建立起来的，在征收方面是通过征缴社会保险金来实施初次分配的调节，在支付方面是国民收入再分配的体现，其目的都在于最大限度地促进社会公平和经济公平，防止出现贫富差距过大形成的社会矛盾。

三是维持劳动力的再生产，促进经济增长。通常劳动力再生产费用组成：①维持劳动者自身劳动力再生产所必需的生活资料；劳动者恢复和延续劳动力，以及丧失劳动力时所必需的生活资料。②维持劳动者赡养其子女生活与成长所必需的生活资料。③劳动者必要的教育培训费用；每个劳动者都要经历幼年、成年、老年三个不同时期，劳动力再生产的全过程也包括了成长时期、使用时期、衰老时期，这些都是劳动力再生产全过程中的一部分，都应记入生产成本和劳务成本之内。社会保险金是维持劳动力再生产不可或缺的物质基础。

社会保险基金的建立解决了劳动者在生老病死和劳动能力丧失时的后顾之忧，能够激发劳动者的工作积极性以及热情，使劳动者能够全身心地投入到社会劳动中去，充分发挥想象力和创造力，这样整个社会就能够形成一个良好的工作氛围，从这个意义上讲社会生产力得到了极大的提升。此外，有了社会保险的物质支撑，劳动者所能够承担的意外风险能力得到加强，也在一定程度上刺激了消费欲望，促进内需。促进内需和社会生产力提升的结合必然会促进经济增长，使社会经济形成良性循环。

四是调控宏观经济，保持社会经济关系的和谐发展。建立社会保险基金，收缴社会保险费同样是国家对社会进行宏观经济调控的手段，在这一点上，与税收具有同样的性质。建立社会保险基金后，就使国家有可能将上述调节所得收入的一部分转用于社会保险事业，起到加强社会保障的作用。这样就能通过保险金的缴付保持社会经济关系的和谐发展。

三、社会保险基金的筹资模式与管理方式

国际上对于社会保险基金的筹资模式有现收现付制、完全积累制、部分积累制，与之对应的管理模式为社会统筹模式、个人账户模式、社会统筹与个人账户相结合模式。

（一）基金筹资模式

1. 现收现付制

现收现付制是通过预算使保险基金收支平衡，不做积累的筹资模式。可以以支定收也可以以收定支，特点是"现收现付"，基本上不积累资金。这种模式最典型地用于养老保险基金，通过在职劳动者的缴费来保障已退休公民的生活，是代际合作的一种表现形式，也被称为"代际供养"。现收现付制目前在世界上有100多个国家采用，是社会保险基金发展比较成熟的产物。现收现付制通常先确定待遇标准，然后计算应收取的税费，保证一定期限内的收支平衡，因为期限不

是不会很长,而且无须积累,所以具有较强的预测性,能够保证给付的实现,无须担心积累资金的贬值。此外在短期内,物价不会波动,能够减少待遇实际降低的风险。当然如果在一个周期内发生了通货膨胀、工资增长等影响保险支出的事项时,可以随时进行调整,具有较高的灵活性。但是,现收现付制是以代际合作为基础,将退休人员的养老待遇完全由现职劳动者承担,显然会增加现职劳动者的负担,尤其是人口结构不平衡的社会,人口的低出生率直接影响现职劳动者的收入,极易引起代际矛盾,拒付保险金的现象就会增多,直接影响到保险基金的充足与安全。

现在世界上很少有国家实行纯粹的现收现付制。美国最初实行的是典型的现收现付制模式,规定养老保险只留3个月的储备金,20世纪70年代社会保险基金出现危机后,开始采取措施将储备增加到11个月,因此实际上走向了部分积累模式。

中国现行的社会保险制度安排中,养老保险统筹部分、医疗保险统筹部分、失业保险、工伤保险及生育保险实行的都是现收现付制模式。

2. 完全积累制

所谓完全积累制,是指养老金制度的参加者,在工作期间把一部分劳动收入交给一个集中的可用于投资的基金,等参加者退休后,该项基金再以投资所得的回报兑现其当初的养老金承诺。完全积累制实际上是储蓄及投资收益的结合,它将职工的一部分工资以及其他投入进行储蓄,并以该项资金进行投资,待职工退休之后将本金及投资收入用于支付养老金,相当于职工自己进行的养老储蓄与投资,与现收现付制代际供养不同。完全积累制社会保险的缺陷是需要长期积累资金,但是时间越长,资金贬值以及保险待遇提高的风险就越高,而且对基金测算的专业要求较高,容易产生挪用问题。但是也正因为长期积累,资金供应基础比较扎实,短期内不会出现资金短缺的现象。而且因为是自我储蓄进行养老,与个人的努力投入相关联,所以能够减少个人对社会福利的依赖,提升工作激励,并易于被人们理解和接受。新加坡政府于1995年就进行了养老金制度改革,建立完全积累制养老保险制度;智利早在1981年就进行了养老金制度改革,建立完全积累制和市场化运营管理体制。我国的全国社会保障基金、职工养老保险和医疗保险的个人账户，以及企业年金基金属于完全积累制模式。

3. 部分积累制

部分积累制是指将现收现付制与积累制进行整合，保险基金一部分采用现收现付制满足当前的需要，另一部分采用积累制满足未来支付需求。部分积累制的优点是既可以避免完全积累制下财务制度初期费率过高的问题，又可以较好地解决现收现付制费率不稳定和人口老龄化的问题，而且基金增幅较慢，贬值风险和投资压力较小。我国的职工养老保险和职工医疗保险由社会统筹账户和个人账户组成，属于部分积累制。

我国统账结合的养老金制度在实际执行过程中，由于统筹基金当期收不抵支，为确保当期养老金按时足额发放，各地普遍动用了个人账户基金，使个人账户不能真正形成资金积累，这是目前需要解决的问题。

(二) 基金管理模式

1. 社会统筹模式

现收现付制通常采用社会统筹的管理模式，也称为公共账户模式。所谓社会统筹模式，是指依靠国家立法和行政保证，对社会保障基金进行统一筹集、统一管理、统一支付的社会基本保障形式。这种模式以国家信用为基础，以代际和社会不同群体之间的合同契约为纽带，互助合作，共同承担风险。社会保险基金属于社会公共基金，归参保人共同所有。社会保险金的支付一般采取待遇确定的方式，具有很强的社会财富再分配的性质。统筹的范围包括地域范围、覆盖范围、保险种类以及保险项目等，范围越广筹集资金的能力越强，风险分担的效果也更加明显。

2. 个人账户模式

完全积累制通常采取个人账户的管理模式，个人账户模式是指以国家立法和行政约束力为保证，采取"个人预缴专款备付金"的方式筹集、管理社会保障资金。尽管这种模式同样是以国家信用为基础，但其性质属于政府强制推行的"自我保障"制度。个人账户基金属于参保人个人所有，不做社会调剂使用。个人账户基金筹集采用基金积累制、缴费确定，自我受益。个人账户参保人的待遇水平由个人预缴专款备付金的多少决定，最终实际受益取决于劳动者参保期的长短、缴费的多少和投资收益率的高低。

基金积累的个人账户以远期纵向财政收支平衡为原则，具有先提后用的特点，是个人收入在其一生中的纵向平衡分配过程，表现为劳动者生命周期个人收入的再分配。但由于个人账户制单纯地以个人缴费额决定给付额，社会的低收入者或负担重的劳动者往往难以通过自身预提积累的社会保险金满足维持将来基本生活水平的需求，难以体现社会财富的再分配，无法实现社会保障制度的社会公平目标。

3. 社会统筹与个人账户相结合模式

社会统筹与个人账户相结合模式，是指社会保障基金的一部分供基金全体受保人共同调剂使用，余下的部分基金进入个人账户，归受保人个人所有，并作为计发及继承社会保障待遇的基本依据。其实质是现收现付的社会统筹模式与基金积累的缴费确定模式的综合。社会统筹与个人账户相结合的模式既注重社会保障实现社会公平，同时也和个人的收入挂钩，在一定程度上能激发劳动者的工作热情，有利于国家就业政策的推行。它对应的是部分积累筹资模式。

四、社会保险基金管理的原则

社会保险基金管理要严格执行《社会保险法》和《社会保险费征缴暂行条例》等法律法规，进一步加强社会保险费征缴管理。社会保险费要按国家规定的缴费基数和缴费比例据实征缴。社会保险基金会计核算要严格执行国家规定的《社会保险基金会计制度》，实行收付实现制。按规定由缴费单位和缴费个人预缴的社会保险费以及按国家规定应记入的其他各项社会保险费收入，应及时全额记入当期社会保险费收入。为满足个人账户记录等需要，对预缴的社会保险费收入应建立相关台账进行管理。缴费单位和缴费个人要以货币形式全额缴纳社会保险费，严禁以物抵费。

为了规范社会保险基金会计核算和管理，社会保险经办机构、税务机关和财政部门要加强部门之间协调配合，严格按照《会计法》和《会计基础工作规范》的规定填制和取得原始凭证，及时、准确传递原始凭证及有关资料，及时报账、定期对账，做到账账相符、账实相符、账证相符，确保社会保险基金财务数据的真实、准确和完整。

1999年财政部会同原劳动和社会保障部颁布《社会保险基金财务制度》，提出对社会保险基金根据国家要求实行统一管理，按险种分别建账，分账核算，专款专用，自求平衡，不得相互挤占和调剂。在总结实践的基础上，我国《社会保险法》第六十四条规定："各项社会保险基金按照社会保险险种分别建账，分账核算，执行国家统一的会计制度。社会保险基金专款专用，任何组织和个人不得侵占或者挪用。基本养老保险基金逐步实行全国统筹，其他社会保险基金逐步实行省级统筹，具体时间、步骤由国务院规定。"根据法律规定，我国社会保险基金管理应遵循以下原则：

（一）实行单独预算

社会保险基金与财政性资金本质不同，财政性资金具有无偿性，而社会保险基金具有一定程度的有偿性，具有权利与义务的对应关系。按照我国社会保险制度模式，责任由单位、个人与国家三方共担。社会保险基金主要由单位缴费和个人缴费组成，不属于财政性资金。社会保险基金的征缴、支付和运营有着自身特性，与财政性资金管理要求不尽相同。因此，社会保险基金预算管理应与财政预算管理相互分离。同时，社会保险基金管理也有别于社会福利、社会救助和社会优抚等其他社会保障资金。社会福利、社会救助和社会优抚等其他社会保障资金的来源主要是财政预算，在资金性质上与社会保险基金不同，两者在管理模式上也应有所区别。因此，对于社会保险基金应实行单独预算管理。

（二）实行统一管理

社会保险关系每个参保者的切身利益，涉及面宽、覆盖人群广、基金数额大，基金管理的政策性强，难度大、要求高、任务重。在我国必须由政府指定的机构统一管理，包括基金的筹集、支付、使用和报告。任何其他单位和个人都无权擅自筹集和管理使用社会保险基金。

（三）实行分账核算

由于各项社会保险基金分属不同险种，国家对各项社会保险基金管理的具体要求和规定不尽相同，各项社会保险基金的保险目的、覆盖人群、筹资模式、待遇项目和支付标准等方面也有所区别，客观上不允许账目混合。因为，不同的社会保险分别是保障公民在年老、疾病、工伤、失业、生育等风险情形下获得相对应的物质帮助,而这些风险大小不同,发生时间有先有后,如果账目混合,则难以平衡相互之间的关系。比如职工基本养老保险实行部分积累制,而工伤、失业、生育保险都实行现收现付制,如果账目混合,可能会导致缴纳的养老保险费用于在他人的工伤保险待遇支付上,造成基金运行模式的混乱。因此,在社会保险基金实行统一管理的前提下,要求各项社会保险基金应当按照不同险种分别建账,分账核算,分别管理,保持各项社会保险基金之间的相对独立性。

(四) 实行专款专用

社会保险基金是广大参保人员的"保命钱""救命钱",社会保险基金必须全部用于保障参保人员的合法权益,要严格按照国家规定的范围、用途以及标准和项目使用,任何地区、部门、单位和个人均不得挪用,也不得用于平衡政府财政预算。专款专用是对所有组织和个人提出的要求,社会保险经办机构、社会保险行政部门乃至各级人民政府及其工作人员,都不得违反社会保险基金专款专用的原则,除了国家规定的支出项目之外,一律不得用于其他支出。除了依照法律法规规定作一定的投资运行外,不得挪作他用,也不得相互挤占和调剂,更不得侵占。

(五) 实行保值增值

我国养老保险实行的是社会统筹与个人账户相结合的部分积累制度模式。实行这种模式的主要目的就是为即将到来的人口老龄化作基金储备。特别是个人账户,对于参保个人来讲是完全积累式的,并且是决定其未来养老金水平的重要因素。如果个人账户中积累的基金不能保值增值,将难以保证参保者退休时能领到足以保证其基本生活的养老金。因此,实现基金保值增值是做好社会保险基金管理工作必须遵循的一条重要原则,也是一项重要任务。《社会保险法》也规定,社会保险基金在保证安全的前提下,按照国务院规定投资运营实现保值增值。

五、社会保险基金统筹

社会保险基金的统筹层次关系到在多大范围内调剂使用社会保险基金,统筹层次越高,基金的规模和调剂使用的范围就越大。目前,我国财政体制的特点是实行各级财政"分灶吃饭",社会保险基金由统筹地区政府承担兜底责任。由哪一级政府承担兜底责任,哪一级政府就可以对基金进行调剂使用。必须明确的是,提高统筹层次不是要实行一个待遇标准,在一个省内经济发展水平不同地区之间的待遇标准可以有差异。现阶段,我国除基本养老保险基金基本做到省级统筹外,其他四项社会保险基金的统筹层次很多还在县市一级,全国共有一万多个相对独立的社会保险基金,有悖于社会保险的社会共济的基本原则,大量分散的社会保险基金也给监督管理带来很大困难和风险。由于社会保险基金统筹层次低,加之地方财政承担兜底责任,造成社会保险关系跨地区转移难。2009年,我国出台职工基本养老保险关系跨地区转移接续办法,2010年颁布的《社会保险法》作出规定,提出基本养老保险基金逐步实行全国统筹,其他社会保险基金逐步实行省级统筹。这将有利于打破职工基本养老保险关系转移的障碍,促进劳动者跨地区合理有序流动。

第二节　社会保险基金预算管理

一、社会保险基金预算的概念

社会保险基金预算,是根据国家社会保险和预算管理法律法规建立,由社会保险事务管理机构依照国家规定,根据社会保险制度的实施计划,经规定程序审批的反映各项社会保险基金收支的年度计划。

2010年之前,由于我国一直没有建立起社会保险基金预算制度,导致社会保险基金收支缺乏预算约束力,监管乏力,影响了社会保险基金的应收尽收和待遇的应发尽发。同时,由于各级政府间责任不明确,各级人民代表大会难以有效地行使对社会保险基金的监督权力。为了改变这一状态,2010年1月2日,国务院发布《国务院关于试行社会保险基金预算的意见》(国发〔2010〕2号),决定在全国建立社会保险基金预算制度,单独编报社会保险基金预算。这是国务院作出的一项重要决策部署，是加强社会保险基金管理的一项重大制度建设，对于进一步规范和加强社会保险基金管理，增强基金收支约束力，明确各级政府投入责任，促进社会保险事业加快发展，维护人民群众切身利益和社会和谐稳定具有重要意义。

我国《社会保险法》明确规定，社会保险基金按照统筹层次设立预算；社会保险基金预算按照社会保险项目分别编制；社会保险基金预算、决算草案的编制、审核和批准，依照法律和国务院规定执行。这就为确立社会保险基金预算制度提供了明确的法律依据。

二、社会保险基金预算的基本原则

社会保险基金预算要坚持以科学发展观为指导，通过对社会保险基金筹集和使用实行预算管理，增强政府宏观调控能力，强化社会保险基金的管理和监督，保证社会保险基金安全完整，提高社会保险基金运行效益，促进社会保险制度可持续发展。按照《国务院关于试行社会保险基金预算的意见》（国发［2010］2号）的要求，我国社会保险基金预算应遵循以下基本原则：

1. 依法建立，规范统一。依据国家法律法规建立，严格执行国家社会保险政策，按照规定范围、程序、方法和内容编制。

2. 统筹编制，明确责任。社会保险基金预算按统筹地区编制执行，统筹地区根据预算管理方式，明确本地区各级人民政府及相关部门责任。

3. 专项基金，专款专用。社会保险各项基金预算严格按照有关法律法规规范收支内容、标准和范围，专款专用，不得挤占或挪作他用。

4. 相对独立，有机衔接。在预算体系中，社会保险基金预算单独编报，与公共财政预算和国有资本经营预算相对独立、有机衔接。社会保险基金不能用于平衡公共财政预算，公共财政预算可补助社会保险基金。

5. 收支平衡，留有结余。社会保险基金预算坚持收支平衡，适当留有结余。根据法律规定，社会保险基金通过预算要实现收支平衡。但考虑到我国未来应对老龄化的支付压力，现实中养老保险基金实行部分积累（主要是个人账户部分实行积累制度），所以，基金中应当适当留有结余。

我国各地区的社会保险基金预算管理，应当严格按照国家《社会保险基金财务制度》规定的内容、方法和程序编制、审批、执行和调整社会保险基金预算，提高预算编制的准确性和严肃性，增强预算的约束力。要在认真分析本年度预算执行情况、科学测算下年度基金收支情况的基础上，编制社会保险基金年度收入和支出预算。各项收入和支出安排要切实按政府批准的预算执行，确保社会保险费和其他基金收入按时足额筹集，确保社会保险待遇按时足额发放。

三、社会保险基金预算编制范围

国家预算的编制和确定需要依照法定程序进行，具有强制性特点，一经有权机关批准，必须执行，非经法定程序，不得改变。根据《社会保险法》规定，社会保险基金按照统筹层次设立预算。社会保险基金预算按照社会保险项目分别编制，即我国的社会保险基金预算包括城镇职工基本养老保险基金、城镇职工基本医疗保险基金、工伤保险基金、失业保险基金、生育保险基金等内容。

城镇职工基本养老保险基金预算包括基金收入预算和基金支出预算。基金收入主要包括基本养老保险费收入、利息收入、财政补贴收入、转移收入、上级补助收入、下级上解收入、其他收入等；基金支出主要包括基本养老金支出、医疗补助金支出、丧葬抚恤补助支出、转移支出、补助下级支出、上解上级支出、其他支出等。

城镇职工基本医疗保险基金预算包括基金收入预算和基金支出预算。基金收入主要包括基本医疗保险费收入、利息收入、财政补贴收入、转移收入、上级补助收入、下级上解收入、其他收入等；基金支出主要包括基本医疗保险待遇支出、转移支出、补助下级支出、上解上级支出、其他支出等。

工伤保险基金预算包括基金收入预算和基金支出预算。基金收入主要包括工伤保险费收入、利息收入、财政补贴收入、转移收入、上级补助收入、下级上解收入、其他收入等；基金支出主要包括工伤保险待遇支出、劳动能力鉴定费支出、转移支出、补助下级支出、上解上级支出、其他支出等。

失业保险基金预算包括基金收入预算和基金支出预算。基金收入主要包括失业保险费收入、利息收入、财政补贴收入、转移收入、上级补助收入、下级上解收入、其他收入等；基金支出主要包括失业保险金支出、医疗补助金支出、丧葬抚恤补助支出、职业培训和职业介绍补贴支出、转移支出、补助下级支出、上解上级支出、其他支出等。

生育保险基金预算包括基金收入预算和基金支出预算。基金收入主要包括生育保险费收入、利息收入、财政补贴收入、转移收入、上级补助收入、下级上解收入、其他收入等；基金支出主要包括生育保险待遇支出、医疗费支出、转移支出、补助下级支出、上解上级支出、其他支出等。

四、编制社会保险基金预算

将社会保险基金纳入预算管理后，就涉及预算、决算草案的编制、审核和批准权限等问题。根据我国《预算法》第七十六条的规定，社会保障预算按照预算外资金管理，管理办法由国务院规定。

编制社会保险基金预算，要采用科学、规范的方法，提高预算编制的预见性、准确性、完整性和科学性。

编制社会保险基金收入预算应当考虑的因素有：统筹地区上年度基金预算执行情况、本年度经济社会发展水平预测以及社会保险工作计划等因素，包括社会保险参保人数、缴费人数、缴费工资基数等。统筹地区人民政府应根据社会保险基金收支、财政收支等情况，合理安排本级财政对社会保险基金的补助支出。

编制社会保险基金支出预算应当考虑的因素有：统筹地区本年度享受社会保险待遇人数变动、经济社会发展状况、社会保险政策调整及社会保险待遇标准变动等因素。社会保险待遇支出预算应根据上年度享受社会保险待遇对象存量、上年度人均享受社会保险待遇水平等因素确定，同时考虑本年度变动情况；社会保险非待遇性支出预算要严格执行社会保险政策和管理制度规定。

目前，我国统筹地区社会保险基金预算与一般财政预算不尽相同。根据国务院《关于试行社会保险基金预算的意见》的规定，统筹地区社会保险基金预算草案由社会保险经办机构编制，由税务机关征收社会保险费的地区，由社会保险经办机构会同税务机关编制。本级政府社会保险行政部门作为主管部门，对各险种预算草案进行审核汇总，经财政部门审核后，由财政部门和社会保险行政部门联合报本级人民政府审批。

按照规定：①统筹地区财政和社会保险行政部门将社会保险基金预算草案报本级人民政府审批后，再报上一级财政和社会保险行政部门。②省级财政和社会保险行政部门将本省（自治区、直辖市）社会保险基金预算草案报本级人民政府后，再报国务院财政部门和社会保险行政部门。③全国社会保险基金预算草案由国务院社会保险行政部门汇总编制，经财政部审核后，由国务院财政和社会保险行政部门联合向国务院报告。待条件成熟时，由国务院适时向全国人大报告。

五、社会保险基金预算执行和调整

1. 预算执行

预算的执行是保证社会保险待遇按时足额发放，发挥社会保险保障功能的关键环节，贯穿于整个预算年度的始终。社会保险基金预算草案经统筹地区人民政府批准后，由财政和社会保险行政部门批复，社会保险经办机构具体执行。社会保险经办机构应严格按照批准的预算和规定的程序执行，筹集和使用社会保险基金，并认真分析基金的收支情况，定期向本级社会保险行政部门和财政部门报告预算执行情况。

在预算执行过程中，应做到：①社会保险经办机构要定期对预算执行情况进行分析、检查。主要是基金收入是否按照批准的预算和相关政策规定筹集，基金支出是否按照批准的预算和社会保险待遇政策规定执行。②社会保险经办机构要协调和督促财政部门按照预算按时足额将财政对社会保险基金补助划转社会保险基金，保证财政补贴收入预算的执行。③对于社会保险费由税务机关代征的，社会保险经办机构要协调和督促税务机关按照社会保险费收入预算和社会保险费征收有关政策规定及时足额征收社会保险费。④社会保险行政部门和财政部门要对基金收支执行情况进行监督检查，发现问题及时研究对策和措施，并向同级人民政府报告，保证基金的收支平衡和安全完整。

2. 预算调整

社会保险基金预算不得随意调整，因为社会保险待遇支出具有刚性特点，必须予以保证。基金预算作为一种事前的收支计划，在执行过程中，可能会因为各种特殊情况，造成与实际情况不符。当预算不能保证待遇支出时，应当进行调整。因此，在执行中，社会保险经办机构要密切跟踪预算执行情况，当发现基金预算不能满足社会保险待遇发放时，或者因特殊情况需要增加支出或减少收入时，应按照规定程序，及时编制社会保险基金预算调整方案。社会保险基金预算调整由统筹地区社会保险经办机构提出调整方案，经社会保险行政部门审核汇总，财政部门审核后，由财政和社会保险行政部门联合报本级人民政府批准。社会保险费由税务机关征收的，社会保险费收入预算调整方案由社会保险经办机构会同税务机关提出。

建立调剂金制度的地区，应当根据本地区调剂金制度，在年度预算或调整预算中明确调剂原则和调剂金的收支情况。

六、社会保险基金决算

年度终了，统筹地区社会保险经办机构应根据财政和社会保险行政部门统一规定的报表格式、时间和要求编制年度社会保险基金财务报告。财务报告包括资产负债表、收支表、有关附表以及财务情况说明书。财务情况说明书主要说明和分析基金的财务收支及管理情况、对本期或下期财务状况发生重大影响的事项，以及其他需要说明的事项。经办机构可以根据业务工作需要增加基金当年结余率、社会保险费实际收缴率等有关财务分析指标。编制年度社会保险基金财务报告必须做到数字真实、计算准确、手续完备、内容完整、报送及时，经统筹地区社会保险行政部门审核汇总，财政部门审核后，由财政和社会保险行政部门联合报本级人民政府审批。批准后的年度社会保险基金财务报告为社会保险基金决算。

社会保险基金决算报告应同时报上一级财政和社会保险行政部门。省级财政和社会保险行政部门将本省（自治区、直辖市）社会保险基金决算草案报本级人民政府后，再报国务院财政部门和社会保险行政部门。各级社会保险行政部门和财政部门要加强对决算的审核，确保有关数据一致。

全国社会保险基金决算草案由国务院社会保险行政部门汇总编制，财政部审核后，由财政和社会保险行政两部门联合向国务院报告。

第三节 社会保险基金收支

一、社会保险基金收入

（一）社会保险基金收入的原则

社会保险基金按国家规定，要按时足额筹集。任何地区、部门、单位和个人不得截留和减免。因此，社会保险基金收入遵循的原则是：

1. 必须依法筹集

社会保险基金是依法建立的，社会保险基金的收入来源、项目、标准和范围具有法定性。筹集社会保险基金必须严格执行法律规定的项目、标准和范围，任何地区、部门、单位和个人都无权自行调整。

2. 必须按时足额筹集

我国建立社会保险制度的根本目的是保障参保人员在年老退休、疾病、失业等情况下能获得物质帮助的基本权利，各项社会保险待遇支出都是关系到广大保险对象基本生活和生存的刚性支出。社会保险基金能否按时、足额筹集，直接关系到各项社会保险待遇的按时、足额发放和支付，直接关系到职工个人社会保险合法权益能否得到有效保护，直接关系到各项社会保险制度能否平稳顺利实施。因此，按照国家法律法规规定按时、足额筹集各项社会保险基金不仅是参保单位和个人的法定义务，也是社会保险经办机构的法定职责。

3. 不得随意截留和减免

社会保险费的征收标准是经过周密计算确定的，如果随意对社会保险基金实行减免，不仅会影响到社会保险基金收入的总量和规模，也会影响到职工个人的切身利益。因此，不得随意减免社会保险费，对于暂时没有缴费能力的单位只能采取缓缴的办法来处理。

（二）社会保险基金收入的内容

根据我国《社会保险基金财务制度》的规定，社会保险基金收入包括：

1. 按其性质划分，可分为社会保险费收入、利息收入、财政补贴收入、转移收入、上级补助收入、下级上解收入和其他收入。

各项收入的含义是：①社会保险费收入，是指缴费单位和缴费个人按缴费基数的一定比例分别缴纳的基本养老保险费、基本医疗保险费、失业保险费、工伤保险费和生育保险费。社会保险费是社会保险基金收入的主要来源。②利息收入，是指用社会保险基金购买国家债券或存入银行所取得的利息收入。社会保险的财政专户、支出户和收入户发生的利息收入都应并入社会保险基金。③财政补贴收入，是指各级政府财政预算对社会保险基金的补贴收入。政府财政预算安排的用于参保单位和个人缴纳社会保险费的补助，应纳入社会保险基金收入。④转移收入，是指因社会保险对象跨统筹地区流动而划入的基金收入。⑤上级补助收入，是指下级社会保险经办机构接受上级社会保险经办机构拨付的补助收入。建立了调剂金的地区，在下级社会保险基金发生支付困难时，上级社会保险经办机构经同级行政主管部门和财政部门批准，可向下级社会保险经办机构拨付调剂金。⑥下级上解收入，是指上级社会保险经办机构接受下级社会保险经办机构上解的社会保险基金收入。建立了调剂金的地区，下级社会保险经办机构上缴的社会保险基金，作为上级社会保险经办机构的社会保险基金收入。⑦其他收入，是指滞纳金及其他经有关部门核准的收入。滞纳金是指因缴费单位拖欠社会保险费，按规定向欠费单位收取的收入。

2. 按其险种划分，可分为基本养老保险基金收入、基本医疗保险基金收入、工伤保险基金收入、失业保险基金收入和生育保险基金收入。

按照国家规定，实行社会保险经办机构征收社会保险费的地区，社会保险经办机构可以根据工作需要在同级财政和社会保险行政部门共同认定的国有商业银行设立社会保险基金收入户（以下简称"收入户"）。收入户的主要用途是：①暂存由社会保险经办机构征收的社会保险费收入；②暂存下级社会保险经办机构上解或上级社会保险经办机构下拨的社会保险基金收入；③暂存该账户的利息收入以及其他收入等。收入户除向财政专户划转社会保险基金外，不得发生其他支付业务。实行税务机关征收社会保险费的地区，不设立社会保险基金收入户。

二、社会保险基金支出

（一）社会保险基金支出的原则

社会保险基金支出是指社会保险经办机构按照国家法律法规和政策规定的条件、项目、标准和方式等，向统筹范围内社会保险对象支付的社会保险待遇等支出。

根据我国《社会保险基金财务制度》第十八条规定，社会保险基金要根据社会保险的统筹范围，按照国家规定的项目和标准支出，任何地区、部门、单位和个人不得以任何借口增加支出项目和提高开支标准。因此，社会保险基金支出遵循的原则是：

1. 统筹范围内支付

社会保险基金必须是支付给统筹范围内所有参加社会保险的对象，无论参保人是否居住或生活在统筹地区内，只要参保人依据国家规定在统筹地区参加社会保险，就应享受相应的社会保险待遇。

2. 专款专用

社会保险基金必须专门用于社会保险对象的社会保险待遇和相关支出，各项社会保险基金要根据各自的统筹范围，按照国家规定的项目和标准、范围支出，任何地区、部门、单位和个人也不得相互挤占和挪用，不得用于其他与社会保险对象不相关的支出。

3. 依规支出

社会保险基金必须严格按照国家法律法规和政策规定的项目和标准支出，任何地区、部门、单位和个人均不得以任何借口擅自增加支出项目和提高支出标准。

（二）社会保险基金支出的内容

根据我国《社会保险基金财务制度》的规定，社会保险基金支出包括：

1. 按其性质划分，可分为社会保险待遇支出、转移支出、补助下级支出、上解上级支出和其他支出。

各项支出的含义是：①社会保险待遇支出，是指按照国家法律法规和政策规定支付给参加社会保险统筹的统筹对象个人待遇方面的支出，主要有：基本养老保险待遇支出、基本医疗保险待遇支出、失业保险待遇支出、工伤保险待遇支出和生育保险待遇支出。②转移支出，是指因社会保险对象跨统筹地区流动而转出的社会保险基金支出。③补助下级支出，是指上级社会保险经办机构拨付给下级社会保险经办机构的社会保险基金补助和调剂支出。④上解上级支出，是指下级社会保险经办机构上解上级社会保险经办机构的社会保险基金调剂支出。⑤其他支出，是指经国务院批准或有关部门核定的其他非社会保险待遇方面的支出。

2. 按其险种划分，可分为基本养老保险基金支出、基本医疗保险基金支出、工伤保险基金支出、失业保险基金支出、生育保险基金支出和其他支出。

各项支出的含义是：①基本养老保险基金支出，包括基本养老保险待遇支出；②基本医疗保险基金支出，包括基本医疗保险待遇支出；③工伤保险基金支出，包括工伤保险待遇支出；④失业保险基金支出，包括失业保险待遇支出；⑤生育保险基金支出，包括生育保险待遇支出；⑥上述五项保险的转移支出、补助下级支出、上解上级支出和其他支出。

（1）基本养老保险待遇支出包括基本养老金、医疗补助金、丧葬抚恤补助费。①基本养老金，包括基础性养老金、个人账户养老金、过渡性养老金和支付给《国务院关于建立统一的企业职工养老保险制度的决定》（国发〔1997〕26号，以下简称《决定》）实施前已经离休、退休和退职人员的离休金、退休金、退职金、补贴。基础性养老金是指按各省、自治区、直辖市或地（市）上年度职工月平均工资的20%支付给《决定》实施后按照统一的企业基本养老保险制度计发待遇的退休人员的基本养老金。个人账户养老金是指按缴费个人的个人账户储存额除以120支付给按照统一的企业职工基本养老保险制度计发待遇的退休人员的基本养老金，以及一次性支付给个人的个人账户储存额。过渡性养老金是指按规定支付给按照统一的企业职工基本养老保险制度计发待遇且在《决定》实施前参加工作、实施后退休的人员除基础性养老金和个人账户养老金以外的基本养老金。离休金、退休金、退职金、补贴是指按规定支付给《决定》实施前已经离休、退休和退职人员的生活费用和各种生活补贴、物价补贴等。②医疗补助金，是指按规定支付给未实行医疗保险地区已纳入基本养老保险基金开支范围的离休、退休、退职人员的医疗费用。③丧葬抚恤补助费,是指用于已纳入基本养老保险基金开支范围的离休、退休、退职人员死亡丧葬补助费用及其供养直系亲属的抚恤和生活补助费用。

(2) 基本医疗保险待遇支出项目按规定分别形成社会统筹医疗保险待遇支出和个人账户医疗保险待遇支出。①社会统筹医疗保险待遇支出,是指按规定在统筹医疗基金支付范围以内,并在起付标准以上、最高支付限额以下由统筹医疗基金支付的医疗费支出。②个人账户医疗保险待遇支出,是指按国家规定由个人账户医疗基金开支的医疗费支出。统筹医疗基金和个人账户医疗基金要划分各自的支付范围,不得相互挤占。

(3) 失业保险待遇支出项目包括失业保险金、医疗补助金、丧葬抚恤补助费、职业培训和职业介绍补贴、国有企业下岗职工基本生活保障补助和其他费用。失业保险金,是指支付给失业人员在失业期间的基本生活费用;医疗补助金,是指按规定支付给失业人员在领取失业保险金期间的医疗费用;丧葬抚恤补助费,是指按规定支付给在领取失业保险金期间死亡的失业人员的丧葬补助费用及由其供养的配偶、直系亲属的抚恤金;职业培训和职业介绍补贴,是指按规定支付给失业人员在领取失业保险金期间接受职业培训、职业介绍的补贴;国有企业下岗职工基本生活保障补助,是指从失业保险基金中调剂用于进入企业再就业服务中心的国有企业下岗职工基本生活保障的支出;其他费用包括农民合同制工人一次性生活补助金及国家规定的其他费用。农民合同制工人生活补助金,是一次性支付给合同期满不再续订或者提前解除劳动合同的农民合同制工人的生活补助费。

(4) 工伤保险待遇支出包括:①治疗工伤的医疗费用和康复费用;②住院伙食补助费;③到统筹地区以外就医的交通食宿费;④安装配置伤残辅助器具所需费用;⑤生活不能自理的,经劳动能力鉴定委员会确认的生活护理费;⑥一次性伤残补助金和一至四级伤残职工按月领取的伤残津贴;⑦终止或者解除劳动合同时,应当享受的一次性医疗补助金;⑧因工死亡的,其遗属领取的丧葬补助金、供养亲属抚恤金和因工死亡补助金;⑨劳动能力鉴定费。

(5) 生育保险待遇支出包括生育医疗费用和生育津贴。①生育医疗费用,主要是生育的医疗费用（检查费、接生费、手术费、住院费、药费）和计划生育的医疗费用等；②生育津贴，主要是指女职工产假期间的生育津贴，《社会保险法》作出规定，"生育津贴按照职工所在用人单位上年度职工月平均工资计发"。

三、社会保险基金结余

社会保险基金结余，是指社会保险基金收支相抵后的期末余额。基金结余是一个分期概念，在不同的会计期间，社会保险基金收支都会出现一个结余。

社会保险基金结余按照性质划分可以分为统筹基金结余和个人账户基金结余。按照不同的会计期间划分可以分为前期结余、当期结余和期末结余。社会保险基金结余能够反映出基金在一定的会计期间内的收支状况，社会保险基金结余的正负、大小和增减趋势能够反映出整个社会保险基金的收支和财务状况。

社会保险基金结余除根据财政和社会保险行政部门商定的、最高不超过国家规定预留的支付费用外，全部用于购买国家发行的特种定向债券和其他种类的国家债券。任何地区、部门、单位和个人不得动用基金结余进行其他任何形式的直接或间接投资。

根据国家规定，我国社会保险基金当年入不敷出时，应当按照下列顺序解决：①动用历年滚存结余中的存款；②存款不足以保证支付需求的，可转让或提前变现用基金购买的国家债券，具体办法由财政部另行制定；③转让或兑付国家债券仍不能保证支付需求时，建立了基金调剂金的地区，由上级经办机构调剂；④调剂后仍存在不足的，由同级财政部门给予适当支持；⑤在财政部门给予支持的同时，根据需要按国务院有关规定报批后调整缴费比例。

基本医疗保险基金在申请调整缴费比例之前也可经同级财政部门审核并报政府批准后，在国家规定的范围内，调整缴费单位缴纳的医疗保险费划入统筹医疗基金与个人账户医疗基金之间的比例。

第四节 社会保险基金账户

一、社会保险基金账户种类与设立原则

按照我国《社会保险基金财务制度》和收支两条线管理规定,社会保险基金账户分为财政专户、支出户和收入户。财政专户是指财政部门按照国务院有关规定设立的社会保险基金专用计息账户,在同级财政和社会保险行政部门共同认定的国有商业银行开设。支出户是社会保险经办机构在银行设立的用于发放社会保险待遇等支出的专户。收入户是社会保险经办机构在银行设立的归集社会保险费等收入的过渡性账户。

社会保险基金存入财政账户的具体做法是:实行由社会保险经办机构征收社会保险费的,可以在商业银行中开设收入户,并定期将收入户中征缴的社会保险费缴存财政专户,收入户只收不支,月末无余额。实行由税务机关征收社会保险费的,不在商业银行中开设收入户,直接缴入国库,再由国库转入财政专户。财政专户和收入户、支出户都要按规定及时结转、划拨资金,严禁坐支。收入户、支出户的基金不得转为定期存款。

设立社会保险基金的财政专户、支出户和收入户应遵循的原则:一是经同级财政和社会保险行政部门共同认定。二是在国有商业银行开户,不能在非银行金融机构开户。三是本着方便征收、网点便利、诚信可靠和公开、公平、公正的原则开户。四是规定财政专户、支出户和收入户在同一国有商业银行只能各开设一个账户;为方便下岗失业人员、个体劳动者参保缴费,征收机构可以为其在银行开设缴费预储户或开设专门窗口。五是规定财政专户、支出户和收入户的开立应服从分账核算要求,方便社会保险费收缴。遵循这些原则有利于加强社会保险基金的监管工作。

二、社会保险基金账户的用途

根据《社会保险基金财务制度》的规定，各账户有专门的用途。

1. 财政专户的主要用途是：接收社会保险费征收机构（税务机关或社会保险经办机构）转入的社会保险费收入和利息收入及其他收入；接收基金购买国家债券兑付的本息收入、该账户资金形成的利息收入以及支出户转入的利息收入等；接收财政补贴收入；接收上级财政专户划拨或下级财政专户上解的基金；根据经办机构的用款计划，向支出户拨付基金；购买国家债券；向上级或下级财政专户划拨基金。

2. 支出户的主要用途是：发放社会保险待遇支出和支付其他社会保险基金支出款项；接受财政专户划拨的基金；上解上级经办机构基金或下拨下级经办机构基金；暂存社会保险支付费用和账户利息收入，划拨利息收入到财政专户。支出户除接受财政专户拨付的资金及该账户的利息收入外，不得发生其他收入业务。

3. 收入户的主要用途是：暂存经办机构征收的社会保险费收入；暂存下级经办机构上解或上级经办机构下拨的基金收入；暂存该账户的利息收入以及其他收入等。收入户除向财政专户划转资金外，不得发生其他支付业务。

根据国家规定，存入收入户、支出户和财政专户中的社会保险基金，要按中国人民银行规定的优惠利率计息。各项社会保险基金要分别计息，分别核算。社会保险经办机构和财政部门必须严格按照《社会保险基金财务制度》和《社会保险基金会计制度》等有关规定，真实、准确地核算和反映各项社会保险基金的收入、支出和结余，严禁人为调整收入、支出和结余，确保基金的真实和完整。

三、社会保险基金资产与负债

（一）社会保险基金资产

一般意义上的资产是指单位占有或者使用的，能以货币计量的经济资源，包括各种财产、债权和其他权利。资产按照流动性可分为流动资产、长期投资、固定资产、无形资产、递延资产和其他资产。

社会保险基金资产包括资金运行过程中形成的现金、银行存款、债券投资、暂付款项等。①现金，是指社会保险经办机构征收的零星的、小额的社会保险费以及用于直接支付社会保险待遇的库存现金。②银行存款，是指社会保险基金存入银行的款项，包括财政专户存款、支出户存款和收入户存款。③债券投资，是指用社会保险基金结余购买国家发行的债券。国家债券即国家以其信誉作为担保发行的并约定期限还本付息的一种有价债券。国家债券应视为货币资金，分债券种类、期限妥善进行保管，以确保账实相符和安全完整。④暂付款项，是指因临时需要而暂从社会保险基金中支付的款项。一般情况下，社会保险基金不得发生暂付款项。

社会保险经办机构和税务机关应认真做好现金的保管、押运、管理工作，建立健全现金的内部控制制度。现金的收付和管理，要严格遵守国务院发布的《现金管理暂行条例》。社会保险经办机构应及时办理基金存储手续，按月和开户银行对账，同时，要做到社会保险经办机构、税务机关、财政部门定期相互对账，保证账账、账款相符。用社会保险基金购买的国家债券应视同货币资金，由财政部门商社会保险行政部门委托开户银行代为妥善保管，确保账实相符。暂付款项应定期清理，及时收回。

社会保险基金资产与单位一般意义上的资产比较而言，有其特殊性：

一是社会保险基金资产的所有权不属于社会保险经办机构。社会保险经办机构的主要职能是代表政府筹集和发放社会保险金和支付其他社会保险待遇，对社会保险基金形成的资产没有占有或控制权。社会保险经办机构不能随意处分社会保险基金资产。

二是社会保险基金资产的所有权不属于财政部门。财政部门的主要职责是通过财政专户对社会保险基金收支和管理情况进行监督，对社会保险基金形成的资产没有占有或控制权。财政部门不能随意处分社会保险基金资产。

三是社会保险基金形成的资产不属于国有资产。从社会保险基金的来源看，是由国家、单位和个人共同缴纳的，筹集的目的是保障参保人员的社会保险权益。因此，它是参保人员共有的资产，但由政府受托管理。为了保证社会保险基金资产的安全和完整，应比照国有资产管理制度来建立健全社会保险基金资产管理制度，形成权责明晰的社会保险基金资产管理、监督和运营体系，切实维护收益人的合法权益。

四是社会保险基金资产的流动性强。社会保险基金收支相抵后的结余，主要是以银行存款或购买国家债券形式存放，所购买的债券可以按照规定提前变现。因此，与单位一般概念的资产相比，社会保险基金形成的资产主要是流动资产，这也是社会保险基金资产的一个突出特点。

（二）社会保险基金负债

一般意义上的负债是指将来要在一个固定的或者可以确定的日期，用现金、劳务或者其他资产予以偿付的，能够以货币计量的债务。负债按照流动性可分为流动负债和长期负债。

社会保险基金负债，是指社会保险基金运行过程中形成的各种借入款项和暂收款等。①借入款项，是指社会保险经办机构经办的基金在周转发生困难时，临时向银行、财政部门或上级有关部门借用的款项。②暂收款项，是指社会保险经办机构在开展社会保险业务过程中发生的属于社会保险收入之外的暂收款项。比如缴费单位多缴纳的社会保险费以及不能确定资金性质的其他资金。

为加强对社会保险基金负债的管理，要建立健全借入款项和暂收款项的会计账簿和管理制度，对于发生的社会保险基金负债，要按实际发生额及时记账，月度和年度终了，要及时进行清理和偿付。因债权人等特殊原因确实无法偿付的，经财政部门批准后并入基金的其他收入。

第五节 社会保险基金投资运营

一、社会保险基金投资的原则

实现社会保险基金保值增值是社会保险基金管理的一项重要任务。为此，《社会保险法》明确规定："社会保险基金在保证安全的前提下，按照国务院规定投资运营实现保值增值。"这就为社会保险基金进行投资运营提供了明确的法律要求和法律依据。

社会保险基金投资运营应当遵循以下原则：

1. 安全性原则

这是社会保险基金投资运营的最基本的原则。安全性是指投资本金及其产生的收益完全收回的确定性。事实上，所有投资都包含有一定的风险，只不过风险程度有大有小。一般来说，投资收益和风险呈正相关关系，收益率越高的投资，投资风险会越大；反之，风险较低的投资，投资收益率也会较低。由于社会保险基金自身的特殊性，社会保险基金投资运营首先强调安全性。

2. 收益性原则

获取投资收益是对社会保险基金进行投资运营的目的。只有获取一定的投资收益，才能实现社会保险基金的保值增值。我国基本养老保险实行社会统筹和个人账户相结合的制度模式，职工个人缴纳的社会保险费记入个人账户，个人账户的记账利率不得低于银行定期存款利率。因此，对于社会保险基金，特别是个人账户基金的投资收益率，不应低于银行定期存款利率。同时，投资收益率如果低于通货膨胀率，也会造成基金的实质贬值，因此，如果要保证社会保险基金保值增值，其投资收益率不应低于通货膨胀率。

3. 流动性原则

基金应能够保证各项社会保险待遇的及时足额支付，因此，在进行基金投资时，应充分考虑投资的流动性，具有较强的变现能力，以满足随时可能支付的需要。

二、社会保险基金投资运营的特点

虽然社会保险基金投资运营与一般投资行为具有相同的目的，都是为了获取投资收益，实现基金的保值增值。但是社会保险基金的特殊性决定了其与一般投资行为具有不同的特点。

1. 投资运营政策严格

一般的投资行为在遵守国家有关投资政策的前提下，为了实现投资收益的最大化，对于投资工具、方向、比例等规定比较宽松和灵活；但是对于社会保险基金，国家有着较为严格的政策规定，在投资工具、方向和比例等方面都作了严格的限定。

2. 经济效益和社会效益并重

社会保险的目的是维护社会公众利益，社会保险基金的投资运营应当选择有利于社会公众利益的投资方向和投资项目。

3. 国家给予优惠政策

由于社会保险基金投资收益不直接用于分配，而是并入基金，以增强基金实力，因此，国家对于社会保险基金投资收益一般免征所得税，或在税收上给予优惠。

三、社会保险基金投资运营规定

随着我国社会保障制度的逐步健全，必须有顺畅的筹资渠道、充足的资金供给、可靠的增值手段，才能不断增强社会保障资金的支撑能力，保证社会保障制度的可持续发展。因此，除了开源之外（即扩大社会保险基金的筹资渠道），同时也对社会保险基金投资运营过程中实现保值增值提出了迫切要求。投资运营必然有市场风险，甚至有亏损风险，因此，为了保证社会保险基金安全，最大限度降低市场风险，国家对社会保险基金能否投资运营有一个发展的过程。开始时，只允许社会保险基金结余存入银行、买国债。1997 国务院下发了《关于建立统一的企业职工基本养老保险制度的决定》，2000 年发布了《关于完善城镇社会保障体系的试点方案》，两个文件都明确规定，在目前社会保障基金的投资运营环节中，政府出于安全性考虑，选择的是统一管理的投资运营模式。社会保险基金结余和个人账户基金由省级社会保险经办机构统一管理，除预留支付费用外，全部用于购买国债和存入银行，并按银行现行利率和国债利率获得利息收入。从表面上看，这样做可以确保资金的安全，但实际上，在市场经济条件下，以货币形式存在的社会保险基金，将无法规避利率风险和通货膨胀风险，面临基金贬值的风险。近年来，随着我国社会保险基金规模的不断扩大，迫于基金保值增值的压力，需要研究其他的投资工具，拓宽投资渠道，实现多元化投资，以提高社会保险基金投资的收益率,满足社会保险基金保值增值和提高支付能力的需要。如何在法律规定的范围内拓展社会保险基金的投资渠道,成为需要研究的重大问题。

为了加强对社会保险基金安全运营的监管,我国《社会保险法》作出明确规定:

1. 社会保险基金不得违规投资运营。我国允许社会保险基金投资运营是非常谨慎和逐步开展的,对于投资运营的资金、运营方式、运营主体、投资渠道和结构等都有严格要求。为了最大限度地降低投资风险,将风险控制在可控范围内,防止出现大幅亏损,影响社会保险基金安全,必须严格按照国家规定通过稳健渠道投资运营,不得以任何形式违规投资运营。

2. 社会保险基金不得用于平衡其他政府预算。社会保险基金是专项资金,专款专用,单独核算,不能与财政资金混同使用。政府预算中有政府公共预算、政府性基金预算、国有资本经营预算以及社会保障基金预算,各级政府都不得将社会保险基金用于平衡其他政府预算。

3. 社会保险基金不得用于兴建、改建办公场所和支付人员经费、运行费用、管理费用,或者违反法律、行政法规规定挪作其他用途。办公场所的兴建和改建应当符合国家规定标准,其资金来源应当是财政专项资金。经办社会保险事务,需要一定的经费支出,包括办公场所、人员经费、基本运行费用和管理费用等,为了保证社会保险基金的完整性和安全性,也体现我国政府经办社会保险事务的特点,国家出台了多个政策性文件明确规定,社会保险经办机构的运行费用和管理费用由财政承担。对此,《社会保险法》第七十二条也明确规定:"社会保险经办机构的人员经费和经办社会保险发生的基本运行费用、管理费用,由同级财政按照国家规定予以保障。"

第六节　全国社会保障基金

一、全国社会保障基金的概念

全国社会保障基金，是中央政府设立并由中央政府集中管理，为完善社会保障体系而设立的战略储备性资金。根据《社会保险法》第七十一条规定："国家设立全国社会保障基金，由中央财政预算拨款以及国务院批准的其他方式筹集的资金构成，用于社会保障支出的补充、调剂。"这就是说，全国社会保障基金的资金来源主要是中央财政预算拨款和国务院批准的其他筹资方式。目前，全国社会保障基金的来源包括：中央财政预算拨款、中央财政拨入彩票公益金、国有股减持或转持划入资金或股权资产、经国务院批准的以其他方式筹集的资金、投资收益等。

全国社会保障基金不同于社会保险基金，两者虽然一字之差，但两个基金互相独立，在设立目的、资金来源、支付用途、运营方式等方面均不相同。社会保障基金是国家在全国层面设立的基金，是主要用于应对今后人口老龄化高峰时期的社会保障需要和其他社会保障需要的专项资金。其定位是主要用于社会保障支出的补充、调剂，而不是用于解决社会保险一般收支平衡问题，也不是专门用于弥补社会保险基金支付缺口。

二、全国社会保障基金管理机构

全国社会保障基金管理机构主要由全国社会保障基金理事会、投资管理人和基金托管人构成。

（一）全国社会保障基金理事会

全国社会保障基金理事会是全国社会保障基金的管理运营机构，受国务院委托，负责管理运营中央集中的社会保障基金。2000年8月，党中央、国务院决定建立"全国社会保障基金",同时设立了"全国社会保障基金理事会"。理事会的理事长、副理事长由国务院任命,理事由国务院聘任。理事会主要履行的职责是:①制定社保基金的投资经营策略并组织实施。②选择并委托社保基金投资管理人、托管人对社保基金资产进行投资运作和托管;对投资运作和托管情况进行检查。③负责社保基金的财务管理与会计核算,编制定期财务会计报表,起草财务会计报告。④定期向社会公布社保基金资产、收益、现金流量等财务状况。

(二) 全国社会保障基金投资管理人

全国社会保障基金投资管理人是指取得全国社会保障基金投资管理业务资格、受理事会委托对全国社会保障基金进行专业性管理和投资的机构。申请办理社保基金投资管理业务应具备的条件有:①在中国注册,经中国证监会批准具有基金管理业务资格的基金管理公司及国务院规定的其他专业性投资管理机构。②基金管理公司实收资本不少于 5 000 万元人民币,在任何时候都维持不少于 5 000 万元人民币的净资产。其他专业性投资管理机构需具备的最低资本规模另行规定。③具有 2 年以上的在中国境内从事证券投资管理业务的经验,且管理审慎,信誉较高。具有规范的国际运作经验的机构,其经营时间可不受此款的限制。④最近 3 年没有重大的违规行为。⑤具有完善的法人治理结构。⑥有与从事社保基金投资管理业务相适应的专业投资人员。⑦具有完整有效的内部风险控制制度,内设独立的监察稽核部门,并配备足够数量的称职的专业人员。

全国社会保障基金投资管理人的职责是:①按照投资管理政策及社保基金委托资产管理合同,管理并运用社保基金资产进行投资。②建立社保基金投资管理风险准备金。③完整保存社保基金委托资产的会计凭证、会计账簿和年度财务会计报告 15 年以上。④编制社保基金委托资产财务会计报告,出具社保基金委托资产投资运作报告。⑤保存社保基金投资记录 15 年以上。⑥社保基金委托资产管理合同规定的其他职责。

(三) 全国社会保障基金托管人

全国社会保障基金托管人是指取得全国社会保障基金托管人资格,受全国社会保障基金理事会委托保管全国社会保障基金的机构。取得托管人资格的条件是:①设有专门的基金托管部。②实收资本不少于 80 亿元。③有足够的熟悉托管业务的专职人员。④具备安全保管基金全部资产的条件。⑤具备安全、高效的清算、交割能力。

全国社会保障基金托管人的主要职责是：①尽职保管社保基金的托管资产。②执行社保基金投资管理人的投资指令，并负责办理社保基金名下的资金结算。③监督社保基金投资管理人的投资运作。发现社保基金投资管理人的投资指令违法违规的，向理事会报告。④完整保存社保基金会计账簿、会计凭证和年度财务会计报告15年以上。⑤社保基金托管合同规定的其他职责。

三、全国社会保障基金的运营管理

从基金性质上看，全国社会保障基金资产是独立于全国社会保障基金理事会、全国社会保障基金投资管理人、全国社会保障基金托管人的资产。为了规范全国社会保障基金的筹资和投资运营行为，将基金风险降到最低限度，国务院及其有关部门出台了《减持国有股筹集社会保障资金管理暂行办法》《境内证券市场转持部分国有股充实全国社会保障基金实施办法》《全国社会保障基金投资管理暂行办法》和《全国社会保障基金境外投资管理暂行规定》等一系列的法规政策文件，从社会保障基金的筹集、管理结构、投资方针、投资范围和投资目标等方面作出了具体规定。

按照《全国社会保障基金投资管理暂行办法》的规定，社会保障基金投资运作的基本原则是："在保证基金资产安全性、流动性的前提下，实现基金资产的增值。"按照安全至上、审慎投资的方针，全国社会保障基金投资范围限于银行存款、购买国债和其他具有良好流动性的金融工具。这些金融工具包括固定收益资产、境内股票、境外股票、实业投资、现金及等价物五大类，并明确了各自比例。按照保证安全的原则，理事会作为国务院批准的社会保障基金运营管理机构，直接运作的社保基金的投资范围限于银行存款和一级市场购买国债，其他投资需委托社保基金投资管理人管理和运作并委托社保基金托管人托管。

按照《全国社会保障基金境外投资管理暂行规定》的规定，全国社保基金境外投资限于的投资品种或者工具有：①银行存款。银行是指境外中资银行和国际公认评级机构最近3年对其长期信用评级在A级或者相当于A级以上的外国银行。②外国政府债券、国际金融组织债券、外国机构债券和外国公司债券。债券是指国际公认评级机构对其评级在 BBB 级或者相当于 BBB 级以上的债券。③中国政府或者企业在境外发行的债券。④银行票据、大额可转让存单等货币市场产品。货币市场产品是指国际公认评级机构对其评级在 AAA 级或者相当于 AAA 级的货币市场产品。⑤股票。股票是指在境外证券交易所上市的股票。⑥基金。基金是指证券市场公开发行的基金，基金投资范围需符合本条关于其他投资品种或者工具的规定。⑦掉期、远期等衍生金融工具。掉期、远期等衍生金融工具是指金融市场上流通的衍生金融工具。全国社保基金投资衍生金融工具仅限于风险管理需要，严禁用于投机或放大交易。⑧国务院财政部门会同社会保险行政部门批准的其他投资品种或工具。

为了促进和规范全国社会保障基金的管理运营，国家建立了全国社会保障基金信息公开制度。按照《社会保险法》的规定，全国社会保障基金应当定期向社会公布收支、管理和投资运营的情况。同时，要求全国社会保障基金理事会每年一次向社会公布全国社会保障基金的资产、收益、现金流量等财务状况，对于全国社会保障基金发生的重大事件，书面报告相关行政部门，经批准后向社会公告。国务院财政部门、社会保险行政部门、审计机关应当对全国社会保障基金的收支、管理和投资运营情况实施监督。

案例分析

一、社会保险基金分账核算且专款专用

[基本案情]

某市发生一起重大矿难，死亡职工 40 余人，受伤职工 50 多人，按照职工在工作时间、工作场所，因工作原因发生事故伤害，应当对其认定为工伤，同时依法享受工伤保险待遇。但当从该市的工伤保险基金进行支付时，发现该市积存的工伤保险基金不足以支付。为了尽快安慰伤亡职工及其家属，市里决定动用积存

的医疗保险基金来支付工伤保险待遇。

谁知，在年底对该市社会保险基金进行审计时，发现该市违规使用了大笔医疗保险基金，准备对相关人员进行处理。此时，受牵连的人员感到委屈，认为工伤保险基金和医疗保险基金同为社会保险基金，都是用于解救受到伤害的职工，并未挪作私用。对此，应当如何看待？

☑ [法律问题]

1. 基本医疗保险基金、工伤保险基金以及基本养老保险基金、失业保险基金和生育保险基金，同为社会保险基金为何不能统一调剂使用？

2. 五项保险基金中，当某一项基金支付不足时，应当如何补足？

☑ [学理分析]

由于各项社会保险基金分属不同险种，国家对各项社会保险基金管理的具体要求和规定不尽相同，各项社会保险基金的保险目的、覆盖人群、筹资模式、待遇项目和支付标准等方面也有所区别，客观上不允许账目混合。特别是每个职工遇到年老、疾病、工伤、失业、生育等风险的大小不同，发生时间也先后不同，如果账目混合，难以平衡相互之间的关系。比如职工基本养老保险基金实行部分积累制，而工伤、失业、生育保险都实行现收现付制，如果账目混合，可能会导致缴纳的养老保险费用于在他人的工伤保险待遇支付上，造成基金运行模式的混乱。因此，《社会保险法》明确规定："各项社会保险基金按照社会保险险种分别建账，分账核算，执行国家统一的会计制度。"同时，对于各项社会保险基金的使用，有国家规定的特定范围、用途以及标准等，因此，在各项社会保险基金支付环节上，法律专门规定了"社会保险基金专款专用，任何组织和个人不得侵占或者挪用"。

本案中，当工伤保险基金不足以支付时，不能随便从医疗保险基金或者其他险种的社会保险基金中挪钱支付。《社会保险法》第三十条明确规定，应当从工伤保险基金中支付的，不纳入基本医疗保险基金支付范围。那么，在五项保险基金中，当某一项基金支付不足时，应当如何补足？根据《社会保险法》第六十五条规定，首先要求："社会保险基金通过预算实现收支平衡。"其次规定："县级以上人民政府在社会保险基金出现支付不足时，给予补贴。"也就是说，当某一种社会保险基金出现支付不足时，应当从政府财政中给予补贴。

二、社会保险基金不得支付社会保险经办机构的基本运行费用

[基本案情]

某市在推进城镇化过程中，随着农村进城务工人员的大量涌入，参加社会保险的人数增多，社会保险经办服务量也日益加大。但当地的社会保险服务大厅仍破旧狭窄，早已不能适用社会保险经办服务的需要。

市社会保险经办机构要求市政府拨款扩建经办服务大厅，但受制于市财政困难，各项事业发展都缺乏建设资金。此时，市领导发现该市的社会保险基金有一些积存，于是决定动用社会保险基金改建社会保险服务大厅的办公场所。但此事被审计机构知道后，被及时制止了。

[法律问题]

1. 社会保险基金能否用于社会保险经办机构的办公场所改建？
2. 社会保险经办机构的基本运行费用从何而来？

[学理分析]

社会保险基金是广大参保人员的"保命钱"，社会保险基金必须全部用于保障参保人员的合法权益，要严格按照国家规定的项目使用，任何地区、部门、单位和个人均不得挪用。《社会保险法》明确规定："社会保险基金不得违规投资运营，不得用于平衡其他政府预算，不得用于兴建、改建办公场所和支付人员经费、运行费用、管理费用，或者违反法律、行政法规规定挪作其他用途。"可见，社会保险基金不仅不能用于其他政府项目的兴建，也不能用于社会保险经办机构自身项目或办公场所的改建。社会保险经办机构、社会保险行政部门乃至各级人民政府及其工作人员，都不得违反社会保险基金专款专用的原则，除了国家规定的支出项目之外，一律不得用于其他支出。

社会保险经办机构作为专门提供社会保险经办服务的机构,在开展各项社会保险经办服务中,尽管需要一定的办公场所及其办公设备的购置及基本运行费用、管理费用,但不得从社会保险基金中支付。根据《社会保险法》的规定:"社会保险经办机构的人员经费和经办社会保险发生的基本运行费用、管理费用,由同级财政按照国家规定予以保障。"所以,社会保险经办机构要忠实地保护好社会保险基金的安全使用。

第十一章

社会保险监督

第一节 社会保险监督体系

我国有关法律、行政法规和规章,对加强社会保险监督作出了一系列规定,初步形成了社会保险监督法律体系,为依法开展社会保险监督工作提供制度保障,奠定了坚实的基础。在法律层面上,《社会保险法》第十章对社会保险监督作出了专门规定,对社会保险监督的工作体系、各监督主体及其权力、监督措施、侵权救济等方面作出了非常明确的规定,这也是我国第一次从法律层面对社会保险监督作出全面系统的规定,使社会保险监督的法律地位更加明确、工作体系更加完整。在地方性法规层面上,全国各省市也结合各地工作实际进行了有益探索,加大了社会保险监督地方立法力度。在国家法律框架内,出台了一些地方性法规,对社会保险监督作出相应规定,并在本行政区域内组织实施。

社会保险监督既包括各级人大的监督和各级人民政府的监督,也包括社会保险行政部门等相关部门的监督和社会监督;既包括对参保单位和参保人员遵守社会保险法律法规情况的监督,也包括对社会保险基金收支、管理和投资运营各环节的监督。

一、国家权力机关的监督

国家权力机关的监督是指各级人民代表大会常务委员会对《社会保险法》实施情况的监督。各级人民代表大会常务委员会作为国家权力机关的常设机构,监督政府工作是其重要职责。人民代表大会的监督是党和国家监督体系中的重要组成部分,目的在于确保宪法和法律得到正确实施,确保行政机关正确行使权力,确保公民、法人和其他组织的合法权益得到尊重和维护。按照宪法规定，全国人民代表大会常务委员会监督国务院的工作，县级以上地方各级人民代表大会常务委员会监督本级人民政府的工作。《监督法》规定，各级人民代表大会常务委员会依照宪法和有关法律的规定，行使监督职权。因此，各级人民代表大会常务委员会的监督是社会保险监督体系中最高层次、最具权威的监督。

各级人民代表大会常务委员会对社会保险的监督主要是以下两个方面：

1. 组织对《社会保险法》实施情况的监督检查

根据《社会保险法》第七十六条规定，各级人民代表大会常务委员会组织对《社会保险法》实施情况的执法检查等，依法行使监督职权。对法律的实施情况进行监督检查是人民代表大会常务委员会的一项法定职权。根据我国《监督法》规定，各级人民代表大会常务委员会每年选择若干关系改革稳定大局和群众切身利益、社会普遍关注的重大问题，有计划地对有关法律法规实施情况组织执法检查。通过执法检查，及时发现法律法规本身存在的问题，为下一步修改和完善法律法规提供依据。

2. 对社会保险基金的监督

根据《社会保险法》第七十六条规定，各级人民代表大会常务委员会听取和审议本级人民政府对社会保险基金的收支、管理、投资运营以及监督检查情况的专项工作报告。听取政府的专项工作报告是各级人民代表大会常务委员会行使监督权的一种重要方式。根据我国《监督法》的有关规定，社会保险基金的收支、管理、投资运营以及监督检查情况的专项工作报告，由人民政府的负责人向本级人民代表大会常务委员会报告，也可以委托有关部门如社会保险行政部门负责人向本级人民代表大会常务委员会报告。常务委员会在听取和审议社会保险专项工作报告前，常务委员会办理机构应当将各方面对该项工作的意见汇总，交由本级人民政府研究并在专项工作报告中作出回应。

除了以上两种方式外，各级人民代表大会常务委员会还可以通过其他方式依法行使监督职权，如对有关社会保险的行政法规、地方性法规、自治条例和单行条例、规章进行备案审查，审议议案和报告时对有关社会保险的问题进行询问和质询等。

二、国家行政机关的监督

社会保险监督是社会保险行政部门的一项重要职责,也是社会保险行政部门的一种具体行政行为,具有行政性和强制性的特点。社会保险行政部门在社会保险监督工作中,应当按照依法行政的要求,严格规范监督行为,建立权责明确的监督体制,按照法定的权限和程序行使权力,做到行政权力授予有序、行使有规、监督有效。

县级以上人民政府社会保险行政部门应当加强对用人单位和个人遵守社会保险法律、法规情况进行监督检查,这是一种行政监督,既不同于人民代表大会常务委员会的监督,也不同于社会监督。行政监督的特征是:①监督的主体是享有行政监督权的国家行政机关或者法律、法规授权的组织;②监督的对象是作为相对方的公民、法人或者其他组织;③监督的内容是相对方遵守法律、法规、规章,执行国家机关行政决定、命令的情况;④监督的性质是一种依职权、单方的、相对独立的具体行政行为;⑤监督的目的是防止和纠正行政相对方的违法行为,保障法律、法规、规章的执行和行政目标的实现。实施行政监督不仅可以及时预防和纠正行政相对人的违法行为,保障法律、法规得以顺利实施,还可以及时反映出法律、法规的实施情况,为法律、法规的制定、修改、废止提供依据。

实施社会保险监督的国家行政机关,主要包括各级人民政府及其所属的社会保险行政部门、财政部门和审计机关。《社会保险法》《社会保险费征缴暂行条例》《劳动保障监察条例》等法律、法规规定了社会保险行政部门、财政部门和审计部门在用人单位参加社会保险、社会保险费征缴管理工作中各自的监督职责。

(一)社会保险行政部门的监督

按照《社会保险法》规定,我国县级以上人民政府社会保险行政部门应当加强对用人单位和个人遵守社会保险法律、法规情况进行日常监督检查。

1. 对用人单位和个人依法参加社会保险进行监督

依照社会保险法律、法规的规定,职工应当参加职工基本养老保险、职工基本医疗保险、工伤保险、失业保险、生育保险,用人单位应当在用工之日起30

日内为其职工办理社会保险登记。因此，监督检查的内容主要包括：属于参加社会保险范围的对象是否按规定向社会保险经办机构申请办理参加社会保险登记；参加社会保险的单位是否按规定向社会保险经办机构办理缴费申报，如实申报参保人数、缴费基数等。

2. 对用人单位依法缴纳社会保险费进行监督

依照社会保险法律、法规的规定，用人单位应当按照规定自行申报、按时足额缴纳社会保险费，职工应当缴纳的社会保险费由用人单位代扣代缴。因此，监督检查的内容主要包括：用人单位是否按照国家规定按时足额缴纳社会保险费，是否有拖延缴费、少缴、漏缴社会保险费的情况。

3. 对社会保险服务提供机构依法行事进行监督

为了规范社会保险服务提供机构的服务行为，社会保险法律、法规对其服务行为作出了相应的规定，还要求社会保险经办机构与一些社会保险服务提供机构签订相关的服务协议，使社会保险服务提供机构依法依规操作。因此，监督检查的内容主要包括：社会保险服务提供机构是否存在骗取或协助他人骗取社会保险基金的行为；有无虚列、虚报、虚增社会保险基金支付项目和金额的行为；有无出具虚假诊断证明、病史材料、鉴定结论、证明等直接或协助他人获取享受社会保险待遇资格的情况。实行社会保险金社会化发放地区的银行、邮政等社会保险发放机构，是否根据社会保险经办机构开出的支付凭证，按时足额发放社会保险金或社会保险待遇；是否从社会保险金或社会保险待遇中违规扣除邮寄费和手续费；是否转移或挪用社会保险基金等。

4. 对社会保险待遇领取人依法享受待遇进行监督

参加社会保险的个人，依法缴纳社会保险费，符合国家法律、法规规定的条件后，依法享受社会保险待遇。但在实践中，一些用人单位和个人以欺诈、伪造证明材料或者其他手段骗取社会保险待遇。对此，社会保险行政部门要加强监督管理。对社会保险待遇领取人的监督检查主要包括：是否存在隐瞒事实真相，伪造、变造材料骗取社会保险参保缴费资格及社会保险金的情况；领取社会保险金或享受社会保险待遇条件发生变化或者丧失的，社会保险待遇享受人或受益人是否存在隐瞒不报、继续冒领行为；个人利用他人身份和社会保险证明以冒名顶替等欺诈手段骗取社会保险待遇的情况；是否违规出借本人社会保险证件协助他人、单位或其他机构骗取社会保险金等。

5. 对社会保险基金的监督检查

社会保险行政部门对社会保险基金的监督检查，是指各级人民政府所属的社会保险行政部门，为了维护参保人员及参保单位的合法权益，防范和化解社会保险基金风险，确保社会保险基金安全完整，实现社会保险基金保值增值，根据国家法律、法规和政策规定，对社会保险基金的收支、管理和投资运营等行为是否合法所实施的检查和处理的行为。正如《社会保险法》第七十九条所规定："社会保险行政部门对社会保险基金的收支、管理和投资运营情况进行监督检查。"这也是以法律形式明确了各级社会保险行政部门是社会保险基金监督工作的主管部门，确立了社会保险行政部门对社会保险基金监管的主体地位。

《社会保险法》规定社会保险行政部门的监督检查涵盖了社会保险基金收支、管理、投资运营的各个环节，因此，其监督检查的对象主要包括：社会保险费征收机构、社会保险经办机构、社会保险基金财政专户和收入户及支出户管理机构、社会保险基金投资运营机构，以及与社会保险相关的用人单位、社会保险服务机构、参保人员以及享受社会保险待遇的个人等。

（二）财政部门和审计机关

按照《社会保险法》第七十八条规定："财政部门、审计机关按照各自职责，对社会保险基金的收支、管理和投资运营情况实施监督。"这就是说，法律规定了财政部门和审计机关对社会保险基金要分别实施财政监督与审计监督。

1. 财政监督

财政部门对社会保险基金收支、管理和投资运营情况实施监督，主要是指财政部门负责拟定社会保险基金的财务管理制度，组织实施对社会保险基金收支、管理和投资运营的财政监督。主要内容有：①通过将社会保险基金纳入财政专户，加强部门监督。依照《社会保险费征缴暂行条例》的规定，社会保险基金实行收支两条线管理，由财政部门依法进行监督。②通过制定财务制度，规范财务管理行为。社会保险基金财务管理的任务是依法筹集和使用基金，建立健全财务管理制度，努力做好基金的计划、控制、核算、分析和考核工作，并如实反映基金收支状况，严格遵守财经纪律，加强监督检查。③审核社会保险基金预算和决算等，进行财务监督。依照我国预算法的规定，社会保险基金决算草案由有关部门审核并汇总编制，在规定的期限内报本级政府财政部门审核。各级政府财政部门对本级各部门决算草案审核后发现有不符合法律、法规规定的，有权予以纠正。

2. 审计监督

审计监督，是指审计机关依法独立检查被审计单位的会计凭证、会计账簿、财务会计报告以及其他与财政收支、财务收支有关的资料和资产。监督财政收支、财务收支真实、合法和效益的行为，属于行政机关内部监督中的一种专门监督形式。审计机关对社会保险基金的财务收支进行审计监督，是按照国家财务会计制度的规定，对社会保险基金实行会计核算的各项收入和支出进行审计。审计机关依法进行审计监督时，被审计单位应当依照审计法的规定，向审计机关提供与社会保险基金财政收支、财务收支有关的资料。审计机关可以向政府有关部门通报或者向社会公布对社会保险基金收支、管理和投资运营的审计调查报告。

三、社会监督

社会监督是社会保险监督体系的重要组成部分，主要指国家机关以外的社会组织和公民个人的监督。《社会保险法》明确规定："县级以上人民政府采取措施，鼓励和支持社会各方面参与社会保险基金的监督。"

为了加强对社会保险基金的社会监督，2000年，国务院印发《完善城镇社会保障体系试点方案的通知》（国发［2000］42号），要求各地建立由政府部门、用人单位、职工代表和专家等组成的社会保障监督委员会，依法对社会保障政策执行和基金管理情况进行监督。目前，全国各省（区、市）都成立了社会保险监督委员会（有的地方称之为社会保障监督委员会），作为统筹、协调、指导本行政区域内社会保险基金监督工作的议事协调机构。该社会保险监督委员会对规范社会保险基金管理行为，保障基金安全发挥了重要作用。

为了进一步规范社会保险监督委员会的行为，《社会保险法》第八十条作出规定："统筹地区人民政府成立由用人单位代表、参保人员代表，以及工会代表、专家等组成的社会保险监督委员会，掌握、分析社会保险基金的收支、管理和投资运营情况，对社会保险工作提出咨询意见和建议，实施社会监督。"

按照法律规定，社会保险监督委员会由统筹地区人民政府成立，而不是简单地按照行政区划由各级政府成立，这主要是因为我国各项社会保险基金的收支、管理和投资运营往往是以统筹地区为单位进行的，社会保险监督委员会的成立应当和社会保险基金的统筹层次相一致。同时，法律还规定社会保险监督委员会的组成人员由用人单位代表、参保人员代表，以及工会代表、专家等构成，而不包含政府及其有关职能部门代表。这主要是考虑有利于保障监督委员会的中立性和独立性，更好地发挥对社会保险工作监督的职能。

社会保险监督委员会的职能是对社会保险实施监督。但社会保险监督委员会的监督属于社会监督，在具体职责上，与人民代表大会监督、社会保险行政部门的监督不同，主要是掌握、分析社会保险基金的收支、管理和投资运营情况，对社会保险工作提出咨询意见和建议。

根据《社会保险法》规定，社会保险监督委员会的具体监督方式有：

一是定期听取社会保险经办机构关于社会保险基金收支、管理和投资运营情况的汇报。为此，法律明确规定："社会保险经办机构应当定期向社会保险监督委员会汇报社会保险基金的收支、管理和投资运营情况。"

二是法律授权"社会保险监督委员会可以聘请会计师事务所对社会保险基金的收支、管理和投资运营情况进行年度审计和专项审计。审计结果应当向社会公开"。对社会保险基金的收支、管理和投资运营情况进行年度审计和专项审计是一项专业性很强的工作，不是每一位社会保险监督委员会的成员都具有这种专业能力。因此，法律作出授权性规定。同时通过聘请会计师事务所参与监督工作，又进一步扩展了社会监督。

三是发现存在问题的，有权提出建议。社会保险监督委员会通过定期听取社会保险经办机构的汇报和聘请会计师事务所进行审计，发现社会保险基金收支、管理和投资运营中存在问题的，有权提出改正建议；对社会保险经办机构及其工作人员的违法行为，有权向有关部门提出依法处理建议。

第二节　社会保险基金监督的实施

一、社会保险基金监督检查的内容

根据《社会保险法》规定，社会保险行政监督检查主要是对社会保险基金征收环节、社会保险基金支付环节、社会保险基金管理环节和社会保险基金投资运营环节中涉及的相关主体和行为实施监督检查。

（一）社会保险基金征收环节的监督检查

对社会保险经办机构的监督检查主要包括：是否及时受理并审核社会保险登记；是否按规定程序审核缴费单位的申报情况；是否按规定程序记账、建立缴费记录；是否依规管理社会保险个人账户基金，准确进行个人账户记录；是否按规定及时下达社会保险费征收计划等。

对社会保险费征收和代征机构的监督检查主要包括：是否按规定征收社会保险费，有无擅自更改社会保险费缴费基数、费率，导致少收或者多收社会保险费；对参保单位未按时足额缴纳社会保险费的，是否责令其限期缴纳或补足；有无违规减免、缓收社会保险费的情况；是否按规定及时将已征收或代征的社会保险费及时足额存入社会保险基金收入户，有无不入账、搞体外循环或被挤占挪用的情况，收入户资金是否按规定及时足额转入财政专户；是否隐瞒、转移、截留、延压、挪用或贪污社会保险费等。

（二）社会保险基金支付环节的监督检查

对社会保险经办机构的监督检查主要包括：是否按规定的社会保险待遇项目、范围和标准支付基金；有无多支、少支、不支以及挪用支出户社会保险基金；是否按规定程序审核享受社会保险待遇人员的领取资格和标准；是否按照国家法律、法规和相关政策的规定支付社会保险待遇；是否泄露用人单位或者个人信息；是否虚列社会保险基金支出计划，套取社会保险基金；是否出具虚假证明、材料骗取或协助他人骗取社会保险基金等。

（三）社会保险基金管理环节的监督检查

对社会保险经办机构的监督检查主要包括：是否按规定编制基金收支计划和进行预决算，是否按照《社会保险基金财务制度》（财社字[1999]60号）和《社会保险基金会计制度》（财会字[1999]20号）的规定按险种分别建账、分账核算，是否按规定记录个人账户本息金额，是否违规核销社会保险基金，是否建立和执行社会保险经办机构内部控制制度等。

对社会保险基金专户管理机构的监督检查主要包括：是否按规定开设基金专户，有无多头开户或在非金融机构开户的情况；是否按规定对各基金专户进行会计核算；是否建立定期对账和三方对账机制，及时核对基金收入户、支出户和财政专户的基金，保证财政专户与收入户、支出户账账相符；是否按规定将财政专户缴拨凭证交社会保险经办机构记账和备查；是否存在挪用、侵占基金的情况；财政专户的管理机构是否对基金收支和管理情况进行审核；是否严格按照社会保险经办机构或税务部门开出的托收凭证以及经财政部门审核同意的社会保险经办机构用款计划即时划款；是否加强对基金收入户、支出户及财政专户的管理，做好社会保险基金核算。

（四）社会保险基金投资运营环节的监督检查

1. 关于五项社会保险基金的监督检查

为了确保基金的安全，目前国家对五项社会保险基金的投资运营渠道规定只能存入银行和按规定购买国债，但同时规定对存入专户的社会保险基金给予优惠利率。财政部、原劳动保障部联合印发的《关于加强社会保险基金财务管理有关问题的通知》（财社[2003]47号）规定，存入收入户、支出户和财政专户中的社会保险基金，要按中国人民银行规定的优惠利率计息。"优惠利率"根据法规和文件的规定：养老保险基金存入各商业银行的活期存款，按3个月整存整取定期存款利率计息；失业保险基金存入银行和按照国家规定购买国债，分别按照城乡居民同期存款利率和国债利息计息；医疗保险基金上年结转的本息，按3个月期整存整取银行存款利率计息；财政专户的沉淀资金，比照3年期零存整取储蓄存款利率计息。按优惠利率计息是实现基金保值增值的重要手段，如果专户银行

第十一章 社会保险监督

不按规定计算基金利息，将给基金造成巨大的损失。

目前，社会保险行政部门在投资运营环节的监督检查应重点放在社会保险基金专户银行是否按国家规定的优惠利率计算基金利息。下一步根据现行社会保险基金投资原则和方向，社会保险行政部门的监督检查的范围包括：社会保险基金有关管理部门是否按国家规定进行投资运营，是否按规定合理存储结余基金；是否存在社会保险基金违规投资运营，或用于平衡其他政府预算；是否存在社会保险基金兴建、改建办公场所和支付人员经费、运行费用、管理费用，或者违反法律、行政法规规定挪作其他用途等。

2. 关于全国社会保障基金的监督

社会保险行政部门对全国社会保障基金投资运营环节的监督检查，主要涉及对全国社会保障基金理事会及其委托的投资管理人和托管人等机构和单位进行监督检查。对社保基金投资管理人的投资运作情况进行监督检查，重点要关注其各项资产的投资比例是否符合规定，特别是单个投资管理人管理的社保基金资产投资于单家企业发行证券或单只证券投资比例，按成本计算是否超过该投资管理人管理的社保基金资产总额的限制。此外，还要对投资管理人拟订的投资计划、方案是否具有可行性，投资过程是否存在投机行为，是否按规定进行会计核算，并定期进行账务核对，是否按规定进行信息披露等进行监督检查。

社会保险基金托管人是按照《全国社会保障基金投资管理暂行办法》规定取得社保基金托管业务资格、根据合同安全保管社保基金资产的商业银行。社保基金托管人按照市场化运行机制，尽职保管社保基金的托管资产，执行社保基金投资管理人的投资指令，并负责办理社保基金名下的资金结算，监督社保基金投资管理人的投资运作，完整保存社保基金会计档案等。加强对社保基金托管人的监督检查，规范社保基金托管人的行为，对确保社保基金的安全起着十分重要的作用。对社保基金托管人投资托管情况进行监督检查，重点为是否按规定管理社保基金资产，有无将托管的社保基金资产与其他资产或自有资产混合的情况；在工作中是否严格执行社保基金投资管理人的投资指令；对社保基金投资管理人是否严格履行监督职责，尤其是对发现的社保基金投资管理人的违法违规投资指令是否及时履行报告职责；是否按规定进行会计核算，并根据国家有关要求保管会计账簿、会计凭证和年度财务会计报告；是否按期进行信息披露等。

二、实施社会保险基金监督检查的措施

（一）查阅、记录、复制相关资料

查阅、记录、复制相关资料是社会保险行政部门实施监督检查的一项重要措施。《社会保险法》明确规定了社会保险行政部门有权查阅、记录、复制与社会保险基金收支、管理、投资运营相关的资料。

社会保险行政部门在开展社会保险监督检查时要求被检查部门提供的资料主要有：用人单位与缴纳社会保险费有关的会计报表、账册、凭证、工资表、人员花名册等；社会保险基金收入户、支出户、财政专户和投资运营户等社会保险基金银行账户；社会保险费征收机构、社会保险经办机构、财政部门以及投资运营机构与社会保险基金管理有关的文件、资料及计算机系统的相关数据；社会保险服务机构与提供社会保险服务有关的资料等。被检查对象提供检查所需的资料后，社会保险行政部门工作人员应当及时对资料进行审查，对相关的资料可以通过录音、录像、照相、复印等多种措施进行记录和复制。

在记录和复制相关资料时，值得注意的问题是：①通过复印方式获得的复制件，要在复制件上注明原件的保存单位（或持有人）和出处，以及取证时间、取证地点和取证人。原件的保存单位或持有人经核对无误的，应在复制件上注明"与原件核对无误"字样，并签章、押印。②通过录音、录像方式取得的视听资料，应当注明制作方法、制作时间、制作人和证明对象等，声音资料应当附有该声音内容的文字记录。③取得证据应当符合法定程序，不得以违反法律的禁止性规定和侵害他人合法权益的方式获得证据。严禁以偷拍、偷录、窃听等手段获取侵害他人合法权益的证据材料，严禁以利诱、欺诈、胁迫、暴力等不正当手段获取证据材料。

（二）封存可能被转移、隐匿或者灭失的资料

封存是社会保险行政部门在实施社会保险基金监督检查时，在资料可能被转移、隐匿或者灭失的情况下，所采取的一种强制措施，通过对这些资料的及时封存，以达到保全证据资料的目的。虽然封存不是行政处罚，没有非常严格的程序

要求，并且《社会保险法》也还没有对封存的程序作出具体规定，但实际操作中，还是应当采取审慎的态度来行使这一权力。一般情况下，实施封存行为，首先应有县级以上社会保险行政部门负责人的书面批准。其次，封存原则上采取就地封存的方式，并应当制发封存通知书。封存通知书应当载明封存的依据、封存的资料范围、封存期限、被检查单位的保管义务等内容。再次，实施封存时社会保险行政部门和被检查单位双方人员都应到场，对封存的资料进行清点，填制封存清单，双方签字后各持一份，并在封存的资料上加贴盖有社会保险行政部门印章的封条。最后，社会保险行政部门在封存有关资料后应当及时作出处理决定，及时解除封存。在此期间被检查对象不得销毁或者转移被封存的资料。

（三）询问与调查相关人员

询问与调查是指社会保险行政部门工作人员向与调查事项有关的单位和个人进行询问。实施询问与调查行为时，应严格按照法律规定的程序和要求进行。①在开始询问前要向相关人员出示行政执法证件，表明自己的身份。否则相对人有权拒绝询问与调查。②询问应当由两名以上执法人员共同进行，不能由一名执法人员自问自记。③询问开始前应告知被询问人将要询问的主要事项和被询问人所具有的如实陈述的义务，以及虚假陈述将要承担的法律后果。④询问应做好记录，如实记录被询问人的陈述，记录完成后应交被询问人员进行核对，如果被询问人员认为记录有遗漏或表述不准确，记录人员应当及时补充或改正。记录经被询问人员核对无误，并由询问人、记录人、被询问人员共同签章后才发生法律效力。⑤社会保险行政部门工作人员应当为被询问人保密，不得向与调查事件无关的人员泄露询问调查的情况。

（四）对违法违规行为依法处理

社会保险行政部门在监督检查过程中，发现被检查单位存在问题并需要改进的，要按不同情况及时依法处理。保证社会保险基金收支、管理和投资运营行为合法、依规、准确、规范，符合社会保险基金监督管理制度的要求。被检查单位和个人应当配合社会保险行政部门的监督检查，对拒绝、阻挠监督检查人员进行监督的，对拒绝提供、拖延提供与监督事项有关资料的，对隐匿、伪造、变造、毁弃会计凭证、会计账簿、会计报表以及其他与社会保险基金管理有关资料的，对隐匿、转移、侵占、挪用社会保险基金的行为,由监督检查机构予以制止并责令改正。被检查单位应当按照整改要求,在规定的期限内进行整改,并向社会保险行政部门汇报整改情况,社会保险行政部门也可主动对整改建议落实情况进行检查。对于拒不改正的,由监督检查机构依照相关法律、法规进行处理。

三、社会保险基金监督方式

社会保险基金监督方式包括现场监督和非现场监督。

（一）现场监督

现场监督是指社会保险行政部门对被监督单位社会保险基金管理情况实施的实地检查。现场监督分为定期监督、不定期监督和按有关规定受理的举报案件查处。

社会保险行政部门实施现场监督,依照下列程序进行:①根据年度监督计划和工作需要确定监督项目及监督内容,制定监督方案,并在实施监督3日前通知被监督单位;②检查被监督单位社会保险基金会计凭证、会计账簿、会计报表、统计报表,查阅与监督事项有关的文件、资料,检查现金、实物、有价证券,向被监督单位和有关个人调查取证,听取被监督单位有关社会保险基金管理情况的汇报;③根据检查结果,写出监督报告,并送被监督单位征求意见。被监督单位应当在接到监督报告10日内提出书面意见。逾期未提出书面意见的,视同无异议。

（二）非现场监督

非现场监督是指社会保险行政部门对被监督单位报送的社会保险基金管理有关数据资料进行的检查、分析。非现场监督分为常规监督和专项监督。常规监督通过被监督单位按社会保险行政部门的日常要求定期报送有关数据进行监督,专项监督通过被监督单位按社会保险行政部门的专项要求报送专项数据进行监督。在非现场监督过程中发现被监督单位存在严重违法违纪问题的,应实施现场监督。

社会保险行政部门实施非现场监督,依照下列程序进行:①根据监督计划及工作需要,确定非现场监督目的及监督内容,提出定期报送数据或专项报送数据的范围、格式、报送方式及时限，通知被监督单位；②审核被监督单位报送的数据，对不符合要求的数据，应要求被监督单位补报或重新报送；③分析被监督单位报送的数据，评估社会保险基金管理状况及存在的问题，写出监督报告。

对现场监督或非现场监督中发现了问题并需要改进的被监督单位，由社会保险行政部门提出监督处理意见。社会保险行政部门对被监督单位执行监督处理意见的情况有权进行追踪检查。

第三节 对违反社会保险法行为的投诉

一、举报投诉

（一）举报和投诉的概念

举报，是指任何组织和个人向国家有关机关对非涉案组织或者个人的违法犯罪事实进行检举、揭发或者提供线索的行为。

投诉，是指权益被侵害者本人向国家有关部门依法请求维护自己合法权益的行为。

对违法行为进行举报、投诉，是受我国《宪法》保护的公民权利。由于社会保险关系到全体公民的切身利益，只靠各级人大监督、行政监督不足以保障社会保险运行不出纰漏。特别是在现阶段，我国各级社会保险行政部门受编制、经费限制，执法能力和效率远远不能适应当前的社会保险监督工作的需要。所以应当充分发挥社会监督的作用，鼓励社会组织、个人对社会保险进行广泛的监督，以弥补人大监督和行政监督的不足。

社会组织和个人对违反社会保险法律、法规行为进行举报、投诉，是社会监督的重要内容之一。举报、投诉制度创建了一条有关行政部门了解法律、法规实施情况的重要信息获取渠道。在社会保险基金监督方面，举报、投诉也是社会保险行政机关掌握社会保险基金违法行为线索，监控社会保险基金动态的重要手

段，对社会保险行政机关及时发现和纠正社会保险基金违法行为具有重要作用。因此，及时对举报、投诉进行处理，有利于增强社会保险行政部门的执法能力，不仅是加强社会保险监督的需要，而且也是推进有关部门依法行政的要求。《社会保险法》第八十二条对此明确规定："任何组织或者个人有权对违反社会保险法律、法规的行为进行举报、投诉。"

（二）举报投诉受理范围

按照《社会保险法》规定，凡是违反社会保险法律、法规的行为，都属于举报、投诉的范围。举报、投诉的对象，则是指实施违反社会保险法律、法规行为的组织或者个人。由于社会保险涉及主体较多，环节较为复杂，参加社会保险的用人单位或个人、社会保险费征收机构、社会保险经办机构、社会保险行政部门、社会保险服务机构（医疗机构、药品经营单位等）等组织或者个人都有可能实施违反社会保险法律、法规的行为，从而成为被举报投诉的对象。因此，任何组织或者个人，只要掌握了违反社会保险法律、法规的行为事实或线索，都可以向有关机构举报或投诉。

按照《社会保险法》规定，负责社会保险收支、管理和投资运营，以及对其进行监督的部门、机构有社会保险行政部门、卫生行政部门、社会保险经办机构、社会保险费征收机构和财政部门、审计机关。这些部门或机构对任何组织和个人关于违反社会保险法律、法规行为的举报或投诉，凡属于本部门、本机构职责范围的问题，应当依法受理；不得推诿，要保障公众监督渠道的畅通。受理后，应当及时处理，对投诉进行调查核实，经核实确属不当的，应当在原公布范围内予以更正，并告知投诉人；经核实没有问题的，也应当告知投诉人；对举报进行处理，举报人要求答复本人所举报案件办理结果的，应当告知举报人处理结果。对涉及重大问题和紧急事项的举报，监督机构应当立即向有关领导报告，并在职责范围内依法采取必要措施。

（三）举报投诉受理原则

一是便民原则。举报、投诉受理工作机构的设置、处理、查处程序的规定，不仅要利于专门机关提高工作效率，还要便于群众了解和操作。要向社会公布举报、投诉受理工作机构的名称、通信地址、邮政编码、举报电话、网站及其他联系方式等,公布本部门或机构受理举报的范围,为举报人、投诉人提供相关的便利条件,使人民群众对举报、投诉工作的渠道有比较清楚的认识。

二是保密原则。为了鼓励公众对不法行为进行举报、投诉,应当保护举报人、投诉人的合法权益,对举报人、投诉人的保护是举报和投诉工作的重要内容和必不可少的重要环节,是确保人民群众监督权实现的必要条件。任何单位和个人不得以任何借口阻拦、压制或打击报复举报人、投诉人。接受举报、投诉的有关部门及其工作人员不得私自摘抄、复制、扣押、销毁举报材料,严禁泄露举报人、投诉人的姓名、单位、住址等情况,不得向被调查单位和被调查人出示举报材料,对匿名的举报材料不得鉴定笔迹;对于具体案件的举报、处理、查处等工作过程,不宜向社会公布,必须严加保密。宣传报道和奖励举报有功人员,除征得举报人的同意外,不得公开举报人的姓名和单位等内容。必要时,还应当依法采取措施,切实保护举报人的生命、财产安全。办案人员违反保密规定,致使案件的查处无法进行或者举报人受到侵害,后果严重的,泄密人员应承担相应的法律责任。

三是有案必查原则。按照国家有关行政执法的规定,各级社会保险行政部门在接到投诉和举报后,应当在规定的时间内进行审查,对符合受理条件的投诉和举报,应当在规定的期限内依法受理,并于受理之日立案查处,同时要将相关处理情况及时反馈投诉人。

四是实事求是原则。按照法律规定,公民进行举报或投诉,应如实地提供被举报人或被投诉人的姓名或名称、住址和具体的违法犯罪事实或线索,不得捏造事实,伪造证据,歪曲事实,恶意诬告陷害他人的应负法律责任。

二、社会保险基金举报的处理程序

根据《社会保险基金监督举报工作管理办法》规定,县级以上各级人民政府劳动保障行政部门负责承办有关社会保险基金的举报处理工作。其处理程序为:

一是受理阶段。社会保险基金案件举报的受理,是指社会保险行政部门对属于本部门受理范围的举报,根据举报人举报方式的不同,采取接谈、登记、记录、录音、制作笔录等方式受理举报的行为。举报人的举报方式不受限制,可以由本人或者委托他人采用口头、书面、电话、传真、网络等多种方式举报。举报人可以不留姓名或拒绝录音，有权决定是否实名举报，这是举报人的重要权利。社会保险行政部门要根据举报人不同的举报方式，做好举报的受理工作。社会保险行政部门应建立健全责任制，做好举报信件的收发、拆阅、登记、转办、保管和当面或电话举报的接待、接听、记录、录音等工作，严防泄露或遗失举报材料。

社会保险行政部门受理当面举报，应当指定专人接待，做好笔录，必要时可以录音。受理电话举报，应当如实记录；在征得举报人同意后，可以录音。受理电报、传真、信函和其他方式的举报，应当指定专人拆阅、登记。对内容不详的署名举报，应当及时约请举报人面谈或通过其他方式索取补充材料。对涉及重大问题和紧急事项的举报，社会保险行政部门应当立即向有关领导报告，并在职责范围内依法采取必要措施。

对不属于本办法受理范围的举报，社会保险行政部门应当告知举报人向有处理权的单位反映，或者将举报材料及时移送有处理权的单位。

二是核实阶段。社会保险基金案件举报的核实，是指社会保险行政部门依照法定程序对举报案件事实进行调查取证并予以核实的活动。社会保险基金举报案件核实应当遵循依法监督、实事求是、客观公正的原则。社会保险行政部门根据举报案件核查任务，组成检查组并指定检查组长，成员应由两名以上工作人员组成。举报案件核查前，检查组应收集与检查事项有关的法律法规、政策规定及其他资料，拟订核查实施方案。核查实施方案经批准后，由检查组负责组织实施。检查组应向被核查单位说明检查依据、目的、内容、范围、时间等，要求被核查单位介绍有关情况，提供有关文件、资料和其他事项。被检查单位应主动配合，全面提供与检查事项相关的资料，真实反映问题。检查组编制核查工作底稿，内容包括被调查人的名称、调查的范围和内容、认定的事实等。检查组应根据核查工作底稿及有关法规、政策和资料，综合分析检查情况，及时提出核查报告。社会保险行政部门对检查组提交的报告应予以审核，审核内容主要包括：检查的有关事项是否清楚，检查证据是否充分、合法、具有说服力，检查程序是否符合有关规定，检查结论是否合法有据。

三是处理阶段。社会保险案件举报的处理,是指社会保险行政部门依照法定程序对举报案件事实进行调查取证并予以核实之后,依法作出处理的活动。社会保险行政部门依照法定程序在规定的期限内对举报案件事实进行调查取证并予以核实之后,根据违法违纪行为的轻重程度,下达处理意见书。

在处理阶段一定遵守案件的办结时限。举报办结时限是指社会保险行政部门等部门、机构从受理举报到办结所限定的时间。设定办结时限,有利于举报案件及时得到处理,尊重举报人的关切,维护社会保险基金安全。《社会保险基金监督举报工作管理办法》规定,凡符合本办法受理范围的举报,监督机构应当自受理之日起 30 日内办结。情况复杂的可以适当延长,但最长不得超过 60 日。需要政府或上级主管部门处理的重大问题,应及时请示报告。违反规定构成犯罪的,依法追究刑事责任。

四是答复阶段。社会保险基金案件举报的答复,是指社会保险行政部门应举报人要求,将所举报案件办理结果告知举报人的活动。根据有关规定,举报人要求答复本人所举报案件办理结果的,社会保险行政部门应当负责将办理结果告知举报人。任何组织或个人署名向社会保险行政部门举报社会保险基金违法行为以后,都渴望了解案件处理情况,希望社会保险行政部门给予答复,社会保险行政部门有责任、有义务向举报人反馈情况,给举报人满意的答复。

五是归档阶段。社会保险基金案件举报的归档,是指社会保险行政部门依法将举报材料和记录立卷归档的活动。社会保险行政部门应当严格管理直接办理的举报材料和交办处理的举报材料,逐件登记举报人和被举报人、举报案件的主要内容和办理结果。举报材料和记录应当按国家保密规定列入密件管理。办结的举报案件应当立卷归档。

按照法律规定,社会保险行政部门、卫生行政部门、社会保险经办机构、社会保险费征收机构和财政部门、审计机关接到投诉、举报后,经审查,对不属于本部门、本机构职责范围的,应当采取书面通知并移交有权处理的部门、机构处理。并将有关情况告知投诉人、举报人。有权处理的部门、机构在接到其他部门移交的投诉、举报后,应当及时处理,不得推诿。

三、社会保险权益受损的救济途径

（一）社会保险费征收机构侵害用人单位或个人权益的救济途径

社会保险费征收机构侵害用人单位或者个人社会保险合法权益的情形，主要表现为：①社会保险费征收机构违反《社会保险法》规定，在缴费单位补办申报手续后，未按照规定结算的；②社会保险费征收机构违法扣押、查封、拍卖用人单位或个人财产的；③社会保险费征收机构对用人单位或个人的处罚决定违法，侵害其合法权益等。对于上述行为，用人单位或者个人认为社会保险费征收机构的行为侵害了自己的合法权益，可以依法申请行政复议或者提起行政诉讼。

行政复议是指行政机关在行使其行政管理职能时，与作为被管理对象的相对方发生争议，根据行政管理相对方的申请，由上一级国家行政机关或者法律、法规规定的其他机关依法对引起争议的具体行政行为进行复查并作出决定的一种活动。依照《行政复议法》的规定，对县级以上地方人民政府工作部门的具体行政行为不服的，由申请人选择，可以向该部门的本级人民政府申请行政复议，也可以向上一级主管部门申请行政复议。对税务机关的征收行为不服的，只能向上一级税务机关申请行政复议；对社会保险经办机构的征收行为不服的，社会保险经办机构作为政府工作部门依法设立的派出机构，用人单位或者个人可以选择性地向社会保险行政部门或者本级地方人民政府申请行政复议。

行政诉讼是指公民、法人或者其他组织认为行政机关和行政机关工作人员的具体行政行为侵害其合法权益，向人民法院提起诉讼，由人民法院运用诉讼程序解决行政争议的活动。依照《行政诉讼法》的规定，除法律另有规定的情况外，公民、法人或者其他组织直接向人民法院提起诉讼的，应当在知道作出具体行政行为之日起3个月内提出。对行政复议决定不服的，可以在收到复议决定书之日起15日内向人民法院提起诉讼；复议机关逾期不作决定的，申请人可以在复议期满之日起15日内向人民法院提起诉讼。

（二）社会保险经办机构侵害个人权益的救济途径

社会保险经办机构侵害个人社会保险权益的行为主要表现在：①社会保险经办机构违反《社会保险法》关于社会保险登记的规定，未在规定期限内为用人单位或者个人办理社会保险登记,致使个人无法参加社会保险,影响个人享受社会保险待遇的行为,侵害了个人的社会保险权益;②未依据《社会保险法》的规定核定社会保险费;③社会保险经办机构未依法及时足额支付社会保险待遇,直接侵害了个人的社会保险权益;④未依法办理社会保险转移接续手续,直接影响了个人缴费年限的累计和享受社会保险待遇;⑤社会保险经办机构侵害个人其他社会保险权益的行为。对于上述行为,个人都可以依法申请行政复议或者提起行政诉讼。

(三)个人与所在用人单位发生社会保险争议的救济途径

依据我国《劳动争议调解仲裁法》的规定,用人单位与劳动者因社会保险发生争议,当事人不愿协商、协商不成或者达成和解协议后不履行的,可以向调解组织申请调解;不愿调解、调解不成或者达成调解协议后不履行的,可以向劳动争议仲裁委员会申请仲裁;对仲裁裁决不服的,可以向人民法院提起诉讼。但个人与所在用人单位发生社会保险争议,仲裁裁决为终局裁决,用人单位只能依法申请撤销仲裁裁决,而不得提起诉讼;劳动者对仲裁裁决不服的,可以自收到仲裁裁决书之日起 15 日内向人民法院提起诉讼。《社会保险法》进一步明确规定:"个人与所在用人单位发生社会保险争议的,可以依法申请调解、仲裁,提起诉讼。"但是,"用人单位侵害个人社会保险权益的,个人也可以要求社会保险行政部门或者社会保险费征收机构依法处理。"

案例分析

一、对社会保险法律法规实施情况的监督

[基本案情]

老王是一名退休工人,退休后按月领取养老金。一年后,老王到国外女儿家生活。2011 年年初,老王通过电话与同事聊天,发现自己领取的养老金低于跟自己同种情形退休的同事,认为是其原所在单位当年少缴了养老保险费,于是要

求其外孙李某出面去解决。

李某通过有关人员了解到，老王原所在单位经常少缴职工的社会保险费，于是到当地县社会保险行政部门投诉，要求行政执法人员去检查。县社会保险行政部门的有关同志告诉他：一是当地社会保险事务实行市级统筹了，有关社会保险的事务找市级社会保险行政部门，县级管不了；二是建议他先到市级社会保险经办机构查询有关资料，看是否存在少缴养老保险费或者少支付养老金的情形。李某来到市级社会保险经办机构查询时，被告知查询个人社会保险有关信息必须带上本人相关的证明材料（身份证明等）并输入密码。否则，不能查询。李某认为县市两级社会保险部门都是在找理由推脱责任，遂将两级社会保险部门告上法庭。

☑ [法律问题]

1. 社会保险实行市级统筹后，县级社会保险行政部门是否还应对所在地的用人单位遵守社会保险法律、法规情况开展监督检查？

2. 到社会保险经办机构如何查询个人的社会保险有关信息？

☑ [学理分析]

根据《社会保险法》规定，任何组织或者个人都有权对违反社会保险法律、法规的行为进行举报、投诉。因此，本案中，李某有权向当地主管社会保险的行政部门进行举报和投诉。尽管当地实行了社会保险市级统筹，但是，根据《社会保险法》第七十七条规定："县级以上人民政府社会保险行政部门应当加强对用人单位和个人遵守社会保险法律、法规情况的监督检查。"这就是说，在社会保险市级统筹甚至省级统筹地区，县级社会保险行政部门也应当依法履行对所在地用人单位遵守社会保险法律、法规情况进行监督检查的职责。同时，根据法律规定，社会保险行政部门、社会保险经办机构、社会保险费征收机构等部门对于属于本部门、本机构职责范围的举报、投诉，应当依法处理；对不属于本部门、本机构职责范围的，应当书面通知并移交有权处理的部门、机构处理。有权处理的部门、机构应当及时处理，不得推诿。

本案中，李某到社会保险经办机构查询非本人的社会保险相关信息被拒，是因为《社会保险法》第八十一条明确规定:"社会保险行政部门和其他有关行政部门、社会保险经办机构、社会保险费征收机构及其工作人员,应当依法为用人单位和个人的信息保密,不得以任何形式泄露。"这就是说,负责社会保险事务的有关部门为了加强对社会保险基金的监管,必须依法对参加社会保险人员的个人信息采取保密措施,以维护参保人员的权益不受损害。

参保人员查询个人的社会保险有关信息,一般可通过几种途径进行:一是到当地社会保险经办中心查询。参保人本人可以携带身份证到当地社会保险经办机构业务办理大厅,通过工作人员查询;如果办理大厅内设有社会保险触摸屏查询系统,可通过刷卡或根据屏幕提示输入卡号或身份证号及密码进行查询。二是上网查询。登录所在城市的劳动保障网或社会保险业务网站,点击"个人社保信息查询"窗口,输入本人身份证和密码,即可查询本人参保信息。三是电话咨询。可拨打社会保险经办综合服务电话"12333"进行政策咨询和信息查询。

二、社会保险监督委员会的监督职责

[基本案情]

小田是一农村居民,在家乡参加了新型农村养老保险。他于2011年4月进入城镇务工,在一家企业工作。他去社会保险经办机构办理参加社会保险,当社会保险经办机构得知他已经在家乡参加了农村养老保险时,就拒绝为他办理参加城镇职工基本养老保险。理由:一是他不能同时参加两种养老保险,二是现在不能转移接续他的社会保险关系。

小田对此不服,将社会保险经办机构的行为告至当地社会保险监督委员会,要求其出面解决。

[法律问题]

1. 农村居民在农村参加了养老保险后,到城镇企业工作能否参加职工养老保险?

2. 对社会保险经办机构不依法办理社会保险登记、不办理社会保险转移接续手续等行为,可否要求地方社会保险监督委员会出面解决,社会保险监督委员会对此应当如何处理?

☑ [学理分析]

根据我国城乡养老保险关系接续有关政策,农村居民在农村参加农村养老保险后,进城务工可以参加城镇职工的基本养老保险。其办理方式可以是,先进行城镇职工参保登记,停止其农村养老保险缴费(其农村养老保险个人缴费可暂时冻结,待以后享受养老保险待遇时再折算计发),然后按城镇职工参保缴费。农村居民进城成为城镇用人单位的职工后,依法有权参加职工养老保险,社会保险经办机构不得拒绝。根据《社会保险法》规定:"用人单位或者个人对社会保险经办机构不依法办理社会保险登记、核定社会保险费、支付社会保险待遇、办理社会保险转移接续手续或者侵害其他社会保险权益的行为,可以依法申请行政复议或者提起行政诉讼。"

本案中,小田对社会保险经办机构不依法办理社会保险登记、不办理社会保险转移接续手续的行为,没有依法申请行政复议或者提起行政诉讼,而是状告到当地社会保险监督委员会。那么,当地社会保险监督委员会如何依法履行监督职责呢?根据《社会保险法》第八十条的规定,统筹地区人民政府要成立由用人单位代表、参保人员代表,以及工会代表、专家等组成的社会保险监督委员会,其职责是掌握和分析社会保险基金的收支、管理和投资运营情况,并对社会保险工作提出咨询意见和建议,实施社会监督。同时特别规定:社会保险监督委员会"对社会保险经办机构及其工作人员的违法行为,有权向有关部门提出依法处理建议"。这就是说,社会保险监督委员会作为一个社会监督机构,理应受理任何单位和个人关于社会保险经办事务的投诉和监督意见。社会保险监督委员会履行监督职责,并非由其直接对社会保险经办机构的违法行为作出处理决定,而是有权向有关部门(如向社会保险行政部门)提出处理建议。

第十二章

法律责任

第一节 法律责任的基本概念

一、法律责任的含义及特征

法律责任是指因违反法定或约定的义务所承担的不利的法律后果。法律责任的规定一方面可以明确义务主体，使责任落到实处；另一方面当义务主体不履行相关义务时，可以由法律予以制裁，因而法律责任的规定是法律得以实施的重要保障。

法律责任具有以下几个特征：

1. 法律责任以违反法定或约定的义务为前提

法律义务包括法定义务与约定的义务。法定义务是指法律所规定的义务，一般通过法律文本直接规定。约定的义务是指当事人之间协商确定的义务，一般表现为合同义务。法律责任是因为违反了法定义务和约定的义务所产生的后果，因此有时又被称为第二性的义务。

2. 法律责任具有可谴责性

法律责任虽然被称为第二性的义务，但本身与义务并不相同，它是法律对于违法行为的一种否定性评价，表明该行为具有可谴责性。而义务本身却没有这种否定性的含义，只是客观的存在。通过这种可谴责性或否定性的评价，法律可以发挥指导功能，告诉人们什么行为是不应该做的。这种否定性的评价也有程度大小之分，在公法责任中，对于行为的否定性评价程度就高于私法责任或民事责任，具有惩罚性功能。而在民事责任中，虽然也具有惩罚性功能，但是次要的，民法主要以补偿功能为主。

3. 法律责任是一种不利的负担或后果

法律责任所指向的行为具有可谴责性，这种否定性评价的表现就是要施加给当事人一个不利的负担或后果。这种不利表现的形式要结合各种不同类型的法律责任，有时表现为刑事处罚，有时表现为行政处罚，还有时只是赔偿损害或赔礼道歉。但无论何种形式的法律责任，必然会使行为人的利益减损。

二、法律责任的分类

从法律责任所涉及的社会保险法律关系特点来看，可以将法律责任主要分为民事责任、行政责任、刑事责任。

（一）民事责任

民事责任，是指民事法律关系主体因违反法定或约定的民事义务所承担的法律后果。承担民事责任的方式主要有：①停止侵害；②排除妨碍；③消除危险；④返还财产；⑤恢复原状；⑥修理、重作、更换；⑦赔偿损失；⑧支付违约金；⑨消除影响、恢复名誉；⑩赔礼道歉。民事责任是以补偿为主。

《民法通则》第一百三十四条第二款规定，以上各种民事责任形式，可以单独适用，也可以合并适用。单独适用还是合并适用，需要根据具体情况而定。在民事责任构成的主观要件上，归责原则主要分为过错责任原则和无过错责任原则，通常以过错责任为主，以无过错为例外。

《社会保险法》从社会保险的角度设置了民事责任。该法第八十五条规定："用人单位拒不出具终止或者解除劳动关系证明的，依照《中华人民共和国劳动合同法》的规定处理。"此条转介适用《劳动合同法》中的民事责任。此外，《社会保险法》中有"责令退回骗取的社会保险金""责令追回"的规定，两者都属于返还非法占有的社会保险基金的规定，这两种规定是否属于民事责任有不同意见。

（二）行政责任

行政责任是行政法律责任的简称，指有违反有关行政管理的法律、法规的规定，但尚未构成犯罪的行为所依法应当承担的法律后果。追究行政责任主要是指对违法者给予行政上的处分和行政处罚。

处分，是指国家行政机关及依法享有行政管理权的组织，对国家公务人员及由国家机关委派到企业事业单位任职的人员的行政违法行为，给予的一种制裁性处理。对公务人员处分的种类有：警告、记过、记大过、降级、撤职、开除等。

行政处罚，是指国家行政机关及其他依法可以实施行政处罚权的组织，按照法定依据和法定程序对公民、法人或者其他组织违反行政管理秩序的行为，给予的一种行政制裁行为。对公民、法人或者其他组织施予行政处罚的种类有：①警告；②罚款；③没收违法所得、没收非法财物；④责令停产停业；⑤暂扣或者吊销许可证、暂扣或者吊销执照；⑥行政拘留；⑦法律、行政法规规定的其他行政处罚。

《社会保险法》对行政处罚和处分都有相关的规定，如第八十四条："用人单位不办理社会保险登记的，由社会保险行政部门责令限期改正；逾期不改正的，对用人单位处应缴社会保险费数额1倍以上3倍以下的罚款，对其直接负责的主管人员和其他直接责任人员处500元以上3 000元以下的罚款。"规定的就是行政处罚。而第九十条："社会保险费征收机构擅自更改社会保险费缴费基数、费率，导致少收或者多收社会保险费的，由有关行政部门责令其追缴应当缴纳的社会保险费或者退还不应当缴纳的社会保险费；对直接负责的主管人员和其他直接责任人员依法给予处分。"就是有关处分的规定。

（三）刑事责任

刑事责任是指犯罪人因其实施犯罪行为而应当承担的国家司法机关依照刑事法律对其犯罪行为及本人所作的否定评价和谴责。刑事责任的表现是刑罚，刑罚是《刑法》中确定的，由人民法院对犯罪行为人适用并由专门机构执行的最为严厉的国家强制措施。根据《刑法》规定，刑罚分为主刑和附加刑。

1. 主刑

主刑是对犯罪分子适用的主要刑罚方法，只能独立适用，不能附加适用，对犯罪分子只能判一种主刑。主刑分为管制、拘役、有期徒刑、无期徒刑和死刑。

2. 附加刑

附加刑是既可以独立适用又可以附加适用的刑罚方法。即对同一犯罪行为既可以在主刑之后判处一个或两个以上的附加刑，也可以独立判处一个或两个以上的附加刑。附加刑分为罚金、剥夺政治权利、没收财产。对犯罪的外国人，也可以独立或者附加适用驱除出境。

刑事责任的施加在行为人主观上以故意为原则，以过失为例外。

刑事责任是最严厉的法律责任，所以必须由《刑法》明文规定，因此不能够由其他法律创设，《社会保险法》中有关刑事责任的规定均要援引《刑法》上的规定，也即准用性规范。《社会保险法》第九十四条规定："违反本法规定，构成犯罪的，依法追究刑事责任。"

因同一行为应当承担刑事责任、行政责任的，不排除承担民事责任。因同一行为应当承担侵权责任和行政责任、刑事责任，侵权人的财产不足以支付的，先承担侵权责任。违法行为构成犯罪，人民法院判处罚金时，行政机关已经给予当事人罚款的，应当折抵相应罚金。

《社会保险法》中的具体责任形式包括：①责令改正；②赔偿损失；③加收滞纳金；④罚款；⑤吊销执业资格；⑥行政处分；⑦没收违法所得；⑧刑事惩戒。需注意的是《社会保险法》中规定的赔偿损失既包括民事赔偿又包括行政赔偿，两者在程序及法律适用上是有区别的。

第二节　用人单位违法行为的法律责任

一、不办理社会保险登记的法律责任

（一）违法主体

《社会保险法》所规定的社会保险登记义务有三类责任主体：

1. 用人单位

根据法律规定，用人单位参加社会保险，要在其成立、变更或终止时进行登记。《社会保险费征缴暂行条例》第七条规定："缴费单位必须向当地社会保险经办机构办理社会保险登记，参加社会保险。"按照《社会保险法》第五十八条规

定：一是"用人单位应当自成立之日起三十日内凭营业执照、登记证书或者单位印章，向当地社会保险经办机构申请办理社会保险登记。社会保险经办机构应当自收到申请之日起十五日内予以审核，发给社会保险登记证件。"二是"用人单位的社会保险登记事项发生变更或者用人单位依法终止的，应当自变更或者终止之日起三十日内，到社会保险经办机构办理变更或者注销社会保险登记。"因此，用人单位办理社会保险登记是其法定的强制性义务。用人单位成立、变更或者终止后，不按上述期限办理、变更或者注销社会保险登记，即属于违法。

2. 职工

按照《社会保险法》第五十八条第一款规定："用人单位应当自用工之日起三十日内为其职工向社会保险经办机构申请办理社会保险登记。"根据这条规定，职工应当向社会保险经办机构申请参加社会保险登记，但不是自己到社会保险经办机构登记，而是由其所在用人单位为其向社会保险经办机构申请办理社会保险登记，即为职工办理社会保险登记也是用人单位的法定义务，用人单位不为职工办理社会保险登记，也属于违法。

3. 自愿参加社会保险的人员

《社会保险法》第五十八条第二款规定："自愿参加社会保险的无雇工的个体工商户、未在用人单位参加社会保险的非全日制从业人员以及其他灵活就业人员，应当向社会保险经办机构申请办理社会保险登记。"根据这条规定，灵活就业人员是否参加社会保险是可以选择的，如果选择参加社会保险，办理社会保险登记则是其法定义务。

（二）违法行为

根据《社会保险法》规定，上述三类办理社会保险登记的义务人，不履行法定的义务，就应当承担相应的法律责任。其中，因为职工的登记义务依照法律规定是由用人单位代为办理的。也就是说，如果发生用人单位自成立之日起30日内，未向当地社会保险经办机构申请办理社会保险登记；或者当用人单位的社会保险登记事项发生变更或者用人单位依法终止时，未能自变更或者终止之日起30日内到社会保险经办机构办理变更或者注销社会保险登记；或者用人单位自用工之日起30日内，未能为其职工向社会保险经办机构申请办理社会保险登记；

此行为就属于违法行为。因此造成用人单位的职工没有办理社会保险登记，应由其用人单位承担法律责任。

对于自愿参加社会保险的人员，不办理社会保险登记，本应承担法律责任，但由于法律明确规定其是自愿参加社会保险，其选择参加社会保险的外在标志就是自愿办理社会保险登记。因此，一个自愿参加社会保险的人员，他心里想参加社会保险，但就是不去社会保险经办机构办理社会保险登记，那么，参加社会保险只能是其一个愿望，并不能成为现实。因此，此类人员不自愿去办理社会保险登记，就不构成一个违法行为。其不依法办理社会保险登记的后果是不能依法享受相应的社会保险待遇。

由此，《社会保险法》将不办理社会保险登记的法律责任课给了用人单位，即现实中，只有用人单位不依法及时办理社会保险登记的行为被列为违法行为，应依法追究其法律责任。

（三）法律责任

对于不依法办理社会保险登记的违法行为，根据情节轻重，《社会保险法》规定了两种法律责任，即《社会保险法》第八十四条规定："用人单位不办理社会保险登记的，由社会保险行政部门责令限期改正；逾期不改正的，对用人单位处应缴社会保险费数额一倍以上三倍以下的罚款，对其直接负责的主管人员和其他直接责任人员处五百元以上三千元以下的罚款。"

1. 责令限期改正

对一般的用人单位不办理社会保险登记的违法行为，由社会保险行政部门责令限期改正。责令限期改正不是一种行政处罚，只是一种补救性的行政责任，是对违法者消除违法状态、恢复合法状态的要求。责令改正就是依法向社会保险经办机构补办社会保险登记。

如何理解"不办理社会保险登记"的行为。在实现中，"不办理"与"未办理"或者"拒不办理"是有区别的。"不办理"可包含两种情形：一是有办理社会保险登记的客观条件，但因故意或者过失不办理，或者拒不办理；二是因客观原因而不能办理或未办理，甚至想办理都办理不了。不论何种情形，《社会保险法》对不办理社会保险登记的违法行为所规定的法律责任只是责令改正。所以，不管是由于何种原因致使用人单位不办理社会保险登记，社会保险行政部门均应当责令限期改正。

2. 行政处罚

对经社会保险行政部门责令限期改正，用人单位逾期不改正，即仍不办理社会保险登记的，由社会保险行政部门对用人单位处以应缴社会保险费数额1倍以上3倍以下的罚款；对直接负责的主管人员和其他直接责任人员处500元以上3 000元以下的罚款。罚款是一种行政处罚，或称财产罚，是指通过调整经济利害关系督促用人单位执行行政部门的决定或命令。

关于对不依法办理社会保险登记的违法行为实施行政处罚，应当注意：①实施行政罚款的前提是用人单位"逾期不改正"，如果社会保险行政部门，责令用人单位限期改正，用人单位在规定的期限内办理了社会保险登记的，社会保险行政部门就不得施行行政罚款。②有权作出行政罚款的主体是社会保险行政部门，不是社会保险经办机构。行政处罚决定依法作出后，当事人应当在行政处罚决定的期限内予以履行。③处罚的对象包括两类，一是用人单位，二是直接负责的主管人员和其他直接责任人员。《社会保险法》对逾期不改正的违法行为规定了"双罚"：既要处罚用人单位，又要处罚直接负责的主管人员和其他直接责任人员。④对罚款数额作出明确规定。由于各个用人单位应缴社会保险费数额的大小不同，不宜采取具体的"一刀切"处罚数额，《社会保险法》规定了对用人单位处应缴社会保险费数额1倍以上3倍以下的罚款，对用人单位直接负责的主管人员和其他直接责任人员处500元以上3 000元以下的罚款。

二、拒不出具劳动关系证明的法律责任

失业人员享受社会保险权益，应当持本单位为其出具的终止或者解除劳动关系的证明，及时到指定的公共就业服务机构办理失业登记，领取失业保险金，并享受相关的社会保险待遇。当用人单位拒不出具终止或解除劳动关系证明时，必然将侵害劳动者享有失业保险待遇的权利。为了有效遏制用人单位不履行法定义务，保护劳动者的合法权益，有必要对于这种违法行为规定相应的处罚措施。

（一）违法主体

《社会保险法》第五十条规定："用人单位应当及时为失业人员出具终止或者

解除劳动关系的证明，并将失业人员的名单自终止或者解除劳动关系之日起十五日内告知社会保险经办机构。"根据这条规定，劳动者与用人单位终止或者解除劳动关系，用人单位应当出具终止或者解除劳动关系的证明，以便失业人员持本单位为其出具的终止或者解除劳动关系的证明，能及时到指定的公共就业服务机构办理失业登记，取得享受失业保险待遇的权利。如果用人单位拒不履行出具终止或者解除劳动关系的证明，将影响失业人员的社会保险权益，那就应当承担相应的法律责任。因此，《社会保险法》将法律责任课给了用人单位，即《社会保险法》第八十五条规定："用人单位拒不出具终止或者解除劳动关系证明的，依照《中华人民共和国劳动合同法》的规定处理。"《社会保险法》在这里规定了准用性规范，适用《劳动合同法》的相关规定。

（二）违法行为

根据《社会保险法》第八十五条规定，用人单位的违法行为是"拒不出具终止或者解除劳动关系的证明"。如何判断这一违法行为，有两点值得注意：

一是《社会保险法》和《劳动合同法》两部法律规定的法律责任区别。《劳动合同法》规定，用人单位应当承担法律责任的违法行为是"未向劳动者出具终止或者解除劳动合同的书面证明"。这里的"未出具"书面证明，包括"拒不出具"和无主观过错的"未出具"书面证明两种情形。而《社会保险法》只规定了"拒不出具"的法律责任，带有明确的违法行为的主观评判，即用人单位这一违法行为带有主观故意。那么，如果用人单位未出具终止或者解除劳动合同的证明这一违法行为不存在主观故意，是否还要承担法律责任呢？例如现实中常有一种情形：用人单位在与劳动者解除或者终止劳动关系时，用人单位没有想起来要向劳动者出具证明，劳动者也未向用人单位提出要出具证明。在这种情况下很难认定用人单位有主观故意。对此，虽然《社会保险法》未作规定，但是按照《劳动合同法》的规定，用人单位仍要按照《劳动合同法》的规定承担法律责任。

二是用人单位在与劳动者解除或者终止劳动关系后多长时间内未出具证明，就应当承担法律责任？按照《社会保险法》规定，"用人单位应当及时为失业人员出具终止或者解除劳动关系的证明"。何谓及时？这是一个含糊的时间概念。而《劳动合同法》对此则明确规定"用人单位应当在解除或者终止劳动合同时出具解除或者终止劳动合同的证明",即出具证明应当与解除或者终止劳动合同的行为同时进行,未同时即为不及时。所以,按照《社会保险法》第八十五条规定,用人单位拒不出具终止或者解除劳动关系证明的,要依照《劳动合同法》的规定处理。这就要求用人单位出具证明应当与解除或者终止劳动合同的行为同时进行。

(三) 法律责任

对于用人单位拒不出具终止或者解除劳动关系证明的,依照《劳动合同法》的规定处理,即指按照《劳动合同法》第八十九条规定处理。第八十九条的规定是:"用人单位违反本法规定未向劳动者出具解除或者终止劳动合同的书面证明,由劳动行政部门责令改正;给劳动者造成损害的,应当承担赔偿责任。"根据这一规定,对用人单位拒不出具终止或者解除劳动关系证明的违法行为,有两种责任形式。

1. 责令改正

责令改正,即对用人单位拒不出具终止或者解除劳动关系证明的违法行为,由社会保险行政部门责令改正,及时向劳动者出具终止或者解除劳动关系证明。

2. 承担赔偿责任

承担赔偿责任,即赔偿劳动者因用人单位拒不出具证明而造成的损失。损失主要包括:①因用人单位没有出具解除或者终止劳动合同的证明,致使劳动者不能领取的失业保险金;②在本应领取失业保险金期间,应当享受的基本医疗保险待遇;③在本应领取失业保险金期间,因其死亡,其遗属应当享受的丧葬补助金和抚恤金等。正是由于用人单位不向劳动者出具解除或者终止劳动合同的证明,致使劳动者无法办理失业登记,进而不能享受相应失业保险待遇。这对劳动者来说是一种损害,应当由造成损害的用人单位来赔偿。此外,根据有关国家规定,下岗失业人员再就业或者自主创业时,可以享受一定的税收、财政等优惠政策,如果用人单位不按规定出具解除或者终止劳动合同的书面证明,失业人员就不能享受自主创业、再就业的税收优惠,用人单位也应当依法承担赔偿责任。

按照《劳动合同法》第八十九条的规定,责令改正的决定是由劳动行政部门作出。对于损害赔偿,法律未作明确规定。可以由劳动者直接向用人单位主张。

如果劳动者向用人单位主张后，用人单位不予赔偿，或者双方就赔偿数额发生争议的，应当依法提起劳动争议调解或仲裁，也可以依法向人民法院提起诉讼。

三、未按时足额缴纳社会保险费的法律责任

缴纳社会保险费既是保证社会保险基金安全有效运行的前提，也决定着劳动者能否享受社会保险待遇。因此，除非有法定情形，不得缓缴或减免社会保险费。

（一）违法主体

《社会保险法》所规定的社会保险缴费义务人有三类：

第一类，用人单位依法缴费。按照《社会保险法》的规定，用人单位应当依法缴纳职工基本养老保险费、职工基本医疗保险费、工伤保险费、失业保险费和生育保险费。

第二类，职工依法缴费。根据《社会保险法》的规定，职工应当缴纳职工基本养老保险费、职工基本医疗保险费和失业保险费。

第三类，自愿参加社会保险的人员依法缴费。根据《社会保险法》的规定，无雇工的个体工商户、未在用人单位参加社会保险的非全日制从业人员以及其他灵活就业人员，可以参加基本养老保险和基本医疗保险，由个人缴纳基本养老保险费和基本医疗保险费。参加居民社会保险的城乡居民，也应当依法缴纳社会保险费。

在这三类缴费义务人中，按照《社会保险法》第六十条的规定，用人单位应当自行申报、按时足额缴纳社会保险费，非因不可抗力等法定事由不得缓缴、减免。职工应当缴纳的社会保险费由用人单位代扣代缴。即用人单位为代扣代缴义务人。因此，职工未按时足额缴纳社会保险费是由于用人单位未按时足额代扣代缴所致，不用追究职工个人的责任。另外，自愿参加社会保险的个人不履行缴费义务，其未缴费期间就不能依法享受相应的社会保险待遇，已经承担了相应的法律后果。因此，《社会保险法》只规定了用人单位未按时足额缴纳社会保险费的法律责任。

（二）违法行为

理解未按时足额缴纳社会保险费的违法行为，有以下几点值得注意：

一是对"未按时足额缴纳"中"未"字的理解。一般来说，未按时足额，强调的是一种情形，只要用人单位没有依法按时足额缴费，不论是客观方面的原因还是主观方面的原因，都应当承担法律责任。但是，《社会保险法》第六十条规定，用人单位非因不可抗力等法定事由不得缓缴、减免社会保险费。这就是说，因存在不可抗力等法定事由时，用人单位可以不按时或者不足额缴纳社会保险费。同时根据2011年《实施〈中华人民共和国社会保险法〉若干规定》中第二十条规定："职工应当缴纳的社会保险费由用人单位代扣代缴。用人单位未依法代扣代缴的，由社会保险费征收机构责令用人单位限期代缴，并自欠缴之日起向用人单位按日加收万分之五的滞纳金。"企业未履行代扣代缴义务也属于"未按时足额缴纳"的情形。为了进一步明确用人单位的责任，防止出现用人单位将责任转嫁到劳动者身上，《实施〈中华人民共和国社会保险法〉若干规定》中明确作出规定"用人单位不得要求职工承担滞纳金"。

二是对"按时"与"足额"的理解。"按时"与"足额"是两个并列的要求，即用人单位不但应当按时缴纳社会保险费，而且应当足额缴纳社会保险费，两个要求缺一不可。无论是虽按时缴纳但未足额缴纳，还是虽足额缴纳但未按时缴纳，都是违法行为，都要承担法律责任。

三是对缓缴社会保险费规定的理解。为了避免追究用人单位未按时足额缴纳社会保险费的责任过于严格，社会保险行政部门颁布的《实施〈中华人民共和国社会保险法〉若干规定》中对"不可抗力"进行了解释，并对缓缴程序作出了相应规定："用人单位因不可抗力造成生产经营出现严重困难的，经省级人民政府社会保险行政部门批准后，可以暂缓缴纳一定期限的社会保险费，期限一般不超过一年。暂缓缴费期间，免收滞纳金。到期后，用人单位应当缴纳相应的社会保险费。"

（三）法律责任

《社会保险法》第八十六条规定："用人单位未按时足额缴纳社会保险费的，由社会保险费征收机构责令限期缴纳或者补足，并自欠缴之日起，按日加收万分之五的滞纳金；逾期仍不缴纳的，由有关行政部门处欠缴数额一倍以上三倍以下的罚款。"根据这一规定，对用人单位未按时足额缴纳社会保险费的违法行为，

有三种法律责任。

1. 责令改正

责令改正，是指对用人单位未按时足额缴纳社会保险费的违法行为，由社会保险费征收机构责令限期缴纳或者补足，缴纳数额是所未缴纳的社会保险费。

2. 加收滞纳金

加收滞纳金，是指对用人单位未按时足额缴纳社会保险费的，由社会保险费征收机构自其欠缴之日起，按日加收万分之五的滞纳金。这种法律责任属于间接强制执行，带有惩罚性。加收滞纳金是通过给当事人增加额外金钱负担的方式，迫使当事人尽快履行法定义务，避免直接强制带来的对抗、冲突。滞纳金按拖欠的天数加收，日标准为欠缴数额的万分之五，起止时间点是欠缴之日至补缴之日。滞纳金作为敦促义务人履行义务的一种手段，其征收标准应当适度、合理，既不能太高，也不能太低。《社会保险法》规定的加收滞纳金的标准是比照税收征收管理法确定的。

3. 行政罚款

行政罚款，是指对经责令限期缴纳或者补足，用人单位逾期仍不缴纳或者补足的，由有关行政部门处欠缴数额 1 倍以上 3 倍以下的罚款。这里的"欠缴数额"是指用人单位所欠的社会保险费金额，不包括滞纳金。同时，需要指出的是：对于经责令限期缴纳或者补足，用人单位逾期仍不缴纳或者补足社会保险费的违法行为，《社会保险法》还进一步规定，社会保险费征收机构可以向银行和其他金融机构查询其存款账户，并可以申请县级以上有关行政部门作出划拨社会保险费的决定，书面通知其开户银行或者其他金融机构划拨社会保险费。划拨这种直接强制执行方式与罚款针对的都是用人单位未按时足额缴纳社会保险费的行为，但两者追求的效果和目的不同，因此二者是并行不悖的。

对未按时足额缴纳社会保险费的违法行为有权追究责任的主体是社会保险费征收机构，包括征收社会保险费的社会保险经办机构和征收社会保险费的税务机关。也就是说，在某个地区，谁负责征收社会保险费，谁就是法律所称的社会保险费征收机构。

对不执行社会保险费征收机构限期改正决定的行为进行罚款的主体是有关行

政部门，包括社会保险行政部门和税务机关，即由社会保险经办机构征收社会保险费的地区，由社会保险行政部门进行罚款；对由税务机关征收社会保险费的地区，由税务机关进行罚款。

第三节 相关机构和个人违法行为的法律责任

一、骗取社会保险基金的违法主体

社会保险活动中与社会保险基金直接相关的机构和个人主要有以下两类。

（一）社会保险经办机构以及医疗机构、药品经营单位等社会保险服务机构及其工作人员

随着我国社会保险制度的不断完善，社会保险基金数量的日益增大，为了更好地满足广大参保人参加社会保险和享受社会保险待遇的需要，法律规定了各级社会保险经办机构以及医疗机构、药品经营单位等社会保险服务机构及其工作人员要依法提供高质量的服务。在社会保险基金收缴、管理、运营、支付等环节，与社会保险基金支出相关的机构和人员是负有依法支付社会保险待遇义务的社会保险经办机构及其工作人员；与收入行为相关的机构和人员，是社会保险待遇享受人和因提供了社会保险服务有权从社会保险基金获得收入的社会保险服务提供者。这些机构及其工作人员应当依法履行职责，自觉维护社会保险基金的合法收支和安全运营。但是，在社会保险基金监督管理能力不足的情况下，骗取社会保险基金支出的现象时有发生，特别是社会保险经办机构以及医疗机构、药品经营单位等社会保险服务机构。由于其直接处在社会保险工作一线，有可能利用职务之便骗取基金支出，有必要对其加强监管。因此，法律规定的骗取社会保险基金支出行为的法律责任主体，是作为社会保险基金支付行为人的社会保险经办机构和有可能作为社会保险基金收入方的社会保险服务提供者。同时，值得提出的是，承担责任的主体包括两类：一是社会保险经办机构和社会保险服务机构，二

是这两类机构中直接负责的主管人员和其他直接责任人员。

（二）享受社会保险待遇的个人

按照法律规定，凡是依法参加社会保险，依法履行缴纳社会保险费义务的人员，都应当依法享受社会保险待遇。但在现实生活中，仍有一些个人不符合享受社会保险待遇的条件，却时常以欺诈、伪造证明材料或者其他手段骗取社会保险待遇。对此，应当追究其法律责任。

二、违法行为

（一）骗取社会保险基金支出

骗取社会保险基金支出的违法行为，是指一些机构及其工作人员利用欺诈、伪造证明材料或者其他手段，以从社会保险基金中获取社会保险服务报酬的名目来骗取社会保险基金支出的行为。按照国家法律和相关规定，对于依法提供社会保险服务（包括提供医疗服务、提供药品、提供工伤预防服务、提供基金投资运营服务、提供职业培训和职业介绍等）行为的，可以从社会保险基金取得合法的回报。如果没有提供服务，就不能从社会保险基金取得回报；如果没有提供服务或者提供不当服务，却骗取社会保险基金支出的，要依法追究法律责任。分析近年来骗取社会保险基金支出的行为，大致包括的情形有：①非参保人以参保人名义就医或者支付医疗费用，骗取医疗费用报销；②用医疗保险基金支付应当由参保人自付、自费的医疗费用；③使用医疗保险基金（含个人账户）购买保健品、化妆品及其他用品；④提供虚假疾病诊断证明、病历、处方和医疗费票据等资料报销医疗费用；⑤向参保人提供不必要的医疗服务和过度医疗服务，多获取医疗保险服务回报；⑥转借医疗保险POS机（服务终端）给非定点单位使用或替非定点单位使用医疗保险个人账户基金进行结算；⑦没有提供职业培训或职业介绍服务，而以职业培训或职业介绍名义获得补贴等。

（二）骗取社会保险待遇

骗取社会保险待遇的违法行为，是指一些个人不符合享受社会保险待遇的条件，却以欺诈、伪造证明材料或者其他手段骗取社会保险待遇的行为。实践中，骗取社会保险待遇的情形主要有：①在骗取养老保险待遇方面，有的伪造身份证明或冒用他人身份证明;有的伪造、变造档案年龄、特殊工种年限和病历等办理提前退休,骗取享受养老保险待遇的资格;有的伪造、变造人事档案,以增加缴费年限或视同缴费年限,骗取更多的养老保险金累计;有的伪造、变造用工关系、工资报表等证明材料补缴养老保险费;有的伪造、变造领取养老保险待遇证明文件等,甚至出现了已经去世的人仍在领取养老保险待遇的现象。②在骗取医疗保险待遇方面,有的将本人身份证明及社会保障卡转借他人就医;有的冒用他人身份证明或社会保障卡就医;有的伪造、变造病历、处方、疾病诊断证明和医疗费票据;有的伪造、变造劳动关系、工资报表等证明材料参加医疗保险或补缴医疗保险费。③在骗取工伤保险待遇方面,有的伪造、变造职业事故证明、伤病或职业病诊断证明;有的伪造、变造劳动关系、工资报表等证明材料骗取工伤认定;有的进行虚假或不实的劳动能力鉴定,提高伤残等级,冒领或者多领工伤保险待遇;有的个人隐瞒已经从第三人或者用人单位处获得工伤医疗费用或者工伤保险待遇后,又向社会保险经办机构申请并获得社会保险基金先行支付。④在骗取失业保险待遇和生育保险待遇方面,有类似的伪造、变造证明文件领取相关的社会保险待遇的情形;也有冒用他人身份证明或社会保障卡骗取社会保险待遇等行为。

(三)违法行为分析

对于骗取社会保险基金支出和骗取社会保险待遇的违法行为的分析,应注意以下两点:

1. 区别骗取社会保险基金支出与侵占、挪用社会保险基金。按照《社会保险法》第六十四条的规定,社会保险基金专款专用,任何组织和个人不得侵占或者挪用。法律虽然没有明确专用的含义,但根据有关社会保险法规政策的要求,社会保险基金只能用于支付社会保险待遇和国务院规定的项目,如工伤保险基金可用于工伤预防,失业保险基金可用于支付失业保险金领取期间的职业培训和职业介绍补贴以及国务院规定或者批准的与失业保险有关的其他费用。社会保险基金用于这些项目的支出,是合法的;用于这些项目以外的其他支出,则为侵占或者挪用社会保险基金,是违法的。用欺诈、伪造证明材料或者其他手段,以合法项目的名义来支取社会保险基金,则是骗取社会保险基金支出,也是违法的。

2. 手段与目的的关系。根据法律规定，违法行为是指以欺诈、伪造证明材料或者其他手段骗取社会保险基金支出。举例来说，伪造证明材料包括伪造医疗票据。如果社会保险经办机构及其他社会保险服务提供者伪造医疗票据是用于出售，即以出售假票据谋利为目的，而没有去社会保险经办机构报销，则不构成《社会保险法》所称的骗取社会保险基金支出的违法行为。另外，如果存在欺诈、伪造证明材料或者其他手段的行为，也以去社会保险经办机构报销为目的，但是，由于种种原因（如审核时被社会保险经办机构识破）未能获得社会保险基金支出，也应当承担相应的法律责任。

三、法律责任

随着社会保险覆盖面进一步扩大，社会保险基金面临欺诈的风险也越来越大。一些机构和个人骗领、冒领社会保险基金等欺诈行为直接影响了社会保险基金安全。有必要对此规定相应的法律责任。针对一些机构及其工作人员骗取社会保险基金支出和一些个人骗取社会保险待遇的违法行为，《社会保险法》作出明确规定，要追究其相应的法律责任。《社会保险法》第八十七条规定："社会保险经办机构以及医疗机构、药品经营单位等社会保险服务机构以欺诈、伪造证明材料或者其他手段骗取社会保险基金支出的，由社会保险行政部门责令退回骗取的社会保险金，处骗取金额二倍以上五倍以下的罚款；属于社会保险服务机构的，解除服务协议；直接负责的主管人员和其他直接责任人员有执业资格的，依法吊销其执业资格。"第八十八条规定："以欺诈、伪造证明材料或者其他手段骗取社会保险待遇的，由社会保险行政部门责令退回骗取的社会保险金，处骗取金额二倍以上五倍以下的罚款。"根据这一规定，骗取社会保险基金支出和社会保险待遇的法律责任主要包括以下四种。

（一）责令退回骗取的社会保险金

责令退回骗取的社会保险金，即对社会保险经办机构以及医疗机构、药品经营单位等社会保险服务机构和个人以欺诈、伪造证明材料或者其他手段骗取社会保险基金支出和社会保险待遇的，由社会保险行政部门责令退回骗取的社会保险金。这一责任方式等同于责令改正，不是一种行政处罚，是一种补救性责任。退回的数额是所骗取的社会保险金数额。

(二) 行政罚款

行政罚款，即对社会保险经办机构以及医疗机构、药品经营单位等社会保险服务机构和个人以欺诈、伪造证明材料或者其他手段骗取社会保险基金支出和社会保险待遇的，由社会保险行政部门作出责令退回骗取社会保险金的同时，还要处以行政罚款。国务院颁布的《劳动保障监察条例》第二十七条曾规定，骗取社会保险基金支出的，由劳动保障行政部门责令退还，并处骗取金额1倍以上3倍以下的罚款。在社会保险立法过程中，立法机关考虑到骗取社会保险基金支出和社会保险待遇的行为具有主观恶意，严重侵犯了社会保险基金的安全，因此加大了对这种行为的处罚力度。所以《社会保险法》明确规定，罚款的数额为所骗取社会保险基金数额的2倍以上5倍以下。

(三) 解除服务协议

解除服务协议，即对社会保险服务机构以欺诈、伪造证明材料或者其他手段骗取社会保险基金支出的，由社会保险经办机构解除其服务协议。根据《社会保险法》第三十一条规定，社会保险经办机构根据社会保险管理服务的需要，可以与医疗机构、药品经营单位签订服务协议，规范其服务行为。在实际操作中，社会保险经办机构除了与医疗机构、药品经营单位签订服务协议外，还与其他社会保险服务提供者通过签订服务协议的形式来规范服务行为。没有签订服务协议的单位就没有提供社会保险服务的资格。这里的服务协议带有获取服务资格的性质。解除服务协议，在效果上相当于取消了其服务资格。因此，这种法律责任带有资格罚的效果。为了使法律规定有利于实际操作，2011年发布施行的《实施〈中华人民共和国社会保险法〉若干规定》对此作出了具体规定：对与社会保险经办机构签订服务协议的医疗机构、药品经营单位，由社会保险经办机构按照协议追究责任，情节严重的，可以解除与其签订的服务协议。

(四) 吊销执业资格

吊销执业资格，即对以欺诈、伪造证明材料或者其他手段骗取社会保险基金支出的社会保险经办机构和社会保险服务机构直接负责的主管人员及其他直接责任人员，有执业资格的，依法吊销其执业资格。吊销执业资格是一种资格罚，又称为能力罚。吊销执业资格即剥夺行政相对人的行为能力,被剥夺行为能力的行政相对人不能从事某种特定行为。在社会保险经办机构和社会保险服务机构中,按照有关法律的规定,有些职业是需要取得执业资格才能从业的,例如我国实行会计从业资格证书和医师执业资格制度。会计法规定,从事会计工作的人员必须取得会计从业资格。执业医师法规定,医师资格考试合格者可以取得执业医师或者执业助理医师资格,申请注册后可以从事医师执业活动。还有律师等,也实行执业资格制度。按照《社会保险法》的规定,对以欺诈、伪造证明材料或者其他手段骗取社会保险基金支出的违法行为,社会保险经办机构和社会保险服务机构直接负责的主管人员(如医院院长、药店经理等)和其他直接责任人员(如医生、药剂师、会计师、律师等),可以被依法吊销执业资格。按照行政许可法及有关法律的规定,吊销执业资格是一种比较严厉的处罚,一般应当本着"谁授予、谁吊销"的原则,由授予其执业资格的行政机构作出,如医师资格由卫生行政部门吊销,会计师资格由财政部门吊销等。为了做好与相关部门的工作衔接,根据《实施〈中华人民共和国社会保险法〉若干规定》,对有执业资格的直接负责的主管人员和其他直接责任人员,由社会保险行政部门建议授予其执业资格的有关主管部门依法吊销其执业资格。

第四节　公务机构及其人员违法行为的法律责任

一、社会保险经办违法行为的法律责任

(一)社会保险业务经办责任主体

依据《社会保险法》的规定,提供社会保险服务,负责社会保险登记、个人权益记录、社会保险待遇支付等工作,是社会保险经办机构的法定职责。因此,社会保险业务经办责任主体是社会保险经办机构及其工作人员。

一般来说,一个依法成立的公益服务单位,是法律拟制的人格,它通过其工

作人员来作出决定和行动。单位的决定一旦作出,就超越于其工作人员。单位的责任能力与其工作人员的责任能力既相互独立又相互依附。因此,虽然社会保险经办机构与其工作人员是两个独立的法律主体,但在履行《社会保险法》赋予社会保险经办机构的职责方面,其工作人员的行为与单位的行为是难以绝对分开的。工作人员未按规定履行职责,即为社会保险经办机构未履行职责。当然,如果是工作人员作出与履行职责无关的其他行为,不能视为社会保险经办机构的行为。

(二)违法行为

按照《社会保险法》第八十九条的规定,社会保险经办机构及其工作人员发生了以下几种行为,即为违法行为:

1. 未履行社会保险法定职责。这是一种概括性的规定。《社会保险法》规定了社会保险经办机构的基本职责,如通过业务经办、统计、调查获取社会保险工作所需的数据;及时为用人单位建立档案,完整、准确地记录参加社会保险的人员、缴费等社会保险数据,妥善保管登记、申报的原始凭证和支付结算的会计凭证等;及时、完整、准确记录个人权益记录,定期将个人权益记录单免费寄送本人;按时足额支付社会保险待遇;向用人单位和个人免费提供查询、核对其缴费和享受社会保险待遇记录,提供社会保险咨询等相关服务等。如果社会保险经办机构及其工作人员没有做到或违反了这些法定职责,即构成违法行为。

2. 未将社会保险基金存入财政专户。按照《社会保险法》规定,社会保险基金要及时存入财政专户。经国务院同意,由财政部、原劳动部、中国人民银行、国家税务总局于1998年印发了《企业职工基本养老保险基金实行收支两条线管理暂行规定》,要求社会保险经办机构按月将基本养老保险基金收入户资金全部划入社会保障基金财政专户。据此规定,未按月将社会保险基金全部划入财政专户,有可能导致截留私分,损害社会保险基金运行的安全性和完整性,为违法行为。

3. 克扣或者拒不按时支付社会保险待遇。《社会保险法》明确规定,社会保险经办机构应当按时足额支付社会保险待遇。社会保险经办机构及其工作人员克扣或者拒不按时支付社会保险待遇的,即是违法行为。克扣,就是没有足额支付。拒不按时支付，就是无正当理由或客观原因而没有按照法律、法规或者政府有关规定的时间及时支付。需要注意的是，克扣或者拒不支付行为所少支的资金必须留在社会保险基金中。如果少支的资金被社会保险经办机构或者其工作人员所占有，则为贪污，应当按其他相关法律规定处理。

4. 丢失或者篡改缴费记录、享受社会保险待遇记录等社会保险数据、个人权益记录。按照《社会保险法》的规定，社会保险经办机构应当及时、完整、准确地记录参加社会保险的个人和用人单位缴费情况，以及享受社会保险待遇等个人权益记录，定期将个人权益记录单免费寄送本人。缴费记录是用人单位缴费的基础材料和依据。用人单位进行缴费申报时办理的缴费申报表、审核手续及社会保险经办机构建立的用人单位缴费记录账簿等，是用人单位实际缴纳社会保险费数额的依据。如果社会保险经办机构"丢失"了，可能出于过失；如果是"篡改"，则是出于故意。这都表明既有社会保险经办机构及其工作人员由于过失而导致的行为，也包括主观上出于一种故意而导致的行为。社会保险经办机构及其工作人员发生了这些行为，就是违法行为。

5. 有违反社会保险法律、法规的其他行为。

（三）法律责任

根据《社会保险法》第八十九条规定，社会保险经办机构及其工作人员有上述行为之一的（即未履行社会保险法定职责的；未将社会保险基金存入财政专户的；克扣或者拒不按时支付社会保险待遇的；丢失或者篡改缴费记录、享受社会保险待遇记录等社会保险数据、个人权益记录的；有违反社会保险法律、法规的其他行为的）由社会保险行政部门责令改正；给社会保险基金、用人单位或者个人造成损失的，依法承担赔偿责任；对直接负责的主管人员和其他直接责任人员依法给予处分。按照这一规定，社会保险经办机构及其工作人员违法行为的法律责任有以下三方面。

1. 责令改正

责令改正，即对未按照规定履行社会保险法定职责的，责令其履行法定职责；对未按照规定将社会保险基金存入财政专户的，责令其存入财政专户；对克扣或者拒不按时支付社会保险待遇的，责令其按时足额发放；对丢失或者篡改缴费记录、享受社会保险待遇记录等社会保险数据、个人权益记录的，责令其恢复缴费记录原样或通过其他方式查明缴费记录，查清享受社会保险待遇的数据等社会保险数据和个人权益记录等。上述这些责令改正决定皆由社会保险行政部门作出。

2. 赔偿损失

赔偿损失，即对社会保险经办机构及其工作人员因上述违法行为给社会保险基金、用人单位或者个人造成损失的，应当依法承担赔偿责任。赔偿责任可以由受到损失的社会保险基金、用人单位或者个人提出。其中，社会保险基金受到损失的，应当由社会保险行政部门向存在违法行为的社会保险经办机构及其工作人员提出。根据《国家赔偿法》第十四条规定，赔偿义务机关赔偿损失后，应当责令有故意或者重大过失的工作人员承担部分或者全部赔偿费用。

3. 给予处分

处分，即社会保险经办机构及其工作人员有上述违法行为的，对直接负责的主管人员和其他直接责任人员依法给予处分。对于社会保险经办机构工作人员属于参照《公务员法》管理的工作人员，应当参照《公务员法》的规定给予处罚，行政机关公务员处分的种类为：①警告；②记过；③记大过；④降级；⑤撤职；⑥开除。按照《行政机关公务员处分条例》的规定：一是对行政机关公务员给予处分，由任免机关或者监察机关按照管理权限决定。二是对法律、法规授权的具有公共事务管理职能的事业单位中经批准参照《公务员法》管理的工作人员给予处分，参照本条例的有关规定办理。三是对社会保险经办机构属法律、法规授权的具有公共事务管理职能的事业单位中经批准参照《公务员法》管理的工作人员给予处分，也应当按该条例的规定执行。

二、社会保险费征收违法行为的法律责任

（一）社会保险费征收责任主体

社会保险费征收机构，即社会保险经办机构或者税务机关。依据国务院《社会保险费征缴暂行条例》第六条规定，社会保险费的征收机构由省、自治区、直辖市人民政府规定，可以由税务机关征收，也可以由社会保险经办机构征收。不

论由哪一个机构征收社会保险费,都应当按照《社会保险法》第五十九条规定,实行统一征收。

依据《社会保险法》的规定,社会保险费征收机构的法定职责有:依法按时足额征收社会保险费,并将缴费情况定期告知用人单位和个人;对于用人单位未按规定申报应当缴纳的社会保险费数额的,按照该单位上月缴费额的110%确定应当缴纳数额,缴费单位补办申报手续后,按照规定结算;对于用人单位未按时足额缴纳社会保险费的,要责令其限期缴纳或者补足;如果用人单位逾期仍未缴纳或者补足社会保险费的,可以向银行和其他金融机构查询其存款账户;并可以申请县级以上有关行政部门作出划拨社会保险费的决定;对于用人单位账户余额少于应当缴纳的社会保险费的,可以要求该用人单位提供担保,签订延期缴费协议等。可见,社会保险费征收责任主体是社会保险费征收机构及其工作人员。

(二)违法行为

确定社会保险费缴费基数和费率,既要考虑到社会保险基金的充实,又要考虑到用人单位以及参保人员的负担,不能够随意规定。因为各地方的经济发展水平不同,目前的社会保险费缴费基数和费率是由国家作出原则性规定,具体费率在国家规定的原则之下由各统筹地区作出规定。社会保险缴费基数和费率的确定要符合法律规定,任何机关和个人都不得擅自更改缴费基数、费率。按照《社会保险法》第九十条规定,社会保险费征收机构在征收保险费过程中,擅自更改社会保险费缴费基数、费率,导致少收或者多收社会保险费的行为,会影响社会保险基金的安全运行,属违法行为。

在实践中,对于"擅自更改"要正确理解。第一,如果是故意擅自更改社会保险费缴费基数、费率,则是违法行为。在征收过程中因疏忽大意,造成社会保险费缴费基数、费率计算错误等非故意行为,不在此列。第二,如果有"擅自更改"的行为,但没有导致少收或者多收社会保险费的后果,则不在此列,因为原因有可能是:"对于用人单位未按规定申报应当缴纳的社会保险费数额的,按照该单位上月缴费额的百分之一百一十确定应当缴纳数额,缴费单位补办申报手续后,按照规定结算。"

(三)法律责任

《社会保险法》第九十条规定:"社会保险费征收机构擅自更改社会保险费缴

费基数、费率,导致少收或者多收社会保险费的,由有关行政部门责令其追缴应当缴纳的社会保险费或者退还不应当缴纳的社会保险费;对直接负责的主管人员和其他直接责任人员依法给予处分。"按照这一规定,社会保险费征收机构及其工作人员违法行为的法律责任有以下两种。

1. 责令改正

责令改正,即对社会保险费征收机构擅自更改社会保险费缴费基数、费率,导致少收或者多收社会保险费的行为,由有关行政部门责令其追缴应当缴纳的社会保险费,或者退还不应当缴纳的社会保险费。这里的"有关行政部门"是指:由社会保险经办机构征收社会保险费的统筹地区,由社会保险行政部门作出责令改正;由税务机关征收社会保险费的统筹地区,由税务机关作出责令改正。

2. 给予处分

给予处分,即对擅自更改社会保险费缴费基数、费率的行为,导致少收或者多收社会保险费的社会保险费征收机构的直接负责的主管人员和其他直接责任人员,依法给予处分。处分的法律责任由任免机关或者监察机关按照管理权限追究。

应当指出的是,如果社会保险费征收机构工作人员更改社会保险费缴费基数、费率是与履行职责相关的行为,则应当按社会保险费征收的行为来处理;如果工作人员更改社会保险费缴费基数、费率是与履行职责不相关的行为,则不能按社会保险费征收机构的行为来处理。例如,如果工作人员与用人单位相勾结,擅自降低缴费基数,少缴的社会保险费由工作人员与用人单位私分了,则应当按贪污来处理。

三、挪用社会保险基金或者违规投资的法律责任

(一)违法主体

按照《社会保险法》的规定,社会保险基金在保证安全的前提下,按照国务院规定投资运营实现保值增值。社会保险基金不得违规投资运营,不得用于平衡其他政府预算,不得用于兴建、改建办公场所和支付人员经费、运行费用、管理费用,或者违反法律、行政法规规定挪作其他用途。隐匿、转移、侵占、挪用社

会保险基金或者违规投资运营，会造成社会保险基金流失，影响社会保险基金的安全和支付能力，对此要追究法律责任。

因此，只要存在隐匿、转移、侵占、挪用社会保险基金或者违规投资运营社会保险基金行为的不特定机构及其工作人员，都是违法行为主体。

（二）违法行为

《社会保险法》明确规定了社会保险基金不得违规投资运营，不得用于平衡其他政府预算，不得用于兴建、改建公共场所和支付人员经费、运行费用、管理费用，或者违反法律、行政法规规定挪作其他用途。因此，违反法律这些规定，任何隐匿、转移、侵占、挪用社会保险基金或者违规投资运营社会保险基金的行为皆是违法行为。隐匿，主要是指采取不公开的方式，偷偷地把有关社会保险基金的去向隐藏起来；转移，主要是指通过转账或者其他结算方式，把社会保险基金转出，非法使用；侵占，主要是指当事人把自己代为保管或者能控制的社会保险基金占为己有，拒不交出；挪用，主要是指当事人利用职权的便利，将自己管理或可以支配的社会保险基金挪动归个人使用，或者借贷给他人所用。发生上述这些行为，都将被依法追究法律责任。

根据《实施〈中华人民共和国社会保险法〉若干规定》第二十六条规定，社会保险经办机构、社会保险费征收机构、社会保险基金投资运营机构、开设社会保险基金专户的机构和专户管理银行及其工作人员有下列违法情形的，由社会保险行政部门按照《社会保险法》第九十一条的规定查处：①将应征和已征的社会保险基金，采取隐藏、非法放置等手段，未按规定征缴、入账的；②违规将社会保险基金转入社会保险基金专户以外的账户的；③侵吞社会保险基金的；④将各项社会保险基金互相挤占或者其他社会保障基金挤占社会保险基金的；⑤将社会保险基金用于平衡财政预算，兴建、改建办公场所和支付人员经费、运行费用、管理费用的；⑥违反国家规定的投资运营政策的。

（三）法律责任

《社会保险法》第九十一条规定："违反本法规定，隐匿、转移、侵占、挪用社会保险基金或者违规投资运营的，由社会保险行政部门、财政部门、审计机关责令追回；有违法所得的，没收违法所得；对直接负责的主管人员和其他直接责任人员依法给予处分。"按照这一规定，负有社会保险基金管理职责的任何机构及其工作人员违法行为的法律责任有以下三种。

1. 责令改正

责令改正，即对隐匿、转移、侵占、挪用社会保险基金或者违规投资运营的相关机构及其工作人员，作出责令改正决定；责令追回使其违法违规使用社会保险基金恢复到合法状态。

2. 没收违法所得

没收违法所得，即对用隐匿、转移、侵占、挪用社会保险基金取得的违法所得或违规投资运营社会保险基金所取得的收益，由社会保险行政部门、财政部门、审计机关按照各自的职责，作出没收违法所得的决定，收归社会保险基金所有。

3. 给予处分

给予处分，即对隐匿、转移、侵占、挪用社会保险基金或者违规投资运营的相关机构及其直接负责的主管人员和其他直接责任人员，由其任免机关或者监察机关按照管理权限决定，依法给予处分。

四、泄露用人单位和个人信息的法律责任

（一）违法主体

根据社会保险管理服务工作的需要，有关部门和机构要依法采集参加社会保险的单位和个人的信息资料。如用人单位的职工总数和工资总额、个人工资、个人身份证号码、家庭住址等情况。这些信息涉及企业的商业机密和个人隐私，如果泄露到社会，不仅可能会给用人单位和个人带来很多困扰，影响企业的经济利益和个人的正常生活，甚至可能被不法分子利用，使被泄密者合法权益受到侵害。为保护用人单位和参保人员的权利，《社会保险法》第八十一条作出规定："社会保险行政部门和其他有关行政部门、社会保险经办机构、社会保险费征收机构及其工作人员，应当依法为用人单位和个人的信息保密，不得以任何形式泄露。"因此，只要是泄露了用人单位和个人信息的社会保险行政部门和其他有关行政部门、社会保险经办机构、社会保险费征收机构及其工作人员，都是违法行

为主体。

（二）违法行为

在社会保险登记、社会保险费征收和社会保险监督检查等过程中，社会保险经办机构、社会保险费征收机构、社会保险行政部门、卫生行政部门、审计部门等有关行政部门及其工作人员掌握了用人单位和个人的大量信息。为了加强信息安全管理，《社会保险法》规定，上述部门和机构及其工作人员只要泄露用人单位和个人信息的，就属于违法行为。

在加强对用人单位和个人信息管理方面，《社会保险法》规定了"应当依法……保密"和"不得以任何形式泄露"。应当依法保密，是有关部门和机构积极作为的法定义务，即要求有关部门和机构采取措施来保证秘密不被无关人员知道。不得泄露，是有关部门和机构"依法不作为"的法定义务，即要求有关部门和机构不得将秘密告诉无关人员。泄露用人单位和个人信息，属于故意行为。社会保险行政部门和其他有关行政部门、社会保险经办机构、社会保险费征收机构及其工作人员，应当依法为用人单位和个人的信息保密，如果未尽到应当依法保密的义务，应当承担法律责任。

（三）法律责任

《社会保险法》第九十二条规定："社会保险行政部门和其他有关行政部门、社会保险经办机构、社会保险费征收机构及其工作人员泄露用人单位和个人信息的，对直接负责的主管人员和其他直接责任人员依法给予处分；给用人单位或者个人造成损失的，应当承担赔偿责任。"用人单位和个人的信息安全是社会普遍关注的问题。社会保险行政部门和其他有关行政部门、社会保险经办机构和社会保险费征收机构及其工作人员掌握用人单位和参保人员大量信息，对于这些信息，应当保密，不得泄露。法律规定了泄露用人单位和个人信息的两种法律责任。

1. 给予处分

给予处分，即对社会保险行政部门和其他有关行政部门、社会保险经办机构、社会保险费征收机构及其工作人员泄露用人单位和个人信息的，由任免机关或者监察机关按照管理权限决定，对直接负责的主管人员和其他直接责任人员依法给予处分。按照《行政机关公务员处分条例》第二十六条规定："泄露国家秘密、工作秘密，或者泄露因履行职责掌握的商业秘密、个人隐私，造成不良后果的，给予警告、记过或者记大过处分；情节较重的，给予降级或者撤职处分；情节严重的，给予开除处分。"

2. 承担赔偿责任

承担赔偿责任，即对社会保险行政部门和其他有关行政部门、社会保险经办机构、社会保险费征收机构及其工作人员泄露用人单位和个人信息，给用人单位或者个人造成损失的，应当承担赔偿责任。赔偿责任由受到损失的用人单位和个人依法提出。承担赔偿责任的前提是该行为给用人单位或者个人造成损失。如果没有损失，或者不能证明用人单位或者个人的损失是由社会保险行政部门、其他行政部门、有关机构及其工作人员造成的，就不应当由其承担赔偿责任。

五、滥用职权等违法行为的法律责任

（一）违法主体

按照《社会保险法》规定，国务院社会保险行政部门负责全国的社会保险管理工作，国务院其他有关部门（包括卫生行政部门、财政部门、审计机关等）在各自的职责范围内负责有关的社会保险工作。县级以上地方人民政府社会保险行政部门负责本行政区域的社会保险管理工作，县级以上地方人民政府其他有关部门（包括卫生行政部门、财政部门、审计机关等）在各自的职责范围内负责有关的社会保险工作。各级社会保险经办机构也依法从事相关的一些社会保险行政管理服务工作。这就要求上述行政部门和机构及其工作人员认真依法履行职责，依法办事。因此，只要是没有依法履行职责，没有做到依法办事的社会保险行政部门和其他有关行政部门（包括卫生行政部门、财政部门、审计机关）以及社会保险经办机构的国家工作人员，都是违法行为主体。

（二）违法行为

社会保险行政部门和其他有关行政部门（包括卫生行政部门、财政部门、审计机关等）以及社会保险经办机构的国家工作人员在履行法定职责中，《社会保险法》第九十三条规定了三种违法行为：①滥用职权，一般是指违反法律规定的职责权限和程序，滥用、超越职权的行为，如社会保险经办机构的工作人员拒绝向符合条件的参保人员支付社会保险待遇。②玩忽职守，主要是指国家工作人员不履行法律所赋予的职权，构成违法失职行为，如社会保险经办机构工作人员缺乏责任心，对工作马马虎虎、漫不经心、疏于管理，造成社会保险基金被挪用或者流失。③徇私舞弊，是指为了个人私利或亲友私情，不按照法律、法规规定办事的行为。只要上述国家工作人员发生上述所列滥用职权、玩忽职守、徇私舞弊的行为，就是违法行为。

（三）法律责任

《社会保险法》第九十三条规定："国家工作人员在社会保险管理、监督工作中滥用职权、玩忽职守、徇私舞弊的，依法给予处分。"根据这一规定，滥用职权、玩忽职守、徇私舞弊的国家工作人员应当承担给予处分的法律责任。

对违法的国家工作人员给予处分，由任免机关或者监察机关按照管理权限决定。根据《行政机关公务员处分条例》规定，行政机关公务员和法律、法规授权的具有公共事务管理职能的事业单位中经批准参照《公务员法》管理的工作人员有滥用职权、玩忽职守和徇私舞弊行为的，给予记过或者记大过处分；情节较重的，给予降级或者撤职处分；情节严重的，给予开除处分。

第五节　构成犯罪的法律责任

一、追究刑事责任的依据

刑法是判断某一违法行为是否构成犯罪，应处以何种刑罚的依据。我国《社会保险法》没有对违反本法规定的行为规定具体的刑事责任，主要是考虑到与《刑法》的衔接。我国《刑法》是 1997 年 3 月 14 日制定的，至今已通过了七个修正案，已经形成比较完善的罪名及刑罚体系。为了保证罪名及刑罚的体系性，目前其他法律一般不再规定具体的罪名和刑罚；如果确需调整罪名和刑罚，通过刑法修正案的方式进行。因此,《社会保险法》没有在每个可能涉及刑事责任的条款后规定"构成犯罪的,依法追究刑事责任",而是单列一条概括规定。即第九十四条规定,违反《社会保险法》规定,构成犯罪的,应法追究刑事责任。

二、违反社会保险法涉及犯罪的主要情形

违反《社会保险法》规定,构成犯罪的,应当依照《刑法》的有关规定追究刑事责任,涉及的刑事责任主要有:

(一)挪用社会保险基金等违法行为的法律责任

《社会保险法》第九十一条规定了挪用社会保险基金等违法行为的法律责任。《刑法》第三百八十四条规定:"国家工作人员利用职务上的便利,挪用公款归个人使用,进行非法活动的,或者挪用公款数额较大、进行营利活动的,或者挪用公款数额较大、超过三个月未还的,是挪用公款罪,处五年以下有期徒刑或者拘役;情节严重的,处五年以上有期徒刑。挪用公款数额巨大不退还的,处十年以上有期徒刑或者无期徒刑。"

(二)泄露单位和个人信息等违法行为的法律责任

《社会保险法》第九十二条规定了泄露单位和个人信息等违法行为的法律责任。《刑法》第二百五十三条之一规定:"国家机关或者金融、电信、交通、教育、医疗等单位的工作人员,违反国家规定,将本单位在履行职责或者提供服务过程中获得的公民个人信息,出售或者非法提供给他人,情节严重的,处三年以下有期徒刑或者拘役,并处或者单处罚金。""窃取或者以其他方法非法获取上述信息,情节严重的,依照前款的规定处罚。""单位犯前两款罪的,对单位判处罚金,并对其直接负责的主管人员和其他直接责任人员,依照各该款的规定处罚。"

(三)国家工作人员违法行为的法律责任

《社会保险法》第九十三条规定了国家工作人员在社会保险管理、监督工作中滥用职权、玩忽职守、徇私舞弊的法律责任。《刑法》第三百九十七条规定:"国家机关工作人员滥用职权或者玩忽职守,致使公共财产、国家和人民利益遭受重大损失的,处三年以下有期徒刑或者拘役;情节特别严重的,处三年以上七年以下有期徒刑。本法另有规定的,依照规定。""国家机关工作人员徇私舞弊,

犯前款罪的，处五年以下有期徒刑或者拘役；情节特别严重的，处五年以上十年以下有期徒刑。本法另有规定的，依照规定。"

（四）骗取社会保险资金及经办机构违法行为的法律责任

《社会保险法》第八十七条规定的以欺诈、伪造证明材料或者其他手段骗取社会保险基金支出，第八十八条规定的以欺诈、伪造证明材料或者其他手段骗取社会保险待遇，第八十九条规定的社会保险经办机构及其工作人员违反社会保险法律、法规等违法行为，构成犯罪的，也要根据《刑法》有关规定追究刑事责任。

案例分析

一、不按规定缴纳社会保险费且逾期不改

[基本案情]

高某系一公司职工，工作一年后发现公司没有为自己缴纳社会保险费，并向公司提出要求。公司回复他说本公司不参加社会保险，如果高某不服可以自动离职。对此，高某向市社会保险费征收机构举报，反映公司欠缴职工的社会保险费。市社会保险费征收机构经调查，认定该公司欠缴社会保险费的行为违反了《社会保险法》的规定，便下达责令改正通知书，要求该公司限期缴纳社会保险费。

该公司接到通知书后，向社会保险经办机构补缴了一些社会保险费，但仍欠缴养老保险费8万余元。于是，市社会保险费经办机构依法再次下达责令其限期补缴社会保险费的通知书，并通知依法加收滞纳金。

结果，该公司因经营困难，不能在限期内补足缴纳社会保险费。最后，市人力资源社会保障局采取了行政强制措施。

☑ [法律问题]

不按规定缴纳社会保险费且逾期不改应当承担什么法律责任?

☑ [学理分析]

依法按时足额为职工缴纳社会保险费是用人单位应尽的法定义务,任何单位不按期足额缴纳社会保险费都应承担相应的法律责任。根据《社会保险法》规定,对用人单位未按时足额缴纳社会保险费且逾期不改的违法行为,应当追究的法律责任有:一是责令改正。对用人单位未按时足额缴纳社会保险费的,由社会保险费征收机构责令限期缴纳或者补足未缴纳的社会保险费。二是加收滞纳金。对用人单位未按时足额缴纳社会保险费的,由社会保险费征收机构自其欠缴之日起,按日加收万分之五的滞纳金。这种法律责任属于间接强制执行,带有惩罚性。三是行政罚款。对经责令限期缴纳或者补足社会保险费,用人单位逾期仍不缴纳或者补足的,由有关行政部门处欠缴数额1倍以上3倍以下的罚款。

同时,对用人单位逾期不改的此违法行为,《社会保险法》还进一步规定,社会保险费征收机构可以向银行和其他金融机构查询其存款账户,并可以申请县级以上有关行政部门作出划拨社会保险费的决定,书面通知其开户银行或者其他金融机构划拨社会保险费。对于用人单位账户余额少于应当缴纳的社会保险费的,社会保险费征收机构可以要求该用人单位提供担保,签订延期缴费协议。如果用人单位未足额缴纳社会保险费且未提供担保,社会保险费征收机构可以申请人民法院扣押、查封、拍卖其价值相当于应当缴纳社会保险费的财产,以拍卖所得抵缴社会保险费。

二、骗取社会保险基金支出

✦ [基本案情]

胡医生是一位执业医生,具有国家颁发的医生执业资格证,原在县城一家公立医院上班,几年前从医院辞职,自己开立一家私人医院。开业三年后,被县社会保险经办机构指定为医疗保险定点医院,并与社会保险经办机构签订了服务协议。刚开始两年，胡医生每次都是按实际发生的医疗费用要求社会保险经办机构支付社会保险费，但是后来因为医院收入不多，胡医生转而考虑采取不正当的手段骗取社会保险费。

2010年7月至2012年4月，胡医生以非法占有为目的，在履行医保合同过程中，授意本医院市场部负责人马某等人，以给乡村医生和敬老院院长介绍费等手法，将"五保户""低保户"引诱入院。该医院根据其介绍的病人人数和治疗费用提成情况给付介绍费，还给患者免费发放每天8元到10元不等的生活补助费用。2012年5月，县公安局接到群众举报称：该医院为谋取私利，伪造"五保户"住院事实、虚挂床位、小病大医等，骗取国家医疗保险基金。经公安机关侦破，胡医生等人一共骗取医疗保险基金16万余元，最后，法院判决医院处罚金32万元，相关责任人分别被判处不等的刑期。

☑ [法律问题]

骗取社会保险基金支出应承担什么法律责任？

☑ [学理分析]

本案是医疗保险定点机构骗取社会保险基金支出借以赢利的案件。由于胡医生的私人医院从事违法活动被群众向公安机关举报，公安机构直接进行了刑事侦查，最后定罪入刑。在实践中，通常认定此类案件为合同诈骗罪，所以通常不经过行政机关，或者行政机关如果在刑事侦查介入之前已经开始实施行政监管，则在发现其构成刑事案件时应当将案件移送公安机关处理。如果不构成犯罪，按照《社会保险法》规定，医疗机构"以欺诈、伪造证明材料或者其他手段骗取社会保险基金支出的，由社会保险行政部门责令退回骗取的社会保险金，处骗取金额二倍以上五倍以下的罚款"；如果属于社会保险服务机构的（如本案中的医疗机构是医疗保险定点服务机构），则要解除服务协议，取消医院的医保定点资格；对于直接负责的主管人员和其他直接责任人员有执业资格的（如本案中的胡医生等相关人员），应当依法吊销其执业资格。

三、骗取社会保险待遇

[基本案情]

2012年7月30日,某县人力资源社会保障局接到一起骗取社会保险待遇的举报案,该局迅速组成调查组,对李某涉嫌伪造其父"火化证明"骗取养老保险待遇一案展开调查。据了解,李某的父亲长年生病,于2012年2月28日死亡,于2012年3月2日火化。李某为了延长领取其父的养老保险待遇,在其父火化后,通过关系让殡葬所职工彭某将其父的火化时间推迟到2012年7月2日。随后,李某利用伪造的"火化证明"到县社会保险经办机构办理领取抚恤金、安葬费和遗属生活困难补助等相关手续。其间,李某分两次领取了其父2012年3月、4月、5月三个月工资。

县人力资源社会保障局认为,李某和殡葬所职工彭某的行为构成"以欺诈、伪造证明材料或者其他手段骗取社会保险待遇",严重违反了《社会保险法》。对此作出决定:责令李某退回骗取的社会保险金,并处以罚款。

李某于2012年9月1日退回了所骗取的社会保险金,并缴纳了罚款。

[法律问题]

个人骗取社会保险待遇应当承担什么法律责任?

[学理分析]

根据《社会保险法》第八十八条规定:"以欺诈、伪造证明材料或者其他手段骗取社会保险待遇的,由社会保险行政部门责令退回骗取的社会保险金,处骗取金额二倍以上五倍以下的罚款。"法律对此违法行为的主体没有特指,即表明对此行为的主体是不特定主体。在现实生活中,骗取社会保险待遇的多为个人。本案中,李某为延长领取其父亲的养老保险待遇,通过与其他人共同伪造证明材料的手段,骗取社会保险待遇。依法应当追究的法律责任是:①责令退回骗取的社会保险金。这一责任方式等同于责令改正,是一种补救性责任。退回的数额是所骗取的社会保险金数额。②处以行政罚款。这是一种行政处罚责任。根据《社会保险法》的规定，罚款的数额为所骗取社会保险基金数额的2倍以上5倍以下，具体数额由社会保险行政部门视违法行为情节而定。因本案不够刑事立案条件，因此并未追究刑事责任。

四、社会保险经办机构人员失职

[基本案情]

小赵系某县社会保险经办机构的工作人员，其工作责任是向失业人员发放失业保险金。小赵自2006年参加工作以来，认真学习业务，工作积极、肯干，在工作中从来没有犯过错误。2011年5月，由于家里母亲生病住院，妻子出国学习三个月，小赵一个人忙于照顾母亲，接送小孩到幼儿园，搞得一天忙忙慌慌，上班心神不宁，工作经常丢三落四，导致失业保险金发放记录和实际发放的失业保险金数额对不上，失业人员领取失业保险金的有关材料也疏于整理归档。6月11日，小赵因为把失业人员的材料丢失，影响了失业人员及时享受失业保险待遇，被当事人向县人力资源社会保障局投诉。县人力资源社会保障局经核实后，依法对小赵及其直接负责的主管人员作出了相应的行政处理。

[法律问题]

社会保险经办机构工作人员丢失社会保险个人权益记录应当承担什么法律责任？

[学理分析]

社会保险缴费记录、享受社会保险待遇记录等社会保险数据、个人权益记录是真实反映社会保险收支、管理和投资运营状况的书面凭证。社会保险经办机构及其工作人员必须如实记载，并按照法律规定严格保存，否则应承担相应的法律责任。按照《社会保险法》的规定，社会保险经办机构应当及时、完整、准确地记录参加社会保险的个人和用人单位缴费情况，以及享受社会保险待遇等个人权益记录，定期将个人权益记录单免费寄送本人。如果社会保险经办机构"丢失"了参保人的相关材料，不论是因为工作人员由于过失而导致的行为，还是主观上出于一种故意而导致的行为，都是违法行为。对此，根据《社会保险法》的规定，对于社会保险经办机构及其工作人员有"丢失或者篡改缴费记录、享受社会保险待遇记录等社会保险数据、个人权益记录的"，由社会保险行政部门责令改正；给社会保险基金、用人单位或者个人造成损失的，依法承担赔偿责任；对直接负责的主管人员和其他直接责任人员依法给予处分。

五、挪用社会保险资金

[基本案情]

某区检察院指控，1993—1999年，时任区社保局局长廖某，擅自将本局社会保险基金违规借给外单位使用，后借款单位因破产等原因无力偿还，造成人民币1.2亿元资金至今无法收回。其中，1995—1996年，G公司由于缺乏资金，经营陷入困境，向区社保局提出借款请求，廖某以签订借款合同的方式，分四次将社保局的资金共700万元借给G公司。由于G公司经营不善，只归还了100万元及部分利息。2003年，G公司向区法院申请破产，余下的600万元至今无法收回。区法院审理认为，廖某担任区社保局局长期间，滥用职权，违规外借社会保险基金，造成600万元外借资金无法收回，致使公共财产遭受重大损失，其行为已构成滥用职权罪，情节特别严重。

检察院指控，廖某为提高本局员工的福利，经与本局其他领导研究后，与借用本局资金的H公司、M公司、G公司等多家企业口头协定，借款企业除支付借款的正常利息外，还要向区社保局支付一定数额的"利差"或"好处费"。1993年6月，区社保局设立"小钱柜"，先后由副局长黄某、办公室主任罗某管理。至2002年年底，"小钱柜"共收入上述企业送给的"好处费"700余万元。从"小钱柜"设立起，每个季度或者节日，区社保局按照级别，向局内干部、职工发放几千元不等的福利奖金。该局还通过组织干部职工外出旅游等方式，使用"小钱柜"资金。通过上述方式，共私分公款近600万元。法院审理认为，廖某与区社保局其他领导共同决定，以单位名义将数额巨大的国有资产私分给个人，被告人作为事件直接负责的主管人员，其行为已构成私分国有资产罪。

检察院指控，1998年初至2002年，廖某与时任副局长潘某、办公室主任罗某三人经常去澳门玩，三人商量决定从区社保局的"小钱柜"中支取现金，作为三人去澳门玩的费用，及分给三人作为补贴。在这个过程中，廖某和潘某每次分得8 000元到1万多元不等的港币，罗某每次分得5 000元至8 000余元不等的港币。5年间，三人共从"小钱柜"中支取人民币62万余元。其中，廖某、潘某各占20多万元，罗某占10万多元。另外，每次廖某在澳门赌博输钱后，便授意罗某从"小钱柜"中支取现金补其损失。通过上述手段，廖某先后从"小钱柜"内取钱十几次，共侵吞公款10万余元。2002年9月，罗某调动工作，其掌管的"小钱柜"仍有14万余元。经请示廖某，廖让罗将现金交由其处理。廖某收到款项后，用于车改时自己购买车辆。法院认为，廖某利用职务便利，单独或伙同他人贪污公款86万余元，其行为已构成贪污罪。

检察院指控，1998年2月，E公司经理邹某（另作处理），向廖某提出急需人民币40万元资金周转。当时已有相关规定禁止将社会保险基金外借，廖某私自决定将人民币40万元社会保险基金借给H公司，再由该公司将钱借给邹某。1998年10月5日至1999年1月25日，邹某先后四次通过D公司向H公司归还了全部借款，H公司再将40万元归还给了区社保局。法院认为，廖某利用职务上的便利，擅自将数额巨大的公款借给他人使用，超过三个月未还，其行为已构成挪用公款罪，且情节严重。

7月31日，区法院作出一审判决，廖某犯滥用职权罪，判处有期徒刑五年；犯贪污罪，判处有期徒刑十一年，剥夺政治权利三年；犯私分国有资产罪，判处有期徒刑三年半，并处罚金一万元；犯挪用公款罪，判处有期徒刑两年。四罪并罚，执行有期徒刑十六年。

[法律问题]

挪用社会保险资金应追究什么法律责任？

☑ [学理分析]

社会保险基金是参保人的"保命钱",资金安全关系到社会稳定。因此,国家要求对于各项社会保险基金按照社会保险险种分别建账,分账核算,执行国家统一的会计制度。社会保险基金专款专用,任何组织和个人不得侵占或者挪用。但在实践中,社会保险基金经常沦为一些地方政府的"第二财政",经常被侵占挪用。在《社会保险法》颁布之前,各地都对违规使用、挪用资金作出了相应的规定,尤其是对领导干部的党纪政纪处分作了明确的规定。

比如广东省纪委、省监察厅于2003年出台的《关于社会保险基金管理使用中违纪违法行为纪律处分暂行规定》第五条规定:"有下列情形之一的,对直接责任人员和负直接责任的主管人员,给予党内警告或者严重警告,行政警告、记过或者记大过处分;情节严重的,给予撤销党内职务或者留党察看,行政降级或者撤销处分:(一)将社会保险基金用于购买办公楼、职工宿舍、宾馆等固定资产,或者用于购买交通工具、办公器材、通信工具等办公设备、设施的;(二)将社会保险基金用于职工的日常福利支出、工资发放的;(三)违反规定用社会保险基金支付统筹外项目的;(四)将社会保险基金用于平衡财政预算的;(五)从社会保险基金中提取或列支征收手续费、管理费、业务费的;(六)其他形式挤占、挪用社会保险基金的。"第十一条规定:"各级党的机关、国家机关和参照公务员管理的单位的领导干部,利用职权授意、指使、强令下属单位、人员违反本规定的,对该领导干部依照所违反的条款给予纪律处分。"各级党的机关、国家机关和参照公务员管理的单位,经集体决定、决议,违反本规定的,对主持决定、决议的主要负责人,依照所违反的规定给予纪律处分;对参与决定、决议的其他成员,比照给予主持决定、决议的主要负责人的处分,降低一个档次给予纪律处分。参与决定、决议的其他成员,对决定、决议提出反对意见,并记录在案的,可以免予处分或不予处分。

根据《社会保险法》的规定:"违反本法规定,隐匿、转移、侵占、挪用社会保险基金或者违规投资运营的,由社会保险行政部门、财政部门、审计机关责令追回;有违法所得的,没收违法所得;对直接负责的主管人员和其他直接责任人员依法给予处分。"同时规定："国家工作人员在社会保险管理、监督工作中滥用职权、玩忽职守、徇私舞弊的，依法给予处分。""违反本法规定，构成犯罪的，依法追究刑事责任。"本案中，廖某的违法行为已经构成犯罪了，故法院依法追究其刑事责任。

参考书目

尹蔚民主编. 中华人民共和国劳动保险法讲座. 北京：中国劳动社会保障出版社，2011

李援主编. 中华人民共和国社会保险法解读. 北京：中国法制出版社，2010

王益英主编. 社会保障法. 北京：中国人民大学出版社，2000

余明勤等. 社会保险法制研究. 北京：中国人事出版社，2004